马克思主义理论研究和建设工程重点教材

中国近代史

（第二版）上册

《中国近代史》编写组

U0871650

高等教育出版社
人民出版社

二维码资源访问

使用微信扫描本书内的二维码，输入封底防伪二维码下的20位数字，进行微信绑定，即可免费访问相关资源。注意：微信绑定只可操作一次，为避免不必要的损失，请您刮开防伪码后立即进行绑定操作！

教学课件下载

本书有配套教学课件，供教师免费下载使用，请访问 xuanshu.hep.com.cn，经注册认证后，搜索书名进入具体图书页面，即可下载。

图书在版编目（CIP）数据

中国近代史．上册／《中国近代史》编写组编．--2版．-- 北京：高等教育出版社，2020.1（2025.7 重印）
马克思主义理论研究和建设工程重点教材
ISBN 978-7-04-052654-7

Ⅰ.①中… Ⅱ.①中… Ⅲ.①中国历史-近代史-高等学校-教材 Ⅳ.①K25

中国版本图书馆 CIP 数据核字（2019）第 188443 号

责任编辑 张 林　封面设计 王 洋　版式设计 于 婕　插图绘制 于 博
责任校对 刘 莉　责任印制 张益豪

出版发行	高等教育出版社	网 址	http://www.hep.edu.cn
社 址	北京市西城区德外大街4号		http://www.hep.com.cn
邮政编码	100120	网上订购	http://www.hepmall.com.cn
印 刷	北京鑫海金澳胶印有限公司		http://www.hepmall.com
开 本	787mm×1092mm 1/16		http://www.hepmall.cn
印 张	20.75	版 次	2012年11月第1版
字 数	340千字		2020年1月第2版
购书热线	010-58581118	印 次	2025年7月第16次印刷
咨询电话	400-810-0598	定 价	40.30元

本书如有缺页、倒页、脱页等质量问题，请到所购图书销售部门联系调换

版权所有 侵权必究

物 料 号 52654-00

审 图 号 GS(2019)2809号

·马克思主义理论研究和建设工程重点教材·

马克思主义理论研究和建设工程咨询委员会委员、审议专家

（以姓氏笔画为序）

王伟光	王晓晖	王梦奎	王维澄	韦建桦
尹汉宁	龙新民	邢贲思	刘永治	刘国光
江　流	汝　信	孙　英	苏　星	李　捷
李君如	李忠杰	李宝善	李景田	李慎明
冷　溶	张　宇	张文显	陈宝生	邵华泽
欧阳淞	金冲及	金炳华	周　济	郑必坚
郑科扬	郑富芝	侯树栋	逄先知	逄锦聚
袁贵仁	贾高建	夏伟东	顾海良	徐光春
龚育之	梁言顺	蒋乾麟	韩　震	虞云耀
雒树刚	滕文生	魏礼群		

《中国近代史》教材编写课题组

首席专家 张海鹏　杨胜群　郑师渠

主要成员 （以姓氏笔画为序）

王顺生　史革新　刘　伟　刘国新

汪朝光　邱　捷　黄修荣　董志凯

谢春涛

《中国近代史》教材修订课题组（第二版）

首席专家 张海鹏　郑师渠

主要成员 （以姓氏笔画为序）

刘国新　吴景平　陈谦平　周　云

赵庆云　董　佳

目　录

导 论

历史是一个民族安身立命的基础，对其人民具有强大的凝聚力、团结力和向心力。在历史上，中华民族就是一个重视历史的民族。记录历史、研究历史、借鉴历史始终是中华民族5000多年文明史的一个优良传统。历史中国是现代中国的基础和源头，今天我们在新时代坚持和发展中国特色社会主义，更需要对我国历史有深入了解，在对历史的深入思考中汲取智慧、走向未来。同时，学习历史知识、探寻历史规律，也对人们世界观、人生观、价值观的形成具有重要作用。特别是对新时代青年学生而言，通过了解中华民族历史，可以更好地秉持中华文化基因，具有更强的民族自豪感和文化自信心，自觉地把自己的理想同祖国的前途、把自己的人生同民族的命运紧密联系在一起，充分发挥历史对培育有理想、有追求、有担当的社会主义建设者和接班人的资政育人、立德树人的精神滋养作用。

中国历史源远流长，辉煌灿烂，为人类文明作出了重要的贡献。自17世纪开始，欧洲一些国家经过资产阶级革命，推动了工业革命，生产力得到了飞速发展，相比之下，中国社会发展落后了，停滞了。鸦片战争是中国近代史的开端，自鸦片战争开始，在西方列强的持续扩张和侵略中，中国遭遇数千年未有之大变局。中华民族在丧权辱国、亡国灭种的危局中顽强斗争、毅然奋起，为反抗帝国主义的侵略、封建主义的压迫进行了不屈不挠的抗争，掀起了一次次革命高潮，终于在中国共产党领导下，洗刷了百年耻辱，取得了新民主主义革命的伟大胜利，建立了新中国，奠定了当代中国走向繁荣富强、实现民族复兴的根本基础。

学习中国近代史，了解中国人民为挽救民族危亡、实现国家富强进行的可歌可泣的探索和斗争，继承和践行以爱国主义为核心的伟大民族精神，对于把握历史发展趋势，自觉承担历史使命，积极投身改革开放和现代化建设，具有重要意义。

学习中国近代史，首先要了解这门课程的研究对象、近代中国社会演进的基本线索和主要特点，以及学习方法、意义等。

一、中国近代史的学科对象

中国近代史，是指1840年鸦片战争至1949年中华人民共和国成立这个时期的中国历史，前后大约 110 年。从历史学科来说，中国近代史就是以 1840—1949 年这 110 年的中国历史为研究对象的。关于中国近代史的分期，学术界的认识经历了一个不断深化的过程。

20 世纪初以来，多数研究中国近代史的学者，都主张以鸦片战争作为中国近代史的起点。

20 世纪初叶，李泰棻在京师大学校师范部讲授中国近世史，编写《中国最近世史》讲义，这是在中国的大学里讲授的第一部中国近代史教材。[①] 1934 年，金陵大学历史系教授陈恭禄出版了《中国近代史》，列入商务印书馆大学丛书。20 世纪 30—40 年代，出版了一批以"中国近代史""中国近世史""中国近百年史"等为书名的教材和著作。尽管它们界定的历史下限不一，但对近代历史的叙述多数以鸦片战争为起点。这一时期，也有少数学者把中国近代史的开端放在明末，认为明末新航线的开辟是近代中国历史演变的起点。

以马克思主义指导中国近代史研究的学者，也大多把鸦片战争看作中国近代史的起点。李鼎声在 1933 年出版《中国近代史》，认为明末清初不过是两个朝代的交替期，不能代表一个重大的历史转折时期。鸦片战争是中国开始为国际资本主义的浪涛所袭击，引起社会内部变化的一个重大关键。鸦片战争后，中国日益走上了被殖民地化的途程。1947 年出版的范文澜著《中国近代史》上编第一分册，1948 年出版的胡绳著《帝国主义与中国政治》，都详细讨论了鸦片战争作为中国近代史起点的重要意义。

1959 年，刘大年撰文指出："我们通常说的中国近代史就是指中国半殖民地半封建时代的历史。因此，历来应用马克思主义观点研究中国历史的人都主张 1840 年中英鸦片战争是中国近代历史的起点。因为中国半殖民地半封建社会是从此开端的。"[②] 这就把近代史的分期与对中国近代社会的认识紧密联系起来，使近代史分期问题不仅仅是确定一个时间标志的问题，而有了更为深刻的理论意义。

中国近代史的下限，长期以来也存在不同的观点。1947 年出版的范文澜著《中国近代史》上编第一分册，明确地把 1840—1919 年称为中国旧民主主义革命时期，把 1919 年五四运动以后称为中国新民主主义革命时期。这是说，中国

---

① 目前看到的李泰棻编写的教材两种：一种是京师大学校师范部印本，另一种是国立北京师范大学校印本，印制时间不详，其内容写到北洋时代。

② 刘大年：《中国近代史研究中的几个问题》，《历史研究》1959 年第 10 期。

近代史包括了旧民主主义和新民主主义两个革命时期。这个划分方法，产生了很大影响。新中国成立以后，特别是1954年胡绳提出讨论中国近代史分期问题以后，许多学者都赞成把中国近代史的下限确定为1919年五四运动，把五四运动以前的历史作为中国近代史，把五四运动以后的历史作为中国现代史。

但是，对这种观点也有不同意见。早在20世纪50年代，就有学者提出，中国近代应当是一个完整的历史时期，即中国整个民主革命包括旧民主主义革命和新民主主义革命时期，1949年中华人民共和国成立可作为中国近代史的下限。他们认为，“近代中国社会是一个半殖民地半封建社会，1840年的鸦片战争是半殖民地半封建社会的开端，1949年中国共产党领导中国人民革命在全国范围内取得胜利是半殖民地半封建社会的结束”，因此“不因‘五四运动’把一个社会形态分割为两截的近代现代史，是更为科学些的，也更能完整地反映鸦片战争以来中国社会变化、发展的规律”。①

随着时间的推移，人们对近代中国的认识不断加深，越来越多的学者主张将1840—1949年的历史作为一个整体来研究。20世纪80年代，很多学者认为，按社会性质来划分中国近代史和中国现代史更加适当。而且，以1949年作为中国近代史的下限，有利于了解和把握近代历史发展的连续性，有利于认识近代历史的发展规律，也更加符合按照社会形态的标准划分社会阶段的马克思主义原理。经过史学界的深入讨论，大多数学者认同，从鸦片战争到新中国成立这110年，是中国近代史的学科范围。其中，以1919年五四运动为界，划分为旧民主主义革命和新民主主义革命两个阶段。

二、中国近代历史演进的基本过程和线索

1840年，是中国近代史的开端。这一年，已经完成工业革命、正处于强盛时期的资本主义英国以坚船利炮打开了中国的国门。英国发动战争的理由是中国阻碍通商，而实际上是为了保护其罪恶的鸦片走私贸易，谋求在中国获取更多的利益。面对武器先进、有备而来的侵略者，腐朽的清政府打了败仗，先后被迫与西方列强签订了中英《南京条约》、中美《望厦条约》、中法《黄埔条约》等一系列不平等条约，中国的国家独立和主权完整受到严重损害，逐步沦为半殖民地半封建社会，中国人民也由此开始了反对帝国主义侵略、反对封建

---

① 陈旭麓：《关于中国近代史的年限问题》，《学术月刊》1959年第11期。

统治的不屈不挠的斗争。

鸦片战争后，清政府的腐败统治和西方列强不断扩大的侵略，使得阶级矛盾和民族矛盾日益尖锐。1851 年，太平天国农民起义爆发。这次起义严重动摇了清王朝的统治，有力打击了外国侵略势力，达到了中国旧式农民战争的最高峰，显示了农民阶级不可遏制的反抗精神和战斗力量。但由于农民阶级自身的局限性，太平天国不可能提出正确的政治纲领和社会改革方案，加之领导集团的腐败，发生严重内讧，最终在中外反动势力的联合绞杀下，1864 年，太平天国起义失败。

1856—1860 年，英法发动了第二次鸦片战争。清政府被迫签订《天津条约》《北京条约》等不平等条约，丧失了更多领土和主权。中国的半殖民地化进一步加深，人民的苦难更加深重。

面对内忧外患，19 世纪 60—90 年代，清朝统治集团中的部分人士发起了洋务运动，引进西方先进技术，创办军事和民用工业，编练新式海陆军，在一定程度上促进了中国的早期现代化。但是，洋务运动对西方的学习停留在器物层面，没有认识到腐朽的封建制度才是“西强中弱”的根源，加之西方列强也竭力阻碍中国富强，洋务运动没有实现“求强”“求富”“御侮”的目标。

19 世纪 70—80 年代，帝国主义列强加大了对中国的侵略，中国出现边疆危机。1884 年，中法战争爆发，中国在获胜后却出人意料地损失了大量权益，形成了“不败而败”的奇怪局面。为了应对边疆危机，清政府决定新疆、台湾建省。

1894 年，中日甲午战争爆发。中国战败，被迫签订了鸦片战争以来最为丧权辱国的《马关条约》。此后，列强纷纷在中国占领租借地，划分势力范围，中国实际上处在被瓜分的边缘，陷入空前的民族危机。

为了挽救民族危亡，1898 年，资产阶级维新派发起了戊戌变法。他们希望依靠封建皇帝进行自上而下的改革，部分地引进西方资本主义的政治制度，决心发展资本主义经济，实现中国的富强。但由于缺乏广泛的群众基础，没有统治集团内部实力派的支持，不敢触动帝国主义的利益，在顽固派的极力反对和镇压下，变法最终失败。这表明资产阶级改良道路在中国行不通。

面对列强瓜分中国的危急局面和统治集团妥协退让的卖国行径，19 世纪末，华北以农民为主体的下层民众发起了义和团运动。这一运动虽然带有浓厚的封建迷信色彩和盲目排外的弊端，但它沉重打击了帝国主义侵略势力，迫使西方列强放弃了瓜分中国的企图，显示了中华民族不屈不挠、反抗外来侵略的精神。

在镇压义和团运动的名义下，1900 年，列强悍然发动侵华战争，组成八国联军，占领天津、北京及其周围地区，烧杀淫掠，罪行累累。清政府被迫签订《辛丑条约》，蒙受了近代以来最为惨重的赔款以及主权损失。自此，清政府几乎完全听命于侵略者，变成了“洋人的朝廷”，中国彻底沦为半殖民地半封建社会。

在失败和屈辱中，中国的先进分子对清政府不再抱任何幻想，以孙中山为代表的资产阶级革命派走上了组织武装起义推翻清王朝的道路。1911 年爆发的辛亥革命，推翻了中国两千多年的封建帝制，建立了中华民国，开创了完全意义上的近代中国民族民主革命。但辛亥革命并没有建立起真正的资产阶级民主共和国，没有改变中国半殖民地半封建的社会性质，没有改变中国人民被压迫被奴役的悲惨境遇。这表明资产阶级共和国的方案不能救中国，中国人需要进行新的探索，为中国谋求新的出路。

面对辛亥革命后仍然黑暗的社会现实，中国的先进知识分子毅然举起民主与科学的旗帜，掀起了新文化运动，对封建主义制度和思想进行深刻的揭露与批判，把近代中国对西方的学习，从器物与制度的层面，推进到精神的层面，极大地解放了人们的思想。

第一次世界大战引发的西方文明危机和俄国十月革命的胜利，促使中国先进分子重新思考救国救民的道路。1919 年爆发的五四运动，是近代以来中国人民不妥协地反对帝国主义和封建主义的伟大运动，促进了马克思主义在中国的广泛传播，无产阶级开始以独立的姿态登上历史舞台。在马克思列宁主义同中国工人运动结合的过程中，中国共产党应运而生。

1921 年，中国共产党成立。成立之初，中国共产党就明确提出了共产主义的远大目标和马克思主义的指导，提出了反帝反封建的民主革命纲领和实行革命统一战线的方针，为中国民族民主革命指明了新方向。中国革命的面貌从此焕然一新。

在共产国际的帮助和中国共产党的积极推动下，孙中山改组了国民党，重新解释了“三民主义”。国共两党在反帝反封建的共同认识基础上建立了革命统一战线，开展了轰轰烈烈的国民革命。

1927 年，蒋介石发动反革命政变，大肆屠杀共产党人，国共合作破裂，大革命失败。此后，中国共产党人吸取忽视统一战线中革命领导权和不重视武装斗争的教训，实行以武装暴动反抗国民党的血腥屠杀政策的方针，开展土地革命，创建根据地，逐渐摸索出一条农村包围城市、武装夺取政权的革命道路。

20世纪30年代，日本帝国主义加快了灭亡中国的步伐，1931年发动“九一八”事变，1937年发动全面侵华战争。日本帝国主义对中国发动的14年侵略战争，给中国人民造成了深重的灾难。在中国共产党推动下，国共两党再次合作，形成了广泛的抗日民族统一战线。抗战期间，中国国民党领导的军队在正面战场发挥了主要作用，中国共产党领导的武装力量在敌后战场发挥了主要作用。中国共产党始终坚持全面抗战的路线，是抗日战争的中流砥柱。抗战胜利，是鸦片战争以来中国人民反抗外来侵略的第一次彻底胜利，是中华民族走向伟大复兴的历史转折点。

抗战胜利后，中国共产党主张建立联合政府，走民主和平建国的道路；而国民党却坚持独裁、内战方针，排斥和打击民主力量，撕毁和平协议，发动对解放区的进攻。经过三年多的解放战争，中国共产党领导人民推翻了帝国主义、封建主义和官僚资本主义的反动统治，取得了新民主主义革命的伟大胜利，建立了中华人民共和国，开启了中国历史发展的新纪元。

总之，近代以来，西方列强的入侵使中华民族遭受前所未有的殖民掠夺和侵略。封建专制统治不但依然顽固不化，而且和西方列强相勾结。中国人民深受帝国主义和封建主义的压迫，由此提出了民族独立和人民解放的历史任务。1840年以来总是落后挨打和革命失败的现实，一再地教育中国人民，要想彻底实现民族独立和人民解放，就必须从根本上推翻帝国主义、封建主义和官僚资本主义的反动统治，建立人民当家作主的国家政权，在新的社会基础上改变国家落后面貌，求得国家富强和人民幸福，实现中华民族的伟大复兴。刘大年指出：“中国近代历史上有两个基本问题：第一，民族不独立；第二，社会未能工业化、近代化。”① 实现民族独立和现代化，就成为近代中国的两大历史任务。这两大历史任务不是相互独立、非此即彼的关系，而是紧密联系、不可分割的。前一任务为后一任务扫清障碍，创造必要的前提，后一任务是前一任务的继续和延伸。如何解决这两大历史任务，成为考验中国近代各种社会力量、

---

① 刘大年：《抗日战争与中国近代史基本问题》，《我亲历的抗日战争与研究》，中央文献出版社2000年版，第322页。

政治派别的试金石。历史表明：在中国，只有中国共产党而没有其他哪个政治力量能够提出正确的纲领，团结一切进步力量，从根本上解决中国反帝、反封建的问题，解决中国人民实现人民民主和维护国家统一的问题，从而把中国人民引向繁荣富裕的社会主义道路。

总的看来，百年来的中国近代史，既是一部中华民族不断遭受外来侵略和封建压迫的屈辱史、苦难史，也是一部一代代志士仁人和人民群众为救亡图存和实现中华民族伟大复兴而英勇抗争的革命史、奋斗史。同时，这还是一部全国各族人民在中国共产党的领导下进行艰苦卓绝的斗争，经过新民主主义革命，赢得民族独立和人民解放的历史。在党的领导下，中国人民不断奋起抗争，最终掌握了自己的命运，开始了建设新中国的伟大进程。

三、近代中国的社会性质和主要矛盾

学习和了解中国近代史，最重要的是要认清决定中国近代社会基本面貌的社会性质，认清贯穿近代中国历史的社会主要矛盾。

鸦片战争后，中国社会的性质开始发生重大变化，而中国人对这种变化的认识是缓慢而又模糊的。因此，虽然一代代志士仁人不断探索救国救民的途径，却始终找不到正确的道路。直到马克思列宁主义传入中国，中国共产党成立之后，先进的中国人才开始逐渐认识到近代中国半殖民地半封建的社会性质，并从理论上对此作出系统阐述。

1938—1940 年，毛泽东先后发表《战争和战略问题》《中国革命和中国共产党》《新民主主义论》等论著，从新民主主义革命理论和革命实践出发，系统地、科学地回答了中国近代社会的性质问题。毛泽东指出："帝国主义列强侵略中国，在一方面促使中国封建社会解体，促使中国发生了资本主义因素，把一个封建社会变成了一个半封建的社会；但是在另一方面，它们又残酷地统治了中国，把一个独立的中国变成了一个半殖民地和殖民地的中国。"①

半殖民地半封建的近代中国社会具有以下特点：

第一，西方列强通过侵略战争等手段，强迫中国签订一系列不平等条约，严重破坏了中国的主权和领土完整，逐步控制了中国的政治、经济、外交和军

① 毛泽东：《中国革命和中国共产党》（1939 年 12 月），《毛泽东选集》第 2 卷，人民出版社 1991 年版，第 630 页。

事。中国在半封建、半殖民地、殖民地化的道路上越陷越深。

第二，由于帝国主义列强间争夺中国的矛盾无法协调，特别是中国人民顽强、持久的反抗，使得列强无法完全对中国实行直接的殖民统治。中国的殖民化是不完全的，仍然保有一部分主权，是半殖民地社会。

第三，西方列强用武力打开了中国的门户，中国被卷入世界资本主义经济体系，出现了资本主义生产关系，已经不是完全的封建社会了。由于帝国主义操纵着中国的财政和经济命脉，以及国内封建势力的挤压，中国民族资本主义虽然有了某些发展，但始终没有成为中国社会经济的主要形式。

第四，封建时代自给自足的自然经济基础受到了破坏，但地主阶级剥削农民的封建根基依旧存在，并仍然在中国经济生活中占据优势。

第五，腐朽的封建势力为了维护反动统治，总是同外国侵略者相勾结，共同压迫、奴役中国人民。近代中国人民的许多反抗斗争，都是在中外统治者联合镇压下失败的。

第六，在帝国主义和封建军阀官僚统治下，中国长期处于不统一状态，经济、政治和文化的发展，表现出极端的不平衡。

第七，由于帝国主义和封建主义的双重压迫，广大人民尤其是农民，日益贫困以致大批破产，过着饥寒交迫和毫无政治权利的生活。“中国人民的贫困和不自由的程度，是世界所少见的。”①

由上可见，在半殖民地半封建的近代中国社会，存在着错综复杂的矛盾。这些矛盾包括：帝国主义与中华民族的矛盾，封建主义与人民大众的矛盾，农民阶级与地主阶级的矛盾，资产阶级与地主阶级的矛盾，无产阶级与资产阶级的矛盾，等等。在这些矛盾中，帝国主义与中华民族的矛盾、封建主义与人民大众的矛盾，是近代中国社会最主要的矛盾。

四、中国近代史的学习方法和基本史料

唯物史观作为科学的世界观和方法论，是学习研究中国近代史的根本方法。学习中国近代史，只有坚持唯物史观，站在人民群众的立场上，用全面的、发展的眼光，才能正确认识中国近代历史发展的内在逻辑和基本规律，才

---

① 毛泽东：《中国革命和中国共产党》（1939 年 12 月），《毛泽东选集》第 2 卷，人民出版社 1991 年版，第 631 页。

能看清中国历史发展的基本走向。

唯物史观从人类物质生产的实践活动出发，考察和揭示人类历史的发展规律。“物质生活的生产方式制约着整个社会生活、政治生活和精神生活的过程。不是人们的意识决定人们的存在，相反，是人们的社会存在决定人们的意识。社会的物质生产力发展到一定阶段，便同它们一直在其中运动的现存生产关系或财产关系发生矛盾。于是这些关系便由生产力的发展形式变成生产力的桎梏。那时社会革命的时代就到来了。随着经济基础的变更，全部庞大的上层建筑也或慢或快地发生变革。”① 人类历史是一个向前发展的运动过程，具有必然性和规律性，历史发展进程的必然性是通过一系列的偶然性表现出来的。人民群众是历史的创造者，是历史发展的决定性力量；在阶级社会中，阶级斗争是社会发展的直接动力，等等。运用唯物史观的这些基本原理来研究中国近代史，就可以更好地认识了解中国社会的基本特点和性质，更好地认识近代中国革命的原因、对象、动力和规律等。与此同时，学习和研究中国近代史，除了需要唯物史观的理论指导外，论从史出也是一个基本的学习方法。所谓“论”是指历史研究所得出来的结论，“史”则是经过考证的可信史料。顾名思义，“论从史出”就是说研究历史所得出的任何结论，都必须从史料中来。脱离史料，史家不能妄议是非。同样，解释历史，也不能脱离史料去臆测，不能离开史料去假设。

大体上，我们在日常学习和研究中国近代史的过程中，除上述两个基本原则和方法外，通常还需掌握其他几种方法：

一是阶级分析的方法。鸦片战争以来，地主阶级、农民阶级，以及新生的资产阶级和无产阶级都提出了各自不同的政治经济主张，其际遇命运也迥然相异，有的被历史淘汰，有的彻底失败，有的取得过一定成功但也归于失败，有的则最终成为历史和人民的选择。要正确、深刻认识此中的奥秘，就必须运用阶级分析的方法，透过历史现象的表面，深入研究各个阶级、阶层所处的经济、社会状况，分析其理论主张和实践的本质及其成败的根源。在运用这一方法的过程中，应尽量避免简单化、极端化、教条化，力求实事求是、全面客观。

---

① ［德］马克思：《〈政治经济学批判〉序言》（1859 年 6 月），《马克思恩格斯文集》第 2 卷，人民出版社 2009 年版，第 591—592 页。

二是历史主义的方法。从当时的历史条件和客观实际出发，坚持具体问题具体分析，去认识和理解历史人物的思想与行为，以及历史上的各种事件和现象得以发生、存在的理由。在学习和研究过程中，应把具体的历史问题放到一定的历史范围之内，从具体的历史环境出发考察问题；重视历史事件和历史现象的内在联系，从特定的时空条件考察其前因后果及其与周围事物的联系，特别是与政治、经济、社会制度的联系；反对按主观想法凭空臆造和推断历史的虚无主义。

三是跨学科研究的方法。历史学是一门综合性很强的学科，其研究对象几乎包括了人类社会活动的各个领域。要更加深入地认识中国近代史，就要参考借鉴人文社会科学其他学科乃至自然科学各学科的研究方法，包括政治学、经济学、社会学、文化学、人类学、地理学、计量学、心理学的方法等。

我们在学习和研究中国近代史的过程中，除了要掌握上述方法，还要熟悉和掌握一些最基本的史料。这些史料通常包括各种文字记载、音像资料、考古发掘资料，以及古建筑等物质性的遗存。中国近代史史料浩如烟海，主要有各种图书、档案、文书、文件、函电、日记、账簿、契约、报刊、回忆录、碑刻图录、影像资料、口述史料等。初学者可从《中国近代史必备文献书目》等工具书中获得基本史料的相关信息，而阅读史料则可从中国史学会编辑的《中国近代史资料丛刊》开始。这套丛书包括：《鸦片战争》六册，《太平天国》八册，《第二次鸦片战争》六册，《洋务运动》八册，《回民起义》四册，《捻军》六册，《中法战争》七册，《中日战争》七册，《戊戌变法》四册，《义和团》四册，《辛亥革命》八册，《北洋军阀》六册，《抗日战争》十一册。此外，中国社会科学院近代史研究所等编辑的《五四爱国运动档案资料》，中国第二历史档案馆编辑的《中华民国史档案资料汇编》，中央档案馆编辑的《中共中央文件选集》，中共中央文献研究室、中央档案馆编辑的《建党以来重要文献选编》等，以及国家清史编纂委员会近年所出的《文献丛刊》、中共中央党史研究室组织编译的《共产国际、联共（布）与中国革命档案资料丛书》等，这些都是学习和研究中国近代史所必不可少的资料。

需要注意的是，史料有时会出现真假混杂的情况。研读史料，要学会鉴别，学会比较，学会考证。这是学习和研究历史必须具备的技能。

五、学习中国近代史的意义

学习中国近代史，对青年学生特别是历史专业的学生科学认识近代中国历史，深入了解国情，激发爱国热情，积极投身社会主义建设，具有重要意义。

第一，有助于了解近代中国遭受的巨大苦难和屈辱，了解中国人民不懈抗争的伟大精神，增强爱国主义情怀。近代中国多次被列强武装侵略，大片国土被侵占，资源财富被掠夺，无数人民被屠杀。在封建势力与帝国主义的残酷压迫和统治下，广大人民处于水深火热之中。同时，中国人民对外国侵略者和封建统治者的英勇抗争从来没有停止过。无数仁人志士为了救亡图存，前赴后继，奉献了自己的青春乃至生命。他们的事迹和精神，已经成为中华民族的宝贵精神财富。这段屈辱而又悲壮的历史，每一个中国人都应永远铭记。青年学生作为国家和民族未来发展的主力军，更需要深入了解和学习这段历史，勿忘国耻，发愤图强，传承和发扬民族精神，自觉肩负起中华民族复兴的历史重任。

第二，有助于理解历史为什么选择了马克思主义，选择了社会主义道路，选择了中国共产党。进入近代之后，为了推翻帝国主义和封建主义的压迫，无数先进的中国人都曾经探索国家的出路。正如习近平所指出的："中国特色社会主义道路是1840年以来特别是甲午战争以来，中国人民对其他救国途径的尝试全部碰壁之后作出的历史性选择，是中国共产党和人民历尽千辛万苦、付出巨大代价取得的根本成就。"① 无论是旧式农民起义、封建统治阶级自强运动，还是资产阶级改良派和资产阶级革命派的努力，都没有改变中国半殖民地半封建的社会性质和中国人民的悲惨命运。事实充分证明，在近代以来中国社会发展进步的壮阔进程中，历史和人民选择了马克思主义，选择了社会主义道路，选择了中国共产党，中国就改变了面貌。学习中国近代史，有助于深刻理解只有在中国共产党领导下，坚持马克思主义，走社会主义道路，中国才能真正完成救亡图存、强国富民的历史任务。同时，学习中国近代史，也可以让广大青年学生更好地在党的领导下紧密团结起来，不忘昨天的苦难辉煌，无愧今天的使命担当，更深刻地理解和领会中国共产党的领导是中国特色社会主义的本质特征，从而进一步坚定理想信念，坚定走社会主义道路的信心和决心。

第三，有助于更好地理解习近平新时代中国特色社会主义思想，积极投身于改革开放和现代化建设的伟大实践。2017年党的十九大，把习近平新时代中

① 习近平：《在纪念中国人民抗日战争暨世界反法西斯战争胜利69周年座谈会上的讲话》，《人民日报》2014年9月4日。

国特色社会主义思想确立为党必须长期坚持的指导思想并庄严地写入党章。问题是时代的声音，思想是解决问题的武器。习近平新时代中国特色社会主义思想的提出是在百年来中国历史发生广泛而深刻变革的大背景下，在中华民族迎来从站起来、富起来到强起来的伟大飞跃中创立并不断丰富发展的。应该说，这一思想的形成和发展，是在对改革开放 40 年的伟大实践、中华人民共和国成立 70 年的持续探索，以及近代以来 100 年中华民族发展历程的深刻总结中思考提炼出来的，具有深厚的历史渊源和广泛的实践基础。因此，我们要深入理解和领会习近平新时代中国特色社会主义思想，就必须具有一定的历史眼光和历史思维。通过学习和理解鸦片战争以来的中国近代史特别是中国共产党成立以来的奋斗史，在对历史的深入思考中，增强我们的初心使命意识，提高我们对坚持和发展中国特色社会主义的认识，让大家能自觉地投身中华民族伟大复兴的历史性事业，为实现伟大祖国社会主义现代化强国的目标而努力奋斗。

今天的中国是历史的中国的延续。习近平新时代中国特色社会主义思想是当代中国的指导思想，是对近代以来中国人民争取民族独立、人民解放和实现国家富强、人民富裕伟大事业的继承和发展。近代以来的中国历史表明，只有社会主义才能救中国，只有中国特色社会主义才能发展中国。中国选择社会主义，进而开辟习近平新时代中国特色社会主义思想指引下的新征程，从根本上改变了中国人民和中华民族的前途命运，不可逆转地结束了近代中国内忧外患、积贫积弱的悲惨命运，不可逆转地开启了中华民族伟大复兴的历史进程，使具有五千多年文明历史的中国的面貌焕然一新，展现出前所未有的光明前景。学习中国近代史，有助于加深对中国特色社会主义，特别是对习近平新时代中国特色社会主义思想的理解和认识，更加自觉地投身中华民族伟大复兴的历史性事业，为实现伟大祖国社会主义现代化强国的目标而奋斗。

第四，有助于更好地学习其他历史学专业课程，夯实专业基础。中国近代史作为历史学专业的基础课程，对于历史学其他课程的学习具有重要作用。中国近代史上承中国古代史，下启中国现代史，是整个中国历史的重要组成部分。只有深入了解中国近代发展的历史，才能更好地理解中国古代发展的历史归宿，理解当代中国发展的历史由来，理解近代中国和世界的相互关系，从而更加深刻地理解和把握整个中国历史发展的线索、特点和规律。学习中国近代史，有助于完善知识结构，打牢专业基础，提升专业素养，深化马克思主义史学理论的修养，更好地学习中国古代史、中国现代史、世界史等历史学其他专业课程，成为合格的史学专业人才。

思考题：

1. 学习中国近代史为什么要理解中国近代史的学科对象？
2. 说明中国近代史的基本线索。
3. 认识中国近代社会的性质和主要矛盾对于理解中国近代史有什么帮助？
4. 用自己的话来说明学习中国近代史的方法和意义。
5. 为什么说实现中华民族复兴是近代以来中国人民的最伟大的梦想？

▶ 拓展阅读

第一章　鸦片战争——中国近代史的开端

从18世纪中叶开始，欧美各国经过工业革命，极大地提高了社会生产力，资本主义得到快速发展。西方资本主义为了追逐更加丰厚的利润，加快了对外殖民扩张的步伐，逐渐把侵略的触角伸到了中国。此时的中国，是清王朝统治下一个封闭落后的封建专制国家，对外部世界茫然无知。1840年英国发动鸦片战争，中国战败，开始逐步沦为半殖民地半封建社会。鸦片战争后，一部分先进的中国人开眼看世界，思考国家和民族的未来。中国历史进入了近代。

第一节　鸦片战争前的中国与世界

一、清朝统治的衰落

鸦片战争前，中国是一个独立、统一的多民族国家。清朝前中期，国家统一，社会相对安定，为社会经济发展提供了较好的环境，特别是康、雍、乾三朝，社会经济发展很快。但承平日久，社会风气日趋奢靡，社会矛盾潜滋暗长。欧洲一些国家在资产阶级革命推动下，社会生产力飞速发展，清王朝在腐朽落后的观念支配下，实行闭关锁国政策，使中国处于与世隔绝的封闭状态，国家开始由盛转衰。18世纪末，清王朝已然衰相毕现，危机四伏。

政治上，吏治日益腐败，渐成痼疾。官员贪污纳贿，成为普遍现象。乾隆皇帝的宠臣和珅，利用手中权势，结党营私，卖官鬻爵，大肆贪污。嘉、道之后，此风愈烈。各级文武官员，乃至幕僚、书吏、差役，侵占公帑，搜刮民财，无所不用其极。自朝廷以迄州县，官吏大多玩忽职守，以延宕推诿为常态，以敷衍了事为常法，以致弊政丛出。各地刑名案件拖沓，积压重重，冤假错案，数不胜数。嘉庆皇帝曾哀叹："当今大弊，在'因循怠玩'四字……诸臣……'悠忽为政'。"① 百姓深受官吏压迫，统治者与民众之间的矛盾日趋激化。

经济上，土地兼并加剧，财政入不敷出。嘉、道时期，土地日益集中，从

---

① 《清实录·仁宗实录》卷二四七，嘉庆十八年九月庚辰。

皇室贵族、官僚到庶民地主，均疯狂兼并土地。大量农民失去土地后，不得不租种地主土地，既要向国家缴纳各种课税，又遭到地主、豪绅苛重的盘剥，生活状况困苦不堪。嘉、道以后，各地流民显著增多。嘉庆朝后，朝廷税赋亏空愈益严重，财政开始入不敷出。道光年间，鸦片输入引起白银外流，财政状况更为恶化。为弥补财政亏空，开辟财源，清政府广开捐纳，出卖官职以敛财。至道光后期，已出现“捐班之道、府、州、县已居天下十分之半”的局面①，这些官员变本加厉地对百姓进行盘剥。人口的快速增长，也日渐成为严重的社会问题。康熙末年，全国人口突破1亿，到道光时期达到4亿左右。人口激增给社会带来沉重的负担，引起生活资料价格的上涨，许多失去家园的下层民众沦为流民。大量流民的存在，成为引发社会动荡的潜在因素。

军事上，军队腐化堕落，军备废弛。清朝前期，八旗、绿营为稳固清朝统治发挥过重要作用，但中期以后，日渐丧失战斗力。清军军官不以军务为事，营私舞弊，榨取贿赂，侵吞兵饷，过着腐朽的生活。士兵则纪律败坏，操演废弛，经常搜刮百姓，贻害地方。到道光时期，军中吸食鸦片成风。从乾隆末年开始，遇有重要战事，清廷不得不招募乡勇，军队“不能卫民，而转率民以充兵”②。同时，清军武器装备落后，主要以弓箭、刀矛等冷兵器为主，少量装备火绳枪、滑膛炮等老式武器。战船很多以“薄板旧钉”制成，“遇击即破”。这样的军队，难以担负起保卫国家的责任。

文化思想上，统治者实行文化专制。清朝统治者把以三纲五常为核心的程朱理学作为官学，将朱熹集注的四书章句作为科举考试的准则。屡兴文字狱，用高压手段消除反清意识，严密控制人们的思想，整个思想文化界戴着沉重的桎梏。

到清中期，阶级矛盾和民族矛盾日渐突出，社会乱象丛生，下层民众的反抗斗争日趋激烈。

1774年，山东发生了清水教王伦起义。起义军在数日之内发展到千人以上，连克寿张、堂邑、阳谷、临清等地，威胁漕运要道。清廷派大学士舒赫德率军前往镇压，起义最终失败。虽然起义前后不及一月，规模也不算大，但因当时正值“康乾盛世”，使清朝统治者受到很大震动。嘉、道年间，各类民变

---

① 吕贤基：《敬陈时弊四疏》，盛康辑：《皇朝经世文续编》卷十《治体·政本上》。

② 《清实录·仁宗实录》卷一二五，嘉庆九年正月甲寅。

频发，其中尤以1796年爆发的白莲教起义影响最大。

1796年，湖北、四川、陕西等地的白莲教支派先后起义，这次起义规模浩大，持续了八年时间，波及楚、川、陕和周边广大地区。清政府为镇压起义，先后调动数十万军队，耗费近两亿两军费，以致财政空虚，所受打击极为沉重。1813年9月，天理教（白莲教支派）首领李文成等率众在河南滑县起义，其后迅速发展到直隶、河南、山东三省。直隶天理教首领林清率领一支起义军，于10月初一度攻入皇宫，使清廷陷入混乱和恐慌之中。这次起义虽然很快失败，但它强烈地震撼了清朝最高统治者。

二、西方列强的殖民扩张和侵华活动

正当清王朝国势衰微、日益没落的时候，欧美资本主义却迅速发展起来。资本主义萌芽开始出现于西欧封建时代后期。从16世纪到18世纪中期，欧洲各国先后完成资本原始积累，为资本主义的发展奠定了物质基础。各国相继发生资产阶级革命，为资本主义的进一步发展奠定了政治基础。欧美各国相继建立了资本主义制度。

资本主义的发展使西方列强具备了雄厚的经济、军事实力，为其大规模向海外扩张提供了必要的物质条件。它们将贪婪的目光瞄准了东方正在沉睡的中国。

18世纪中叶，英国率先发生工业革命，一跃成为“世界工厂”，并成为海上霸主，大肆进行海外殖民扩张。1820年，英国的工业总产量为世界工业生产总额的50%，其对外贸易占世界贸易总额的18%。1830年，英国的原煤产量占世界的70%，布匹和铁产量均占世界的50%，1820—1850年，五金制造占世界的40%，修建了6308英里（1英里约合1.6公里）铁路。到1851年，英国的国民总产值为5.23亿镑。[①] 到鸦片战争前夕，英国已经成为世界上工业最发达的国家。工业的飞速发展，刺激了英国资产阶级开辟新的海外市场和原料供应地的需求。英国先后侵占了印度、新加坡、缅甸、伊朗和阿富汗等地。1637年6月，英国舰队到达澳门，擅闯珠江，并炸毁虎门炮台。1792年，英国以补贺乾隆帝八十大寿为名，派遣马戛尔尼使华，提出增开通商口岸，在京设立商

---

① ［美］戴维·罗伯兹著：《英国史：1688年至今》，鲁光桓译，中山大学出版社1990年版，第91—92、215页。

馆，给予舟山附近小岛建立贸易商站等要求，遭到清政府的拒绝。① 1808年，英印总督借口防御法国兵船，“保护”贸易，派舰队强行在澳门登陆。1816年，英国派阿美士德使华，争取贸易权利，同样遭到失败。1832年，英船“阿美士德号”到中国沿海航行，搜集情报，测绘地图，为武装入侵中国做准备。1838年，英国又派海军少将马他仑率兵舰进入广州内河。通过这些活动，英国成为西方列强侵略中国的急先锋。

法国是当时资本主义发展水平仅次于英国的国家。1789年的资产阶级大革命，为法国资本主义的发展扫清了障碍。19世纪初，法国发生工业革命，资本主义经济迅速发展壮大。从1815年到1840年，法国的棉织品产量增加了3倍，生铁产量由10万吨增加到35万吨。随着资本主义的发展，法国资产阶级加紧了对外侵略扩张的步伐。法国在亚洲的侵略目标主要是越南和中国。由于法国的工业和贸易还无法和英国竞争，它比较注重利用天主教作为侵略工具。从17世纪后期开始，法国遣使会、巴黎外方传教会长期向中国派遣传教士，私自进入中国的法国传教士日渐增多。

美国是通过北美独立战争而建立起来的一个新型资本主义国家。19世纪以后，美国资本主义发展迅速，到1850年，铁路总长度达1.5万公里，居世界第一。早在1784年，美国开始与中国通商。虽然美国对华贸易与其他西方国家相比起步较晚，但发展迅速，很快就在中西贸易中占据了仅次于英国的重要位置。1835年，美国军舰进入中国沿海，组织了东印度舰队，成为英国侵略中国的重要帮凶。

17世纪，俄国出现了具有资本主义性质的手工工场，但由于沙皇俄国是一个封建农奴制国家，其资本主义发展远落后于西欧各国。沙俄很早就开始了对中国的蚕食鲸吞，自16世纪开始，便将侵略矛头指向东方，至17世纪中叶，直指中国黑龙江流域。明清易代之际，沙俄借机不断蚕食中国土地，并在贝加尔湖地区制造事端。它还向东侵占精奇里江流域，向南侵入额尔古纳河流域和黑龙江下游地区。康熙两次发起抗击俄军的雅克萨之役，严重挫败了沙俄侵略中国的行动。1689年9月，中俄双方签订了《中俄尼布楚条约》，明确划定了中俄东段边界。1727年，中俄签订《布连斯奇条约》，规定了中俄中段边界。

---

① ［美］马士著：《东印度公司对华贸易编年史》（1635—1834年），第1、2卷合订本，区宗华译，中山大学出版社1991年版，第532—568页。

次年，中俄两国又签订了《恰克图条约》，确定两国边界，并就贸易、宗教和司法等方面的问题做了具体规定。该条约使沙俄在领土、贸易和宗教活动等方面获益甚多，但对限制其进一步扩张，维护中国北部边疆稳定，起到一定作用。

西方资本主义的迅猛发展与随之而来的殖民侵略，使中国面临着空前的挑战。然而，清朝统治者虚骄自大，闭塞愚昧，对西方各国发生的巨大变化和中国所处的严峻国际形势茫然无知，依然沉浸在“天朝上国”的美梦之中。清政府从维护自身统治的动机出发，实行了严厉的“闭关政策”，把中外接触限制在狭小的范围内，仅留广州一地作为通商口岸。“闭关政策”是封建自然经济自身防卫的反映，在西方资本主义强势竞争的局势下有一定民族自卫的意义，但它切断了中国与世界的联系，限制了贸易的发展，不利于生产力的提升和进步；阻碍了中西文化交流，不利于中国接触和吸收西方近代先进的资本主义文明，严重地束缚了国人的眼界和思想。

三、鸦片走私加剧与林则徐广州禁烟

鸦片战争前，中国在中英正常贸易中一直处于出超（即贸易顺差）的地位。英国商人从中国大量进口茶叶、生丝等货物，其中茶叶在18世纪工业革命后成为欧美国家日常生活中不可或缺的消费品。但英国向中国出口的棉花、棉织品和毛纺织品等货物，在中国并不受欢迎，严重滞销，只得运来大量白银以购买中国货。这不符合英国资产阶级的利益。为了改变入超（即贸易逆差）的不利地位和最终打开中国市场，英国资产阶级不惜从事可耻的鸦片贩卖，来平衡对华贸易。

鸦片原产于西南欧和西亚，后传入中亚、印度、东南亚等地。明代以后，域外鸦片作为药物输入我国。17世纪前后，吸食鸦片的恶习自南洋（东南亚）传入中国，到清朝时，吸食之风流传渐广，终于演变成社会问题。1729年，清廷颁布第一道禁烟上谕。此后，又多次明令禁烟。1796年，清廷下令禁止海外鸦片输入，停征鸦片进口税。1800年，清廷颁令严禁外商输入鸦片，并禁止种植罂粟。

清廷严令禁止鸦片输入后，西方商人用贸易船只将鸦片非法走私到广州，再由中国鸦片贩子向内地运销。广州很快成为鸦片贸易的中心，鸦片输入数量逐年增加。1821年，两广总督阮元严厉打击鸦片走私，成功地将鸦片走私船逐

出广州内河。此后，英美鸦片贩子将走私基地转移到珠江口外伶仃洋。鸦片战争前夕，伶仃洋成为鸦片走私集散中心。

吸食鸦片极易上瘾，因此传播很快，在中国形成了独特的鸦片市场。1800—1801 年，中国鸦片输入 4570 箱。伶仃洋鸦片走私基地形成后，鸦片输入量迅速上升。1823—1824 年度为 7352 箱，1830—1831 年度突破 2 万箱，到 19 世纪 30 年代末，达到 4 万箱以上。走私进口的鸦片均以白银支付，因此直接导致了中国白银的大量外流。1825 年之前，中国为白银净流入国，此后成为白银净流出国家，每年净流出数百万元。

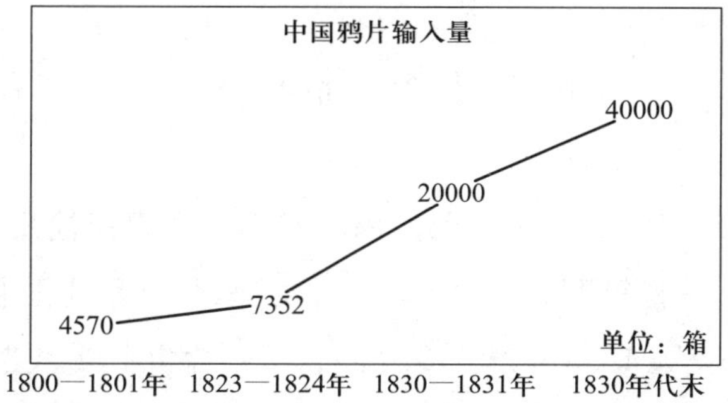

第一次鸦片战争前外国对华输入鸦片逐年增加量趋势图

清政府多次颁布禁烟令，均成空文，鸦片走私和吸食之风愈演愈烈。嘉、道年间，吸食鸦片者日益增多，官吏、绅商、士子、兵丁、差役，甚至一些普通劳动者，纷纷加入吸食者行列。吸食鸦片给人的体力、精力造成极大的损害，严重破坏了社会生产力。官员和军队官兵吸食鸦片，则使吏治更加腐败，军队战斗力更为低下。白银大量外流严重恶化了中国的货币市场，导致“银贵钱贱”现象日益严重。1790 年，银钱比价突破每两 1000 文，嘉庆年间达到每两 1300—1400 文，道光年间甚至达到每两 1500 文以上。白银大量外流致使物价上涨，损害普通百姓利益，还导致清政府财政拮据，国库亏空。鸦片泛滥给中国社会带来了极大危害和灾难。中国与西方资本主义国家之间的矛盾日趋激化。

清朝统治者对鸦片走私日甚的情形束手无策，对白银输出加剧则备感焦虑。在此背景下，清廷内部出现了弛禁鸦片的意见。1836 年 6 月，太常寺卿许乃济上奏朝廷，主张允许外国鸦片纳税合法进口，准许公开买卖。但这种主张引起不少官员的反对，内阁学士兼礼部侍郎朱嶟等认为，弛禁鸦片不仅有伤国体，而且不切实际，应严禁走私，驱逐趸船，严惩贩卖，禁绝吸食。

在鸦片之害愈益严重的形势下，鸿胪寺卿黄爵滋于1838年6月上《请严塞漏卮以培国本折》，呼吁采取更加严厉的措施查禁鸦片。他着重阐述了“重治吸食”的主张，建议限吸食鸦片者一年戒除，逾期不戒者，百姓处以死刑，官吏罪加一等，本人处死，子孙不准参加科举考试。道光帝下令将黄爵滋的奏折交各省将军、督抚复议。这一观点得到湖广总督林则徐、两江总督陶澍等人的坚决支持。两广总督邓廷桢等官员虽不赞成以死刑重治吸食，但都同意采取措施查禁鸦片。

道光帝一直被鸦片问题所困扰，痛感于鸦片输入造成军纪废弛、财源枯竭的状况，决定采纳严禁鸦片的主张。1838年10月，道光帝下令将许乃济革职，以示禁烟决心。11月，命林则徐进京，商讨禁烟事宜。12月，任命林则徐为钦差大臣，驰赴广东查禁鸦片。

林则徐（1785—1850），字少穆，福建侯官（今福建福州）人，嘉庆进士，历任学政、巡抚、总督等职，政声卓著。他在禁烟问题上赞同黄爵滋的主张，提出了六条禁烟章程。1838年9、10月间，林则徐再上《钱票无甚关碍宜重禁吃烟以杜弊源片》，痛陈鸦片泛滥的危害，认为鸦片“流毒于天下，则危害甚巨，法当从严”，警告“若犹泄泄视之，是使数十年后，中原几无可以御敌之兵，且无可以充饷之银”①。他在湖广地区厉行禁烟，颇有成绩，成为严禁鸦片的代表人物。

林则徐于1839年3月上旬抵达广州，与邓廷桢等官员合作，发起声势浩大的禁烟运动。林则徐发布严厉禁令，逮捕大批鸦片贩子，令吸食者限期戒除毒瘾，缴获鸦片数十万两，收缴大量烟具。他又发布谕令，限广州外商三日内呈报其所拥有的鸦片，全部缴交给中国官府，并出具甘结，保证以后来船贸易，永不夹带鸦片，“如有带来，一经查出，货尽没官，人即正法，情甘服罪”。林则徐严正声明：“若鸦片一日未绝，本大臣一日不回，誓与此事相始终，断无中止之理。”②

英美鸦片商人极力抗拒林则徐的命令。三日过后，林则徐传谕鸦片贩子颠地到衙门听审，颠地顽抗不从。英国驻华商务监督义律从澳门来到广州商馆，

---

① 《湖广总督林则徐奏为钱票无甚关碍宜重禁吃烟以杜弊源片》（道光十八年八月），中国第一历史档案馆编：《鸦片战争档案史料》第1册，上海人民出版社1987年版，第361页。

② 林则徐：《谕各国商人呈缴烟土稿》（1839年3月18日），中山大学历史系中国近现代史教研组、研究室编：《林则徐集·公牍》，中华书局1963年版，第59页。

为鸦片贩子撑腰。3月下旬，林则徐下令包围商馆，停止中英贸易，撤退商馆仆役，断绝广州与澳门间的交通。面对强大压力，义律发布告示，命英人向中国政府缴交鸦片。

从4月中旬开始，各国鸦片贩子向中国官府缴交鸦片，共19187箱又2119袋，计2376254斤。自6月3日起，林则徐会同两广总督邓廷桢、广东水师提督关天培等，在虎门海滩举行了中外瞩目的销毁鸦片行动，至6月25日全部销毁完毕。这便是著名的“虎门销烟”。其销毁办法系在太平镇海滩高地挑挖两个纵横各15丈、底部平铺石板的大池，以便交替使用。销烟时，先由沟道车水入池，撒盐成卤，抛入切开的烟土浸泡，再抛下石灰，顷刻汤沸。鸦片一遇灰盐，立成渣沫，颗粒悉化。等到海水退潮时，启放涵洞，随浪入海。销烟现场，人山人海，外商也多到场参观，他们“摘帽敛手”，向林则徐表示敬意。林则徐领导的禁烟运动至此取得重大胜利。虎门销烟沉重打击了鸦片贩子的嚣张气焰，体现了中国人民反对外侮、捍卫民族利益的决心和勇气，在中国近代史和世界禁毒史上，都留下了光辉的一页。

第二节　鸦片战争的爆发与战争进程

一、英国发动侵华战争

1839年5月初，在鸦片收缴及半时，林则徐就下令解除封舱，恢复正常贸易，同时要求进口商船出具甘结，保证不再贩运鸦片来中国。义律和英国鸦片商人拒绝执行林则徐的这一正当要求。5月下旬，义律率英国商人离开广州商馆，前往澳门。

义律和英人退居澳门后，继续与以林则徐为首的广东当局对抗。6月初，义律下令禁止英商贸易。7月初，一队英国水手在尖沙咀上岸，寻衅滋事，殴毙村民林维喜。案发后，林则徐与义律严正交涉，多次要求交出凶犯。义律抗拒不交，反而将五名凶手从轻发落，仅处以数月苦役和少量罚金。[①] 林则徐一再索要凶犯，义律声称，“五人酗酒乱作，皆无凶杀之罪”，等“查觉”凶犯

---

① Charles Elliot to John Backhouse, October 4th, 1839, Inclosure No. 1, F. O. 228/9, pp. 507—512.

后，再按英国法律“定以死罪”①。这既是包庇罪犯的谎言，也是对中国司法主权的公然挑战。

由于义律等人一再顽抗，8 月底，林则徐下令将英人逐出澳门。义律不甘心失败，遂纠集英国军舰进行挑衅。9 月初，义律率兵船在九龙附近洋面向中国水师发动袭击。双方交战数小时，各有伤亡，是为“九龙之战”。该战为中英之间的第一战。义律极力阻止英船具结进口贸易。11 月初，英国商船“皇家萨克逊号”具结进口，在穿鼻洋遭到阻拦。广东水师提督关天培率师船前往巡查，遭到英舰“窝拉疑号”的突然袭击。关天培下令开炮反击。虽然此役中国水师遭受较大损失，但最终击退了英舰，是为“穿鼻之战”。这两次战斗揭开了鸦片战争的序幕。

中国水师与英国海军在穿鼻洋面激战

采自 Basil Lubbock，*The Opium Clippers*，Glasgow，1933，p. 192.

义律在令英人缴烟时，表示将来由英国政府赔偿烟价。这是一个阴谋，实际上等于将中国政府与英国鸦片贩子之间的矛盾转化为两国政府之间的矛盾，为英国发动侵华战争埋下了伏笔。义律在给英国外交大臣巴麦尊的报告中，鼓动英国政府“为所有的各种损失取得完全的赔偿”②，建议英国政府“立即采

① 《钦差大臣林则徐奏呈〈英吉利国领事义律面递澳门同知说帖〉》（道光十九年八月十七日），中国第一历史档案馆编：《鸦片战争档案史料》第 1 册，上海人民出版社 1987 年版，第 688 页。

② Charles Elliot to Palmerston，April 13th & 22nd，1839，F. O. 17/31，pp. 140—141.

取行动”，将此事件作为解决“我们与中华帝国的未来关系”的“最有希望的机会”①。4月中旬，他又致函英印总督奥克兰，要求派遣海军来“支持和保护”在华英人。② 义律蓄意挑起侵略战争的险恶用心暴露无遗。

英国朝野上下很早就开始酝酿对华战争。在禁烟运动之前，鼓吹武力侵华，通过战争来强迫中国向其全面“开放”的舆论已经甚嚣尘上。林则徐禁烟的消息传到伦敦后，在英国国内引起了一阵狂热的战争叫嚣。与鸦片贸易相关的商人团体纷纷上书英国政府，要求运用武力为他们取得“补偿”，并利用这一“机会”使中英关系问题“获得永久解决”。最大的鸦片贩子查顿纠集其他英商，积极制造侵华舆论。英国政客也频繁地举行各种会议，酝酿和策划侵华战争。

1839年10月初，英国政府决定派遣“远征军”到中国，发动侵华战争。10月中旬，巴麦尊函告义律，英国政府将派遣军队，对中国“施加于英国臣民和女王官员的暴行”进行报复，并将英中关系“置于清晰和安全的基础上”③。1840年2月中旬，英国政府任命乔治·懿律为侵华英军总司令、英国全权代表。巴麦尊训令懿律，抵达中国海域后立即封锁珠江和中国海岸，占领舟山。4月中旬，英国议会通过了发动对华战争的决议，暴露出其殖民主义的侵略本质。

在英国酝酿侵华战争的同时，林则徐积极备战，准备应对英国侵略。1840年年初，林则徐就任两广总督。他和邓廷桢及广东巡抚怡良、水师提督关天培等悉心筹谋，采取多种措施巩固海防，增募水勇，操练兵丁，制定《剿夷兵勇约法七章》；指挥加固、增修各处炮台，添置大炮，包括购买西洋各国大炮多门，对虎门、澳门、尖沙咀等地进行重点防守；购买英船“甘米力治号”，仿造欧式双桅大船，供水师操练。同时，林则徐密切关注英国动向，注意收集有关情报资料，组织专人翻译西人报刊，努力做到知己知彼。他又从“民心可用”的观点出发，倡导民间团练自卫，并发布告示：“如英夷兵船一进内河，许尔人人持刀痛杀。”④

---

① Charles Elliot to Palmerston, secret, April 3rd, 1839, F. O. 17/31, pp. 113—116.

② Charles Elliot to Auckland, April 16th, 1839, F. O. 17/31, pp. 212—214.

③ Palmerston to Charles Elliot, October 18th, 1839, F. O. 228/11, pp. 34—36.

④ 林则徐：《英人鸱张安民告示》（1840年7月3日），林则徐全集编辑委员会编：《林则徐全集》第5册，海峡文艺出版社2002年版，第314页。

道光帝对林则徐的禁烟活动表示支持，并督促各省禁烟。在获知英军在穿鼻洋袭击清军水师后，道光帝极为愤慨，谕令林则徐将“英吉利国贸易停止，所有该国船只尽行驱逐出口”①，永绝英人贸易。但道光帝并未觉察到即将到来的威胁，海岸要地均未进行战备。因此，当英军来袭时，清军便出现崩解之势。

二、战争进程与广州三元里民众的抗英斗争

第一次鸦片战争始自1840年6月，止于1842年8月，持续了两年多时间。

1840年6月下旬，懿律率领的英国侵略军抵达珠江口外，当天即宣布封锁广东海口，“所有内地船只，不准出入”，并宣布“嗣后所指示各口岸，亦将不准出入”②。第一次鸦片战争正式爆发。

6月底，懿律率英国舰队北上。7月初，经过厦门海面，抵达浙江定海。英军向定海守军发出照会，限半个时辰内投降，遭到拒绝。英军将领伯麦率队攻城，总兵张朝发在作战中受重伤而亡。城破，知县姚怀祥投水自尽。英军占领定海后，进行了大肆劫掠，并成立以普鲁士籍传教士郭士立为伪知县的殖民统治机构，负责管理民政。之后，英军主力继续北上，于8月上旬抵达天津大沽口外。

道光帝在获悉定海陷落后，才开始调兵遣将，部署浙江沿海防守，派邓廷桢、伊里布等办理“进剿”事务。英军逼近天津，威胁京畿重地，道光帝惊慌畏惧。他指示直隶总督琦善，如英人“果无桀骜情形，不必遽行开枪开炮”③，可接收其禀帖进呈。又令伊里布等查察“致寇根由”。

琦善受命到天津海口，派人接受懿律递交的巴麦尊照会。巴麦尊在照会中指责林则徐对英人“强行残害”，对义律等英国官员“亦行强迫凌辱”，声称“大英国家决讨昭雪”，“务要大清国家抵偿”，若“大清国未善妥昭雪定事，

① 《为英船胆敢首先开炮接仗著即停止对英贸易等事上谕》（道光十九年十一月初八日），中国第一历史档案馆编：《鸦片战争档案史料》第1册，上海人民出版社1987年版，第742页。

② 《英国兵船所出汉字说帖》（道光二十年六月），中国第一历史档案馆编：《鸦片战争档案史料》第2册，天津古籍出版社1992年版，第147页。

③ 《直隶总督琦善奏为防堵英船用项援案核实造报片》（道光二十年八月初六日），中国第一历史档案馆编：《鸦片战争档案史料》第2册，天津古籍出版社1992年版，第314页。

仍必相战不息”。[①] 琦善在复照中表示，英人所称“凌辱抑勒各情，均系钦差大臣林所为”，“必当逐细查明，重治其罪”。[②] 只要英军退返广州谈判，定能满足其要求。

9 月中旬，琦善向英方通报，自己已被任命为钦差大臣，将赴广州谈判。懿律见目的已经达到，加之此时天气渐冷，北方港口即将冻结，不利于军舰行动，便返回广州。道光帝见英军南撤，以为英人志在通商，问题即将解决，便下令将沿海各省兵勇裁撤。9 月末，道光帝下诏，对林则徐和邓廷桢加以斥责，认为禁烟效果不彰，引起英军来犯，各省“纷纷征调，糜饷劳师，此皆林则徐等办理不善之所致”，“误国病民，莫此为甚”，令将林、邓“交部分别严加议处”。[③]

11 月底，琦善以钦差大臣身份抵达广州，并兼署两广总督。12 月初，琦善开始与英方谈判。此时，懿律因病回国，由伯麦继任英军司令，义律接任全权谈判代表。谈判过程中，琦善对义律提出的一系列侵略要求一一应允，只是对割让香港岛一事不敢做主，予以拒绝。[④] 为迫使琦善完全屈服，1841 年 1 月初，义律率军攻占虎门附近大角、沙角炮台。清军守将陈连升率部奋起抵抗，壮烈殉国，炮台失陷。

英军占领炮台后，琦善上奏渲染英军威势，恳求道光帝满足英人获取中国岛屿的侵略意图。未待道光帝答复，琦善就与义律照会往还，讨论“给予寄居”的地点。在琦善尚未同意时，义律擅自于 1 月中旬公布所谓双方“协议”，内容包括：中国将香港割让给英国；赔偿烟价 600 万元；两国官方直接交往；恢复广州贸易。义律企图胁迫琦善在包括上述条款在内的所谓“穿鼻草约”上签字，但琦善因未获奏准，并不曾签字，也未在草约上盖用钦差关防。1 月 26 日，义律派兵攻占香港，自此盘踞。稍后，又令英军退出定海。

---

① ［日］佐佐木正哉编：《鸦片战争的研究（资料篇）》，东京近代中国研究委员会 1964 年版，第 3—7 页。

② ［日］佐佐木正哉编：《鸦片战争的研究（资料篇）》，东京近代中国研究委员会 1964 年版，第 13 页。

③ 《署吏部尚书敬征等奏为遵旨严议林则徐邓廷桢应行革职折》（道光二十年九月初八日），中国第一历史档案馆编：《鸦片战争档案史料》第 2 册，天津古籍出版社 1992 年版，第 438 页。

④ ［日］佐佐木正哉编：《鸦片战争的研究（资料篇）》，东京近代中国研究委员会 1964 年版，第 43—48 页。

琦善的卖国行径激起国内各阶层民众的强烈愤慨。广东爱国绅民集会反对琦善擅自割地求和，要求痛剿英军，收复香港。许多官员上书弹劾琦善，呼吁重新启用林则徐，抵抗英国侵略者。一时间，朝野上下抗英舆论渐起。道光帝也逐渐省悟到，中英冲突并非斥革林则徐、恢复通商即可了事，便令琦善、伊里布及沿海各省将军、督抚严密防范。得知大角、沙角炮台失陷的消息后，道光帝极为震怒，当即下令对英宣战。1 月底，清廷派御前大臣、宗室奕山为靖逆将军，户部尚书隆文、湖南提督杨芳为参赞大臣，调集各省军队，驰赴广东。义律在获悉道光帝的宣战诏书及清军调集动向后，即率英军发动进攻。2 月下旬，伯麦向关天培发出通牒，要求将虎门及附近各处炮台交出，遭到拒绝。英军开始猛攻，虎门诸炮台被攻陷，关天培和部下将士数百人阵亡。英军从虎门长驱直入，一路攻陷珠江沿岸炮台。到 3 月初，英军已相继攻占了广州附近各炮台。

道光帝于 2 月下旬接到广东巡抚怡良奏折，得知英人张贴告示，称英军盘踞香港，“系琦善说定让给，已有文据”。道光帝极为气愤，即命将琦善革职拿办。广州战事由先期到达的参赞大臣杨芳主持。

杨芳惧战，不顾清廷严令，派广州知府余保纯赴英船谈判。4 月中旬，靖逆将军奕山与参赞大臣隆文、新任两广总督祁贡抵达广州，各省援军也陆续到达。但奕山不信任广州民众，称“粤民皆汉奸，粤兵皆贼党”①，企图依赖外省“客军”对英作战。5 月中旬，英军再临广州。奕山等战守乏术，面对危险局势，希图侥幸取胜，鲁莽火攻珠江上的英船。但此举被英军事先获悉，清军三路进攻均告失利。英军趁势展开反攻，占领广州商馆区，清军连战皆败，损失惨重。奕山等坐困围城，彷徨无策，派余保纯出城乞和，接受义律提出的条件，签订了屈辱的停战协定，内容包括：奕山等率外省军队 6 日内退出广州 60 里外；7 日内缴清赎城费 600 万元，待缴清后，英军退出虎门外，交还各炮台、要塞；赔偿英国商馆及西班牙商船损失。②

英军在取得赎城费后退去，奕山、杨芳等在奏折中讳败为胜。道光帝轻信其言，准许以通商和赔款了事。6 月底，道光帝下诏指责林则徐“办理诸未妥

---

① 《夷艘入寇记》，中国史学会编：《中国近代史资料丛刊·鸦片战争》第 6 册，上海人民出版社 1957 年版，第 118 页。

② ［美］马士著：《中华帝国对外关系史》第 1 卷，张汇文等合译，商务印书馆 1963 年版，第 319—320 页。

协，深负委任”，邓廷桢“懈惰因循”，将二人从重治罪，“发往伊犁效力赎罪”①。

在奕山向英国侵略者屈膝投降时，广州地区的广大民众面对英军的侵略行径，却奋起抵抗，掀起了一场英勇的反侵略斗争。

英军在广州附近四处横行，大肆抢劫财物，骚扰乡民，激起百姓的强烈愤慨。5月末，一小股英军窜扰广州城北三元里一带，调戏、强奸妇女，甚至不顾中国风俗，将庙中棺材“开棺暴骨”，引起村民极大愤恨。他们闻讯将英军包围，予以痛击。为了防止英军报复，附近103乡的民众，云集牛栏冈，决心武装抗击英国侵略者。英军司令郭富（又译卧乌古）率大队，从城北四方炮台倾巢而出，向乡民发动进攻。民众奋起还击，将英军包围。适逢天降大雨，英军火器弹药尽湿，枪炮皆哑。民众越战越勇，郭富只得下令英军撤退。由于道路泥泞，武器和装束笨重，英军狼狈退回四方炮台。抗英民众愈聚愈多，邻近各县民众也自发赶来。四方炮台的英军被声势浩大的民众团团包围，义律只得向广东当局求助。奕山等畏惧英军，令广州知府余保纯等官员前往，以欺骗和威胁手段迫使民众解散。义律和侵略军在余保纯的护卫下才得以逃走。

三元里抗英斗争，充分展现了中国人民的爱国情操和反侵略斗争的决心与力量，沉重打击了英国侵略者，在中国人民反侵略历史上，写下了值得纪念的一笔。

英军对广州的进攻只是更大规模军事行动的前奏。1841年4月，英国政府在收到义律与琦善谈判的报告后，认为义律未能实现侵华目标，对“穿鼻草约”不予批准。4月底，英国内阁决定召回义律，派璞鼎查为新任全权代表，赴华扩大战争。

1841年8月上旬，璞鼎查抵达澳门，率英军主力再次北犯。8月下旬，英军舰队到达厦门海域。璞鼎查要求闽浙总督颜伯焘投降，遭到拒绝。英军乃攻陷厦门。清军总兵江继芸兵败自杀，将士阵亡者数百人。

9月下旬，英军抵达舟山海面。定海镇总兵葛云飞、安徽寿春镇总兵王锡朋、浙江处州镇总兵郑国鸿率清军数千人守御。10月初定海再陷。葛、王、郑

① 《著将邓廷桢林则徐发往伊犁效力赎罪事上谕》（道光二十一年五月初十日），中国第一历史档案馆编：《鸦片战争档案史料》第3册，天津古籍出版社1992年版，第516页。

三位总兵皆力战而死。英军又进犯镇海，钦差大臣裕谦指挥守军抵抗，清军不敌，镇海陷落。总兵谢朝恩战死，裕谦投水自杀。浙江提督余步云逃至宁波，英军即向宁波发起进攻，占领了宁波城。

浙东三城在短期内接连失陷，清廷震惊。10月中旬，道光帝任命协办大学士、宗室奕经为“扬威将军”，前赴浙江“办理军务”。同时，从全国调集军队近两万人，开往浙江。奕经身膺重任，面对危急局势，却一路游山玩水，搜刮财物，历时三个多月，于1842年1月下旬抵达浙江嘉兴。在此期间，英军又先后攻占余姚、慈溪、奉化三城，四处劫掠。

奕经到浙江后不认真备战，企图侥幸取胜。3月上旬，他命清军从绍兴出发，分三路向宁波、镇海、定海的守敌发动反攻，幻想一举收复三城。但英军事先获知其计划，早有准备，清军各路进攻均告失败。英军趁势反攻，占领慈溪。奕经逃至杭州，谎报军情，欺瞒朝廷。浙东战役失败后，道光帝无心再战，决意求和。3月末，他任命盛京将军耆英驰赴杭州，署理杭州将军，又授钦差大臣关防，与已被革职的两江总督伊里布赴浙江办理议和事宜，并谕令奕经对英人“设法羁縻”①。

清政府虽然向英军妥协，但英国侵略者却认为此时议和不足以迫使清政府无条件接受其全部侵略要求，于是继续增派军队，按照原计划攻打中国的腹地长江流域。

1842年5月上旬，英军在勒索120万元之后，撤出宁波。5月中旬，英军进陷乍浦。6月中旬，攻陷吴淞、宝山。江南提督陈化成率官兵顽强抵抗，力战捐躯。英军旋占领上海，勒索50万元后撤出上海县城。

随后，英军溯江而上，于7月下旬向镇江发动进攻。镇江城被攻破。守城清军在副都统海龄的指挥下，英勇作战，最后全部牺牲。是役，英军死伤169人，失踪3人，为鸦片战争爆发以来在战场上损失最多的一次。恩格斯对镇江守军的英勇战斗给予了热烈赞扬：“这些鞑靼士兵总共只有1500人，但殊死奋战，直到最后一人。”“如果这些侵略者到处都遭到同样的抵抗，他们绝对到不

---

① 《著扬威将军奕经等务当协力同心设法羁縻并严防省城等事上谕》（道光二十二年二月十七日），中国第一历史档案馆编：《鸦片战争档案史料》第5册，天津古籍出版社1992年版，第121页。

了南京。”① 英军入城后，进行了野蛮的报复性屠杀，镇江城成为一片废墟。8月初，英军舰队进逼南京城下。

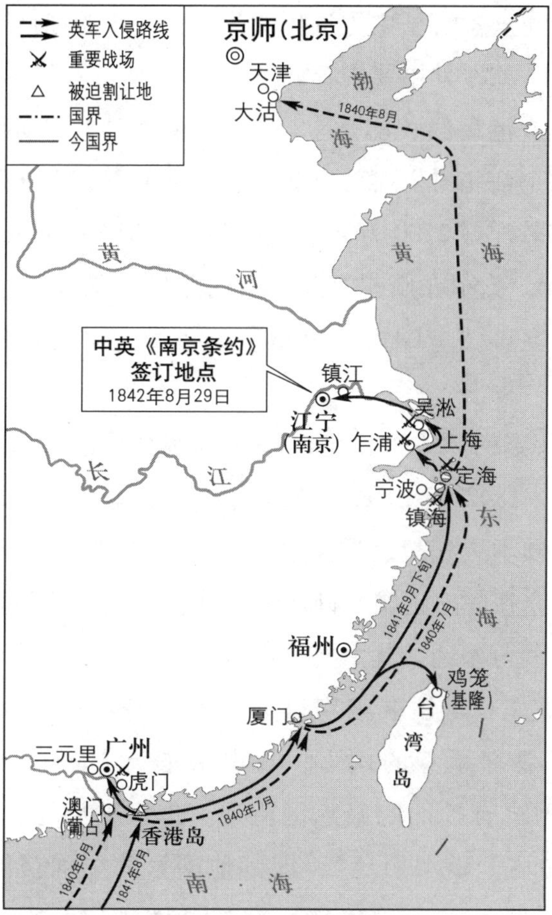

第一次鸦片战争示意图

三、《南京条约》等第一批不平等条约签订

早在英军攻占乍浦之时，钦差大臣耆英及伊里布就试探着向英军乞和。道光帝在接到吴淞、宝山失陷的消息后，传旨令耆英和伊里布到江苏办理对英交涉。镇江失陷后，道光帝极为惊恐，令耆英、伊里布迅速与英人交涉，明确表示了妥协求和的态度。他指示耆英、伊里布，“如该夷所商在情理之中，该大

① ［德］恩格斯：《英人对华的新远征》（1857 年 4 月 17 日），《马克思恩格斯论中国》，人民出版社 2018 年版，第 58 页。

臣等尽可允诺”①。这就为完全妥协定下了基调。

1842年8月29日，耆英、伊里布代表清政府与英国全权代表璞鼎查在英舰“皋华丽号”上正式签订了中国近代的第一个不平等条约——《南京条约》。《南京条约》共计13款，其主要内容如下：

（1）中国割让香港岛给英国。（2）五口通商。中国向英国开放广州、福州、厦门、宁波、上海五个通商口岸；英国派领事官驻五口办理通商事宜。（3）中国对英国赔款洋银2100万元，包括鸦片烟价600万元、行商商欠300万元、军费1200万元。英军在广州等地勒索的赎城费除外。（4）协定关税。条约规定英商在通商五口“应纳进口出口税饷，均宜秉公议定则例，由部颁发晓示”。

《南京条约》规定的“秉公议定”关税则例只是一项原则，其细则由中方确定后，公开公布。1842年10月，清政府任命伊里布为钦差大臣，到广东与璞鼎查谈判。伊里布不久病故，耆英接任，继续办理交涉事务。1843年10月上旬，耆英与璞鼎查在虎门正式签订《五口通商附粘善后条款》和《五口通商章程：海关税则》两份条约。其主要内容有：

（1）英人在华享有以领事裁判权为主的治外法权。条约给予英国驻各口岸领事处理在华法律事务的权力，规定来华英人享有不受中国法律管辖的特权。（2）英国享有片面的最惠国待遇，“将来大皇帝有新恩施及各国，亦应准英人一体均沾，用示平允”，即其他国家从中国获得的所有特权，英国可以同样享有。（3）关于进出口税率的具体规定。《海关税则》规定了约200种进出口商品的税率，较鸦片战争前大幅降低。又规定：凡税则中未载明的“进口新货”，按其价值“每百两抽其五两”。（4）英人可在通商口岸租地居住。（5）其他具体细则，包括：废除行商垄断贸易制度，英国军舰可在五口停泊，等等。这些条款严重地破坏了中国的主权，使中国的利益受到极大损害。

鸦片战争期间，美国政府密切关注着局势的发展。《南京条约》签订后，美国政府即决定利用这一时机争取在华利益，1843年5月派顾盛为全权公使，率使团来华，1844年2月抵达澳门，随即对清政府进行武力威胁，声称要率舰

① 《著钦差大臣耆英等于羁縻攻剿便宜行事相机办理事上谕》（道光二十二年七月初一日），中国第一历史档案馆编：《鸦片战争档案史料》第6册，天津古籍出版社1992年版，第6页。

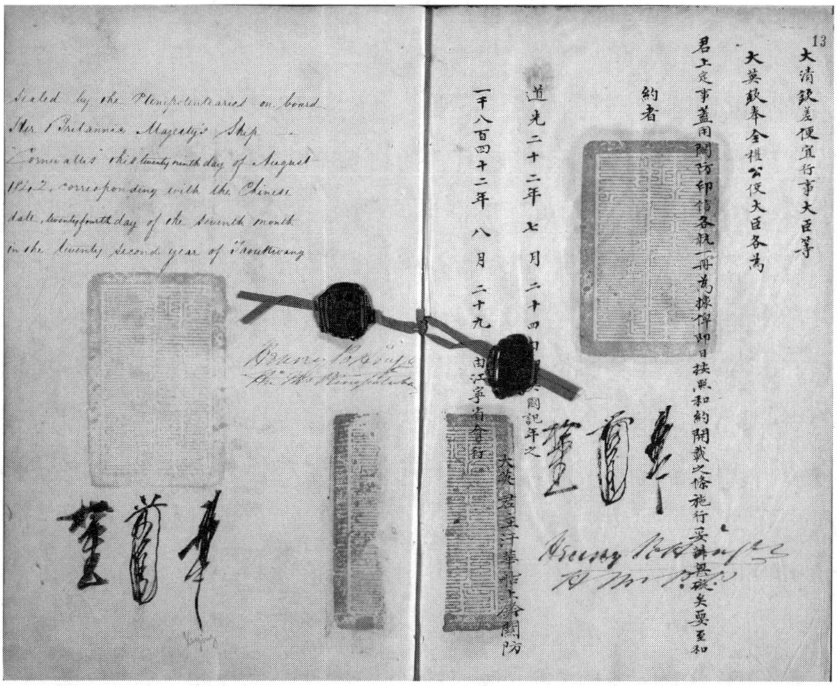

1842 年 8 月 29 日《南京条约》签字页

原藏英国国家档案馆，档案号 FO 93/23/1b（13），采自张海鹏、翟金懿著《简明中国近代史读本》，中国社会科学出版社 2018 年版，彩插页。

队北上北京。这使心有余悸的清政府甚为忌惮。4 月，道光帝任命已回任两江总督的耆英为两广总督，驰赴广东，与顾盛谈判。在此之前，清廷已定下让西洋各国“一体通商”“一视同仁”的宗旨，故耆英在谈判过程中对美方的要求很快予以满足。1844 年 7 月初，耆英与顾盛分别代表中国和美国政府，在澳门附近的望厦村签订中美《望厦条约》。

通过中美《望厦条约》，美国获得了除割地、赔款以外英国在华取得的全部特权，并将其进一步扩大，主要表现为：

（1）明确协定关税这一特权。（2）规定将存在了 100 多年的行商制度废除，“议定将洋行名目裁撤”，美国商人“与中国商民任便交易”。（3）将外人在华居住、租地权扩大，准许美国人在五口“租赁民房，或租地自行建楼”，建立医院、教堂，进行传教活动。（4）对领事裁判权做了更清晰的规定：美国人在华犯罪，“由领事等官捉拿审讯，照本国例治罪”。（5）规定美国兵船可在中国通商口岸“巡查贸易”，随意停泊、逗留。该条约也规定了美国在中国享有片面最惠国待遇。这个条约比中英条约更具体、更多地损害了中国的主权。

法国随后也逼迫中国与其签订不平等条约。1844 年 8 月，法国专使拉萼尼率领由八艘战舰组成的使团来到中国，扬言要到北京交涉。经过谈判，耆英与拉萼尼于 10 月下旬在停泊于黄埔的法国军舰上，签订了中法《黄埔条约》。通过这一条约，法国轻易地获得了英、美两国获得的各种侵略特权。此外，该条约还规定，法国人在通商口岸修建的礼拜堂、墓地等，中国须加以保护。该条约签订后，法国与清廷多次交涉，最终于 1846 年迫使清政府宣布弛禁天主教，发还康熙年间被没收的天主教堂，允许法国传教士在通商口岸传播天主教。至此，被清朝禁止了 100 多年的天主教正式解禁。基督教新教也随之获得在华传教的权利。

1845 年 11 月，葡萄牙国王罔顾中国对澳门的主权，擅自宣布澳门为所谓“自由港”。1846 年，葡萄牙政府派亚马勒担任澳门总管。亚马勒卖力地推行侵夺中国主权的方针。他的行径引起中国民众的愤慨。1849 年 8 月 22 日，澳门志士沈志亮等在关闸狙杀了亚马勒。澳葡当局以此事件为借口，以武力相威胁，迫使广东当局将沈志亮斩首，将香山县丞驻地迁移到前山寨，停止收取澳门地租，葡萄牙实现了对澳门的占领，严重损害了中国对澳门主权。

《南京条约》等一批不平等条约的签订，严重损害了中国主权和领土完整。割让香港，使中国领土完整遭到破坏。协定关税的规定，剥夺了中国关税自主权。领事裁判权的建立，严重损害了中国的司法主权。赔偿鸦片烟价的规定，实际上纵容和鼓励了鸦片走私。外国兵船可以在中国沿海自由行驶，严重损害了中国的领海主权。取消天主教禁令，为西方传教士在中国活动打开了大门。有关片面最惠国待遇的条文，更是充分地暴露了帝国主义的侵略和贪婪本性，开了列强侵略中国“一体均沾”的恶劣先例，使中国沦为列强共同宰割的对象。

鸦片战争是英国发动的一场侵略战争。中国人民进行了英勇的反抗，但由于清政府腐败无能，也由于经济技术和武器装备落后，导致战争失败，被迫签订丧权辱国的不平等条约。这场战争影响深远，使中国社会发生了根本性的变化。战前，中国是一个独立的主权国家；战后，中国的关税、司法和领土主权开始遭到破坏，逐渐丧失了政治上的独立地位，被迫走上了半殖民地的道路。战前，中国是一个自给自足的自然经济占主导地位的封建国家；战后，传统的自然经济开始解体，逐渐成为西方资本主义的附庸。总之，战后的中国开始一步一步变成了半殖民地半封建的社会。于是，中国社会的主要矛盾也发生了根本变化。战前中国社会的主要矛盾是农民阶级与地主阶级的矛盾；战后，中国人民深受帝国主义和封建主义的双重压迫，社会的主要矛盾变为帝国主义与中华民族的矛盾，封建主义与人民大众的矛盾。从此，反帝反封建成为近代中国的主题，中国历史开始进入民族民主革命时期。

第三节　战后中国社会的变化

一、通商口岸和租界的出现

按照《南京条约》等条约的规定，广州、厦门、宁波、福州、上海五口岸在鸦片战争后作为通商口岸向英、美、法等国开放。中西关系格局由此发生了根本性转变。中国自给自足的自然经济受到冲击。在近代社会变迁的过程中，中国被迫越来越依附于世界资本主义体系，从此进入半殖民地半封建时代，延续了两千多年的封建社会开始发生极为深刻的变化。

战后最早开放的口岸是广州。中英双方签订《南京条约》后，确定 1843 年 7 月下旬广州重新开市贸易。11 月初，厦门口岸正式对外开放。英国首任驻上海领事巴富尔于 10 月末到达上海，11 月中旬上海正式开埠。宁波和福州分别于 1844 年 1 月和 7 月开埠。

随着五口开放，行商垄断贸易制度被废除，西方列强利用不平等条约获得的权利，向中国倾销廉价的棉布、棉纱，谋取经济利益，致使东南沿海地区的纺织业纷纷破产，中国的手工纺织业受到沉重打击。手工棉纺织业是中国社会自给自足的自然经济的重要支柱，它被破坏，标志着几千年来封建自然经济开始解体。同时，通商口岸也是西方列强对华进行文化渗透的桥头堡，他们以各种方式向中国各阶层传播其价值观念、宗教信仰，灌输殖民主义思想。

外国侵略者还通过通商口岸掠卖华工，犯下令人发指的反人道罪行。当时美洲、大洋洲、南洋等地的种植园、矿山等需要大量廉价劳动力，英美不法商人与中国不法分子相勾结，以诱惑、欺骗甚至绑架等手段，掳掠大量青壮年，运往海外。在航行途中，华工被置于狭小的船舱，饮食恶劣，卫生条件极差。在19世纪50年代，华工死于这种“浮动地狱”的比例平均达到25%左右。[①] 幸存者被卖到目的地后，从事繁重的劳动，遭遇非常悲惨，死亡率和自杀率都很高。根据不完全统计，19世纪前期，被掠出国的华工约为32万人；1850年后的25年中，被掠128万人。这种罪恶行径，激起了华工们的极大愤怒。无论在贩运华工的船上，还是在剥削华工的外国种植园中，华工暴动都不曾停止。

五口通商带来的另一个畸形现象，就是外国租界的出现。外国租界最先出现在上海。上海开埠后不久，中英双方即确定苏州河以南、黄浦江以西、洋泾浜以北的地方为英人居留地界。1845年11月，上海道宫慕久被迫公布了双方议定的《上海租地章程》，规定上述地界内华洋分居；土地实行永租制；市政建设权归英人；英人拥有界内征税权和部分行政管理权；界内华民由中国官府管理；对界内管理方面的一些细节问题，也做了具体规定。[②] 1846年9月，英国领事巴富尔和宫慕久又议定了英人居留区的西界，界内面积共1000余亩。1848年，英国领事阿礼国迫使上海道麟桂同意，将英人居留地西界扩展，总面积达到2800多亩。[③] 这是近代中国的第一个租界。

法国是第二个在上海攫取租界的国家。1848年，法国领事敏体尼迫使麟桂划定法国居留地。1849年4月，麟桂公布位于英租界以南的法国租地区域，其面积达到986亩，其管理参照1845年的中英《上海租地章程》。到1855年，法国将其租界面积扩展至1200亩。[④]

美国人最初在英租界中居住。1848年起，美国圣公会主教文惠廉开始在虹口建立教堂，其他美国人也陆续到这一带租地建筑住宅。随后，文惠廉代表美国人与代理上海道吴健彰交涉，迫使其同意美国人在虹口一带居住。1863年美国领事西华和署理上海道黄芳，共同议定了上海美租界的范围。[⑤] 同年，上海

---

① ［美］马士著：《中华帝国对外关系史》第2卷，张汇文等合译，商务印书馆1963年版，第185—186页。

② 《上海租地章程》（1845年11月29日），王铁崖编：《中外旧约章汇编》第1册（1689—1901），生活·读书·新知三联书店1957年版，第65—70页。

③ 费成康著：《中国租界史》，上海社会科学院出版社1991年版，第59—60页。

④ 萧致治主编：《鸦片战争史》下册，福建人民出版社1996年版，第684—685页。

⑤ 汤志钧主编：《近代上海大事记》，上海辞书出版社1989年版，第195页。

美国租界与英租界合并，形成上海公共租界。

英、法、美三国还设法侵夺中国对租界的主权。1853 年，英国领事阿礼国联合租界内的各国势力，修筑工事，组织义勇队，禁止中国官府过问租界内的日常事务。为了将这种特权合法化，他们又制订了新的《上海英法美租界租地章程》，就租界的界限、租地与契约、立界、纳租、市政建设等方面做了具体规定，并规定英、法、美三国领事有在界内征税、罚款、组织市政机构和决定租界内重要事务的权力，租界内的中国居民亦须接受外人的管理。① 这一章程于 1854 年 7 月公布。之后，该三国领事主持成立了一个“行政委员会”，后又改称“市政委员会”，即所谓“工部局”，接着又决定设立具有警察职能的“巡捕”，这样，上海外国租界就完全摆脱了中国政府的管理，成为拥有行政权和司法权的“国中之国”。

随着外国侵略的不断加深，中国人民的反抗意识日益增强。在各通商口岸，都发生了一些民众反抗外国侵略的事件。其中，广东人民与英国人的斗争最具代表性。鸦片战争前，中西贸易集中在广州城外的十三行商馆区。广州重开贸易后，英国公使璞鼎查即要求让英人进入广州城，因绅民反对而未果。1846 年年初，清政府付清鸦片战争的所有赔款，英国应按条约规定撤离舟山。但英人提出以进入广州城作为交还舟山的条件。两广总督耆英欲答允英人要求，但遭民众反对。1 月中，数千群众冲击知府衙门，据传与英人密订进城日期的知府刘浔惊吓逃离。面对群情激昂的民众，耆英不得不将英人进城的问题搁置。次年，佛山发生民众驱赶英人事件，英国驻华全权公使德庇时闻讯，于 4 月初率舰队占领虎门炮台，逼近广州，企图强行进城。② 耆英惧怕英人扩大事态，但也不敢无视民众对英人的憎恶态度，恐激成民变。他和德庇时相约，允英人两年后入城。1848 年年初徐广缙继任两广总督，上任伊始，英国新任驻华公使文翰即以武力相要挟，强行要求广东当局践耆英之约。广州民众以社学为中心，再次动员起来，声势浩大，号称十万之众，坚决反对英人入城。在此

---

① 《上海英法美租借租地章程》（1854 年 7 月 5 日），王铁崖编：《中外旧约章汇编》第 1 册（1689—1901），生活・读书・新知三联书店 1957 年版，第 80—83 页；萧致治主编：《鸦片战争史》下册，福建人民出版社 1996 年版，第 686—687 页。

② ［美］马士著：《中华帝国对外关系史》第 1 卷，张汇文等合译，商务印书馆 1963 年版，第 437—438 页。

情势下，徐广缙照会文翰，表示“绅民均不乐从，万难勉强”①。文翰迫于形势，只得将广州入城问题再次搁置。

二、半殖民地型经济的产生

《南京条约》等第一批不平等条约的签订和五口的开放，为西方强国对华经济掠夺打开方便之门。逼迫清朝官员签订不平等条约的璞鼎查宣称，他为“英国商人开辟了一个如此广阔的新世界”，以至“兰开夏全部纺织厂的产品也不足其一省日常购备的布料”。② 在此诱惑下，英国等国纷纷在中国通商口岸开办贸易商行和工业企业。

鸦片战争后的二十年间，外国资本家在广州、香港、上海等地设立大量贸易商行。1855 年，在华外商共 1038 人，较鸦片战争前 1837 年增加了 3 倍，分属于 219 家洋行。西方商人还在开放口岸投资办厂，主要涉及船舶修造、印刷、食品、制药等行业，其中以船舶修造业为主。外国在华投资开设的第一家船舶修造企业，是英国大英轮船公司开设于广州黄埔的柯拜船坞，它也是近代外国资本在华开设的第一家工业企业。

出于在华经营活动的需要，西方列强在五口通商后纷纷在中国设立金融机构。1845 年，英国东方银行在香港和广州开设了分支机构。1848 年，该行在上海设立分行，中文名为丽如银行。此后，英国汇隆银行、呵加剌银行、有利银行、麦加利银行先后在广州、上海等地设立分行多处。外国洋行还在中国经营航运业和保险业。如 1850 年，外资在香港和广州航线上开办了“省港邮船公司”。19 世纪 50 年代中期，美国旗昌洋行和英国怡和洋行先后在福州、广州、香港、上海等地开设保险公司等金融机构。

鸦片战争后中国社会发生的另一个变化，就是买办阶层的出现。买办是专为各国在华开设的洋行服务的特殊人群。鸦片战争前，买办处于中国官方的严格控制下，为广州外国商馆或外国商船提供服务，负责采购、供应生活必需品，管理商馆贸易及所需仆役，甚至管理账目和银库，照管外商的私人事务。

鸦片战争后，随着行商的废除和更多洋行的开办，外国来华商人迫切需要买

---

① ［日］佐佐木正哉编：《鸦片战争后的中英抗争》，东京近代中国研究委员会 1964 年版，第 142 页。

② 彭泽益编：《中国近代手工业史资料（1840—1949）》第 1 卷，生活 · 读书 · 新知三联书店 1957 年版，第 500 页。

办和通事这样的人群为其服务。《望厦条约》和《黄埔条约》都明确规定，外人在通商口岸可“听其任便”雇佣买办、通事、书记等为其服务。这就使买办脱离了中国官方的控制，而成为外国商人随意雇用，后来也依附于外国商人的阶层。

在五口通商之初，各地外商使用的买办主要来自广东，后来也有不少来自浙江宁波等其他地区，其中包括在通商口岸与外商交易的掮客、商人，外商洋行的雇员，外国人所办学校培养的学生等。这些买办遍布于各口岸，与外商之间签订临时雇佣合同，充当为中西贸易说合生意、商定价格的掮客。随着买办越来越深地介入中外贸易，他们被赋予的职能越来越多。在初期，他们在洋行内设立买办账房作为办事机构，负责处理贸易事务，推销进口洋货，收购出口土产，也负责洋行内部的一般性采卖物料、收兑银两、管理杂役等事务。到后来，洋行内部的账务、出纳，商业活动中各项联系事宜、商品价格的确定等，都要依靠买办来处理。买办与口岸内外的中国商人建立广泛联系，形成为外商服务的商业网络。有实力的买办通过附股的方式为外商洋行提供资金，共同获取巨额利润。他们还利用自己的关系网络，帮助外商与清政府官员打交道。①在近代西方国家对华殖民扩张的过程中，买办是其重要的渗透工具。

随着洋行向贸易之外的轮船、保险、金融、船舶修造、仓储、码头等行业扩张，势力不断增强，他们所雇用的买办人数日益增多，社会影响也逐渐扩大。买办在为外商服务的过程中，逐渐积累了自己的财富。他们依附于外国资本势力，经营自己的生意，兼具洋行雇员和独立商人的双重身份。买办势力在依附于外商的同时，和中国封建势力也保持着千丝万缕的联系，甚至将自己的触角伸展到封建官僚体系之中，与其相互为用。由此，买办阶层逐渐成为沟通外国资本主义和本国封建势力的重要桥梁。

三、外国商品的输入与鸦片走私的扩大

五口开放，协定关税，导致关税大大降低，以及买办阶层的出现，都为西方国家在华牟取经济利益提供了便利。在获得极低的税率和协定关税这一特权后，西方商人仍不满足，在进出口贸易中肆无忌惮地走私并偷税漏税。英国等国为了收取以“注册费”和“船舶费”为名的保护费，向中国沿海的一些非法

① 聂宝璋：《洋行、买办与买办资产阶级》，《聂宝璋集》，中国社会科学出版社 2002 年版，第 169—173 页。

船只提供保护，接受这些船只的注册，让其悬挂英国等国的旗帜，从事走私、贩卖人口等勾当。

五口通商使得中西贸易的格局发生了巨变。鸦片战争结束后一段时间，广州依然是对外贸易的中心。但从1840年以后，来到上海贸易的西方商船持续增加。1844年，广州在对外贸易中所占的份额为87.4%，上海为12.6%；1852年，两地基本持平。1853年，上海贸易所占份额迅速上升到62.1%，广州则剧降至37.9%。[①] 至此，上海取代了广州的位置，成为中国最大的通商口岸。

1857年的上海黄浦滩

采自 H. B. Morse, *The International Relations of the Chinese Empire*, *Vol. I*, p. 464.

打开中国门户，并未马上带来西方商人所希望的结果。在经历了战后短暂的繁荣后，从19世纪40年代中期开始，英国对华出口总值处于下降和停滞阶段，1846年为170多万镑，随后数年间在150万镑上下徘徊，到1854年仅100万镑。外国对华贸易停滞不前，是因为进口的洋货在中国严重滞销。西方资产阶级对迅速打开中国市场的前景过于乐观，盲目扩大对华输出工业品，造成大量的商品积压，引起价格下跌、资金流通不畅。蜂拥而入的西方商品遭遇了中国自然经济的抵抗，中国百姓对于这些商品既不具有足够的购买力，也没有消费的习惯。在中国市场上，西方商品一时无法打开销路。

西方对华正常贸易遭受挫折的另一个重要原因，就是鸦片贸易的进一步泛滥，大量白银外流，使银贵钱贱的现象更趋严重。《南京条约》规定中国向英国赔偿鸦片烟款，意味着清政府在武力逼迫下默认了鸦片贸易的存在。五口通商后，英国在华领事官员纵容乃至庇护其鸦片商在各口岸从事鸦片走私活动。

① 萧致治主编：《鸦片战争史》下册，福建人民出版社1996年版，第669页。

《五口通商章程附粘善后条款》规定，英国领事官员有协助中国政府访查、通报英商走私偷漏之责，实际上，这些领事官员对鸦片走私和其他走私活动置若罔闻，甚至提供便利。英国人李泰国在把持了上海的海关行政后，将禁止鸦片走私排斥在海关职责之外，使鸦片成为“唯一不受检查的进口货物”①。在中国沿岸巡弋的英国军舰，公然对鸦片走私船只提供保护。

在这种风气下，英国、美国及其他国家的鸦片贩子将非法走私活动推向了新的高峰。他们把鸦片趸船开到各个口岸，停泊在港口附近公开售卖。在珠江口的金星门、南澳岛和福建漳州等地，设立据点，建造房屋，修筑道路，建立了一个个贩卖鸦片的巢穴。② 英国统治下的香港成了鸦片贸易最大的中转站之一。鸦片贩子特制了航速极快的飞剪船，专门用于武装走私鸦片。战后西方国家对华鸦片输出直线上升。据统计，《南京条约》签订后的 1843 年，对华鸦片走私在 3. 6 万箱以上，1849 年超过 4 万箱，1853 年超过 5 万箱，1854 年超过 6 万箱，明显呈加速度增长。③ 两次鸦片战争之间，西方各国输入中国的鸦片在 70 万箱上下，从中国掠取白银达 4 亿元左右。

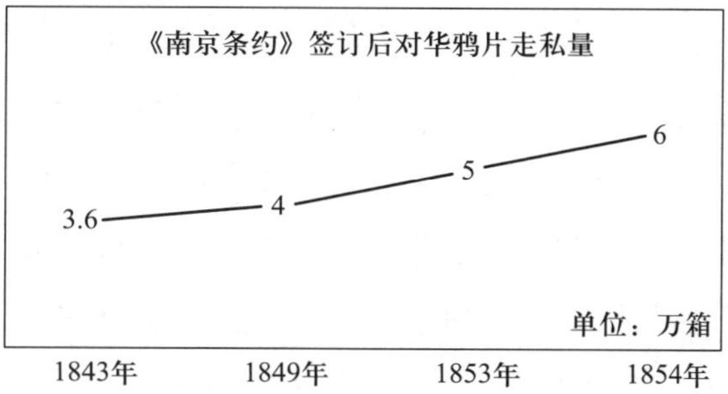

第一次鸦片战争后外国对华输入鸦片逐年增加数据趋势图

鸦片走私和贩卖极大地影响了正常贸易。在这段时期，由于进口贸易不振和出口贸易上升，英国和西方其他国家在正常的对华贸易中存在逆差，而中国每年均有大量的顺差。19 世纪 40 年代后，中国茶叶和生丝的出口出现较大上升，出口贸易额明显高于进口额。以 1846 年为例，中国对英、美的出口为

① 士卡斯：《在华二十年》，第 297 页，转引自严中平主编：《中国近代经济史（1840—1894）》上册，经济管理出版社 2007 年版，第89 页。

② 严中平主编：《中国近代经济史（1840—1894）》上册，经济管理出版社 2007 年版，第 111 页。

③［美］马士著：《中华帝国对外关系史》第 1 卷，张汇文等合译，商务印书馆 1963 年版，第 626 页。

3100万元，英、美对华出口为4100万元，其中对华鸦片出口为2300万元。若剔除鸦片贸易额，则中国应有1300万元的贸易盈余。[①] 鸦片贸易造成的财富流失，于此可见一斑。中国人民除承受巨大的经济损失外，还在身体上、精神上受到严重毒害。

四、从主张经世致用到开眼看世界

鸦片战争的失败与《南京条约》的签订，使一部分有识之士开始注意了解国际形势，研究外国概况，对国家前途和民族命运进行深入思考。

嘉、道年间，思想文化界出现了主张“经世致用”，反对脱离实际与崇尚空疏，注重研究现实问题的“经世思潮”。代表人物有龚自珍、魏源、林则徐、徐继畬、梁廷枏、姚莹等。他们对社会现实持激烈的批判态度，主张向西方学习先进技术，倡导改革，以达到强国御侮的目的。

首先，他们对社会危机进行了反省和批判，进而提出“自改革”的要求。龚自珍（1792—1841），字璱人，号定盦，浙江仁和（今浙江杭州）人，清中叶著名思想家。他以“日之将夕，悲风骤至”[②] 来形容当时日渐衰落的国势，对统治者苟安旦夕、官吏腐化堕落、社会风气败坏做了无情的揭露和批判。魏源（1794—1857），又名远达，字默深，湖南邵阳人，著名学者和思想家。他指责当时的士大夫阶层“以推诿为明哲，以因袭为老成，以奉行虚文故事为得体”[③]，并对虚弱多难、百务废弛的国家前途表达了深深的忧虑之情。

在批判的基础上，经世派发出改革现状的呼声。龚自珍用“治世、乱世、衰世”三世嬗变的历史观，强调社会历史处于不断变化中，提出“更法”的主张。他提出：“一祖之法无不敝，千夫之议无不靡，与其赠来者以劲改革，孰若自改革？”[④] 魏源认为：“天下无数百年不弊之法，无穷极不变之法，无不除弊而能兴利之法，无不易简而能变通之法。”[⑤] 他还提出，“变古愈尽，便民愈甚”[⑥]，对拘守旧法的迂腐观念提出挑战。

---

① 汪敬虞著：《十九世纪西方资本主义对中国的经济侵略》，人民出版社1983年版，第81页。

② 龚自珍：《尊隐》，《龚自珍全集》，上海人民出版社1975年版，第87页。

③ 魏源：《太子太保两江总督陶文毅公神道碑铭》，《魏源集》上册，中华书局1976年版，第328页。

④ 龚自珍：《乙丙之际著议第七》，《龚自珍全集》，上海人民出版社1975年版，第6页。

⑤ 魏源：《筹鹾篇》，《魏源集》下册，中华书局1976年版，第432页。

⑥ 魏源：《默觚下·治篇五》，《魏源集》上册，中华书局1976年版，第48页。

经世思想也反映在学术文化中。鸦片战争前后，出现了一大批关乎国计民生的学术作品。魏源在道光初年协助江苏布政使贺长龄编纂的《皇朝经世文编》，比较全面地反映了清代前期的“经世致用”思想和变革主张。魏源在鸦片战争后著《圣武记》，历述清前期诸朝的“武功”，以比照现实，予以讽谏。他在《元史新编》中对元朝政治和民族政策的批评，亦是对清朝相关政策有感而发。

嘉、道之际，中国北方边疆开始出现危机，引起人们对边疆史地的关注。例如，龚自珍撰著《蒙古图志》《西域置行省议》等，反映了他对中国边疆问题的关注。张穆著《蒙古游牧记》，对蒙古族的历史变迁进行了深入细致的研究。何秋涛著《朔方备乘》，对中国北部边疆史地及中俄关系做了系统的考察。

鸦片战争后，还出现了一些对这场战争的原因、过程和后果进行思考与总结的史著，其中有梁廷枏著《夷氛闻记》，魏源著《道光洋艘征抚记》，夏燮著《中西纪事》等。

鸦片战争后出现的“开眼看世界”的潮流，是经世思想的继承与发展。鸦片战争前沉溺于“天朝上国”幻象中的中国知识界，对外国历史、地理所知甚少。中国在鸦片战争中惨败于一向被视为“夷狄”的英国，引起国人强烈震撼，人们逐渐认识到了解世界的重要性。

林则徐是中国近代史上开眼看世界的第一人。他在广州领导禁烟运动时，就敏锐地认识到了解西方国家的重要性。他组织翻译人员，将在广州、澳门等地出版发行的外文报纸择要摘译。他从传教士手中得到英国学者慕瑞著《地理大全》，组织翻译该书，在此基础上编成《四洲志》一书。《四洲志》对世界五大洲三十多个国家的历史、地理做了概括介绍。这部著作可以看作是林则徐认识世界的思想记录。

1841 年，林则徐将《四洲志》书稿交给魏源，嘱其增益内容。魏源以《四洲志》为基础，又收集了各种中外文献资料，撰成《海国图志》50 卷，于 1844 年付梓。此后他继续搜集资料，扩充内容，先后于 1847 年、1852 年刊行了 60 卷、100 卷本。该书篇幅巨大，资料丰富，几乎辑录征引了当时能够搜集到的所有资料。该书对世界各地特别是西方各国历史、地理、社会、政治、宗教、文化、语言、军事等方面做了详尽的介绍，是当时中国介绍西方情况最全面的著作。魏源在书中提出“师夷长技以制夷”的思想，主张学习外国先进的军事和科学技术，以期抵御外国侵略，开创了中国近代向西方学习的风气。这部警世之作当时并没有引起清朝统治者和中国思想文化界的足够重视，但传到日本后，一些有识之士从中汲取思想营养，对推动日本明治维新产生了重要影响。

另一部世界史地著作是徐继畬的《瀛环志略》。徐继畬（1795—1873），字健男，号松龛，山西五台人，长期在福建任职，官至闽浙总督兼福建巡抚。他利用在沿海地区任职的便利，收集了大量资料，历经五个寒暑，“稿凡屡易”，于1848年撰成《瀛环志略》十卷。全书收地图42幅，以图为纲，系统地介绍了世界近八十个国家和地区的地理、历史、经济、文化、社会、军事等，资料准确，选用地图精当。该书虽不及《海国图志》丰富，但内容浑然一体，且有剪裁识断，融贯统揽，展现了明晰而系统的世界历史地理全貌。

梁廷枏（1796—1861），广东顺德人，参与过禁烟运动、抗英战争和战后的反入城等活动。他致力“采集海外旧闻”和各种报章、西人著述中的有关资料，探索西方“岛屿强弱，古今分合之由”。1844年后，陆续撰成介绍美国的《合省国说》四卷，介绍英国的《兰仑偶说》四卷，记录清前期对外交往的《粤道贡国说》六卷，以及叙述基督教及其传入中国简史的《耶稣教难入中国说》一卷。1846年他将这些作品合刊为《海国四说》，开创了近代中国人编写国别史的先例。

鸦片战争后刊行的相关作品还有姚莹的《康輶纪行》。姚莹（1785—1853），字石甫，号明叔，安徽桐城人。鸦片战争时期，他在台湾任职，领导过武装抗英斗争。他早年专心研究边疆与域外事务，战后被贬官四川时，考察西南边疆，并依此撰成《康輶纪行》16卷。该书除记录沿途见闻外，还收录了一些关于欧美国家的资料。他在书中提出要警惕英国对西藏的侵略，加强沿海和边疆的防务等，在当时具有很强的现实意义。

《海国图志》等著作，介绍了世界各国情况，提出了“师夷长技以制夷”的思想，体现了强烈的忧患意识和危机意识，开辟了近代中国通过学习西方以探索救国真理的新方向。但是，由于封建统治者仍然没有从“天朝上国”的迷梦中清醒过来，还没有真正意识到中国面临西方资本主义列强的侵略威胁的严重性，因此这些警世作品在当时并没有发挥出应有的作用，中国社会在鸦片战争的炮声沉寂后又昏昏睡去。

思考题：

1. 简述鸦片战争前中国对西方的认识看法和当时的中西方关系。

2. 为什么说鸦片战争是中国近代历史的开端?
3. 试述《南京条约》等第一批不平等条约的内容及其危害。
4. 如何认识鸦片战争后开眼看世界的积极意义及其内在局限?

▶ 拓展阅读

第二章　太平天国农民起义与第二次鸦片战争

鸦片战争后，中国国内危机进一步加剧，各地农民反抗此起彼伏，最终爆发了太平天国农民起义。太平天国取得了一系列军事斗争的胜利，在南京建立了政权。英法联合发动的第二次鸦片战争，进一步损害了中国的主权。在镇压太平天国的过程中，湘军、淮军相继崛起，引发了清政府权力结构的变化。清政府联合西方侵略者共同镇压了太平天国等反清起义。太平天国起义虽然失败了，但沉重打击了清政府封建统治，对晚清政局产生了深刻影响。

第一节　太平天国起义的发动与农民政权的建立

一、起义的酝酿与洪秀全早期思想

鸦片战争后，中国人民身受封建主义和帝国主义的双重压迫，中国社会出现严重的危机，各种社会矛盾进一步激化。由于庞大的军费和巨额战争赔款等，清政府出现了严重的财政危机，“自庚子以至甲辰（1840—1844），五年之间，一耗于夷务，再耗于库案，三耗于河决，固已不胜其浩繁矣”①。清政府遂将这一危机以捐税形式转嫁到民众身上，地丁和漕赋征额外的附加税名目繁多，加上地方官层层加码，农民的负担更为沉重。不少农民不堪重负，典卖地产，沦为流民。同时，鸦片和外国商品涌入中国市场，特别是棉纱、棉布的大量进口，对东南沿海特别是两广地区自给自足的自然经济产生了很大的冲击。根据《南京条约》，上海、厦门、宁波、福州等城市相继成为通商口岸，广州对外贸易中心的地位衰落，原来依附于对外贸易的航运业、旅馆业、餐饮业等相继萎缩，这使得许多以此为生的水手、纤夫、搬运工等相继失业。同时，湖南、江西至广州的商路也变得萧条，数十万人失业。鸦片战争后，鸦片走私更为猖獗，白银外流愈加严重，造成银价更贵，粮食等农产品的价格愈低，农民和手工业者的赋税负担更为沉重。残酷的剥削和压迫，激起了人民的反抗斗争。1842—1850 年，各地反清起义

---

① 曾国藩：《议汰兵疏》（咸丰元年三月初九日），《曾国藩全集·奏稿之一》（修订版），岳麓书社 2011 年版，第 18—19 页。

达百余次之多。天地会、白莲教、幅党、捻党、大刀会等组织十分活跃。各地的起义有力地冲击了清政府的统治，客观上为太平天国起义创造了有利条件。

当时广西的社会矛盾尤其尖锐。广西境内多高山丘陵，人多地少，民众生活一向困苦。鸦片战争后，民众生活更为拮据。加之 1846 年至 1850 年水、旱、蝗灾不断，人民濒于绝境，纷纷起来反抗。1850 年前后，广西大部分地区都爆发了农民起义。其中，天地会的活动遍及全省，形成了四个较大的武装中心：湘桂边境的雷再浩军，西江流域的艇军，南宁、太平地区的张嘉祥、颜品瑶军，由中部再辗转北部的陈亚贵军。这些农民起义和会党活动，为太平天国起义在该地区的酝酿和准备起到了很好的掩护作用。洪秀全领导的太平天国起义就是在这种形势下爆发的。

洪秀全（1814—1864），谱名仁坤，原名火秀，生于广东花县（今广州市花都区）一个客家农民家庭。洪秀全自幼接受儒家传统教育，希望通过科举考试取得功名，进入仕途，光宗耀祖。但从 1828 年起，他多次前往广州应试秀才，却屡遭失败。1836 年去广州参加考试时，洪秀全获赠中国传教士梁发编写的宣扬基督教的小册子《劝世良言》。1843 年，洪秀全最后一次参加科举考试，仍然没能成功，从此他对科举完全失望，进而产生反清意识，开始寻求其他出路。他重读《劝世良言》，深受启发，遂接受基督教思想。随后，洪秀全根据自己对基督教的一知半解，开始创立拜上帝会。他自称 25 岁时上过天堂，接受上帝的旨意，下凡除妖。他还与表兄李敬芳自行施洗。随后，又动员族弟洪仁玕、表弟冯云山一起拜上帝。为了表示专拜上帝，不信奉其他神灵，他们砸毁了村塾中的孔子牌位和家中供奉的各种神像。这一举动遭到了族人排斥，洪秀全、冯云山失去了塾师的职位，在家乡难以立足，遂前往广西传教。

1844 年 5 月，洪、冯二人辗转抵达广西贵县赐谷村传教。但经过半年多的宣传，成效甚微，洪秀全遂返回家乡，冯云山则前往广西桂平县西北的紫荆山区继续传教。该地区群山环抱，居住着以种田、烧炭为业的壮族、瑶族和汉族民众。他们大多生活贫困，不识文字，但勤劳、勇敢，富于反抗精神。冯云山深入他们之中传教，取得了一定成效。在传教过程中，冯云山刻意神化洪秀全，树立了他的领袖权威。在冯云山的不懈努力下，到 1847 年上半年，紫荆山区加入拜上帝会的民众已经达到 2000 多人，杨秀清、萧朝贵等也都加入了拜上帝会，并成为重要骨干。

在冯云山传教的同时，洪秀全回到家乡著书立说，先后撰写了《原道救世歌》《原道醒世训》《百正歌》和《改邪归正》等著作。1847 年 8 月，洪秀全到达紫荆山后，又完成《原道觉世训》和《太平天日》。在这些书中，洪秀全把儒家思想、民间宗教意识和基督教教义附会、糅合，形成了系统完整的拜上帝会教义。

洪秀全提出了“奉天诛妖”的反清思想，号召人们参加起义。他认为，“阎罗妖”是现实世界一切邪恶的根源。就当时的政治现实来说，“阎罗妖”就是指清朝皇帝，“妖徒鬼卒”指的是清朝的官吏及一切效忠和追随清朝的地主阶级分子。洪秀全还把那些不信奉拜上帝会、不认天父而拜邪神的人也称为“妖”。而“皇上帝”和“上帝子女”是正义的代表。洪秀全自命是“皇上帝”在人间的代表，为凡间人民的主宰，“奉天诛妖”，号召人民用暴力推翻清朝统治。

洪秀全描绘了“小天堂”的理想社会，以此感召民众信仰拜上帝。洪秀全认为天堂有大小两种，在天上的是“大天堂”，在地上的是“小天堂”，太平天国要在人间实现“小天堂”理想，即财产为民众共有，“无处不均匀，无人不饱暖”，人们“各自安享太平”，死后进入“大天堂”。

洪秀全还神化自己，树立个人权威。他宣称自己是上帝的次子，耶稣之弟，被封为“太平天王大道君王全”，受上帝之命下凡斩邪留正，以此确立他在拜上帝会中的领袖地位。

拜上帝会描绘了“小天堂”的理想，具有浓烈的小农社会农民阶级平均主义色彩，对于在困苦生活中挣扎的贫困农民来说，非常具有吸引力，因而纷纷加入拜上帝会。同时，拜上帝会紧密结合了当时社会矛盾尖锐的现实，通过宣扬“奉天诛妖”的思想，动员广大底层民众起来反抗。拜上帝会虽然披着西方基督教的外衣，但具体内容却大量掺杂了中国民间信仰成分，如洪秀全认为上帝的居所是天堂，那必然有凡间和十八层地狱。同时，拜上帝会浸润着浓厚的中国传统伦理、血缘观念。他称上帝是天父，耶稣是上帝的长子，自己则是上帝的次子，而“东王是上帝爱子，与太兄及朕同一老妈所生”①。这样的改造，使得拜上帝会更符合中国人的信仰习惯，易为中国底层民众所接受。拜上帝会理论的形成，为太平天国起义提供了思想指导，有利于巩固洪秀全的领袖地位，吸引民众加入拜上帝会，团结动员会众参加反清活动。

在洪秀全、冯云山等人的号召和组织下，大批底层民众纷纷加入拜上帝会，使其势力大增，与当地团练形成“各自争气，各自逞强”的局面。1848 年

① 《约翰上书》，金毓黻等编：《太平天国史料》，中华书局 1955 年版，第 85 页。

1月，紫荆山区团练勾结官府逮捕冯云山，洪秀全被迫暂行躲避，会众一时陷于混乱。为安抚会众，杨秀清假借天父下凡，发号施令；萧朝贵则假托天兄下凡附体，代天兄传言。这一做法起到了稳定会众的作用。10月，冯云山被拜上帝会营救出狱，赶赴广东与洪秀全会合。11月，两人在广东花县会面。1849年7月，洪秀全、冯云山回到紫荆山区，为了团结会众，共同对敌，只得承认杨、萧二人代天父、天兄传言的权力。这使得杨秀清在宗教地位上拥有了凌驾于洪秀全之上的最高权威，而洪秀全在世俗权力上仍然是最高领袖，这为后来太平天国内部的权力斗争埋下隐患。

此后，韦昌辉、石达开等也相继加入拜上帝会，逐渐形成了洪秀全、杨秀清、萧朝贵、冯云山、韦昌辉、石达开等人组成的领导核心。他们积极准备，积聚力量，准备发动一场旨在推翻清朝统治的大起义。

二、金田起义与定都天京

1850年9月初，洪秀全认为起义时机已经成熟，遂命拜上帝会会众到桂平县金田村“团营”（即集中编练队伍）。在“团营”期间，洪秀全拟定了太平军初期的军制，还颁布五条简明纪律：“一、遵条命；二、别男行、女行；三、秋毫莫犯；四、公心和傩（即和睦），各遵头目约束；五、同心合力，不得临阵退缩。”① 洪秀全特别强调会众必须严格遵守军纪，以提高太平军的战斗力。与此同时，实行圣库制度，所有财产交入圣库，统一平均分配。这一制度消灭了内部的贫富差异，既对农民产生了极大的吸引力，也保证了在起义初期物资极为困乏的情形下，太平军能够集中财物作为军需，有利于坚持长期战争。

1851年1月11日，正值洪秀全38岁生日，洪秀全率众在金田村起义，宣布太平天国建立，“正号‘太平天国元年’”②。太平军将士全体蓄发易服，头包红巾，以示与清政府彻底决裂，由此，太平军有“长毛”之称。在桂平附近与清军对立的天地会首领罗大纲、苏三娘等相继来投，太平军队伍迅速壮大。3月，太平军挥师东进，屡败清军，顺利抵达武宣县东乡。23日，洪秀全在东乡正式称“天王”，这一天是西历复活节，如此安排，其目的是增添君权神授的色彩。9

① 《天命诏旨书》，中国史学会编：《中国近代史资料丛刊·太平天国》第1册，上海人民出版社1957年版，第63页。

② 《洪仁玕自述》，中国史学会编：《中国近代史资料丛刊·太平天国》第2册，上海人民出版社1957年版，第850页。

月，太平军大败尾随的广西提督向荣所部清军，一举攻克永安州。

太平军在永安驻守长达半年，进行了封王建制。洪秀全封杨秀清为东王，九千岁；萧朝贵为西王，八千岁；冯云山为南王，七千岁；韦昌辉为北王，六千岁；石达开为翼王，五千岁。同时规定，“所封各王，俱受东王节制”①。洪秀全还仿效历代王朝更替时的做法，颁布冯云山新制的历法《天历》，建立起自己的历法。通过永安建制，太平天国的中央政权初步形成，对其后来的发展起到了一定的促进作用。但封王建制表明，太平天国不可能建立区别于封建王朝的新型政权，只能走传统农民起义的老路。此后，各王府各自设立了政事机构，形成相对独立的派系，削弱了中央集权，这成为后来权力斗争的又一隐患。

为进一步动员更多的民众加入反清行列，太平军在永安发布《奉天讨胡檄布四方谕》《奉天诛妖救世安民谕》《救一切天生天养中国人民谕》等三篇文告，宣传拜上帝教的平等观念，痛斥清政府“贪官污吏，布满天下……富儿当权，豪杰绝望”，号召人民起来反抗清王朝的黑暗统治。同时，申明太平天国起义的宗旨是建立“同享太平之乐”的新世界。② 这三篇文告是太平军的政治宣言书。

1852 年 3 月，钦差大臣赛尚阿率向荣等部围攻永安城，太平军突围北上，4 月中旬进攻桂林，不克。5 月下旬，撤围北上进攻全州。在此，太平军采用的战术是挖隧道、埋火药，最终炸开城垣缺口，于 6 月 3 日一举攻克全州。这一“穴地攻城”战术后来成为太平军最主要、最有效的攻坚战术，在历次战役中发挥了重要作用。

攻克全州后，太平军继续北上，进入湖南境内。途经蓑衣渡时，遭遇楚勇头目江忠源率部堵截。南王冯云山因攻克全州时身负重伤，此时伤重不治，死于军中。太平军改变进军路线，弃水就陆。途经道州时，太平军重新颁布三篇诰谕，动员民众与天地会成员加入太平军，加入者“日以千计”③。太平军队伍迅速扩展到近两万人，且有数千名挖煤工人加入。太平天国将这些挖煤工人组织起来，建成土营，继续采取“穴地攻城”战术，开挖地道，夺取城池，连克道州、郴州，直逼长沙。

---

① 《永安封五王诏》，太平天国历史博物馆编：《太平天国文书汇编》，中华书局 1979 年版，第 36 页。

② 《颁行诏书》，中国史学会编：《中国近代史资料丛刊·太平天国》第 1 册，上海人民出版社 1957 年版，第 160—164 页。

③ 葛士濬编：《皇朝经世文续编》卷六十二《兵政一》，光绪石印本。

9月上旬，西王萧朝贵率太平军精锐进抵长沙城东，并亲自督战，不幸中炮牺牲，长沙未能攻克。12月，太平军放弃长沙，转而进攻湘北重镇益阳，一举攻克，并获“民舟数千”①，然后顺流而下，轻取岳州。太平军在岳州又征集到数千艘民船，船民、纤夫也踊跃加入起义队伍。太平军以此为基础组建了水营。从此，太平军拥有了一支力量雄厚的水师，为后来进军长江中下游奠定了基础。

1852年年底，太平军分水陆两路进入湖北，连克重镇汉阳、汉口，并于1853年1月12日攻克武昌。太平军因“不掳乡民，且所过之处，以攫得衣物散给贫者”，并告示“将来概免租赋三年”②，受到武昌城内民众欢迎，“爆竹喧阗满市廛，香炉高捧跪门前”③。武昌是太平军攻克的第一座省城，对全局发展具有战略意义。此时，太平军兵力已扩展至十万人，且水师强大，士气高涨，大有不可战胜之势。

太平军官兵图

采自张海鹏、翟金懿著《简明中国近代史读本》，中国社会科学出版社2018年版，彩插页。

---

① 罗尔纲著：《李秀成自述原稿注》（增补本），中国社会科学出版社1995年版，第131页。

② 张德坚：《贼情汇纂》卷十《贼粮》，清钞本；张德坚：《虏制》，《贼情汇纂》卷十《贼粮》，中国史学会编：《中国近代史资料丛刊·太平天国》第3册，上海人民出版社1957年版，第271页。

③ 江夏无锥子：《鄂城纪事诗》，中国科学院历史研究所第三所近代史资料编辑组编：《太平天国资料》，科学出版社1959年版，第34页。

1853 年 2 月，太平军顺江东下，连克九江、安庆、芜湖，于 3 月 20 日攻破南京城，斩两江总督陆建瀛、江宁将军祥厚。随后，太平军一面在城外设防，遏阻清军向荣部的追击，一面派林凤祥等率部克镇江、扬州，形成三城相连之势，以抵御清军的进攻。29 日，太平军布告安民，宣布定都于此，改南京为天京，正式建立了与清政府对峙的农民政权。

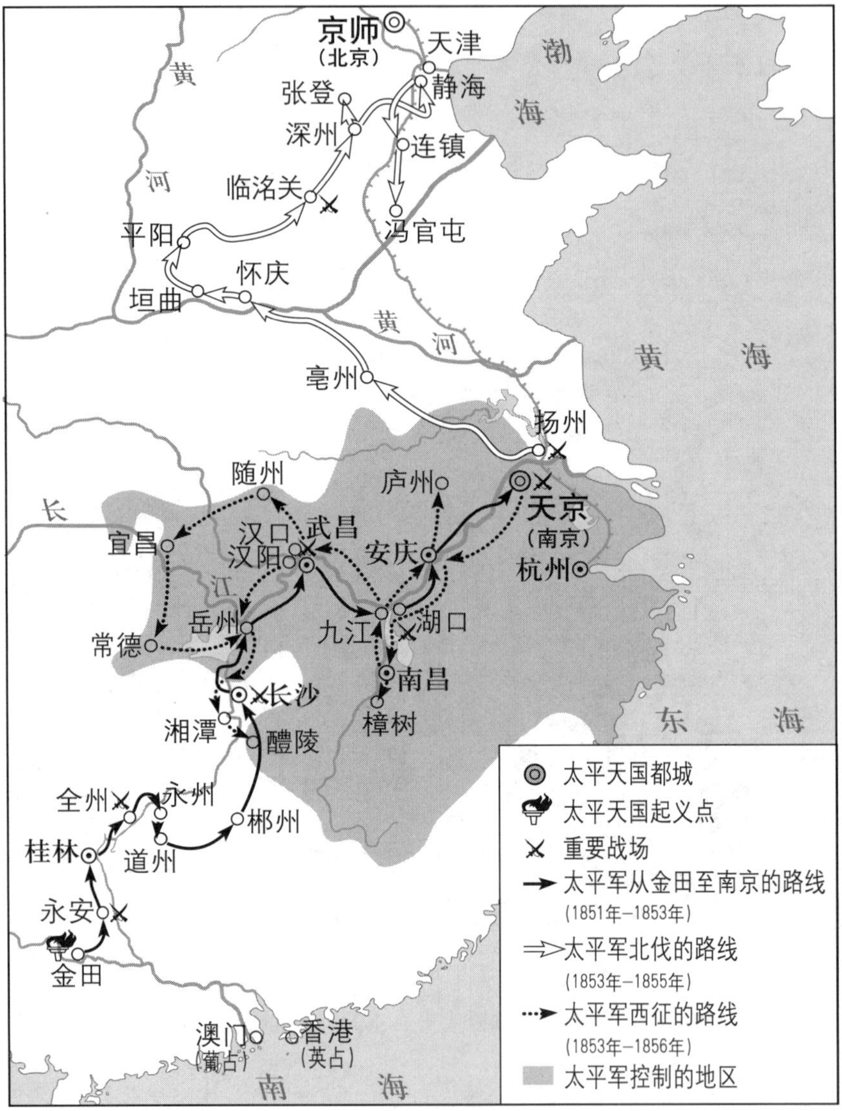

太平天国运动前期形势示意图

三、太平军的北伐与西征

太平天国定都南京后，清政府大为恐慌，立即调重兵云集南京城外。3 月，向荣在南京城外孝陵卫建立江南大营，4月，琦善、胜保在扬州城外建立江北大营，对天京形成钳制之势。

为了巩固天京，推翻清朝统治，太平天国决定进行北伐和西征。

1853年5月上旬，天官副丞相林凤祥、地官正丞相李开芳率北伐军自扬州出发，经安徽滁州、凤阳、亳州，一路势如破竹，进入河南，并于6月底在豫西汜水口抢渡黄河。由于清军封锁船只，北伐军人多船少，加之清军援军赶到，只得沿河西进。北伐军主力于7月初在汜水渡黄河，围攻怀庆。部分将士未及渡河，被迫南走，转战豫、皖等省，最后与西征军会合。因久攻怀庆不克，北伐军于9月撤围西进，绕道山西，然后东出太行，进入直隶平原。10月末，北伐军进占杨柳青，直逼天津。北京城内一日三惊，咸丰皇帝随时准备逃往承德。由于时届严冬，南方来的北伐军将士多不适应，加上孤军深入，缺乏补给，进攻受阻。1854年2月，北伐军被迫南撤，5月抵达直隶东光县连镇待援。天京两次派援军北上，均被清军击败。北伐军孤立无援，最后于1855年5月失败，林凤祥、李开芳被俘遇害。

太平军北伐历时两年多，长驱六省，有效地牵制了清军大部分兵力，缓解了太平军在长江流域的压力，沉重地打击了清朝的统治。但北伐的失败，使得太平军丧失了攻占北京的大好时机，无法继续打击清朝统治的中心地区。同时，清政府由此得到喘息的机会，开始对太平军进行反扑。

太平天国在北伐的同时，开始大规模的西征。西征的战略目标是夺取安庆、南昌、九江等军事重镇，控制长江中上游地区，作为天京的西部屏障，并扩展太平天国控制区域。1853年6月初，西征军长驱直入，半月内连克安庆、湖口，随即入鄱阳湖，进围南昌。攻城三个月不克，撤围转守九江，旋分兵两路：一路进攻皖北，一路挺进湖北。次年3月，西征军攻入湖南境内，遇到了曾国藩建立的地方武装湘军的顽抗。

曾国藩（1811—1872），字伯涵，号涤生，湖南湘乡人，进士出身，官至吏部左侍郎。1853年年初，因母丧回籍守制的曾国藩奉命赶至长沙，协助湖南巡抚“办理本省团练事务”。他以罗泽南的湘勇为基础，募练了一支不同于绿营的军队——湘军，于1854年2月编练完成，计有陆师、水师，加上各种夫役，全军1.7万多人。3月初，湘军倾巢出动，反击进入湖南的太平军。出征伊始，曾国藩发布《讨粤匪檄》，攻击太平天国“荼毒生灵数百余万，蹂躏州县五千余里”。檄文还批判拜上帝会，称：“举中国数千年礼义人伦、诗书典则，一旦扫地荡尽。此岂独我大清之变，乃开辟以来名教之奇变!”① 以此激发饱受儒学熏陶的士绅为保卫纲常名教而战。

4月底，太平军在靖港大败湘军水师，曾国藩羞愤交加，投水寻死，被随从救起。7月，湘军开始全面反扑，太平军接连失利。10月，武昌、汉阳相继失陷。1855年年初，湘军进逼九江，石达开、罗大纲率大军增援西征军。援军到达后，在湖口和九江两次战役中痛歼湘军水师，曾国藩落荒逃至南昌。从此，西征军转入了全面反攻阶段，乘胜西进，4月第三次攻克武昌。11月，一部分太平军攻入江西，到1856年3月，太平军攻克江西7府1州50余县，捷报频传。曾国藩被围困在南昌城内，急调亲信罗泽南援救，但罗泽南已在武昌城外被太平军击毙。太平天国西征取得了巨大胜利。

太平军在湖口大败清兵

采自 Lin-Le, *Ti-Ping Tien-Kwoh*, *Vol. I*, Day & Son, 1866, p. 261.

与此同时，太平军在南京周边战场也获得了多次胜利。1856年4月，太平军击溃清军江北大营，再克扬州。6月，一举攻破江南大营，向荣退至丹阳丧命。自此，太平天国解除了威胁天京长达三年之久的军事压力，在军事上进入全盛时期。

太平天国之所以能够胜利进军，是因为颁布了“奉天诛妖”、建立人间“小天堂”等鲜明的政治纲领，严格执行了“不掳乡民”“概免租税”等符合广大人民利益的政策，得到了广大人民群众的响应和支持。太平军组织严密，

① 曾国藩:《讨粤匪檄》,《曾国藩全集·诗文》(修订版)，岳麓书社2011年版，第140页。

军纪严明，战术灵活，士气高涨，也是其取得一系列军事胜利的重要保证。

四、《天朝田亩制度》与太平天国的政治、经济制度及对外政策

1853 年冬，太平天国颁布了纲领性文件《天朝田亩制度》，其核心内容是解决农民最关心的土地问题，内容主要包括：

第一，在经济上实行平均主义政策。它要求遵循处处均匀、人人饱暖的原则，实行土地财产平均分配。具体办法是："凡分田，照人口，不论男妇。算其家口多寡，人多则分多，人寡则分寡，杂以九等。"也就是按照每家人口的多少来分田，男女平等。根据土地贫瘠程度，把土地分为九等，分田时则"好丑各一半"。受田的多少与年龄大小有关，15 岁以下减半。它还对收成分配做了详细规定："凡当收成时，两司马督伍长，除足其二十五家每人所食可接新谷外，余则归国库，凡麦、豆、苎麻、布帛、鸡、犬各物及银钱亦然。"这就是说，每年的收成要留一部分供每家开销到第二年收成的时候，剩下的全部交给国库。又规定："凡二十五家中，所有婚娶、弥月喜事，俱用国库，但有限式，不得多用一钱。"每家庆贺娶妻生子办理丧事的花销从国库里支出，必须按照规定的额度使用，每家一样。"鳏寡孤独废疾者"，一律由国库供养。

第二，建立兵农合一、军政合一的社会组织。关于社会组织，早在 1850 年太平天国就规定：五人为"伍"，其中一人为伍长，五伍为"两"，设一"两司马"，四两为"卒"，设一卒长，五卒为"旅"，设一旅帅，五旅为"师"，设一师帅，五师为"军"，设一军帅，每一军帅共管辖 13155 人。军帅以上则有全军统帅，专门派出总制、监军来指挥各军帅。在此基础上，《天朝田亩制度》建立了更为完备的组织系统。它规定，天王为最高领导，天王下设军师、丞相、检点、指挥、侍卫、将军，组成中央领导机构。地方分为省、郡、县三级政权，省由中央领导机构派官员担任，郡设总制，县设监军，统一管理地方行政，为守土官。县以下为基层，下设军帅、师帅、旅帅、卒长、两司马和伍长，均称为乡官，由民众公举产生。这种组织建制，显然是为了适应战时需要，体现了鲜明的军事化管理特点。为了保障战争的供给，地方和基层在守土官和乡官的带领下，"有警，则首领统之为兵，杀敌捕贼；无事，则首领督之为农，耕田奉尚"。战争一旦发生，所有士兵都要上战场；没有战事的时候，所有的士兵都要放下刀枪去耕田。这充分体现了寓兵于农、兵民合一的特点。

第三，在思想文化上力图独尊“皇上帝”。太平天国贯彻“天父上主皇上帝特命太平真主救世真意”，规定凡二十五家设一个礼拜堂，“凡两司马办其二十五家婚娶吉喜等事，总是祭告天父上主皇上帝，一切旧时歪例尽除”。每家娶妻生子的喜事由两司马主持，并且必须去敬拜“皇上帝”，民间有关这方面的习俗一律废除。又规定：“其二十五家中童子俱日至礼拜堂，两司马教读《旧遗诏圣书》《新遗诏圣书》及《真名诏旨书》焉。”也就是说，每家的儿童每天要到礼拜堂去，由两司马教他们诵读新旧约圣经。还规定：“凡礼拜日，伍长各率男妇至礼拜堂，分别男行女行，听讲道理，颂赞祭奠天父上主皇上帝焉。”①

《天朝田亩制度》提出了一套平均分配土地的方案，描绘出一个“无处不均匀，无人不保暖”的理想社会图景，符合广大贫苦农民渴望拥有土地、追求平等的愿望，是对历代农民起义“等贵贱、均贫富”“均田免粮”思想的继承发展。它否定了剥削压迫农民的封建土地制度，动员广大群众起来反抗清政府的统治，具有鲜明的反封建意义。但其具体方案又表现出平均主义的空想色彩，违反社会经济发展的客观规律，在现实中难以实施，没有产生太大的影响。

太平天国建立了完备的军事制度，设有陆营、水营（即水师）、土营（专任掘地道作业）、马队、女军。此外，还有保护天王府的御林军，以及寓兵于农的乡兵。完备的军制体系，有效地保障了太平天国对武装力量的运作，清政府也认为太平天国之所以能够长久维持，是因为其“军制有足恃者”。

太平天国在文化教育领域也有所创新。太平军所到之处，招纳英才，广泛推行考试制度。早在1851年，太平天国就在永安举行过考试。定都天京后，正式建立了县试、省试、京试三级考试制度。考试科目仍然沿袭传统科举考试规制，以诗、文为主，但试题不出自四书五经，而出自《旧遗诏圣书》《新遗诏圣书》《天命诏旨书》等。考试制度为太平天国选拔了人才，同时也扩大了太平天国思想的影响。

太平天国在城市的经济政策，前后有所变化。定都天京初期，洪秀全等依据“人无私财”“天下一家，共享太平”的指导思想，在天京城内全面推行圣

---

① 以上规定均见《天朝田亩制度》，罗尔纲编注：《太平天国文选》，上海人民出版社1956年版，第45—49页。

库制度，废除私财和私营工商业，统一调拨分配。太平天国一度将手工业工人按行业与技能分别编入诸匠营与百工衙，设立典官组织管理生产，为太平天国军事供应和社会经济生活发挥了重要作用。但是，这种做法是建立在实行公营与平均主义分配的基础之上的，违背了经济发展客观规律，严重影响了生产者的积极性，因而难以长期执行，太平天国不得不转向鼓励私营工商业发展，同时发展公营工商业。

定都天京初期，太平天国依然实行男营、女营分立制度，而且规定夫妻之间、父母子女之间分住男馆、女馆，平时不得相见，一星期才能团聚一次，违者受罚。该制度违反了人伦常情，引起民怨。直到 1855 年年初，太平天国才下令解散男馆、女馆，恢复了家庭生活。

太平天国的财政收入主要来源于田赋、工商税和杂捐。建都天京后，为减轻农民负担，太平天国在控制区内实施薄赋轻税政策，受到欢迎。工商税包括关卡税、营业税和杂捐。太平天国先在长江沿岸、后在沿海重要口岸设关收税，对商铺、手工业作坊及商贩则发给店凭或执照，收取营业税。太平天国的杂捐名目较多，多为后期所设。为方便商品交易，保护自身经济利益，太平天国从 1854 年开始发行货币，因铸钱“质佳工良”[①]，受到民众欢迎。

太平天国与外国列强的关系有一个逐渐变化的过程。太平天国起义之初，外国列强叫嚣要武力干涉，但因其在华兵力有限，转而打出“中立”旗号。事实上，他们想推行双向外交，同时与清政府和太平天国交战双方接触，根据形势变化制定有利于自身利益的对华政策。1853—1854 年，英、美、法三国公使分别到天京访问。太平天国接待了他们，并逐步制定一套规范化的外交礼仪与原则。太平天国坚持天王是万国共主，外国是“夷”，必须向太平天国归降朝觐；主张经济开放，“万国皆通商”，外国人可以“自由出入，随意进退”，但不承认不平等条约，待日后谈判“立埠”，禁止鸦片等“害人之物”，“通商者务要凛遵天令”。在太平天国领导者看来，外国人是上帝派来“齐会天国，扶尔主，朝尔主，同尊上帝”的，[②] 但列强却没有来进贡，反而要向天国讨取物资，实属强蛮无礼。这些原则体现出太平天国的外交政策是比较独立的，但同时也表明太平天国领导者尚未摆脱华夏中心主义的心态，依然以天朝大国

---

① 罗尔纲著：《太平天国史稿》，中华书局 1955 年版，第 103 页。

② 《东王杨秀清答复英人三十一条并质问英人五十条诰谕》（甲寅四年五月二十三日），太平天国历史博物馆编：《太平天国文书汇编》，中华书局 1979 年版，第 300、302、306 页。

自居。

1854 年后，太平天国的外交政策有所变化。这一时期外国使节虽然与太平天国接触频繁，但他们倨傲无礼，且仍保持中立政策，太平天国领导人对此极为不满，终至冷淡不理。1858 年，英国公使率舰闯入长江后情形又发生变化，此时太平天国正面临被清军包围的困境，洪秀全不想再增加对手，便对外国示好，幻想“西洋番弟”能替真主“出力”，协助太平天国推翻清王朝。[①] 当然，外国侵略者不会理睬洪秀全的求援愿望，却对太平天国外交政策的转变颇有兴趣，之后各国使节频繁访问天京，非正式地获得了在长江流域自由航行、通商的权利。1860 年，太平军准备进攻上海，列强撕下“中立”伪装，用武力帮助清军保卫上海，并诱迫太平天国同意一年内不进攻上海，之后又诱使太平军放弃进攻武汉，致使太平天国第二次西征的战略目标未能实现。1861 年后，英美官员再度到天京活动，太平天国为使列强保持中立，积极与其发展关系，但实际上列强并无诚意，最终还是走上了武装干涉的道路，联合清军“剿灭”太平天国。

第二节 第二次鸦片战争

一、英法发动第二次鸦片战争

五口通商后，西方国家对华贸易并未取得预期的效果，反而在短期内呈现下滑态势。其原因主要为：中国自给自足的自然经济对外国商品有着顽强的抵抗力；英国等国家向中国大量倾销鸦片，中国白银大量外流，直接影响了对其他工业品的购买力；太平天国起义严重影响了长江两岸六省的贸易等。

为了扩大对华贸易，从 1854 年开始，英、法、美等国提出“修约”要求，希望对第一批不平等条约进行修改，从中国攫取更多权益。中美《望厦条约》有“和约一经议定，两国各宜遵守，不得轻有更改”的规定，但涉及“贸易及海面各款”如需稍有变通，应在十二年后两国派员“公平酌办”的条款。中法《黄埔条约》也有类似规定。英、法、美等国片面地抓住“十二年后”再行

① 参见洪秀全：《赐西洋番弟诏》，罗尔纲选注：《太平天国诗文选》，中华书局 1960 年版，第 26 页。

“酌办”或“筹议”等字眼，向清政府提出修约要求。中英条约无此条款，英国却援引片面最惠国待遇，率先于1854年向清政府交涉，提出中国全境开放通商、鸦片贸易合法化、废除进出口货物子口税、公使驻京等条件，① 遭到清政府拒绝。1856年，中美《望厦条约》和中法《黄埔条约》满12年，美国、英国、法国再次提出全面修改条约，要求中国答应全面开放、鸦片贸易合法化、废除进出口货物子口税、公使驻京、天津开埠、修改税则、制订华工出国章程、广州入城等条件，再次遭到清政府的拒绝。

1856年，英、法与俄国结束了克里米亚战争，由于全面修约要求遭拒，英、法遂决定发动侵华战争。

1856年10月上旬，广东水师在广州珠江海珠炮台附近缉获走私快艇“亚罗号”，逮捕了船上的两名海盗和十名嫌犯。“亚罗号”是一艘走私的中国船，曾向香港当局注册，领取执照。但事件发生时，其执照早已过期，且未悬挂英国国旗。为了寻找发动对华战争的借口，英国驻广州代理领事巴夏礼硬将此艇说成英国船只，船上中国人受英国保护，并谎称当时船上挂着的英国国旗被扯落，中国水师此举侵犯了英国利益，侮辱了英国国旗，要求广东当局送回被捕水手，赔礼道歉。人为地制造了所谓的“亚罗号事件”。

英国驻华公使包令明知“亚罗号”执照过期，仍决定隐瞒此事。他指示巴夏礼援引不平等条约发难，自己也直接向两广总督叶名琛发出措辞强硬的照会。面对英人无理要求，叶名琛为了息事宁人，除留下两名可以确认的海盗和一名须留下作证的水手外，命将其余九人全部释放。巴夏礼以未满足其条件为借口，拒绝接受。他到香港与包令商定进攻广州，然后向叶名琛发出最后通牒。叶名琛被迫将十二名水手全部送回。巴夏礼再次拒绝接受。同时，英国海军上将西马糜各厘率领英国舰队闯入珠江，进攻广州，第二次鸦片战争正式爆发。

英军很快攻陷广州珠江沿岸多座炮台。负有守土之责的叶名琛，在英军进迫时，对敌情不闻不问，下令清军不予抵抗，水师不得还击，期待敌人自去。② 这种荒谬态度，使英军得以长驱直入。10月下旬，英军开始炮击总督衙门等目

---

① ［美］马士著：《中华帝国对外关系史》第1卷，张汇文等合译，商务印书馆1963年版，第764—769页。

② 华廷杰：《触藩始末》，中国史学会编：《中国近代史资料丛刊·第二次鸦片战争》第1册，上海人民出版社1978年版，第165页。

标，叶名琛不得不避走。随后英军攻破广州，攻入城内的总督衙门。广州军民进行了反抗侵略军的斗争，在广州附近与英军进行了一些小规模战斗，广大民众也参与了对敌军的袭扰。29 日，英军被迫退出广州。11 月中旬，英军向虎门要塞发起进攻，几天内相继攻陷横档、威远、镇远、靖远、大角等炮台，将这些炮台的防御设施毁坏殆尽。12 月初，英军再次攻占广州附近炮台。①

"亚罗号事件"的消息传到伦敦后，引起英国政府内部的激烈争论。时任英国首相的巴麦尊为贯彻其侵华政策，不惜解散下院，重新选举。议会改选的结果是支持巴麦尊的议员占了多数，他的对华战争案得以通过，英国随即派出了侵华远征军。

法国也借口"马神甫事件"发动对华战争。马神甫即马赖，是法国巴黎外方传教会派遣到中国的传教士。1853 年来华后，他违背条约，私自到广西西林县传教。他吸收的教众良莠不齐、行为不端，与当地民众产生冲突。1856 年年初，西林知县张鸣凤令马赖离境，马未予理会，张鸣凤遂于 2 月下旬将马赖与两名教徒处死。此即"马神甫事件"，或称"西林教案"。事件发生后，法国以此为借口，决定出兵中国。

1856 年年底，英法达成联合对华发动侵略战争的协议，英国还寻求美国加入军事侵略同盟。美国拒绝了英国的要求，但表示愿意充当"调停"的角色。沙俄也积极活动，企图趁火打劫。这样就形成了西方列强利用军事和政治同盟联合侵略中国的格局。

二、战争的初期进程与《天津条约》的签订

1857 年 7 月和 10 月，英国全权代表额尔金和法国特使葛罗先后抵达香港。美国公使列卫廉和俄国公使普提雅廷不久也前来参与谋划。英法两国于 12 月组成联军，进入珠江，逼近广州。额尔金和葛罗向叶名琛发出通牒，要求进入广州城内，进行修约谈判；向英、法赔偿因"亚罗号事件"和"马神甫事件"造成的损失；英法军队占领广州珠江以南地方及珠江炮台作为保证，等等。② 叶名琛虽然拒绝了英法两国的要求，但不做任何战守筹划，也不准下属进行抗敌部署。28 日，准备就绪的英法联军对广州发起攻击。次

---

① 夏笠著：《第二次鸦片战争史》，上海书店出版社 2007 年版，第 189—208 页。

② 《英使威胁妄求入城赔偿各款与钦差大臣叶名琛辩驳往来照会》，中国史学会编：《中国近代史资料丛刊·第二次鸦片战争》第 3 册，上海人民出版社 1978 年版，第 153—155 页。

日，广州失陷。

1857 年英军侵犯广州

采自 L. Oliphant，*Narrative of the Earl of Elgin's Mission to China and Japan*，*Vol. 1*，Edinburgh & London，1859，p. 128.

广州城破后，广东巡抚柏贵急派商人伍崇曜、梁纶枢与敌人议和，广州将军穆克德纳下令竖起白旗，驻防广州的八旗全部投降。1858 年 1 月初，英法联军俘虏了柏贵、穆克德纳和叶名琛，洗劫了广东藩司衙门，掠去大笔财富。叶名琛被送往印度加尔各答囚禁，1859 年 4 月病死在异国他乡。

英法联军攻占广州后，决定对广州实施军事管制，成立了由英国巴夏礼、哈罗威上校和法国修莱海军大校组成的三人委员会。他们迫使柏贵与其合作，仍以广东巡抚的身份管理民政，维持广州秩序，其他大小官员亦为英法占领军效劳。这是中国近代史上出现的第一个为外国侵略者服务的傀儡政权。

英法联军对广州的占领，未能迫使清政府满足其侵略要求，故额尔金、葛罗决定率军北上。他们分别向清政府发出照会，威胁清政府全部接受修约条件。美国也提出相同的要求。沙俄则在此之外，提出划分两国界址要求，为进一步侵略中国埋下伏笔。清政府均加以拒绝，要英、法、美使节回广东交涉，要俄国使节去与黑龙江将军交涉。

1858 年 4 月，英法联军的舰队陆续到达天津大沽口，美国亦派三艘军舰前往。英、法、美、俄四国公使分别照会清政府，要求立即派代表到大沽口谈判。咸丰帝派直隶总督谭廷襄为钦差大臣，赶赴大沽口交涉。英、法公使借口谭廷襄没有全权，拒绝谈判。5 月 20 日，英法军舰闯入白河，炮轰大沽炮台，并派遣千余名士兵登陆作战。中国官兵进行了顽强抵抗，终因战力不支而败，大沽失陷。

英法联军继续溯白河而上，进逼天津。谭廷襄极为恐惧，一面上奏清廷，建议妥协谈判，一面组织绅商为侵略者提供给养。英方要求清政府派“头品可以主持之大臣二员，迅速前来共议”，否则进军京津，[①] 并作出继续进攻的姿态。清政府派大学士桂良、吏部尚书花沙纳作为全权大臣，前往天津议和，同时派第一次鸦片战争时期办理与各国谈判事务的耆英协助交涉。

桂良、花沙纳等与额尔金、葛罗举行了二十余天的谈判。英、法谈判代表以武力为后盾，态度骄横。桂良等异常畏惧，一再劝说咸丰帝接受英、法的要求，咸丰帝最终妥协。6 月底，桂良、花沙纳分别与额尔金、葛罗签订了中英《天津条约》、中法《天津条约》。

这两个条约的主要内容有：（1）准许两国公使驻京，以平等外交礼节与清政府交往；（2）开放牛庄（后改营口）、登州（后改烟台）、台南、淡水、潮州（后改汕头）、琼州，及长江各口（包括汉口、九江、南京、镇江）为通商口岸；（3）天主教、基督教传教士到中国内地自由传教，清政府须加保护，中国人信教不得惩治；（4）两国人士可前往中国内地游历通商；（5）两国军舰、商船有权驶入长江及各个通商口岸；（6）修改海关税则，对商船吨税等税项的征收作出对两国有利的规定；（7）对英国赔款 400 万两，对法国赔款 200 万两，赔款交清后英、法退出广州；（8）重申给予两国最惠国待遇。

在中英、中法条约签订前，俄国公使普提雅廷和美国公使列卫廉已经利用其“调停人”身份，诱使桂良、花沙纳分别于 6 月中旬签订了中俄《天津条约》和中美《天津条约》。中美《天津条约》与中英、中法条约的内容大致相同，但中俄《天津条约》第 4 条规定，原本在陆路与中国通商的俄国，此后在商人数目、货物与资金数量上不受限制，并与英、法、美等国一样享有在各沿海开放口岸通商的权利。第 12 条又规定，俄国享有最惠国待遇。可以说，俄、美两国未费一枪一弹就提前取得了与英、法两国一样的侵略权益。

---

① 《谭廷襄等奏英请另派职分较崇之大臣共议折》，《筹办夷务始末（咸丰朝）》卷二十三，中华书局 1979 年版，第 825 页。

1858 年签订《天津条约》现场图

采自 L. Oliphant，*Narrative of the Earl of Elgin's Mission to China and Japan*，*Vol. 1*，Edinburgh &London，1859.

中英《天津条约》规定，签约后双方须派员到上海商改旧有税则。经过数月谈判，桂良等于 1858 年 11 月分别和额尔金、列卫廉、葛罗签订了中英、中美、中法《通商章程善后条约：海关税则》，主要内容有：（1）除鸦片、茶、丝的进出口税外，其余商品进出口税率，按值百抽五的标准确定，洋货运销内地和内地土货出口，除一律按价征收 2.5%的子口税外，免征一切其他税项；（2）鸦片以“洋药”的名义合法进口，税率为每百斤 30 两；（3）各通商口岸税收统一办理，中国邀请外国人帮办。中英《天津条约》和中法《通商章程善后条约：海关税则》还规定，因物价涨落等因素，每隔十年须对税则进行一次修订。

《天津条约》和《通商章程善后条约》进一步扩大了西方列强在华的侵略权益。西方各国公使驻京后，直接插手并控制中国政治事务，成为中国的“太上政府”；通商口岸的增加与海关税率的降低，使得外国商品得以大肆在中国倾销，严重损害了中国的经济利益；西方列强利用外国人在内地自由传教的特权，对中国人民予以精神麻醉，进行文化侵略。

三、英法联军攻陷北京与《北京条约》的签订

《天津条约》签订后，英法联军陆续南撤。咸丰帝对被逼签约心有不甘，他认为条约各款中“以派员驻京、内江通商、及内地游行、赔缴兵费始退还广

东省城四项，最为中国之害”，希望能将其“一概消弭”，否则将“贻患无穷”①，并曾让谈判税则的桂良等向额尔金等试探，如果全免税课，可否将公使驻京等条款“罢弃”，为额尔金等蛮横拒绝。英、法使节认为《天津条约》的所有条款不容更改，宣布将要到天津或北京换约。

1859 年 6 月中旬，英国新任驻华公使普鲁斯和法国公使布尔布隆，率 20 余艘军舰组成的舰队陆续抵达大沽口。美国公使华若翰率三艘美国军舰也跟随前往。咸丰帝为英、法公使进京换约进行了布置和准备，指定他们从北塘登陆，经天津往北京，且随行人员不得多于 20 人，不得携带武器，不能进入大沽口。但骄横的英法联军坚持要将军舰开进大沽口。6 月中旬英国舰队司令何伯率领舰队到达大沽口，闯入白河，强行拆除防御工事。他们无视直隶总督恒福在北塘等候，强行闯入大沽口。25 日，英军舰开始炮击，引发第二次大沽口之战。马克思当年评论，白河冲突并非出于偶然，是由额尔金勋爵遵照帕麦斯顿首相的秘密训令事先策划的。“既然天津条约中并无条文赋予英国人和法国人以派遣舰队上驶白河的权利，那么非常明显，破坏条约的不是中国人而是英国人。”②

1858 年英法联军退走后，清廷命科尔沁亲王僧格林沁负责加强大沽口一带防务。英军开炮后，中国守军“郁怒多时，势难禁遏，各营大小炮位环轰叠击”③。在清军猛烈炮火的反击下，猝不及防的英、法军舰被击毁、击伤多艘，何伯受伤，遭受重大挫折。英法联军又派兵登陆作战，试图挽回颓势，遭中国守军狙击，被迫退出战场。在这场战斗中，英法联军伤亡惨重，计有 3 艘军舰被击沉击毁，多艘失去战斗力，官兵死伤 460 多人。中国官兵阵亡 36 人。此次大沽口之战，以中国守军的胜利和英法联军的惨败而结束。

大沽口之战后，英、法公使逃往上海，舰队南驶。咸丰皇帝幻想就此罢兵言和，命令两江总督何桂清在上海与其谈判，又令尽撤北塘防务，以便英法使节从北塘登陆，到北京换约。美国公使华若翰以“中立”为幌子，却命美舰尽力帮助英法联军。在英法联军暂退后，他又按照清政府指定的路线，由北塘上

---

① 《廷寄　答上折》，《筹办夷务始末（咸丰朝）》卷三十一，中华书局 1979 年版，第 1167 页。

② ［德］马克思：《新的对华战争》，《马克思恩格斯论中国》，人民出版社 2018 年版，第 98 页。

③ 《僧格林沁恒福奏洋船先行开炮我军回击折》，《筹办夷务始末（咸丰朝）》卷三十八，中华书局 1979 年版，第 1445 页。

岸，抵达北京，于 8 月完成换约手续。俄国则抢在美国之前便完成了与清政府的条约互换。

英法联军兵败大沽口的消息传到两国国内，在英国和法国激起了对华报复的狂热气氛，伦敦《每日电讯》鼓吹再次出兵，“教训中国人”“攻占北京”“把广州永远收归我国所有”“英国人高中国人一等，应该做他们的主人”等狂言，喧嚣一时。① 英国内阁于 1859 年 9 月作出扩大侵华战争的决定。与此同时，法国政府也决定与英国“一致行动”，对中国实施报复。② 两国在 1860 年年初再次分别任命额尔金和葛罗为全权专使，组成包括二百多艘战舰和近两万人的庞大侵略军，在英军司令克灵顿和法军司令蒙他板的率领下，开赴中国。4 月，联军占领舟山，在那里设立所谓军政司，实行军事统治。6 月，占领芝罘。7 月，抵达渤海湾。同时，美国公使华若翰和俄国公使伊格纳切夫亦尾随而至，伺机捞取利益。

与此同时，清政府却仍静待与英法侵略者“议和”，不做积极的战备。8 月初，英法联军在北塘登岸，未遭抵抗。8 月中旬，相继攻占新河、军粮城及塘沽，与大沽口外的军舰对大沽炮台形成夹击之势。咸丰帝闻讯惊慌，命大臣恒福、文俊等向侵略军交涉换约，但后者不予理睬。21 日，联军水陆协同，对大沽炮台发起攻击，守军奋力抵抗，伤亡近千人后，炮台失陷。侵略军亦付出数百人伤亡的代价。逃往天津的僧格林沁决定将清军全行撤离，弃城而去。三天后，联军顺利开进天津。英国舰队司令何伯向恒福等宣布，对天津进行军事占领，“一切文官则仿照广州的办法仍留原任”，而由巴夏礼“执行管理天津的职权”③。

天津陷落后，咸丰帝先后派桂良与怡亲王载垣等，谋求与英法联军和谈，但后者执意进军北京，以索取最大的侵略权益，致使谈判破裂。9 月中旬，联军约 4000 人向张家湾发动进攻。僧格林沁率军接战，很快败退。21 日，联军集结优势兵力，对京津之间的战略要地通州八里桥等地发起攻击。僧格林沁和大学士瑞麟、副都统胜保指挥清军奋起抵抗，战况激烈。终因联军炮火猛烈，清军不支，八里桥为敌所占。至此，清军无力再战，京师门户洞开。

---

① 参见［德］马克思《新的对华战争》，《马克思恩格斯论中国》，人民出版社 2018 年版，第 94—95 页。

② 《外交大臣致函陆、海军大臣》（1859 年 9 月 18 日），中国史学会编：《中国近代史资料丛刊·第二次鸦片战争》第 6 册，上海人民出版社 1979 年版，第 236 页。

③ ［美］马士著：《中华帝国对外关系史》第 1 卷，张汇文等合译，商务印书馆 1963 年版，第 672 页。

1860 年 8 月在英法联军打击下放弃阵地的清军北塘营地

采自 *Imperial China*：*Photographs 1850-1912*，Historical texts by Clark Worswick and Jonathan Spence with a Foreword by Harrison Salisbury，A Pennwick/Crown Book，U. S. A.，1978，pp. 34-35.

清军兵败八里桥当日，咸丰帝以“办理和局不善”为由，下诏撤去载垣、穆荫的钦差大臣职务，改派恭亲王奕䜣为“钦差便宜行事全权大臣，督办和局”①。次日，咸丰帝在亲信大臣载垣、端华、肃顺等人的随扈下逃往承德避暑山庄。10 月初，英法联军兵临北京城下。与此同时，英法联军已经对圆明园进行了野蛮的洗劫。

圆明园位于京城西郊，是供皇家休憩游乐的御苑，亦为清朝皇帝避暑听政的别宫。圆明园自康熙年间开始，经数朝修建，规模宏大，包括圆明、长春、万春三园。清廷花费亿万资财，调用全国能工巧匠，将圆明园建成为宏伟瑰丽的宫苑。圆明园融合了中西园林艺术风格，拥有无数优美建筑和秀丽景色，收藏的奇珍异宝和珍贵的文物典籍不计其数，成为举世闻名的园林。从 10 月 6 日开始，英法联军对圆明园进行了明火执仗的抢劫和蹂躏。联军官兵抢劫园中各种珍藏，持续多日，无数双肮脏的手伸向了圆明园的每一个角落，所有能够拿走的珍宝全部拿走，拿不走的被粗暴地毁坏。在将圆明园洗劫之后，额尔金和克灵顿宣称，为了体现对清朝的惩罚和报复，“决定将他那辉煌的避暑行宫，烧成平地”②。从 10 月上旬开始，在这座被称为“万园之园”的美丽园林中，英法联军进行了大规模、有组织的纵火，将那些凝聚着人类智慧和心血的优秀建筑付之一炬。侵略者对这一罪行造成的结局如是描绘：“所有庙宇、宫殿、

---

① 《上谕》，《筹办夷务始末（咸丰朝）》卷六十二，中华书局 1979 年版，第 2335 页。

② 《Henry Knollys 纪事》，《西书中关于焚毁圆明园纪事》，中国史学会编：《中国近代史资料丛刊·第二次鸦片战争》第 2 册，上海人民出版社 1978 年版，第 393 页。

古远建筑，轮奂辉煌，举国仰为神圣庄严之物，和其中历代收藏，富有皇家风味，精美华丽，足资纪念的物品，都一齐付之一炬，化为劫灰了。”① 这种焚掠还祸及周围的畅春、清漪、静明、静宜诸园及玉泉山、万寿山等处建筑。在此过程中，收藏在圆明园中的珍贵典籍图册，也被抢掠焚毁几尽。

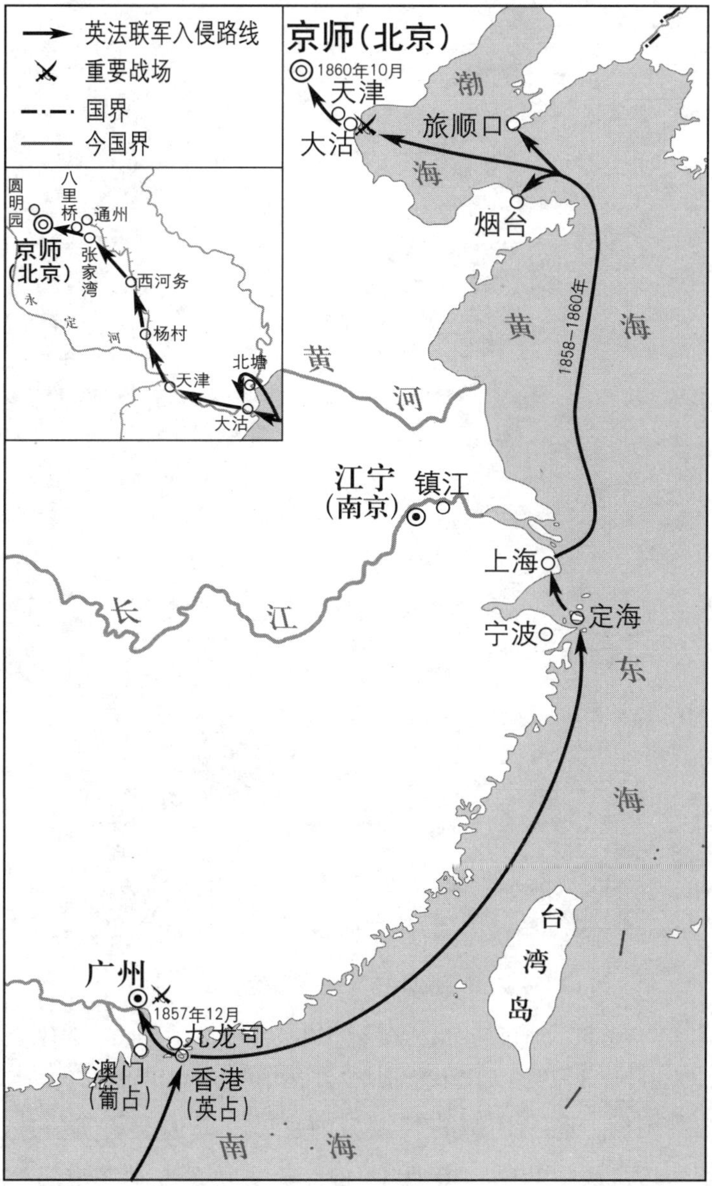

第二次鸦片战争示意图

① 《Henry Brougsham Loch 纪事》，《西书中关于焚毁圆明园纪事》，中国史学会编：《中国近代史资料丛刊·第二次鸦片战争》第 2 册，上海人民出版社 1978 年版，第 418 页。

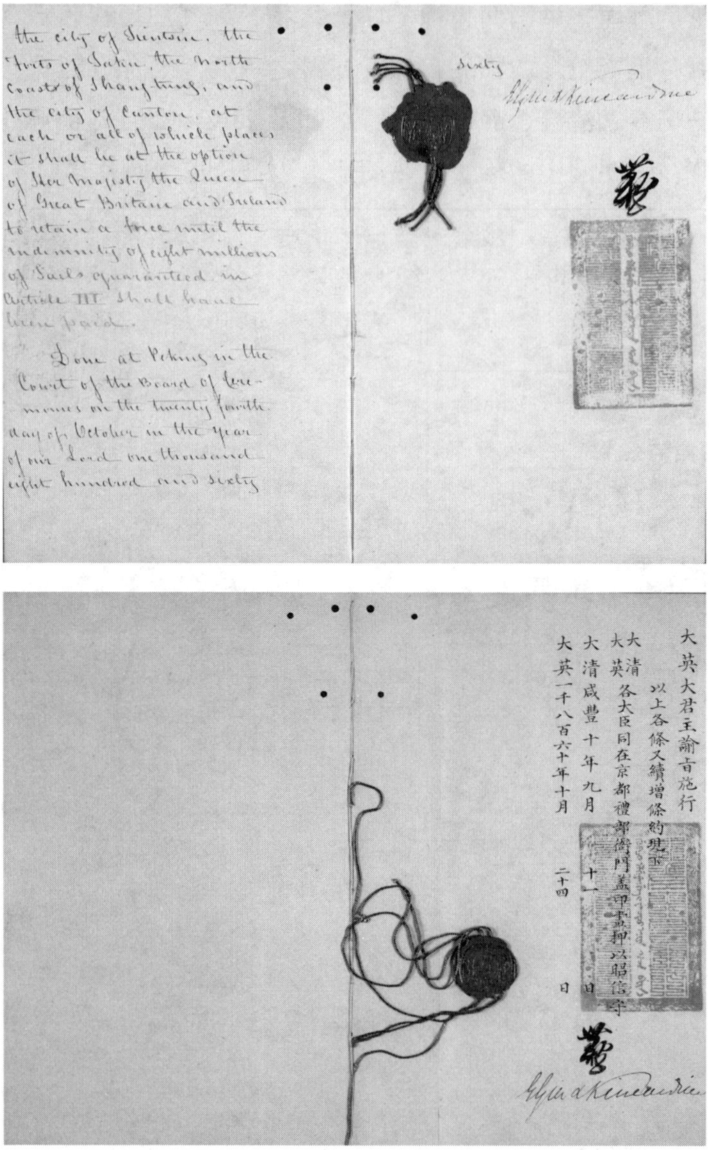

1860 年 10 月 24 日《北京条约》签字页

原藏英国国家档案馆，档案号 FO 93/23/6（13）—英文；FO 93/23/6（14）—中文，采自张海鹏、翟金懿著《简明中国近代史读本》，中国社会科学出版社 2018 年版，彩插页。

在焚掠圆明园后，联军还威胁焚毁城内宫殿，逼迫奕䜣等答应其侵略要求。俄使伊格纳切夫趁机从中劝诱。10 月 13 日，英法联军占领安定门。在此情况下，奕䜣分别于 10 月下旬与额尔金、葛罗交换了《天津条约》，签订中英、中法《北京条约》。《北京条约》的内容主要有：（1）承认《天津条约》并立即公布生效；（2）开放天津为通商口岸；（3）割让九龙司地方予英国，归属香港界内；（4）对英、法赔款数额改为各 800 万两，另付英国恤金 50 万两、法国 20 万两；（5）准许华工与英、法国人立约出国；（6）任由军民人等传习天主教，交还被害天主教徒房产，任法国传教士在各省租买田地，建造自便。通过《北京条约》，英、法两国向中国勒索了更多的利益，中国再次被迫割地赔款，丧失了更多的主权。

四、沙俄侵吞中国大片领土

沙俄在第二次鸦片战争中，借清政府陷入困境之机，不仅轻易地获得了与英、法、美同样的权益，而且通过威逼胁迫，蚕食鲸吞中国广阔的领土，成为获利最多的国家之一。

早在1849年，沙俄成立所谓“阿穆尔特别委员会”，侵入黑龙江江口一带。1850年8月，又强行占领了黑龙江江口的庙街，并进而完全占领了黑龙江江口地区，将黑龙江下游地区置于其控制之下。1853年，沙俄又侵占了中国的库页岛。是年年底，俄国东西伯利亚总督穆拉维约夫提出在黑龙江进行武装航行的计划。穆拉维约夫不顾清政府的阻拦和抗议，派遣武装船只四次闯进中国内河黑龙江，在江北建立军事据点，移民屯垦，企图造成事实上的占领。1856年，刚刚在克里米亚战争中遭到失败的沙俄，更加狂热地对中国黑龙江流域进行军事侵略。这一年年底，沙俄宣布成立以庙街为中心的“滨海省”，管辖黑龙江下游地区。

与此同时，沙俄在中国西北地区也频繁地进行侵略活动。沙俄势力越过伊犁河，侵占巴尔喀什湖东、南面的大片中国土地。1851年8月6日，俄国全权代表科瓦列夫斯基诱逼伊犁将军奕山与其签订《伊犁塔尔巴哈台通商章程》。通过这一条约，俄国获得在伊犁和塔尔巴哈台两个陆路口岸通商、贸易免税等项权利。

第二次鸦片战争期间，沙俄一面以“调停”的幌子诱使清政府出让利益，一面借英法联军的声势施加压力。1857年8月，俄使普提雅廷在天津提出更改《尼布楚条约》规定的边界，被清政府拒绝。1858年5月，穆拉维约夫受沙俄政府之命，与黑龙江将军奕山谈判中俄边界问题，提出以黑龙江和乌苏里江为中俄界河，并以与英法联军联合进攻中国相威胁。奕山虽据《尼布楚条约》进行了辩驳，但最后屈服于俄国人的压力，与之签订了《瑷珲条约》。该条约规定，将黑龙江以北的中国土地割让给俄国，只有江东六十四屯地区（精奇里江以南至豁尔莫勒津屯）的中国人仍留住原地，受中国官吏管辖，俄人不得侵犯。这样，沙俄就割占了中国外兴安岭以南、黑龙江以北60多万平方公里的领土。条约还规定，俄国船只可以在原属中国内河的黑龙江和乌苏里江航行；乌苏里江以东至海的中国领土约40万平方公里，由中俄两国“共管”。清政府当时对这一规定没有承认。

《瑷珲条约》签订后不久，沙俄迫不及待地将侵略的矛头指向乌苏里江以东的中国领土。穆拉维约夫派兵进入这一地区，不久就集结了大量武装，建立军人村屯，并鼓励俄国农民向这一地区移民，对中国官民进行武力驱逐。1859 年 5 月，沙俄政府指派其驻北京的东正教监护官，向清政府提出所谓“补续和约”。1859 年 6 月，俄使伊格纳切夫抵达北京，在随后近一年的时间里，向清政府多次提出，将乌苏里江以东之地割让给俄国，被清政府严词拒绝。中英、中法《北京条约》签订后，伊格纳切夫以俄国“调停”有功为借口，迫使奕䜣与其谈判。在其威逼之下，奕䜣于 11 月中旬与伊格纳切夫签订中俄《北京条约》。

中俄《北京条约》共 15 款，主要内容有：（1）乌苏里江以东 40 余万平方公里的中国领土割让给俄国；（2）中俄西部未经划定之疆界，今后应顺山岭、大河及中国常驻卡伦的路线，及 1728 年所立沙宾达巴哈界碑末处起，往西直至斋桑淖尔（亦称斋桑湖），自此往西南顺天山之特穆尔图淖尔（伊塞克湖），至浩罕国边界为界；（3）俄国取得在库伦（今蒙古国乌兰巴托）、张家口、喀什噶尔等地贸易的权利，免除其贸易税；（4）俄国在各通商口岸设立领事馆，享有领事裁判权。清政府还被迫承认了《瑷珲条约》。通过中俄《北京条约》，俄国又一次割占了大片中国领土。

中俄《北京条约》签订后，清政府先后与俄国在中俄东、西段边界进行勘界。1861 年 6 月，中俄双方代表签订《勘分东界约记》，对兴凯湖以南的陆界做了勘分，但对黑龙江和乌苏里江的水界，却未明确勘分。在此过程中，俄国又采取种种伎俩，对中国领土进行蚕食。

从 1862 年 8 月起，清政府勘界大臣明谊和俄国代表巴布科夫等在塔尔巴哈台举行勘分西北边界谈判。沙俄代表不顾历史事实，曲解《北京条约》中关于以中国常驻卡伦为界的规定，将原为中国内湖的斋桑湖和特穆尔图淖尔硬说成中俄界湖，蛮横地要中国代表接受其分界方案，同时派兵强占中国地界，威胁发兵进攻伊犁、喀什噶尔，致使谈判中断。在谈判中止期间，沙俄继续向中国领土进行军事渗透，强占中国土地。1864 年 10 月，双方在塔城重开谈判，沙俄利用当时西北地区回民起事造成的复杂局面，对清朝发出武力威胁。巴布科夫公开声称，清政府若不全盘接受其划界方案，“稍有更改，我们立即起程回国，止好派兵强占”①。面临内忧外患的清政府，对俄国的威胁，决定妥协。明

① 《筹办夷务始末（同治朝）》第 3 册，中华书局 2008 年版，第 1267 页。

谊与巴布科夫于 10 月签订了中俄《勘分西北界约记》，划定了从沙宾达巴哈山口起到浩罕国边界为止的中俄西段边界。根据这一议定书，沙俄割占了巴尔喀什湖以东、以南中国领土 44 万多平方公里，中俄《北京条约》规定作为界湖的斋桑湖和特穆尔图淖尔，也被划为俄国内湖。

第二次鸦片战争期间，沙俄通过武力强迫、军事渗透、威胁利诱等手段，迫使中国与其签订多个不平等条约，获得了巨大的利益，侵占了中国 144 万平方公里的领土。

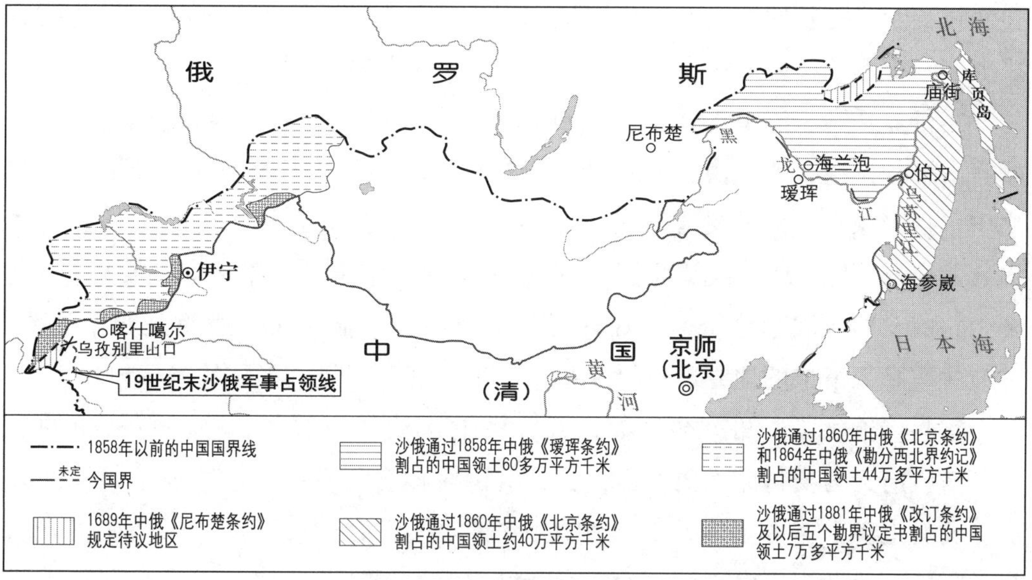

沙俄割占中国领土示意图

第二次鸦片战争和一系列不平等条约的签订，使西方列强从中国攫取了更多的利益。同时，战争失败的打击，以及列强对华政策的改变，促使清朝统治者采取与列强合作的政策，共同镇压中国人民的反抗。中国社会的半殖民地化程度进一步加深，中国人民的苦难更加深重。

第三节　清王朝统治格局的变化

一、湘军、淮军的崛起

清王朝是在大规模军事征服的基础上建立起来的，其军队主要由八旗兵和绿营兵组成，号称经制之师。但到道光时期，不论是八旗兵还是绿营兵都已衰败，缺乏战斗力。

太平天国从金田起义开始，仅仅两年多，就席卷了广西、湖南、湖北、江西、安徽、江苏等六省。鉴于八旗、绿营的溃败，咸丰帝于1853年年初命大江南北各省在籍官绅举办团练，湘军、淮军趁势崛起。

曾国藩以团练为基础编练的湘军，既不同于八旗、绿营兵制，也不同于一般的地方团练武装。曾国藩认为编练湘军，最重要的是选将。他以忠君卫道等封建思想选拔所谓“忠义血性”之士。[①] 同时，为便于控制，湘军士兵主要募自农村，年轻力壮的朴实农民是招募士兵的首要人选，对油头滑面、市井地痞之人，一概不予招募。这在一定程度上提高了湘军的战斗力。

实行募兵制。湘军士兵由什长挑选，什长由哨弁挑选，哨弁由营官挑选，营官由统领挑选，统领由大帅挑选，层层招募，形成兵归将有的格局：“一营之中，指臂相联。弁勇视营、哨，营、哨官视统领，统领视大帅，皆如子弟之事其父兄焉。”[②] 曾国藩还以同乡和封建伦常作为维系湘军的纽带，提倡同乡、师生、戚友同入湘军。湘军中既有军队等级森严、制约性极强的上下级关系，又有注重私人情谊的地缘、血缘关系，一定程度上增强了军队的凝聚力。

官兵俸饷优厚。湘军初建时，部分军饷由清政府提供，但随着战争的扩大，清政府无力支付庞大的军需开支，曾国藩便自行筹措。湘军就地筹饷的办法主要有七种：一办捐输，二运饷盐，三兴厘金[③]，四拨丁漕，五请协济，六提关税，七收杂捐。由于湘军官兵俸饷大大优于绿营，“将五百人，则岁入三千；统万人，岁入六万金，犹廉将也”[④]，将士因此大多能够勇于效命。

纪律严明。曾国藩亲自制定各种条规，从严训练，加强纪律。违者轻则严究，重则斩首，纠正了八旗、绿营军纪败坏、散漫不听的弊病。

湘军组建后，一度具有很强的凝聚力和战斗力，成为维系曾国藩集团的重要工具，也成为对抗太平军、维护清王朝统治的主要军事力量。

---

① 曾国藩：《与彭洋中曾毓芳》（咸丰三年九月十七日），《曾国藩全集·书信之一》（修订版），岳麓书社2011年版，第216页。

② 王定安：《湘军记》卷二十《水陆营制篇》，岳麓书社1983年版，第338页。

③ 厘金是一种地方商业税。咸丰三年（1853），江北大营帮办雷以諴为筹措镇压太平天国军费在扬州开始设立，翌年奏请清廷逐渐推广至全国。厘金向商家征收，初定税率为一厘，一两的“百分之一”为一厘，故名厘金，又称厘捐、厘金税。厘金最初一般分行厘（活厘）和坐厘（板厘）。前者为通过税，征于转运中的货物，抽之于行商；后者为交易税，在产地或销地征收，抽之于坐商。厘金成为晚清筹措军饷十分重要的税种。

④ 王闿运：《湘军志·营制篇》第十五，岳麓书社1983年版，第163页。

继湘军而起的是李鸿章的淮军。李鸿章（1823—1901），字少荃，安徽合肥人，道光末年进士，翰林院编修。太平天国兴起后，即在家乡举办团练与太平军对抗，1858年李鸿章入曾国藩幕府并参与机要。

1861年年底，李鸿章奉命回原籍招募兵勇，很快组建了一支7000多人的队伍，淮军由此发端。

1862年4月，首批淮军乘坐上海官绅以18万两巨款租来的外国轮船至上海。6月，陆营6500人全部到达。李鸿章到达上海后即大力整顿税政，扩大财源，然后凭借上海财力，大力扩军。至1863年攻占苏州时，淮军已增至7万多人。淮军源自湘军，各项制度大体承袭了湘军的做法，具有地缘性和私人性的特点。李鸿章大量购买西式武器，聘请西人教练部队，使得淮军在武器更新、西法训练方面要胜湘军一筹。至1862年冬，淮军“能战之将，其小枪队悉改为洋枪队，逐日操演”①。使用近代武器及西法训练使淮军的战斗力大大提高，淮军成为兼具军事政治实力、自成系统的独立集团。

湘军、淮军迅速崛起后，成为镇压太平天国的主力，继而取代八旗、绿营成为晚清政府最为倚重的军事力量，延缓了清政府的败亡，并推动了晚清军事制度的变革。但始于湘军、淮军的“兵为将有”，以及以军队为依托的军事政治集团的崛起，对晚清的政局也产生了重大影响，并为后来北洋军阀的产生乃至民国军阀割据局面的形成埋下了伏笔。

二、辛酉政变

咸丰年间，清王朝内有太平天国起义，外有英法联军发动第二次鸦片战争，兵连祸结。面对如此局面，咸丰帝为扭转困局，调整统治中枢，相继任用怡亲王载垣、郑亲王端华、尚书肃顺。肃顺勤于治事，主张清除积弊，整饬官吏朋奸舞弊之风，重振朝纲，颇得咸丰帝的信任。但他专横跋扈，“治事严刻”②，致使朝臣亲贵人人自危，怨声载道，加剧了统治集团内部的矛盾。

英法联军攻打北京，咸丰帝仓皇出逃热河，清政府的中央权力由载垣、

① 李鸿章：《上曾中堂》（同治元年十月初六日），《李鸿章全集》第29册，安徽教育出版社2008年版，第152页。

② 《清史稿·宗室肃顺传》，上海书店编：《二十五史》，上海古籍出版社1986年版，第1324页。

端华、肃顺把持。恭亲王奕䜣、大学士桂良等人奉谕留北京与英、法“议和”。奕䜣等人在与英法侵略者交涉过程中，对外国事务及世界情势多有了解，与英、法关系日益密切。及至议和告成，英法联军撤出北京，奕䜣影响大大增加，以他为中心形成留京大员政治集团，凡对肃顺不满的文臣武将多所依附。

1861年8月，咸丰帝在承德避暑山庄病逝，遗诏年方六岁的儿子载淳继位，遗命怡亲王载垣、郑亲王端华、户部尚书肃顺等八人为“赞襄政务王大臣”，总摄朝政，辅佐载淳。皇太子载淳继位后，改年号为“祺祥”，咸丰帝的皇后钮祜禄氏晋封母后皇太后，后加“慈安”徽号；载淳的生母叶赫那拉氏亦晋封为圣母皇太后，后加“慈禧”徽号。叶赫那拉氏（1835—1908），镶黄旗人，早年通过选秀入宫，赐号兰贵人，因生下咸丰帝唯一的皇子载淳而地位跃升。叶赫那拉氏具有极强的权力欲。

咸丰帝死后，慈禧太后图谋取得最高统治权，她与同样对八大臣专权不满的恭亲王奕䜣联手，拉拢握有兵权的胜保等人，密谋铲除肃顺等赞襄政务王大臣。9月，奕䜣以吊丧名义至热河，与慈禧、慈安密议后，先行回京部署。此时，都察院山东道监察御史董元醇上折，奏请“皇太后权理朝政并另简亲王辅政”[①]。慈禧、慈安遂召载垣、端华、肃顺等人，讨论董元醇的请求，双方争论激烈。肃顺以“本朝无太后垂帘故事”为由予以拒绝，要求发下明诏训斥董元醇，慈禧太后不得已照办。

10月下旬，咸丰帝的灵柩从承德起运北京。两宫太后和小皇帝先行抵京，与奕䜣共议政变之事。11月1日，大学士贾桢等在奕䜣的暗示下，上奏“请皇太后亲操政权”。慈禧、慈安即以贾桢等人的奏请为由，向群臣宣示诛除肃顺等人的“上谕”，捕杀肃顺等三人，将其余五大臣革职治罪，并将皇帝年号“祺祥”改为“同治”，夺取了实际最高统治权，史称“辛酉政变”（1861年农历是辛酉年），又称“祺祥政变”“北京政变”。从此，慈禧太后执掌清廷政权达半个世纪之久。

这次宫廷政变是封建统治集团内部争夺权力的斗争。政变后清廷极力改善与西方列强的关系，企图与外国势力联合镇压太平天国。慈禧太后和奕䜣上台执

---

① 《监察御史董元醇奏请皇太后权理朝政并另简亲王辅政折》（咸丰十一年八月初六日），故宫博物院明清档案部编：《清代档案史料丛编》第1辑，中华书局1978年版，第91页。

政，最满意的是外国侵略者。1862 年 3 月，英国驻华公使普鲁斯在致英外交大臣的信中说："在过去十二月中，造成了一个倾心于并相信（同外国）友好交往可能性的派别，有效地帮助这一派人掌权，这是一个非同小可的成就。（我们）在北京建立了令人满意的关系，在某种程度上已成为这个政府的顾问。"① 清政府与外国侵略势力由对立转向联手，从此太平天国开始面临更加严峻的局面。

三、清朝权力结构的变化与满汉关系的调整

咸丰帝在位期间对于曾国藩及其湘军集团，在军事上虽多有倚仗，在政治上却颇多提防。1854 年，曾国藩带领湘军攻克武昌，消息传到北京，咸丰帝大喜，对军机大臣说："不意曾国藩一书生，乃能建此奇功。"要任命曾国藩为湖北巡抚。军机大臣祁寯藻回答道："曾国藩以侍郎在籍，犹匹夫耳。匹夫居闾里一呼，蹶起从之者万余人，恐非国家福也。"② 咸丰帝恍然大悟，立即收回成命。1860 年春，太平军突袭杭州，诱使围困南京的清兵分兵援助，趁机再溃江南大营，清王朝企图依靠江南、江北大营收功的计划破产，这使久处尴尬地位的湘军显得更为重要。清廷遂授曾国藩兵部尚书衔，署理两江总督，后补授两江总督，督办江南军务。慈禧太后深知要巩固自己的地位，镇压太平天国，必须依靠曾国藩集团，上台当月即令曾国藩统辖江西、安徽、江苏、浙江四省军务。两个月后，又加曾国藩太子少保衔，授协办大学士。

至此，湘军集团不仅拥有地方军政大权，还在一定程度上控制了财权。太平天国起义前，盐税、关税完全归中央政府控制，地丁、漕粮虽由地方征收，但也须按清廷规定的税额和办法征收，并要上缴大部分给户部，地方存留的税额有限，且须按照规定的制度使用，向朝廷奏请报销。为镇压太平天国起义，由于军饷所需，地方督、抚遂截留或奏请以地丁、漕粮作为军饷，湖南、湖北、四川等省还增加新的征收名目以扩大税额。厘金无定章制度，更是成为督抚一手包揽的财源，清政府控制地方财政的能力逐步丧失。曾国藩说："自军兴以来，各省丁漕等款，纷纷奏留，供本省军需，于是户部之权日轻，疆臣之

---

① ［日］坂野正高：《1858—1861 年的中国与西方：总理衙门的起源》，哈佛大学出版社 1964 年版，第 241 页。

② 薛福成：《书宰相有学无识》，《庸庵文续编》卷下，光绪刻庸庵全集本。

权日重。”① 总之，太平天国起义直接产生督抚权力扩大的局面。

与此相应，随着督抚权力的扩大，汉族官僚的势力也迅速增长。清朝建立以后，曾任用大批汉人，满汉之间的矛盾有所缓和。但是，清廷对汉族官员始终抱有戒备之心，军机处等中枢机构多由满族官员把持。在地方，总督与巡抚的职位也多由满族官员担任。太平天国起义爆发后，八旗、绿营受到重创，面对统治危机，清廷被迫起用大批汉族官僚。一些开明的满族官员如文庆、奕䜣、肃顺等也都支持重用汉人。军机大臣文庆力主破除满汉畛域，“重用汉臣，彼多从田间来，知民疾苦，熟谙情伪”②。1855 年，太平军再度攻占武昌，文庆遂乘机进言，咸丰皇帝迫于形势，破格提拔胡林翼，由湖北按察使升为布政使，旋命其署理湖北巡抚。由此，湘军集团有了两湖作为后方基地，有了进一步发展壮大的重要基础。1856 年 12 月，文庆病逝，肃顺当权，同样主张重用汉人。他常说：“满人胡涂不通，不能为国家出力，惟知要钱耳。”③ 他还网罗许多汉族人才，对曾国藩、胡林翼、左宗棠均推崇备至，一时间郭嵩焘、王闿运等均入其门。左宗棠曾受人诬告，几乎性命不保，幸由肃顺为之解脱，始获重用。慈禧太后上台后延续了重用汉人的政策，汉族官员势力急剧增长，担任总督和巡抚者逐渐增多，其所占比例，到太平天国被镇压时已大大超过满族官员。到 1864 年湘军攻陷天京为止，湘军集团先后约有 20 人被任命为总督、巡抚。同年清朝的 10 名总督中汉人占 9 名，15 名巡抚则全部由汉人担任。④

随着汉族官员势力的增长，清政府原有满族专权的政治格局发生变化。一些汉族官员意识到清王朝的统治已进入穷途末路，曾国藩的亲信赵烈文在 1867 年就说：“天下治安，一统久矣，势必驯至分剖。然主威素重，风气未开，若非抽心一烂，则土崩瓦解之局不成。以烈度之，异日之祸，必先根本颠仆，而后方州无主，人自为政，殆不出五十年矣。”⑤

太平天国起义不仅沉重打击了清朝的统治，而且促进了清朝政治传统和权

① 曾国藩：《江西牙厘请照旧经收折》（同治三年三月十二日），《曾国藩全集　奏稿》（下卷），河北人民出版社 2016 年版，第 14 页。

② 《清史稿·宗室肃顺传》，上海书店编：《二十五史》，上海古籍出版社 1986 年版，第 1324 页。

③ 小横香室主人编：《清朝野史大观·清人逸事》卷七，上海书店出版社 1981 年版，第 48 页。

④ 参见钱实甫编：《清季重要职官年表》，中华书局 1959 年版，第 135、189 页。

⑤ 赵烈文：《能静居士日记》，太平天国博物馆编：《太平天国史料丛编简辑》第 3 册，中华书局 1962 年版，第 411 页。

力结构的变化。在镇压太平天国的过程中，湘军、淮军逐渐由最初的武装力量演变为政坛上有举足轻重影响的两大政治军事集团，改变了原有满重汉轻、内重外轻的政治格局，深刻地影响了晚清政治的走向。

四、中外关系的变化

《北京条约》签订后，英法联军陆续撤出北京，维持了清政府的统治秩序，奕䜣等人对此感激不尽，认为外国“并不利我土地人民，犹可以信义笼络，驯服其性”①。在奕䜣等人看来，今后只要能够严格遵守条约，按照规定办事，尽量同外国保持“和睦”，对维护清政府的统治是有利的。辛酉政变后，奕䜣等官员开始掌握实权，中外关系发生了前所未有的变化。

1860 年 11 月 4 日拍摄的恭亲王奕䜣照片，这是清政府高级官员第一次被外国人拍照

采自 *Imperial China Photographs 1850—1912*，A Pennwick/Crown Book，U. S. A.，1978，p.40.

1844 年，清政府设置五口通商大臣，负责办理与各国通商事宜。列强对此非常不满，一直要求遣使驻京，与清朝中央政府直接交往，建立正式外交关系。列强的这一要求通过《天津条约》实现。为了适应各国公使驻京后的外交

① 《奕䜣桂良文祥奏统计全局酌拟章程六条呈览请议遵行折》，《筹办夷务始末（咸丰朝）》卷七十一，中华书局 1979 年版，第 2674 页。

需要，1861年年初，清政府设立总理各国事务衙门，简称“总理衙门”，或称“总署”“译署”。总理衙门主管外交、通商和关税等事务，后来管辖领域不断扩大，统摄采买军火、建筑铁路、开采矿产、制造枪炮、举办同文馆、派遣留学生等事务，实际上成为办理外交和总揽洋务新政的中枢。总理衙门的一切规制仿照军机处，由任军机大臣首领的亲王执掌，下设大臣、章京两级职官。总理衙门是清政府正式建立的处理对外事务的专门性机构。

除总理衙门外，还另设有南洋、北洋通商大臣，分别管理南北口岸的通商和交涉事宜。《天津条约》和《北京条约》签订后，中国通商口岸总数增加至16处。1866年，清廷改五口通商大臣为南洋通商大臣，先由江苏巡抚兼任，后改由两江总督兼任，“掌中外交涉之总务，专辖上海入长江以上各口，其闽、粤、浙三省则兼理”。1870年，清廷再将原三口通商大臣（专管天津、牛庄、登州三口）改为北洋通商大臣，初由崇厚专任，后改为直隶总督兼任，“掌北洋洋务、海防之政令，凡津海、东海、山海各关政，悉统治焉”。[①] 不仅如此，北洋通商大臣还兼有外交职能。南、北洋大臣也成为地方实力派扩张其权势的重要职位。

1861年后，英、法、俄、美四国根据条约相继派遣公使常驻北京。普鲁士（1871年成立德意志帝国）、葡萄牙、荷兰等国随后也派遣使节进驻北京。

总理衙门的设立和外国公使进驻北京，改变了清朝传统的外交格局，派遣使臣出国也渐渐提上了议事日程。1866年，清政府派斌椿等随总税务司赫德到往欧洲各国游历，“令其沿途留心，将该国一切山川形势、风土人情，随时记载，带回中国，以资印证”[②]。这是总理衙门设立后第一次派遣使臣出国。次年，美国公使蒲安臣辞职回国，奕䜣为应对次年的修约谈判，请他代为游说英、法等国政府，寻求他们对清政府的理解和支持。蒲安臣欣然同意，清政府遂委任其为“钦派办理各国中外交涉事务大臣”，并任命总理衙门章京志刚等随行，组成外交使团，出访欧美各国。蒲安臣使团先后访问了美国、英国、法国、瑞典、丹麦、荷兰、普鲁士、俄国。1870年蒲安臣病逝于俄国，志刚带领使团继续访问了比利时、意大利和西班牙，10月回到北京。蒲安臣使团是近代中国派出的第一个外交使团，为期三年的出使行程，增进了清政府对欧洲各国的认识和了解，也使西方各国对中国有了进一步的了解。

---

① 《光绪会典》第4卷，第67—68页。

② 《筹办夷务始末（同治朝）》卷三十九，中华书局2008年版，第1622页。

为了适应外交形势的变化，清廷仿照外国在华设立公使的做法，于 1875 年 8 月派郭嵩焘为驻英国公使。郭嵩焘是晚清中国政府派出的第一位驻外公使。12 月，清廷又派陈兰彬为驻美公使。此后，又先后派出驻日本、德国、法国、荷兰等多国公使。清政府对出使大臣的使命做了规定："出使大臣，掌往来聘问采访风俗之事，以联邦交，绥中国，凡出使则皇帝授以符敕。"① 后来清政府相继在其他各国首都也设立了使馆，派遣驻外使节逐渐成为常态。

中国第一次向外国派出公使——驻英国首任公使郭嵩焘

采自 D. C. Boulger，*The Life of Sir Halliday Macartney K. C. M. G*，London，1908，p. 266.

外国公使驻京、设立总理衙门、派出驻外公使意味着中国开始建立近代外交制度，进入国际外交体系。

第四节　太平天国的后期斗争与失败

一、天京变乱

太平天国定都天京后，虽然北伐失败，但西征和天京破围战取得了重

① 崑冈等编修：《钦定大清会典》卷一百。

大胜利。然而，这些胜利却冲昏了太平天国领导者的头脑，他们开始骄傲自满，贪图享乐。洪秀全大兴土木，将两江总督府扩建为豪华壮丽的天王府，还从民间挑选嫔妃。其他诸王也竞相效尤，冠履服饰，仪卫舆马，无不奢华。太平天国还颁布了一套“贵贱宜分上下，制度必判尊卑”① 的礼制，使得领导人之间原本相当亲密的关系，日益为等级森严、名分各异的君臣关系所取代。特别是洪秀全与杨秀清之间的权力斗争激化，最终导致了天京变乱的悲剧。

天王洪秀全是太平天国的最高领袖，但在实际军政事务中，东王杨秀清发挥了更大的作用，太平天国的军政大事均由他处理。杨氏一向“威风张扬，不知自忌”②，经常利用代天父传言的权力，责难洪秀全。他甚至因洪秀全粗暴对待妃嫔和女官而“令秀全跪其前，甚至数其罪而杖责之”③，这些自然引起洪秀全的强烈不满。由此，洪、杨矛盾日趋尖锐化。

杨秀清与北王韦昌辉的矛盾也十分尖锐。韦昌辉也是金田起义的发起人之一，冯云山、萧朝贵牺牲后，其地位仅次于杨秀清。但“昌辉曾读书，小有才，为杨秀清所忌”④，且“屡受其辱”⑤，韦昌辉由此怀恨在心。他觊觎杨秀清的权位，平日里却对杨百般谄媚，杨“舆至则扶舆以迎，论事不三四语，必跪谢”。杨秀清曾因韦昌辉的哥哥与其妾兄争夺房产而大怒，韦为讨好杨，不仅判其兄死刑，而且“请以五马分尸，谓非如此，不足以警众”⑥。韦表面上臣服杨，实则一直伺机除杨，他们之间的矛盾成为天京变乱的又一重要原因。此外，秦日纲、石达开对杨秀清也是“口顺而心不息”⑦。

1856 年，杨秀清假托天父下凡，逼天王洪秀全亲自到东王府封其为“万岁”。“万岁”是洪秀全作为太平天国最高领袖的称号，杨秀清逼封“万岁”，

---

① 张德坚：《陈贼告示式》，《贼情汇纂》卷七《伪文告上》，中国史学会编：《中国近代史资料丛刊·太平天国》第 3 册，上海人民出版社 1957 年版，第 223 页。

② 罗尔纲著：《李秀成自述原稿注》（增补本），中国社会科学出版社 1995 年版，第 138 页。

③ 张德坚：《贼情汇纂》卷一《剧贼姓名》，中国史学会编：《中国近代史资料丛刊·太平天国》第 3 册，上海人民出版社 1957 年版，第 45 页。

④ 张德坚：《贼情汇纂》卷一《剧贼姓名》，中国史学会编：《中国近代史资料丛刊·太平天国》第 3 册，上海人民出版社 1957 年版，第 48 页。

⑤ 《石达开自述》，中国史学会编：《中国近代史资料丛刊·太平天国》第 2 册，上海人民出版社 1957 年版，第 781 页。

⑥ 谢介鹤：《金陵癸甲纪事略》，清咸丰七年刻本，第 41 页。

⑦ 罗尔纲著：《李秀成自述原稿注》（增补本），中国社会科学出版社 1995 年版，第 138 页。

显示出了他的政治野心。洪秀全表面上答应，称“东王打江山，亦当是万岁”，“且世代皆万岁！”[①]，佯许于天历八月十七日（9月23日）杨秀清生日那天举行封“万岁”典礼，但实际上已起诛杨之心。他密召在江西的韦昌辉和湖北的石达开回天京，诛杀杨秀清。韦昌辉接到密诏后，立率亲兵3000人进驻安徽建德，并联合燕王秦日纲部到达天京。9月2日清晨，韦、秦部悄然进城，控制全城各要害部位，包围东王府。韦昌辉率军冲入东王府，斩杀杨秀清及其全家老小、部将。石达开赶回天京后见此惨境，当面劝告韦昌辉不可滥杀无辜。韦昌辉不仅不听，反而起加害石达开之心。石“见事机不好”[②]，连夜逃往安庆，但留在天京的一家老小全部被杀害。石达开调集在安徽的部队，起兵讨韦。洪秀全于11月初令天京军民“合朝同心”擒杀了韦昌辉，长达两个多月的内乱得以平息。在这次内乱中，共有两万多太平军将士丧生。

太平天国经过此次变乱，虽然未伤及根本，但太平天国领导集团没能吸取教训。韦昌辉伏诛后，洪秀全表面上对回到天京的石达开予以重用，命其“提理政务”，私下里却担心其权势增长后与己争权，遂另封自己昏庸无能的长兄洪仁发为安王、次兄洪仁达为福王，借以牵制石达开。石达开对此极为不满，于1857年6月初率十多万精兵离开天京，走上了分裂的道路。石达开在安庆驻扎半年后开始远征，先入江西，后在浙、闽流动，屡为清军所败。1858年10月，石达开率部经江西进入湖南，次年再退至广西。在广西庆远府时，部下纷纷离去，石达开不得不重新召集人马，并于1862年春突出广西，转入湖南，与湘军交战四个月后，又转战于川、黔、滇三省。1863年5月中旬，石达开率军进抵大渡河边的紫打地（安顺场），准备渡河直取成都。清军在此严防，石达开抢渡失败，部下仅剩7000余人。为保住将士性命，石达开写信给四川总督骆秉章，表示“求荣而事二主，忠臣不为；舍命以全三军，义士必作”[③]。6月中旬，石达开至清营谈判，结果受骗被俘，被解至成都凌迟处死，年仅33岁。

---

① 张汝南：《金陵省难纪略》，中国史学会编：《中国近代史资料丛刊·太平天国》第4册，上海人民出版社1957年版，第703页。

② 石达开：《石达开自述》，中国史学会编：《中国近代史资料丛刊·太平天国》第2册，上海人民出版社1957年版，第781页。

③ 《翼王石达开致清朝四川总督骆秉章书》，太平天国历史博物馆：《太平天国文书汇编》，中华书局1979年版，第161页。

清军借太平天国内乱之际进行反扑。1856 年年底，清军重新攻占武昌、汉阳，重建江北大营和江南大营，并于次年年底攻陷镇江，围困天京。1858 年 5 月，九江失陷，随后江西大部分地区也被清军占领。太平天国在军事上曾经拥有的大好局面已不复存在。

天京变乱和石达开的出走，是太平天国由盛而衰的分水岭，标志着太平天国由战略进攻转向战略防御，逐步呈衰落态势。

二、太平天国的后期奋斗

天京变乱后，太平天国“朝中无将，国中无人”，各地战场形势急剧恶化。为扭转危局，1858 年洪秀全重新任命了五军主将：陈玉成为前军主将，李秀成为后军主将，李世贤为左军主将，韦俊为右军主将，蒙得恩为中军主将兼正掌率，掌理朝政。其中，陈玉成和李秀成为太平天国后期最重要的军事统帅。陈玉成（1837—1862），广西藤县人，出身贫寒，14 岁随叔父参加金田起义，作战骁勇，不到 20 岁就成为独当一面的大将，后受封为英王。李秀成（1823—1864），与陈玉成是同乡，很早参加了太平军。他富有组织才能和战略眼光，屡立战功，后受封为忠王。

陈玉成和李秀成主持军务后，立即着手组织军事反击，以对抗上游日益进逼的湘军和近在肘腋的江南、江北大营。1858 年夏，陈、李会集各路将领，在安徽枞阳镇召开军事会议，确定解除天京之围的作战部署。9 月，陈、李两部在滁州境内会师东进，攻破浦口，再次击溃江北大营，歼敌万余人。进而乘胜连克六合、天长、扬州等地，将江浦一带改称天浦省，派重兵驻守。太平天国重新打通了天京北岸交通，城内粮食物资供应再获保障。

太平军主力进攻江北大营时，湘军主力李续宾部迅速东下，于 11 月进抵庐州屏障——三河镇。正在苏北作战的陈玉成星驰回救。14 日，猛攻三河镇湘军，湘军主力被歼，李续宾与曾国藩之弟曾国华等毙命。三河镇之役，予湘军打击极大，胡林翼哀叹：“三河败溃之后，元气尽伤，四年纠合之精锐，覆于一旦。而且敢战之才，明达足智之士，亦凋丧殆尽。”①

三河镇大捷后，陈玉成等率部乘胜追击，围困安庆的清军不战而逃，皖北

① 胡林翼：《复胜保》，《胡林翼集》（二），胡渐逵、胡遂、邓立勋校点，岳麓书社 2008 年版，第 233 页。

复为太平军所有。但是，江南大营仍对天京构成严重威胁。1860年年初，李秀成、洪仁玕在芜湖召集军事会议，确定了“围魏救赵”的战术，即先派精兵间道奇袭杭州，引诱江南大营分兵救援，然后迅速回撤，合力进攻江南大营。2月，李秀成率部经皖入浙，于3月攻破杭州。杭州乃江南大营饷源所在，江南大营果然中计，调集大量兵力援浙，李秀成立即弃杭回师。4月底，李、陈等五路大军合攻江南大营，5月初，再次摧毁江南大营。随后，太平军乘势东下，连克丹阳、常州、无锡、苏州、嘉兴、松江等地，并建立了以苏州为首府的苏福省。

太平军席卷江南，上海的官僚、地主、买办大为恐慌，外国侵略者也撕破了“中立”的假面具。上海道吴煦与买办杨坊出资雇佣美国流氓华尔组织起洋枪队与太平军作战。7月中旬，洋枪队袭取松江，但在8月上旬进犯青浦时，遭到太平军的有力回击。太平军再克松江，并乘胜向上海挺进，却遭到了英法军队的阻挠，只得从上海地区撤退。太平军对上海的第一次进攻，因外国侵略者的武装干涉而功亏一篑。

太平天国在军事上取得的一系列胜利使得形势一度好转。与此同时，洪仁玕在政治上锐意改革，试图重振朝纲。洪仁玕（1822—1864），广东花县人，洪秀全族弟。少时学习经史，屡试不第，后以教馆为业，是拜上帝会最早的信徒之一。1847年，曾随洪秀全去广州，在美国传教士罗孝全处学习。金田起义后，为避清军缉捕流亡至香港。在香港，他对西方资本主义制度与文化有了初步的认识。1859年4月，洪仁玕来到天京，不久被封为“干王”，总理朝政。他向洪秀全提出了一个统筹全局的方案《资政新篇》，主要内容包括向西方学习，进行全面的政治与社会改革。在政治方面，针对太平天国后期存在的“事权不一”“结党联盟”等现象，提出“禁朋党之弊”，加强中央集权；在经济方面，提倡学习西方先进的技术和资本主义生产方式，全面发展交通运输业，开办工厂，开发矿藏，兴修水利，创立银行；在文化、教育和社会改革等方面，主张办学校、开报馆、设医院、建教堂、禁寺庙、禁鸦片等；在外交方面，主张与外国自由通商、文化交流和平等往来，鼓励外国人在华投资，“准其为其献策，不得毁谤国法”①。

---

① 《资政新篇》，中国史学会编：《中国近代史资料丛刊·太平天国》第2册，上海人民出版社1957年版，第524—539页。

《资政新篇》明确提出全面学习西方先进的政治制度、经济生产方式和科学技术，具有鲜明的资本主义色彩，较之太平天国原有的农民平均主义理想是一个进步。在向西方学习这一点上，它超过了同时代的地主阶级知识分子。虽然迫于当时太平天国面临的形势，《资政新篇》根本没有机会和条件实施，未能发挥应有的历史作用，但它反映了一部分先进的中国人迫切要求改变中国落后面貌的愿望，是近代中国第一个比较完整的学习西方、变革现实的方案，具有明显的进步意义。

尽管这一时期太平天国的局面有所好转，但仍未挽回总体衰落的趋势。1860 年春夏间，当太平军东征苏、常时，湘军趁机进攻安徽重镇、天京上游的门户——安庆。9 月，洪秀全急召陈玉成、李秀成回京商讨救援方略，决定分南、北两路大军二次西征，从长江两岸合击武汉，迫使湘军回援武汉，以解安庆之围。1861 年 3 月，陈玉成率部攻克黄州，进逼武汉。此时英国侵略者基于长江通商的利益，派参赞巴夏礼赴黄州阻止太平军进攻武汉，声明要保护武汉的商务，太平军“必须远离该埠”①。此时，安庆形势日益吃紧，陈玉成决定回师救援。李秀成部行动迟缓，延至 6 月才到达武昌县（今湖北鄂州）。陈玉成部虽已撤走，仍留赖文光部守望黄州，若李与赖联络，南北夹击，夺取武昌并非无望。但李秀成将经营苏、浙，看得比救援安庆更重要，见陈玉成撤走，竟放弃进攻武昌，不战而退，二次西征宣告失败。曾国藩此时已无后顾之忧，遂集中兵力围攻安庆。陈玉成率援军在安庆外围与湘军展开激烈的争夺战，终未能与城内守军汇合。9 月 5 日，安庆失守，守城的太平军 1.6 万余人全部战死，湘军“大杀三日，全城男女老幼无一存留”②。

安庆失守后，陈玉成部退守庐州。1862 年年初，他派部将陈得才、赖文光等进军河南，自己在庐州与湘军激战，于 5 月败走寿州时被捕，后在河南延津被凌迟处死，时年 26 岁。安庆和庐州的失守标志着太平天国西线战场的失败，对整个战局产生了极其重大的影响。

太平军二次西征失败，但在东线作战中取得了重大进展。早在 1861 年 5 月，李秀成的堂弟侍王李世贤就率部攻入浙江，连克浙东、浙西大部分地区。

---

① 转引自王崇武：《英国侵略者破坏太平天国革命的一段史料》，《历史教学》1957 年第 4 期，第 34 页。

② 富礼赐：《天京游记》，中国史学会编：《中国近代史资料丛刊·太平天国》第 6 册，上海人民出版社 1957 年版，第 958 页。

9 月，李秀成由江西入浙江，12 月底再克杭州，使浙江和苏南连成一片，成为太平天国后期的主要物资供应基地。不过，东线的成功并不能弥补太平天国在皖北战场和天京上游的损失，更无法从根本上扭转军事上的不利局面。攻破安庆后，曾国藩派遣曾国荃沿江东下，进逼天京，湘军水师完全控制了长江。

太平天国后期，不仅军事上失利，更为严重的是政权封建化的趋势日益严重。洪秀全醉心于“爷、哥、朕、幼坐朝廷”，沉迷于宗教迷信思想。为了巩固自身的地位，不惜削弱英王、忠王的权力，滥封王爵，使其彼此互相牵制，结果使追逐名利之风愈盛，加剧了内部的涣散。更有甚者，苏福省建立后，洪秀全即以该省为李秀成的分地，李世贤克复浙江后，亦以浙江为分地。1862 年洪秀全封陈坤书为护王，又从苏福省中划出常州郡为其分地。有了分地，各将领各自为政，注重自己一城一地的得失，而不重视配合整体战略。太平天国后期，军队成分较前期复杂，有会党成员、土匪、地痞、流氓，还有大批清朝的败兵溃勇，导致纪律废弛。苏浙地区的乡官，不少由地主、绅士担任，致使一些基层政权主要由地主掌控，农民的处境并没有多少改变。这一切都加速了太平天国的失败。

三、中外“会剿”与太平天国起义失败

早在太平军进军江南时，一些地方官员、士绅就曾寄希望于外国侵略军，主张“借师助剿”，但咸丰帝疑虑重重，并未同意地方官员的建议。江苏地方当局于是暗地里聘用华尔组成的“洋枪队”，以对抗第一次进攻上海的太平军。第二次鸦片战争后，清廷与列强进一步妥协和勾结，法国公使葛罗向奕䜣表示愿意帮助清廷镇压太平天国，俄、英等国也表示愿意出兵，清政府于是重新考虑“借师助剿”方略。辛酉政变后，慈禧决定求助于外国军队。1862 年 2 月，清廷发布上谕，公然宣布“借师助剿”。曾国藩在奏折中也表示支持：“目下情势，舍借助洋兵，亦实别无良策。”① 自此，清政府与外国势力公开联合，共同镇压太平天国。

是年，太平天国决定第二次进攻上海。如能攻克上海，可切断清军的饷

① 曾国藩：《遵旨统筹全局折》（同治元年二月初二日），《曾国藩全集·奏稿之四》（修订版），岳麓书社 2011 年版，第 67 页。

源，整个东南局势将有利于太平军。此时，中外势力在上海成立“中外会防会所”，策划防守上海的方案，英、法侵略军在上海增至数千人，华尔的洋枪队也扩编至 5000 人，改称“常胜军”。他们与清军配合，在上海周围进攻太平军。5 月中旬，李秀成亲率大军予以反击，接连收复嘉定、青浦等县城，生擒“常胜军”副统领法尔思德。正当李秀成在上海近郊大获全胜之时，曾国荃加紧围困天京，洪秀全几次严催李秀成驰援天京，太平军不得不挥戈西向。李秀成在天京城外与湘军血战 46 天，未能攻破雨花台的湘军大营。鉴于太平军粮草奇缺，寒衣无备，难以持久攻坚，李秀成便按照洪秀全的命令渡江进攻皖北，挺进湖北，夺取武汉，企图占领湘军的后方以迫使湘军撤天京之围。但皖北遍地饥荒，太平军饿死、病死者甚多。1863 年 6 月，天王急命李秀成迅速回援，李秀成率军返回江南，时江水暴涨，又缺粮食，士卒死伤十万多人，兵力大损。太平军的处境已是岌岌可危。

浙江方面，左宗棠由江西进入浙江，成为湘军集团的又一重要力量。左宗棠（1812—1885），湖南湘阴人，举人出身，原为湖南巡抚骆秉章的幕僚，后入曾国藩幕府，帮办军务，随后领军作战。左宗棠进入浙江后不久就被任命为浙江巡抚。1862 年，左宗棠攻陷宁波后，组织了中英混合军——“常安军”，以及中法混合军——“常捷军”，共同镇压浙江的太平军。次年 3 月，左军克绍兴，1864 年 3 月再陷杭州。太平天国在浙江的根据地丧失殆尽。

与此同时，李鸿章督率淮军和“常胜军”加紧进攻苏南。1863 年 5 月，相继攻陷太仓、昆山、吴江等地。12 月，太平军纳王部永宽等杀慕王谭绍光后献城投降，苏州失陷。接着无锡又陷。次年 5 月，常州再陷。至此，太平天国的苏南根据地已经陷入绝境。

太平军失去皖北、浙江、苏南根据地后，天京被曾国荃的湘军层层围困，内无粮食，外无援兵，形势更加危急。李秀成建议洪秀全“让城别走”，取道江西、湖北与赖文光等部太平军会合，另图发展。但洪秀全予以否决，并斥责李秀成说：“朕铁桶江山，尔不扶，有人扶。尔说无兵，朕之天兵，多过于水，何惧曾妖者乎？”① 此时，洪秀全已病重，延至 6 月初病逝，长子洪天贵福继

① 罗尔纲著：《李秀成自述原稿注》（增补本），中国社会科学出版社 1995 年版，第 339—340 页。

位，称幼天王。7月19日，湘军攻破天京，李秀成等败走。湘军入城后，在天京城内大肆烧杀抢掠。据曾国藩事后向清廷报告说：“三日之间，毙贼共十余万人，秦淮长河尸首如麻。”①

天京陷落后，李秀成保护幼天王突围，但后来被冲散，幼天王逃到安徽广德，与外出征粮的洪仁玕会合。洪仁玕遂带领幼主及部属转战于皖、浙边界，9月底入江西，10月上旬，部队在江西石城县覆没，洪仁玕与幼天王先后被俘并处死。李秀成后走入天京东南的荒山中，被湘军俘虏。他在写下几万字的供词后被曾国藩杀害。

天京虽然陷落，但太平军余部仍坚持斗争。在江南和东南沿海地区的主要有侍王李世贤部和康王汪海洋部，他们由江西转战至福建南部的汀州和漳州，并以漳州为根据地，建立政权，屡败清军。1865年3月，左宗棠在英法侵略者的帮助下攻陷漳州。后李世贤被汪海洋刺杀，次年2月，汪海洋在广东嘉应州战死。至此，长江以南的太平军全部失败。

四、各地反清农民起义相继失败

太平天国定都天京及其在军事上的巨大胜利，有力地推动了全国反清起义的发展。各地各族人民纷纷响应太平天国起义，反对清朝统治。各地起义前后坚持时间不一，到1870年前后，相继失败。

活动在长江以北的主要是捻军。捻军原称捻党，亦称捻子，起源于清初，是广大贫苦农民反抗剥削压迫的组织，一般“居则为民，出则为捻”，主要活动区域为皖北、苏北、豫、鲁等地。1853年5月，太平军北伐途经皖北、河南等地时，捻军纷纷响应。1855年，各路捻军会盟于安徽蒙城雉河集，共推张洛行（又作乐行）为盟主，建立“大汉国”，建黄、白、蓝、黑、红五旗军制。捻军遂由分散趋于统一，力量迅速扩大，成为北方抗清的主力。1857年，捻军各头目接受太平天国的领导，在江淮间打击清朝势力，有力地支援了太平天国。1863年，雉河集陷落，张洛行牺牲，其侄张宗禹率余部在黄淮间继续斗争。次年11月，捻军余部与太平军余部会合，共推赖文光为统帅，并按太平军的军制进行整编。1865年5月，捻军在山

① 曾国藩：《奏报攻克金陵尽歼全股悍贼并生俘逆酋李秀成洪仁达折》（同治三年六月二十三日），《曾国藩全集·奏稿之七》（修订版），岳麓书社2011年版，第299页。

东曹州与僧格林沁军相遇，将僧格林沁击毙，李鸿章称“失此长城，中外震惊”①。然而，小胜已无法挽回失败大局。次年，捻军分为东西两路，互为犄角，赖文光率东捻军入山东，张宗禹率西捻军入陕西联络回民起义力量。1868 年 1 月，赖文光兵败被俘，后在扬州就义，东捻军失败。8 月，转战到山东的西捻军被清军围困，突围未果，不幸全军覆灭。至此，捻军起义被清政府镇压。

天地会是长期流行于民间的反清复明秘密组织，盛行于东南沿海和长江流域。天地会的分会很多，有三合会、小刀会、哥老会等。太平天国时期，规模最大的天地会起义有以刘丽川领导的上海小刀会起义和陈开、李文茂领导的广东红巾军起义。

小刀会是乾隆年间出现的秘密结社。上海小刀会成立于 1849 年，成员主要是城市手工业者、水手、码头搬运工等。1853 年 9 月初，嘉定小刀会首领周立春率众起义，攻克嘉定县城。上海小刀会首领刘丽川率众响应，攻占上海县城，建立大明国。刘丽川派人赴天京联络，表示愿意归附太平天国。杨秀清曾表示欢迎他们“率众来归”②，但终因北伐、西征战事紧张，太平军未能直下上海，接应小刀会。小刀会起义后不久即攻占宝山、南汇、川沙、青浦等县。在此期间，上海的外国势力放弃中立政策，悍然进攻起义军。起义军在上海坚守 17 个月后因孤军无援，最终失败。

1854 年 5 月，广东东莞等地民众发动小规模起义。7 月，陈开在佛山聚众起义，李文茂随后在广州北郊起义，与其他小股农民起义一起响应。起义军“裹红巾，衣梨园服”③，推陈开为盟主，共有十万之众。起义军先后攻克花县等地，后围攻广州城，但未能攻克。次年，起义军转入广西，攻克浔州府城，改称“秀京”，封王建制，建立大成国，鼎盛时期控制了广西 8 府 40 余州县。1861 年 8 月，清军攻破秀京。陈开牺牲，起义失败。

1855 年春，贵州台拱厅张秀眉等人率领苗民举行抗税起义，建立政权。两年间，起义军连克贵州东部和东南诸府县。与此同时，贵州汉族人民也发动反

---

① 李鸿章：《海关应拨北新赣州太平三关丝税请免补解片》（同治四年五月初六日），《李鸿章全集》第 2 册，安徽教育出版社 2008 年版，第 71 页。

② 涤浮道人：《金陵杂记》，中国史学会编：《中国近代史资料丛刊·太平天国》第 4 册，上海人民出版社 1957 年版，第 626 页。

③ 谢祖安修、朱汝珍纂：《清远县志》卷三，1937 年铅印本。

清起义。1857年8月，刘义顺等在石阡起义，称号军，属白莲教，先后攻下思南府属的一些州县。同年，黔西威宁的苗、彝农民万余人在毕节县猪拱箐建立据点。贵州各支起义军在斗争中彼此呼应，互相支援。清方记载说："攻苗匪则号匪梗其中，击号匪则教匪继其后"①。1867年，湘军入黔，挟洋枪洋炮优势，轰毁义军堡垒。次年，张秀眉被迫转战于湘黔两省，至1872年被清军消灭。

云南是回民的重要聚居地之一，1856年春回民举行大起义：一支以杜文秀为首，在滇西举义；另一支以马复初、马如龙为首，在滇东南发难。但马如龙部很快接受了清廷招抚。9月，杜文秀率义军攻克大理，建立政权，自任"总统兵马大元帅"，宣布"遥奉太平天国南京之号召，革命满清，改正朔，蓄全发，易衣冠"②。大理政权推行发展生产等各种措施，实行"不分汉回，一体保护"③，对彝、傣、白等少数民族亦公平处之，深得各族人民的拥护，义军发展迅速。1867年，杜文秀集结20万起义军围攻昆明，久攻不下，撤回大理。1872年，义军弹尽粮绝失败。

哥老会作为秘密结社，在四川、云南等地具有广泛影响。1859年，哥老会领袖李永和、蓝大顺在川滇边界聚众起义，之后向川南进军，建"大明顺天国"，并以诛杀贪官污吏和劫富济贫号召群众，极盛时义军达20万众。由于没有明确的政治目标和严密的军事组织，在入川湘军的打击下，日渐陷入困境。1862年李永和部覆灭，1864年蓝大顺部覆灭。

五、太平天国农民起义的历史意义

轰轰烈烈的太平天国农民起义最终失败了，其根本原因，从客观上看是中外反动势力的联合绞杀；从主观上看，是太平天国在政治上、军事上、经济上犯下的一系列的错误。太平天国起义的失败表明，在半殖民地半封建的中国，农民是伟大的革命力量，但它自身不能担负起领导反帝反封建斗争取得胜利的重任，不可能完成争取民族独立和人民解放的历史任务。

太平天国起义作为中国近代史上一次规模巨大、波澜壮阔的反封建反侵略

① 王安定：《湘军记》卷十四《平黔篇》，光绪刻本。

② 张培爵修、周宗麟纂：《大理县志稿》卷九《武备部二》，1916年铅字重印本。

③ 王鼎臣：《清咸同间云南回变纪闻》，中国史学会编：《中国近代史资料丛刊·回民起义》第2册，上海神州国光社1952年版，第300页。

的农民战争，具有不可磨灭的历史功绩和重大的历史意义。太平天国起义沉重打击了清朝封建统治，从根本上动摇了清政府的统治根基。起义长达14年，转战18个省，在南京建立了反清政权。在太平天国的影响下，各地人民纷纷发动起义，不同程度地打击了统治阶级，清政府的统治基础被严重削弱。太平天国农民起义充分暴露了清政府的虚弱本质，其反抗精神极大地鼓舞了后来的革命者。

太平天国起义达到了中国封建社会农民战争的最高峰。太平天国颁布了《天朝田亩制度》，尝试满足广大农民对于土地的渴望，显示出鲜明的反封建特点。太平天国后期颁布的《资政新篇》，是中国近代历史上第一个比较系统的发展资本主义的方案，符合当时历史发展的方向，体现出太平天国起义具有不同于以往农民战争的新特点。

太平天国起义顽强抵抗了资本主义侵略势力。太平天国不承认西方列强强加于中国的不平等条约，多次拒绝外国提出的侵略要求，严禁鸦片贸易，维护了国家权益；面对中外反动派的联合镇压，太平天国并没有屈服，而是与外国侵略势力进行了英勇的斗争，沉重地打击了外国侵略者。

太平天国起义引起了清朝统治阶级内部的变化与调整，客观上有利于中国社会的发展。在镇压太平天国起义的过程中，满族贵族的中央集权受到冲击，汉族官僚在统治集团内部地位上升，对以后的辛亥革命发生与发展有一定积极作用。同时太平天国在一定程度上促使统治集团内部的一些人采取变革措施，这对中国社会的发展也是有积极意义的。

太平天国起义是同时期的亚洲民族解放运动中，持续时间最长、规模最大的运动，不仅在中国影响深远，而且客观上有力地配合和支持了亚洲其他地区的民族解放运动，与其他亚洲国家的民族解放运动一起，形成了亚洲民族解放运动的高潮，极大地冲击了西方殖民主义者在亚洲的统治。

思考题：

1. 太平天国起义爆发的原因有哪些？
2. 为什么说太平天国起义是中国旧式农民起义的最高峰？
3. 《北京条约》与《天津条约》的主要内容是什么？
4. 简论辛酉政变与清朝统治格局的变动。

5. 试析太平天国起义失败的原因。

▶ 拓展阅读

第三章　洋务运动与中国早期现代化的开端

在太平天国农民起义和第二次鸦片战争的双重打击下，清王朝的统治岌岌可危，清政府部分官员为“自强”“求富”，开始效法西方，创办军事和民用工业，编练新式陆海军，兴办新式教育，洋务运动由此兴起。历时30多年的洋务运动给近代中国带来了新产业、新知识、新观念，一批近代工业企业兴办起来，新的社会力量开始出现，为民族资本主义的发展创造了一定条件，初步带动了中国早期现代化的开展。然而，由于具有封建性、依赖性和腐朽性等致命弱点，洋务运动在甲午战争中破产，没有使中国摆脱积贫积弱的局面。

第一节　洋务派与洋务活动的展开

一、洋务派的形成及其指导思想

鸦片战争后，以奕䜣、曾国藩、左宗棠、李鸿章等为代表的一部分官员，开始认识到西方“坚船利炮”的巨大威力，也感受到列强的侵略威胁。曾国藩认为：购买外国轮船和大炮，为“今日救时之第一要务”①，不仅要学会使用，而且要设法仿造，才能“可期永远之利”②。由此，一批具有改革意识的中上层官僚，发起了以学习外国工业制造技术为主要内容，以自强求富、挽救清朝危机为宗旨的洋务运动。洋务派因此而产生。

洋务派分布于中央的重要部门和地方最大的势力集团——湘系和淮系。洋务派在中央的核心人物，先是以恭亲王奕䜣为首的总理衙门大臣，后是以醇亲王奕譞为首的总理衙门和海军衙门大臣。他们执掌着洋务运动的主管机构，除直接承办重要洋务事项之外，还批准和支持下属部门和各地方的洋务活动。

湘系集团中，曾国藩是倡议和实施洋务活动的封疆大吏，也是公认的洋务

---

① 曾国藩：《复陈购买外洋船炮折》（咸丰十一年七月十八日），《曾国藩全集·奏稿之三》（修订版），岳麓书社2011年版，第186页。

② 曾国藩：《遵旨复奏借俄兵助剿发逆并代运南漕折》（咸丰十年十一月初八日），《曾国藩全集·奏稿之二》（修订版），岳麓书社2011年版，第618页。

派首领之一。早在1854年，他就竭力购置洋枪洋炮，装备湘军，以镇压太平天国起义。其后他又明确提出了“师夷智”制船炮、开展洋务活动的思想主张，并重用和提拔了一大批官员作为推进洋务运动的中坚和骨干。

左宗棠是较早从事洋务活动的洋务派首领。他在1861—1881年，历任浙江巡抚、闽浙总督、陕甘总督、两江总督兼任南洋通商大臣，并先后创办了福建船政局、甘肃机器制造局、兰州机器织呢局、徐州利国驿煤铁矿等。刘坤一在1865—1891年，曾任江西巡抚、署两江总督、两广总督、两江总督兼南洋通商大臣，赞成造船、铸炮，重建新式湘军，并帮办海军事务。沈葆桢在1862—1884年，历任江西巡抚、办理台湾等处海防兼理各国事务大臣、两江总督兼南洋通商大臣，是福建船政局的主办者。曾国荃在1881—1884年，相继出任山西巡抚、陕甘总督、两江总督兼南洋大臣，在两江任上扩建湘军新营，并支持海军建设。

湘系洋务派，军事方面侧重于采用新法，观念上受曾国藩忠君卫道、修身养性的思想影响较多，满足于仿造西洋船炮。面对外国列强势力，倾向于妥协退让。他们的观念和做法，使湘军的装备远不及淮军，也影响了他们举办洋务事业的范围和效益。

淮系集团中，李鸿章是洋务活动的中坚人物。他在1862—1885年，先后出任江苏巡抚、署理两江总督、湖广总督、协办大学士、直隶总督兼北洋通商大臣、北洋海防大臣、会办海军大臣。他不仅一开始就提出“外敦和好，内要自强”① 的洋务方针，而且参与策划和实施了许多清廷内政、外交、经济、军事等方面的重要政策，是最具实力的地方洋务派首领，也是影响全局的洋务派大员。淮系洋务派主要人物是张树声、丁日昌、刘铭传和盛宣怀。1866—1882年，张树声先后担任直隶按察使、山西布政使、署理山西巡抚、署理江苏巡抚、署理两江总督兼南洋通商大臣、两广总督、署理直隶总督兼北洋大臣。他主张以练兵、造船、用器等为自强之道。1862年丁日昌即主持上海洋炮局，在1865年又主持第一个正式的洋务企业——江南机器制造总局，在1867—1879年，历任江苏布政使、江苏巡抚、北洋帮办大臣、福建巡抚兼船政大臣、驻南洋会办海防事宜大臣。刘铭传于1884起出任福建巡抚、台湾巡抚，在台湾开煤

① 李鸿章：《上曾制帅》（同治元年五月初二日），《李鸿章全集》第29册，安徽教育出版社2008年版，第88页。

矿、修铁路，大力举办洋务事业。盛宣怀虽出道较晚，进入淮系也较迟，却是李鸿章办理洋务企业的得力人物。他于1872年参与创办轮船招商局，此后历办湖北煤铁矿、中国电报局、华盛纺织总厂等。

淮系洋务派，起家于上海、江浙等较早受外来影响、开风气之先的地区，与外人有较多交往和合作，因而思想观念比湘系要开放得多。军事上讲求师夷长技，经济和文化上也主张效法西人。同时，由于其首领人物比较了解世界大势，视野较为开阔，因而能够创办更多军用和民用工业，成效更大，影响更广。

张之洞（1837—1909），后期洋务运动的代表人物，出身清流派的洋务大员，以推动新政、提倡教育改革知名。1882—1884年，他任山西巡抚，开始筹划洋务。调任两广总督之后，又在广州筹划洋务。1889年起担任湖广总督期间，开始大办洋务，主持卢汉铁路建筑，筹建汉阳铁厂、湖北枪炮厂、湖北织布局等。他在《劝学篇》中提出的“旧学为体，新学为用”原则，总结了洋务运动的基本经验。

洋务派认为，学习外国技艺，造船造炮，“可以剿发逆，可以勤远略”①，挽救清朝统治的危机。李鸿章认为，清军与西方列强的军队相比，主要问题是武器装备落后。只要清军的火器与外国相当，则“平中国有余，敌外国亦无不足”②。因此，他积极主张学习外国技艺，制造外国枪炮。奕䜣看到曾国藩、李鸿章学习仿造外国船炮有效，也表示支持。他在奏折中提出，自强以练兵为要，练兵以制器为先。“洋人乐于见长之时，将外洋各种机利火器实力讲求，以期尽窥其中之秘，有事可以御侮，无事可以示威。”③“我能自强，可以彼此相安。”④ 奕䜣等认为，“发捻交乘，心腹之害也；俄国壤地相接，有蚕食上国之志，肘腋之忧也；英国志在通商，暴虐无人理，不为限制，则无以自立，肢体之患也”，因此“灭发捻为先，治俄次之，治英又次之”。⑤ 李鸿章把洋务活动总结为：“外须和戎，内须变法。”所谓“外须和戎”，就是对外以妥协退让

---

① 曾国藩：《复陈购买外洋船炮折》（咸丰十一年七月十八日），《曾国藩全集·奏稿之三》（修订版），岳麓书社2011年版，第186页。

② 李鸿章：《上曾中堂》（同治二年三月十七日未刻），《李鸿章全集》第29册，安徽教育出版社2008年版，第217—218页。

③ 《筹办夷务始末（同治朝）》卷二十五，中华书局2008年版，第1082页。

④ 《筹办夷务始末（同治朝）》卷二十五，中华书局2008年版，第1082页。

⑤ 《奕䜣桂良文祥奏统计全局酌拟章程六条呈览请议遵行折》，《筹办夷务始末（咸丰朝）》卷七十一，中华书局1979年版，第2675页。

换太平；所谓“内须变法”，就是在不触动封建体制的前提下，采用新式武器，培养洋务人才。这些完整地确立了洋务运动的基本方针。

洋务派理论家冯桂芬提出：“以中国之伦常名教为原本，辅以诸国富强之术。”① 另一理论家薛福成认为：“取西人器数之学，以卫吾尧舜、禹汤、文武、周孔之道。”② 他们主张，对封建制度的一些枝节略作改变，引进一些外国的先进技术，就可以稳定社会秩序，实现长治久安。

清政府中还有一些大官僚如大学士倭仁等，坚决反对洋务活动。他们认为外国的科技不过是“奇技淫巧”，向外国学习是“以夷变夏”；坚持认为“读孔孟之书，学尧舜之道”，可以成为国家最有用的人才，而办同文馆，学天文算术，学习制造轮船枪炮，是本末倒置。洋务派驳斥了顽固派的这些议论。慈禧一方面让洋务派开展洋务活动，另一方面也放任顽固派攻击洋务派，以抑制洋务派势力的扩张。

洋务派继承了魏源“师夷长技以制夷”的思想，实行“自强”“求富”方针。他们通过所掌握的国家权力，集中力量优先发展军事工业，并试图“稍分洋商之利”，发展若干民用企业，客观上对中国早期工业和民族资本主义的发展起了促进作用。

二、近代军事工业的兴起

洋务运动起初着眼于改造军队旧式装备，所需新式武器，除了从国外购买之外，逐渐自行制造，从而促进了新式军事工业的兴起。

洋务派创办新式军用工业，从曾国藩开设安庆内军械所起始。1861 年 9 月，曾国藩攻占安庆后，随即建立“内军械所”，曾制造小轮船一艘。1866 年年初并入李鸿章所办金陵机器局。安庆内军械所仍以手工生产为主，严格说来还不是新式军用工业，但毕竟是洋务派创办新式军用工业的起点。而且，它以生产新式武器为目的，与传统官办军用工业有所不同。

继曾国藩之后，李鸿章更加积极地创办新式军用工业。1862 年，李鸿章率淮军进驻上海，亲身体验到洋枪洋炮威力。由于购置不易，于是立志设局仿

① 冯桂芬：《采西学议》，《采西学议——冯桂芬、马建忠集》，郑大华点校，辽宁人民出版社 1994 年版，第 84 页。

② 薛福成：《筹洋刍议》，中国史学会编：《中国近代史资料丛刊·戊戌变法》第 1 册，上海人民出版社 1957 年版，第 160 页。

造。一年之内他在上海设立了三所洋炮局，但只有第二所采用了机器生产，其余仍用手工和土法生产。左宗棠在浙江、福建与太平军作战时，也进行了一些仿造小轮船和洋枪洋炮的尝试。

1865 年，李鸿章总结创办洋炮局的经验，在上海创办了中国第一个正规的新式军工企业——江南机器制造总局。该局的设备，包括收购的美商旗记铁厂的所有机器设备，以及由曾国藩派容闳赴美购买来的造船机器。此后不断扩充，至 1874 年先后设有汽炉厂、机器厂、铸铜铁厂、熟铁厂、洋枪楼、轮船厂、船坞、汽锤厂、枪厂等，成为一个设备比较先进，生产功能比较齐全的军工大企业。在制造新式武器方面，它取得了明显的进展。除造出了多种枪炮之外，还造出了七艘军舰。

到 1895 年，该局又先后增设了炮厂、炮弹厂、水雷厂、炼钢厂、栗色火药厂和无烟火药厂，成为晚清规模最大、东亚罕见的大型军工企业，建设投资已达到 540 万两白银。但就成效而言，所造各种兵器，故障颇多，与西方最先进者相比，仍有十年以上差距。而所用生产经费总计已达 875 万两白银，代价巨大。

1865 年，李鸿章将苏州洋炮局迁至南京，扩建为金陵机器局，用银 50 万两。有工厂十余座，生产的枪炮弹药，主要供应淮军。由于经费短缺，管理混乱，产品质量低劣。

位于南京城外的金陵机器局

采自 *Imperial China: Photographs 1850—1912*, A Pennwick/Crown Book, USA., 1978, p. 67.

另一个具有代表性意义的军工企业是福建船政局（亦称福州船政局、马尾船厂）。它由闽浙总督左宗棠在 1866 年 7 月奏准创办，聘法国人日意格、德克碑为正、副监督，招聘洋员、洋匠 45 人。到 1874 年共计用银 176 万两，1869 年造成第一艘轮船“万年青号”。从 1873 年起开始由中国人自行仿造轮船，并培养出了十余名能够担任厂长，并能按照已有款式指挥制造船身和轮机的人才，300 余名能够按图承担各项工作的艺徒和工匠，进而于 1874 年遣散了所有聘用的洋员和洋匠。至此，福建船政局已成为一个基本能够自行制造大型现代轮船的企业，共计造成各式轮船 15 艘。其制造水平较江南制造总局稍高一点，但其后所造的轮船均与江南制造总局相仿，甚至更差；且所造船只，名曰兵船，实则多为小型运输舰。在设备建设方面，主要是建成了铁胁厂和大石船坞；在生产方面，至 1894 年，造成轮船 19 艘，排水量 1268 吨至 2200 吨不等。

自江南制造总局、金陵机器局、福建船政局成立之后，各省督抚都相继在各重要城市开设军工企业。到 1884 年，所建局（厂）已遍及 18 个省份，大小共计 32 个。到 1894 年，又新增 2 个。其中有的中途停闭，还有 24 个一直坚持生产。这些军工企业，在管理体制和产权归属上均为官办企业。其特点一是由官府发起创办，二是由官府直接委派官员负责管理，三是由官府调拨资金作为企业的建设和生产经费，四是由官府决定生产计划，五是由官府调拨全部或绝大部分产品，不做商用。因此，从管理和经营的形式上看，它与传统官府工业基本类同，但从生产和经营方式上看，则已有本质的差别。主要是采用机器生产方式，逐渐采用雇佣劳动方式，逐步实行成本核算。在这些官营军事工业中，已经具有了一定程度的资本主义因素。

但是，这些军用工业仍然带有浓厚的封建性质。每个企业都是一个独立的衙门，不仅受地方政府管辖，也要受总理衙门节制。这些局厂的总办、会办、提调等管理人员都是官员。如江南机器制造总局，每换一个总办，就添心腹委员三四十人，大小官吏成群，生产效率低下。有的工厂工人用士兵充当，沿用军队中的管理制度。如福建船政局，设有健丁营，用军中管理办法管理佣工、杂作人员。工人没有自由，不能随意去留，还可能随时受到刑罚。

尽管如此，洋务军用工业已具有一定的资本主义现代工业的属性，从而具有现代工业的意义，标志着中国早期现代化的开端。

三、官督商办民用企业的产生

由于军用工业建设过程中不断遇到难题：财政拮据，经费不足，原材料短缺，运输、通信不畅。外资扩张和洋货倾销，非单纯开办军用工业所能救济。洋务派官僚进一步认识到单是开办军用工业难以“自强”，于是他们提出了“强”与“富”并重、“寓强于富”的方针，开始创办新式民用工业。

轮船招商局。1872年，李鸿章等为缓解福建船政局和江南制造总局的经费困难，为打破洋商轮船公司在华垄断地位，以及解决漕粮北运问题，决定创建轮船招商局。该局于1873年1月在上海正式成立，资本18万多两白银，购置轮船3艘。半年后，由于出现亏损而改组，由怡和洋行买办唐廷枢任总办，宝顺洋行买办徐润、朱其昂、李鸿章的幕僚盛宣怀任会办。到1881年招足资金100万两白银。1877年收买美商旗昌轮船公司，轮船增至29艘。到1893年时，股本增至200万两白银，有轮船26艘。此外，还于1875年设立招商保险局，次年又另招股设立仁和保险公司。从而成为集水上航运与水上保险于一体的运输企业。

开平煤矿。自洋务派开办军用工业之后，日益感到自办煤矿的重要性。李鸿章于1876年秋委派唐廷枢筹办开平煤矿。1878年正式成立开平矿务局，1881年投产，共计费银70余万两。投产当年产煤1600余吨，次年即猛增至3.8万余吨。此后逐年增加，到1896年增至48.9万吨。

电报总局。洋务派铺设电报线的主张正式提出于同治末年至光绪初年，其主要出发点是“电报实为防务必需之物”①。该局由李鸿章于1880年在天津设立，委派盛宣怀为总办，着手架设天津至上海的电线。次年12月津沪线竣工通报，全线长2724里，耗资银17.8万余两，由北洋军饷垫支。津沪电线开通后主要用于军务和政务，亏损较大，于1882年改组为“官督商办”，并开始用于商务。1883年年初开始架设苏浙闽粤电报线，次年春夏间竣工，全线长5600余里。此后，除电报局继续架设一些支线外，也有一些督抚派员续架官线。到1894年时，全国官、商各线总计约达46492里，基本形成了一个连及全国的电报网。

上海机器织布局。该局创办于1876年，由李鸿章先后五次派员筹措，直到1890年才部分建成投产，先后耗银百余万两。设置纱锭3.5万枚、布机530架，投产后获利颇丰。1893年秋毁于火灾。次年重新建立华盛纺织总厂，集股

---

① 李鸿章：《请设南北洋电报片》（光绪六年八月十二日），《李鸿章全集》第9册，安徽教育出版社2008年版，第158页。

100万两白银，纱锭6.5万枚、布机750架，于8月间部分投产。

汉阳铁厂。该厂由张之洞创办于1890年，委派候补道蔡锡勇为总办，1893年8月竣工，耗资400万两白银，建成生铁厂、熟铁厂、贝色麻钢厂、西门士钢厂、钢轨厂、铁货厂六个大厂和机器、铸铁、打铁、鱼片钩钉四个小厂。1894年年初投产，日产生铁100余吨、钢60吨。同时还经营大冶铁矿和运矿铁路、马鞍山煤矿和炼焦厂，堪称远东第一大型钢铁联合企业。

张之洞所主办的民用企业，都采用官办和官商合办的体制，较之官督商办体制有更多“官气”，因而更快地走向失败，在甲午战争后相继转归官督商办和商办。

除了上述几个大型企业外，洋务派还创办和支持了40余个中小型民用企业。洋务派所创办和支持的民用工业已涉及航运、采矿、电信、铁路、纺织、冶炼等部门，而且规模较大。到1894年，民用工业（含交通）的实存资本总额达3961万两白银，加上军用工业实存资本总额1071万两白银，占当时中国产业资本总数的74%以上，成为当时中国资本主义性质企业的主体。

这些民用工业企业，大多采用官督商办制度。按照李鸿章的设想，官督商办的基本原则是：“由官总其大纲，察其利病，而听该商董等自立条议，悦服众商。”“所有盈亏，全归商认，与官无涉。”① “赖商为承办，尤赖官为维持。”② 这也就是说，“官督”在于官方保护、扶持和监督、稽查；“商办”在于商人经理业务和承担盈亏。除生产经营和生意盈亏之外，其他事务官方均要过问，尤其是高层管理人员和外国技术人员的任用均由官方定夺。这种制度，较之旧有传统体制有一定进步，奠定了现代企业股份制的基础。但也存在企业产权不清、政企纠结、依附官方而产生垄断性和腐败性，市场竞争力和赢利能力低下等弊端。

四、近代陆海军建设

清廷的新式军队建设，开始于1862年的天津练兵。由三口通商大臣崇厚主

① 李鸿章：《致总署——论试办轮船招商》（同治十一年十一月二十三日），《李鸿章全集》第30册，安徽教育出版社2008年版，第485页；《试办招商轮船折》（同治十一年十一月二十三日），《李鸿章全集》第5册，安徽教育出版社2008年版，第258页。

② 李鸿章：《整顿招商局事宜折》（光绪三年十一月二十五日），《李鸿章全集》第7册，安徽教育出版社2008年版，第498页。

持，清廷从驻京旗营和驻津绿营中挑选官兵，聘用英国军官，在天津进行训练。受训之人，先是步兵，1865 年扩至骑兵。到 1869 年，先后受训官兵共计为步兵 1350 余人、骑兵 1000 余人，受训官兵后被统编为神机营洋枪队。

1865 年起，开始扩大对绿营兵的训练。当年，从天津、芦台两镇士兵中挑选 500 人，习练洋枪，防守天津。到 1868 年，李鸿章以天津海防紧要为由，奏准扩大练军规模。连前所练，建立洋枪队五营，洋炮队一营，共计官兵 3200 余人。次年，又由崇厚从各枪炮队中抽调数十人，训练马队。自此形成了一支步兵、炮兵和骑兵齐备的编练新兵。1870 年，李鸿章接任直隶总督和北洋大臣后，将天津编练部队陆续改编扩大为 31 营 6 小队，包括步队 19 营、马队 12 营、马步混合队 6 小队，成为当时规模最大的一支新式军队，其指挥权也落到了李鸿章手中。

此外，地方练兵亦从 1862 年下半年开始试办。先由江苏巡抚李鸿章从绿营中各拨千人和数百人交由英国和法国军官训练。同时，李鸿章对淮军开始改革。1863 年年初开始聘请外国军官帮助训练，全军普遍采用洋枪洋炮，改用西洋阵法。到 1865 年时，全军 5 万人，有洋枪 3 万—4 万支、开花炮队 4 营。其他包括湘军在内的各地方军队和八旗、绿营兵，虽然都没有达到淮军这样的水平，也都程度不同地采用了西式武器。

各地练兵中训练成军的军队，统称为“练军”。练军最早出现于天津，此后逐渐推广至大多数省份，其中江苏和东三省规模较大。其他各省如山西、山东、河南、湖南、广西、云南、贵州等，皆先后采纳直隶练军之法，但其军队规模和武器装备均不及江苏和东三省练军，与天津（直隶）练军相差更远。

从总体上来说，练军虽然使军队从冷兵器时代进入近代新式热兵器时代，但其成效有限。在对内镇压人民反抗斗争中尚有威力，在对外抵抗外国侵略的战争中照旧一触即溃。1901 年，张之洞指出：“调派出征，则闻风推诿。其不能当大敌、御外侮，固不待言，即土匪、盐枭，亦且不能剿捕。惟直隶练军，皆系勇营规模，其中多有外省勇丁，故尚可用。”① 所谓“故尚可用”主要也是对内而言。

新式水师建设，以 1884 年为界，分为两个阶段。1861 年起，购买外国轮

---

① 张之洞：《遵旨筹议变法谨拟整顿中法十二条折》（光绪二十七年六月初四日），《张之洞全集》第 4 册，武汉出版社 2008 年版，第 23 页。

船建立海军，成为洋务派的一个重要议题，开始尝试向英美订购轮船。但通过向外国购买轮船建立海军，需费巨大，交涉颇多，一时难成。到1868年，江南机器制造总局和福建船政局开始生产轮船，并用于运送军备，清廷自建海军有了可能。

1874年发生了日本侵犯台湾事件，清廷大受震动，决定正式建立海军。其方案是：筹建北洋、东洋、南洋三支外洋水师，先在北洋创立一军，等力量逐渐充足时，再就一化三；任命李鸿章和沈葆桢分别为督办北洋、南洋海防事宜大臣；每年从沿海沿江各海关税收及各省厘金项下提取400万两白银，作为筹建经费，北洋、南洋各占一半。但实际效果并不理想，到1884年，只是初步建成了五支大小不等的舰队。

一是北洋水师。共计费银1200万两，有大小舰船15艘，总吨位1.2万吨。二是南洋水师。先后费银700万两，共计购置舰船14艘，总吨位1.5万吨。三是福建水师。只有14艘小型旧式船舰，总吨位1.1万吨。四是广东水师。拥有船19艘，均属于巡缉内海、内河的小轮船，总吨位只有0.5万吨。五是浙江水师。仅有从福建船政局所造船只中调拨的2艘炮舰，吨位各为1000多吨。

以上五支舰队，共有船舰64艘（不包括百吨以下船只），总吨位4.7万吨、各式大炮322尊、官兵总数约5000人。

1884年中法战争，福建水师全军覆灭。清廷受到沉重打击，于是对洋务运动方针做了适当调整，更加重视以外洋水师为核心的海防建设：一是将海军的建设和指挥权，由以前的各洋各省各自为政，改为由清廷统一掌管，设立统揽海军事权的总理海军事务衙门。二是将同时建设三洋水师，改为先重点建北洋水师，然后再加强其他水师。

总理海军衙门设立于1885年10月，由奕譞为总理海军事务大臣，奕劻、李鸿章为会办大臣，并由李鸿章专司其事。奕譞受命后，在他所管辖的神机营署内设立“总理海军事务衙门”，加大北洋水师的建设。1888年12月，北洋水师正式成立，任命丁汝昌为北洋水师提督，设衙门于威海卫。

北洋水师成立时拥有相当的实力。所拥有的舰船，除了前一阶段已有者之外，又增加了4艘新的德国、英国造舰船和其他一些舰船，共计25艘，3.6万多吨。其中战船15艘，3.2万多吨。实力稍强于日本海军。比如，2000吨级以上的主力舰，日本海军只有5艘，总吨位不足1.5万吨；而北洋海军有7艘，总吨位为2.7万吨。特别是两艘7335吨级的铁甲舰，为日本海军所无。

但是，成军之后，北洋水师几乎处于停滞状态。1888—1894 年，虽然舰艇增至 35 艘、总吨位 4.6 万多吨，但由于缺少更新，船况装备均已陈旧落后。此时的日本，为了发动侵华战争，大力扩建海军，新添军舰 11 艘，特别是制造了 3 艘 4000 吨级的战舰，共计拥有 33 艘舰船，仅少于北洋水师 2 艘，而总吨位达到 6.3 万多吨，超过北洋水师。这成为甲午海战失败的一个重要因素。

其他各洋水师的建设更是乏善可陈。到 1894 年时，南洋水师除了新定造的 4 艘德国鱼雷艇之外，只有 6 艘旧式巡洋舰和 6 艘落后炮舰，总吨位 1.6 万吨。福建水师只有船舰 7 艘，总吨位 5000 多吨。广东水师也只是新置炮舰 12 艘，总吨位 6000 多吨。

海军建设之所以停滞下来，原因主要出在海军衙门身上。一是挪用海军经费白银 1500 万两左右，① 为慈禧在 1894 年过六十岁生辰，兴建南海、中海、北海、颐和园等工程，造成海军经费严重短缺。二是“专司其事”的李鸿章严重失职，没有及时更新旧有战舰，却盲目自得，声称：“综核海军战备，尚能日异月新。目前限于饷力，未能扩充，但就渤海门户而论，已有深固不摇之势。”② 海军停滞落后的结果，在很大程度上决定了其后北洋水师难逃甲午海战中全军覆没的命运。

五、近代文化教育事业的兴办

兴办洋务活动，要有懂得洋务的官员和外国顾问，还需要有能够具体办理洋务的各类人才。因此，迫切要求创办培养洋务人才和介绍洋务知识的文化教育机构。

同文馆是第一个培养洋务人才的新式文化教育机构。这个机构最初主要培养外语人才，然后发展为包括语言学、社会科学和自然科学的综合性教育机构。1862 年 6 月开馆，正式名称为“同文馆”；教师只有英文、汉文各一人，学生仅有十人。1863 年增开法文馆和俄文馆，各派八旗子弟十名入馆学习。到 1866 年年末，同文馆的课程开始增加学科，加设天文算学馆，后又加设德文

---

① 樊百川著：《清季的洋务新政》第 2 卷，上海书店出版社 2009 年版，第 1128—1147 页。对于挪移海军经费的数额，还有多种说法。梁启超等人所说为 2000 万至 3000 万两白银。戚其章估算为 1300 万两白银，见戚其章：《晚清海军兴衰史》，人民出版社 1998 年版，第 332 页。

② 李鸿章：《巡阅海军竣事折》（光绪十七年五月初五日），《李鸿章全集》第 14 册，安徽教育出版社 2008 年版，第 95 页。

馆。1877 年，在馆学生总数增至 120 名。

同文馆主要采用西式教学方式。教师既有中国人，也有外国人。其中最有影响的是美国人丁韪良，1863 年他受聘为英文教习，后讲授国际公法，1869 年被任命为总教习。他任职期间，引入了不少西方教学方法，制定了较系统的八年学制和五年学制的课程表，还建立了严格的考试制度。

上海广方言馆也是洋务时期设立的教育机构。该馆始称外国语言文字学馆，也叫同文学馆，1863 年 3 月由李鸿章奏准设立，正式开馆时改称广方言馆，分英文、法文、算学三馆。招生对象规定为 14 岁以下、资质聪颖的文童等。主要培养精通外语的人才，以备洋务翻译之用。学生主修外语和算学，选修经史各类。

该馆于 1869 年并入新设的江南机器制造总局翻译馆，并改订教学课程，扩大教学内容，中西课程并设。同时另设学习制造轮船和机器，以及驾船作战的半工半读型分馆两所。1894 年再增设天文馆，从而形成具有文、武、理、工科的综合性学校。英文教师由美国人林乐知担任，法文教师由英国人傅兰雅担任，算学教师由中国人刘彝程担任。

此后，这类外国语言文字学校和综合性学校陆续设立，逐渐推广。广州同文馆、新疆俄文馆、台湾西学馆、珲春俄文馆、湖北自强学堂先后开办。湖北自强学堂学科相对较多、规模相对较大，也是洋务运动后期设立的一个综合性学校。

洋务运动时期还创办了各种类型的军事学校。1867 年 1 月，福建船政局创办的福州求是堂艺局（俗称船政学堂），培养学生为海军建设服务，是近代第一所新式军事学校。该校利用船政局所聘用的外国技术人员，一面办厂造船，一面开设学堂。所设分学堂，一为法文学堂，亦称前学堂、制造学堂；二为英文学堂，亦称后学堂、驾驶学堂，共招收学生 60 名；后又陆续增设绘事院、驾驶学堂、管轮学堂、艺圃四所，学生 300 余名。1884 年中法战争以后，该局有所衰落。

各地还相继建立了 13 所军事学堂，尤以海军学堂为多。如江南机器制造总局在上海设立的操炮学堂，天津建立的电气水雷局（即鱼雷学堂）、水师学堂和天津武备学堂，广东实学馆（海军）、广州黄埔鱼雷学堂和广东水陆师学堂，北京昆明湖水师学堂，威海刘公岛水师学堂，旅顺口鱼雷学堂，南京江南水师学堂，天津北洋医学堂（军医），烟台海军学堂等。

天津水师学堂于 1880 年由李鸿章奏请开办。福州求是堂艺局高才生、留英学海军归国的严复出任洋文总教习，后任会办、总办（校长）。至 1894 年，共计毕业学生 147 名，他们成为北洋海军的骨干力量。

天津武备学堂是近代最早的陆军学校。该学堂聘德国军官为教师，挑选基层军官为学生，培养了不少中国近代史上的重要人物，如段祺瑞、冯国璋、曹锟等。

此外，随着电报的采用和电报局的建立，以培养电报操作人员和工程人员为主的各地电报专科学校开始出现。如福州电气学塾、天津电报学堂、上海电报学堂。1892 年，还出现了第一家矿务专门学校，即湖北矿务局在武昌设立的湖北采矿工程学堂。

派遣留学生。清廷在创办各种新式学校的同时，还选派学生出国留学。这开创了出国留学的教育模式。1872 年，在从美国耶鲁大学留学归国的容闳推动下，曾国藩、李鸿章联手努力，派遣学生出国留学之事得以实行。按照原定方案，120 个留学名额，1872 年起分 4 年派遣，每年 30 名，留学期限 15 年；陈兰彬任留学监督委员，容闳任副委员，负责管理学生。所选学生，绝大多数是东南沿海比较开放地区的汉人子弟，无满人子弟；文化基础均为读中国经书数年，稍通中国文理，年龄 10~16 岁的聪慧幼童；家庭出身，除少数为买办、商人子弟外，大多数为普通人家子弟。这种构成，显示东南沿海地区受到西方文化较多影响；幼童们较少受到传统思想意识的影响；家庭经济条件较差，有出国谋生动机。

1872 年在香港轮船招商局门前留影的第一批赴美中国留学生

采自 *Imperial China: Photographs 1850—1912*, A Pennwick/Crown Book, U. S. A., 1978, p. 70.

学生们到美国以后，陆续考入各种专业学校。可查知的 90 人的专业分布是：法政 12 人、工科 17 人、矿学 6 人、中学 36 人、小学 19 人。在专业清楚的 52 人中，社会科学专业 21 人，约占 40%；自然科学专业 31 人，约占 60%。同时，按照曾国藩、李鸿章所订章程的规定，仍须兼学中学，课以小学、五经及清朝律例，并定期由正副二委员宣讲《圣谕广训》。这一规定，旨在保证学生的思想意识不被西化，保持中国的传统伦理道德，不忘效忠清廷，与国内兴办新式学校一样，体现了洋务派“中体西用”的基本原则。

幼童赴美留学刚刚两年，就有人批评留学生有西化倾向，指责容闳纵容学生，要求解散留学事务所，撤回学生。奕䜣受此言论影响，亦主张撤回。1881 年，除因故先期撤回、在美病故和“告长假不归”26 人外，所余 94 人全部分三批撤回。回国之初，他们大多没有得到合理使用和安置。

沈葆桢选派福州求是堂艺局学生分赴法国和英国留学的计划，1877 年开始实施。其中，学制造的学生 18 名赴法国学习，学驾驶的学生 12 名赴英国学习，中途又曾派厂徒 5 名赴法国学习。这批学生全部学成回国，且取得了较理想的效果。其中，后来成为海军和福建船政局骨干人物的有：严复、刘步蟾、林泰曾、方伯谦、萨镇冰、魏瀚等。1882 年，船政学堂又派出了 10 名学生赴英国、法国和德国留学，均学成回国。1886 年，李鸿章又选派了第三批留学生，学生来源从船政学堂扩大到北洋舰队现役军官、天津水师学堂的教习和毕业生，共计 34 名。

创办近代报刊。近代新闻报刊，是由来华传教士首先办起来的。洋务运动时期，新闻报刊由缓慢发展向快速发展转折，近代产生过重大影响的报刊，几乎都产生于这一时期。

《万国公报》。它的前身是《教会新报》，创办于 1868 年，由基督教美国南方监理会传教士林乐知任主编。1874 年 9 月改变办报宗旨，突出政治性和文化性，大力介绍西方政治学说和政治变革史，宣扬资产阶级改良主义理论，力图影响中国的政治变革。它以洋务派和早期改良派所好的言论，采用赠阅的手段，在政界和知识分子中拥有相当多的读者。

《申报》。该报具有较浓商业色彩，由英国商人美查等人集资，1871 年创办。它的办报方针与《万国公报》有所不同，力图使自己的风格、立场、内容和言论迎合中国人的口味，以期扩大发行量，获取盈利。它声称：“凡国家之政治，风俗之变迁，中外交涉之要务，商贾贸易之利弊，与夫一切可惊可愕可喜之事，是以新人听闻者，靡不毕载。”①

《格致汇编》。以介绍西方自然科学常识为主要内容的科普杂志，1876年在上海由英国圣公会传教士傅兰雅创办。所刊登的内容，一是自然科学基础知识，二是工艺技术，三是科技人物传记。

《字林西报》。前身是《北华捷报》，与英国驻上海外事机关和上海租界当局有密切联系，编辑人员大多在中国从事外交、经济、传教和文化活动，是一份近代影响面最广的英文报纸。

外人在华办报刊，一般都邀华人参与编辑、撰稿、发行等事务，乃至入股共办。这些参与外人办报事业的华人，不仅成为近代第一代报人，而且成为中国人自办报刊的带头人。

创刊于1858年的中国人自办报纸《中外新报》，由时任外人报刊《孖剌报》译员的伍廷芳创办；创刊于1864年的华人报刊《华字日报》，由陈霭亭在任《德臣报》译员时发起。1874年在香港创刊的《循环日报》，是完全由中国人自行创办的大型日报，也是一份传播资产阶级改良思想的报纸，其发起者和主笔者王韬、洪干甫、钱伯昕等，也都曾参与过来华外国人的译书和办报事业。

译编和出版西学书籍。近代有组织地翻译西方书籍，开端于来华传教士所设立的文化机构。1843年英国伦敦会传教士麦都思在上海设立墨海书馆。到清末，由传教士设立的译编和出版机构约60家，大多数设立于1860—1895年。其中，规模较大、译编和出版西学书籍较多的有两个机构。

广学会。其前身是英国伦敦会传教士韦廉臣于1887年在上海设立的同文书会，1892年改本名。该会由英、美、加拿大等国的传教士、商人、海关和外交官员等31人（两年后增至39人）联合发起，由时任中国海关总税务司的英国人赫德任会长、总理，韦廉臣兼任秘书。广学会编辑出版书籍的目的，在于以西方的文化知识影响中国官员和民众。至1900年，所出版书籍约176种。

益智书会。于1877年在上海设立，由外国传教士与英、美商人联合开办，所设委员会由丁韪良任主席，韦廉臣、林乐知等任委员。所编译的教科书分初级和高级两套，包括算术、几何、代数、测量、博物、天文、地理、化学、地质、植物、动物、心理、历史、哲学、语言等学科，并以中外结合、师生皆宜、民教通用、学教相济为编辑方针。到1890年，出版和审定的学校使用书籍达98种。

① 《本馆告白》，《申报》1872年4月30日，第一版。

中国人自己从事的翻译西书活动开始于同文馆。同文馆成立以后，以“译书为要务”。1874 年起，正式开始有组织翻译西书工作。不仅洋教习从事译书者逐渐增加，而且也有一些学生程度不同地参与其中。1888 年之前，师生编译书籍已有 26 种，包括法学、经济学、历史学、物理学、化学、算学、天文学、医学、外交学、语言学和历法等。这些西书译本，大多被用作教材。有的课程直接就是以所译西书的书名表示的，如《万国公法》《各国史略》《富国策》等。

江南机器制造总局所设的翻译馆也翻译西书。该馆 1867 年设立，随即开始译书工作。其方式是，由英国人伟烈亚力、傅兰雅和江南机器制造总局翻译委员徐寿、华蘅芳、徐建寅合作试译；前二位口译，后三位笔述。1869 年 10 月，上海广方言馆迁入翻译馆后，有些教习和学生也投入译书行列，使翻译工作进入高潮阶段。至 1880 年，共计出版 98 种 235 册，尚有译成未刊之书 45 种 124 册；到 1899 年增至 126 种。其中，以工程技术类和军事类为多。这与洋务运动以工矿业和军工建设为主的状况是相一致的。

新式学堂的建立，留学生的派遣和西学的大量引进，开阔了人们的眼界，一定程度上推动了中国近代社会的发展。

第二节　外国资本主义侵略下的中国经济

一、外国对华商品输出和中外贸易格局的变化

1865—1894 年，中外贸易和列强在华航运企业均有较快增长。中外贸易不仅数额上有较大增长，而且在进口商品和出口商品的结构上也有重要变化。但同时，第二次鸦片战争后，列强通过不平等条约取得了更多对华贸易特权，对中国的商品输出和原料掠取不断扩大，中国日益被卷入世界资本主义市场体系，经济社会的半殖民地化趋向加深，中外贸易出现了许多新状况。

一是中外贸易有较大增长。1865—1894 年，进出口总值从 12019 万海关两增至 28605 万海关两白银，增加了 137. 99%。其中进口值从 6003 万海关两增至 14605 万海关两白银，增加了 143. 29%；出口值从 6016 万海关两增至 14000 万海关两白银，增加了 132. 71%。

二是中外贸易状况不平衡。1865 年之前，中国的对外贸易基本上处于出超

状态。但此后转为入超状态。直至 1871 年，只有 1865 年和 1868 年有少量出超。1872—1884 年，进入出超阶段，其中除 1879 年和 1882 年有少量入超，个别年份有较多入超外，其余十年均为出超。1884 年之后，又转变为入超阶段，其中除两年有一定的出超外，其余八年均为入超。总的看来，1865—1894 年的 30 年中，前 25 年在整体上还保持着出超的态势；但最后五年入超状况日益严重，不仅每年入超，而且入超数额较大，年均达 771 万海关两白银。

与上述中外贸易变化相应，进出口商品的结构也发生了重大变化。1884 年之前，进口商品结构仍然延续着 1864 年之前以鸦片和棉制品为主的状态。1885—1889 年，鸦片进口大幅减少，包括铁、锡、火柴、煤、糖、煤油六种商品在内的其他商品进口值大幅度增加。

至于出口商品的构成，1865 年之前，茶叶和生丝是中国最主要的传统出口商品，所占出口总值的比重一直都在 90%上下。此后到 1874 年，仍保持着这种状态，比重仍占 86%以上。1875—1879 年，茶、丝出口比重开始下降。特别是 1885—1889 年，下降幅度明显加大。到 1890—1894 年，比重已降至 51%，其他出口商品的比重相应上升。

在其他出口商品中，增加较快的是草帽缏、棉花和糖。1872 年之后，牛皮和羊毛的出口快速增加，到 1894 年时已成为重要出口品。这种变化说明，虽然中国对外贸易的品种范围扩大，但仍然限于为西方提供生活和轻工业需要的农副产品及粗加工品。

二、外资企业发展和买办队伍的扩大

西方列强逐渐扩展对华贸易的同时，在中国设立企业也出现了新的势头。这些企业主要涉及以下五个领域。

一是洋行。所谓洋行，就是外资商行，也是以从事贸易为主的商业企业。它产生和初步发展于第一次鸦片战争前后。第二次鸦片战争之后，由于列强取得了进一步向中国经济扩张的特权，从 1865 年起，洋行的数量逐渐增多。从 1864 年约 150 家，增至 1894 年的 552 家；分布于 25 个通商口岸，尤以上海、广州、天津和汉口为多。其中，英国洋行占总数的 63. 41%，位居第一。其余依次为：德国占 15. 4%，日本占 7. 24%，法国占 5. 80%，美国占 5. 62%，俄国占 2. 17%。有些大型洋行，以兼营或参股的方式，逐渐成为集采购、销售、运输、仓储、金融、投资、保险、出口加工于一体的商贸集团。中国传统商号难以与之竞争。

二是轮船航运业。这一时期，先后有近50家洋行在经营轮船航运业，设立过16个轮船公司和4家驳运公司。最后实存者至少有七家轮船公司和十余条外国洋行附设航线，共有轮船近190艘，计15万吨上下。其中主要有：美商旗昌轮船公司、英商太古轮船公司、英商怡和轮船公司、省港澳轮船公司等。

三是船舶修造业。此类企业19世纪40年代中期在香港和广州出现，并逐渐形成香港和广州黄埔地区的外资船舶修造业中心。1843—1869年，共设立外资船舶修造厂47家，总计造成新船21艘，多数为帆船。1869—1894年，新设船舶修造厂19家，所造的新船达69艘，多数为轮船。1860年后，上海的外资船舶修造业迅速发展起来，形成浦东地区的船舶修造业中心，机械设备和造船技术上也有较为明显的改进。1860—1865年共有9家船厂建成，其中最主要的是英商祥生船厂和美商（后改变为英商）耶松船厂。两厂在1882—1893年共造成大小轮船37艘，其中19艘为清政府所定造。

四是以缫丝和制茶为主的出口加工工业。外资缫丝企业出现于1860年年初，主要集中于输出口岸上海。1861年怡和纺丝局首先成立，后因亏损停办。到1880年外资丝厂重新崛起，形成设厂高潮。其中主要有：美商旗昌丝厂、美商恒洋行丝绸公司、英商公平丝厂、英商怡和丝厂。到1890年又有英商纶昌丝厂、美商乾康丝厂、法商信昌丝厂、德商瑞纶丝厂之设。这些丝厂，由于蚕茧供应的困难或经营的问题，到1894年时，有五家破产，两家处于停滞状态。

1868年，台北出现最早的外资茶叶加工企业。19世纪70年代中期起，汉口成为外资机器茶叶加工业的中心。俄国商人先后开办砖茶加工厂六家。同时，俄商砖茶厂开始逐渐向福州、九江等重要茶叶出口地区扩展，截至1877年，福州已有九家茶厂，九江也有两家茶厂。

外资还向其他轻工业和公用事业领域扩展。设立了榨油、制糖、蛋粉、制革、面粉、面包、糖果、酿酒、汽水、烛皂、火柴、家具、建材、造纸、印刷、发电、自来水、煤气等行业的工厂。

五是金融和保险业。1865年之前，外国银行虽已开始在香港、上海、广州设立分行、代理处等，但为数尚少。这种情况在汇丰银行设立后开始变化。汇丰银行开办于1865年，它以控制中国金融市场为首要目的，同时在香港和上海设立总行和分行，并先后在两地发行纸币。次年，相继在福州、宁波、汉口、汕头设立分理处。1870年以后，汇丰银行逐渐向各通商口岸扩展，先后在11个城市开设分支机构，成为当时中国规模最大、效益最好、影响最广、势力最强的外资银行。

1870 年起，其他国家的银行陆续进入中国，并得到了所属国家政府的支持。1872 年，德国政府支持德意志银行到中国设立据点。1890 年又专设德华银行，作为在中国的专营银行。1890 年后法国政府成立东方汇理银行，接替先期设立的法兰西银行分行。日本政府支持的横滨正金银行、俄国政府支持的华俄道胜银行，分别于 1893 年、1895 年进入中国。至此，外国银行的分支机构已达到 45 家，遍及各通商口岸，外国在华金融系统基本形成。中国的金融市场和货币流通，日益受到它们的影响乃至控制。

与金融业有着类同性质的保险业，也在这一时期有比较明显的扩展。鸦片战争之前，已有极少数外资保险公司在中国出现。第二次鸦片战争以后，外资保险公司逐渐增加，并开始向各通商口岸推进。这些保险公司，初期都由相关航运企业合伙设立，为各合伙人提供保险，后来逐渐发展为面向中国各界，乃至全世界的专业保险公司，业务范围也大有扩展。

到 1894 年，外资企业的资本总额已达 21370 万元，主要领域虽仍在商业，但金融业已有较大发展，工业和交通业也开始起步。

第二次鸦片战争后，买办阶层也快速增长。这一时期，上海取代广州成为中国的外贸中心和外资企业的集中地。于是，广州买办及其后代纷纷来到上海，著名的如唐廷枢家族、徐润家族、郑观应家族。邻近上海的江浙地区的商人，充当买办者日益增多，尤以宁波籍买办为众。到 1880 年，以宁波人为主的浙江籍买办开始超过广东籍买办，并开始产生一些著名的买办和买办家族，如上海汇丰银行首任买办王槐山，德商鲁麟洋行买办虞洽卿，航运买办朱葆三，烟草买办邬挺生，五金买办傅筱庵，钟表买办孙梅堂等。

1860 年起，随着外资企业向各通商口岸扩展，买办也随之而至。既有外地人充当买办，也有当地人出任买办。这一时期，外资企业的经营规模和经营范围均有较大扩展。加上一些新兴行业的出现和发展，对买办的需求相应增加。

买办是高收入阶层和企业高管阶层。他们不仅有薪金，还有提成和回扣，有的买办在为外企经营业务时还夹带私货，兼营自业，因此收入颇丰，逐渐积累起较多的资金。他们在外企中，处于高级管理层，独当一面，加之外资企业在制度上、管理上和技术上都比中国企业先进，使他们逐渐掌握了西式的企业管理技巧和知识。财力上和管理经验上的优势，使他们往往成为洋务民用企业的投资者和高级管理者，也成为商办企业的主要投资者和经营者，从而脱离买办职业，成为早期民族资本和民族资本家的一个重要来源。

买办为外商推销产品、采购原材料，是外国经济势力在中国的代理人和中介人。外国经济势力通过他们迅速扩展到中国各通商口岸。买办是中国走向半殖民地半封建社会的产物。

三、商办企业的产生

商办企业开端于1865年左右，发展于1880年之后。到1894年，共约创办139家，资本总额约计455万两白银，实存资本1717万元。[①] 如1869年上海成立的发昌机器厂，主要业务是为外商船厂制造配件。1872年，广东南海县成立继昌隆机器缫丝厂，到19世纪80年代，工厂增至11家，每年产丝1200包。1878年天津设立贻来牟机器磨坊，用机器生产面粉。1879年，汕头设立机器豆饼厂，每日生产豆饼200块。1881年又增设一厂，每日生产豆饼600块。1881年上海设立公和永缫丝厂，至1894年丝厂增至5家。1882年上海设立同文书局，雇佣职工500人，先后翻印“二十四史”、《古今图书集成》等重要古籍。1886年天津设立自来火公司（火柴厂）。1887年宁波设立通九源轧花厂，至1891年出售轧成棉花三万担。1890年上海设立燮昌火柴公司，等等。这一时期的商办工业企业，具有以下几个特点：

一是绝大多数集中于外贸服务业、出口加工业和进口替代品制造业。缫丝业几乎完全为出口服务，它的创办和发展也是由生丝的大量出口所推动的。侨商陈启源创办中国第一家机器缫丝厂——继昌隆丝厂，主要是鉴于世界生丝市场的行情和广州生丝出口的状况。该厂投产后，产品行销欧美，获利甚厚，从而刺激了南海、顺德一带缫丝企业的迅速发展，也使广州地区的厂丝出口量从1883年的1254担，增至1895年的18179担。

上海的机器缫丝业同样是为了取得更好的输出效益而开设的。1894年，上海有华商缫丝厂8家，年产量为2782担，约占上海出口厂丝的44%。

除了缫丝业之外，轧花和机器榨油厂的创办，也与棉花和食油出口有一定关系。棉纺织厂、火柴厂、面粉厂、造纸厂的产生，则主要是生产进口替代品，既为“塞漏卮挽利源”，也为仿制洋货供应市场。船舶和机器修造厂的出

---

① 以上数据参见虞和平、谢放著：《早期现代化的尝试（1865—1895）》，张海鹏主编：《中国近代通史》第3卷，江苏人民出版社2007年版，第166、339页。

现，最初直接出自来华外商轮船修理的需要，后来陆续发展到卖船、造船和造机器。可见，商办企业产生发展的首要原因，与外资的刺激密切相关，也说明它们具有对外依附性、竞争性和一定抗衡性并存的特点。

二是缫丝业占绝对突出地位，各业均处于起步状态。这一阶段所设立的商办工业企业中，缫丝企业达 97 家之多，占总数的 63%；其资本数达 372. 4 万两白银，占总数的 60%。而且大中小企业均有，如上海的 8 家企业，规模最大的拥有资本 40 万两白银、缫车 500 部；规模最小的也拥有资本 12 万两白银、缫车 150 部。可见，这一阶段的商办工业，除了缫丝业已达到相当规模和水平之外，其余各业均处于刚刚起步的状态，或是企业数量较少，或是企业规模较小。

三是绝大多数集中于上海、广东两地，尤以上海为最。这两地共有企业 136 家，资本 567 万两白银，各占其总数的 88. 3% 和 91. 5%。其中，上海有企业 36 家，广东有 100 家。虽然上海企业数量远不及广东，但资本总额却多于广东。上海有资本 354 万两白银，广东有 213 万两白银；企业的平均资本上海为 9. 83 万两白银，广东为 2. 13 万两白银，相差巨大。这表明上海和广东两种不同的工业建设和发展模式，即上海以创建较大企业为主，设备较先进，几家规模最大的企业全部集中在上海；广东则以创建小企业为主，设备较落后，但效益并不差，尤以缫丝业为好。

造成企业地区分布畸形的原因，除了上海、广州两地受西方资本主义影响较大之外，也与洋务派创办民用企业的活动有着较多关系，特别是大规模的棉纺织厂和轮船航运公司的创办影响更大。自 1890 年洋务派所办的上海机器织布局投产后，因获利丰厚，上海、天津、重庆、广州、镇江、宁波等地都有一些商人酝酿筹建纱厂。到 1894 年，已办成的有上海的华新纺织新局和裕源纱厂两家。这两个厂的发起者和入股者大多是上海机器织布局的参与者和股东。华新纺织新局于 1887 年开始筹建，也是上海机器织布局的筹办高潮时期，两者有着比较密切的关系。它的主要筹办者是当时任上海道台的洋务官员龚照瑗，并得到李鸿章的许可而取得织布局分局的名义。1890 年另一名洋务官员聂缉槼接任上海道台，该局转归其筹办，并入股 5. 4 万两白银。裕源纱厂的创办，是安徽巨商朱鸿度于 1893 年应盛宣怀之邀，赴天津协商创办纺织分局，由朱鸿度在上海负责建厂、购机和招股六成，盛宣怀也在天津招股四成和联系购机事宜。到上海机器织布局被焚后，才改由朱鸿度独立办理。

商人自办轮船公司的要求，几乎与轮船招商局的筹办同时发生，招商局成立后呼声益高，终于促使清政府改变禁止民办轮船公司的政策。商办轮船公司于19世纪八九十年代在上海、汕头地区出现。其中也不乏招商局某些经管者和股东的努力，如郑观应、李韵亭、马建忠等人曾屡次呼吁设立商办轮船公司。上海鸿安轮船公司创立时，其股份“至少有70%为华商所有，这些人无不是怡和、太古及招商局的买办”①。

洋务派虽然在主观上力图把创办民用企业控制在自己的势力范围之内，但客观上却诱发了广大商人创办新式企业的欲望，并随着国际国内形势的变化，突破洋务派和封建政权的阻碍而逐渐转变为实际行动。

四是规模大小悬殊。规模最大的是棉纺织业，平均每家企业的资本额达24万两白银；其次是小轮航运业和造纸业，企业资本平均数为14万两白银和11.8万余两白银；规模最小的是船舶和机器修造业，平均每家企业的资本额仅有625两白银。这种资本平均数大小悬殊的状况是由各类企业的产生途径所决定的。船舶和机器修造业各厂都是在原有手工作坊的基础上添置少量机器设备而转化成的，因而手工生产和机器生产并存，技术水平低下，集资方式多系独资或合资。那些规模较大的企业，则是引进外国生产设备建立起来的，机械化程度较高，技术水平较先进，投资量也较大，大多采取招股集资的方式。其他规模中等企业的产生途径，基本处于新旧共存状态，除一家电灯厂之外，其余企业或由手工作坊转化而来，或以手工生产与机器生产并存。这表明，由手工作坊转化而成和引进外国全新设备建厂并存，是这一时期商办企业产生的基本形式。

中国民族资本主义企业是在外国资本主义和本国封建主义双重压迫下出现的，每走一步都困难重重。它们在发展过程中离不开外资企业，也离不开封建官僚的支持，这是半殖民地半封建社会整体历史背景所决定的。

第三节　社会变化与早期维新思想的产生

一、民族资产阶级和早期工人阶级的出现

洋务运动时期，随着资本主义近代工矿交通业的发展，加上自第一次鸦片

---

① 聂宝璋编：《中国近代航运史资料》第一辑（1840—1895年），上海人民出版社1983年版，第1380—1400、1421页。

战争后传统金融业和商业的资本主义化，以及新式报刊和学校的创办，中国社会中产生了新的社会阶级，这就是资产阶级和工人阶级。

洋务运动时期，资产阶级尚处于产生阶段，清末才成长壮大起来。这一时期，早期资产阶级虽然兼营工商，乃至金融各业，但从他们分别所代表的资本行业属性和所从事的经济领域来说，已经有了商业资产阶级、金融资产阶级和产业资产阶级的初步区别。其中产业资产阶级产生稍晚，这一时期获得了较大发展，具体情况各有不同。

第一次鸦片战争后，中国进出口贸易逐渐发展起来，除了外商设立洋行从事进出口贸易之外，中国人也陆续设立一些商贸行号从事进出口贸易，或以原有的商业行号兼营进出口贸易，使中国产生了资本主义或资本主义化的商业。这些专营或兼营进出口贸易的行号，从第一次鸦片战争后便开始产生。到这一时期，中国的工业产品也开始逐渐进入流通领域，如煤炭、丝绸、面粉、火柴、棉制品等，使商业与中国资本主义产业的联系渐趋密切和广泛。资本主义商业的产生发展和传统商业资本主义化程度的提高，意味着其相关商号的业主和主要投资者已程度不同地转化为商业资产阶级。

在对外贸易发展的同时，钱庄、票号等传统金融业，因为外贸财务结算和汇兑资金而被逐渐纳入国际资本主义金融体系。这种状况，此前已经出现，并随着外贸的较快发展而发展。尤其随着外资银行进入中国，它们除了仍然要利用中国钱庄的汇兑渠道之外，也要在资金上向钱庄提供拆款，在业务上接受钱庄的庄票，进一步把钱庄纳入国际资本主义金融体系之中。此外，随着中国资本主义工商业的发生发展，钱庄、票号与它们的财务关系也逐渐发生发展起来，如汇兑、借贷等。无论被纳入国际资本主义金融体系，还是与中国资本主义工商业发生财务联系，都是钱庄、票号资本主义化的表现。因此，它们的主要投资者和经营者也逐渐向金融资产阶级转化。

早期产业资产阶级则是在洋务运动中，伴随着资本主义工矿、交通等产业的产生而出现的。当官督商办民用企业产生的时候，产业资产阶级也就开始出现了，因为已有一些人对企业有了数量较大的投资，也有一些人成为企业的实际经营者。商办企业产生以后，他们的队伍不断扩大。

这一时期民族资产阶级的来源主要有三种。一是买办商人，他们有的继续充当买办，有的因独立投资和经营工商企业而脱离买办群体，向民族资产阶级转变；二是传统商人，他们为数最多；三是官僚，他们为数很少。

民族资产阶级受帝国主义与封建主义的双重压迫，有反抗帝国主义和封建主义的要求，因而具有历史的进步性和一定程度的革命性。但从民族资产阶级产生的第一天起，就与帝国主义和封建主义有着千丝万缕的联系，缺乏反帝反封建的彻底性，因而也具有软弱性和妥协性。

中国工人阶级的产生早于资产阶级。在第二次鸦片战争之前，与近代产业相联系的工人，已经在外资企业中产生，但由于当时外资企业尚少，工人数量也较少。1865年之后，随着外资企业的大量增加，洋务企业和商办企业的开办和增设，工人不仅在外资企业中大量增加，而且开始在中国企业中产生。外资企业中的工人数量，据有关学者研究，到1894年前后约有3.4万人，主要集中在船舶修造业、砖茶制造业、机器缫丝业及其他进出口商品加工业。同期，中国企业中的工人数量，已大大超过外资企业，达到9万—10万人，除了一般的产业工人之外，还包括了铁路工人、轮船招商局工人和职员，[①] 共12万—13万人。

上述工人数量，只是对机器矿山和新式交通业中的工人数量的估计，没有计及机械化程度较低的，或已成为工场手工业的企业中的工人数。这部分未被统计在内的工人，虽然不像机器工业和新式交通业的工人那样具有现代工人性质，但也正处于由手工业工人向现代工人转化的状态，应该属于工人阶级中的一部分。如果计及他们，工人阶级的数量就更大了，至少有20万人。

这一时期的工人已经具有相当高的集中程度。一是集中在一些大企业中，如开平矿务局、漠河金矿、江南机器制造总局、福建船政局、汉阳铁厂、湖北织布局、上海华盛纺织总厂均拥有三四千工人。交通业中，则拥有铁路工人约3万人；轮船招商局也有工人和职员约0.5万人。二是集中在四大城市之中，上海约有3.6万人，汉口约有1.3万人，广州约有1万人，天津有0.3万人。[②] 这种地域性集中状态，只是就机器产业工人的数量而言的，如果计及铁路工人和轮船招商局的职工，乃至计及铁路建筑工人和码头工人，那么上海、汉口的

---

① 《近代工业中雇佣工人人数的总估计表》（1894年），孙毓棠编：《中国近代工业史资料》第一辑下册，科学出版社1957年版，第1201页；宓汝成著：《帝国主义与中国铁路》，经济管理出版社2007年版，第431页。

② 《近代工业工人地域集中情况表》（1894年），孙毓棠编：《中国近代工业史资料》第一辑下册，科学出版社1957年版，第1202页。

工人数还要多一些，而天津的工人数则更多。

此外，工人阶级也分布在各行各业，如矿工、铁路工人、海员、码头工人、钢铁工人、纺织工人等。

早期中国工人阶级虽然人数不多，但代表了新的生产力。它深受帝国主义、封建势力和资产阶级三重压迫，工资低、劳动时间长、劳动条件恶劣，受剥削程度最深，经济地位、政治地位处在社会的最底层，因此反抗剥削压迫的要求最强烈，革命性最强。而且它还有组织纪律性强、集中、团结、与广大农民有着天然联系等优点，因此是近代中国最革命的阶级。

二、早期维新思想

19 世纪 70—90 年代，随着洋务运动逐步展开，出现了反映新生资产阶级的利益与要求的早期维新思想。其代表性人物，主要有：王韬、薛福成、马建忠、郑观应、陈虬、陈炽、何启、胡礼垣等。

资产阶级早期维新派是从洋务派中分化出来的。他们早年或留学国外，或投身洋行，或办理外交，多有过参与洋务的经历，故较多接触西方文化，掌握了一定的近代自然科学与社会科学知识。他们有共同的政治思想倾向：主张向西方各国学习，实行某些政治经济改革，希望中国能走上独立富强的道路。

早期维新派反对西方资本主义侵略，主张维护国家主权与民族独立，表现出了强烈的爱国情怀。他们谴责外国侵略者强迫清政府订立一系列不平等条约，特别是其中片面的最惠国待遇、领事裁判权和关税协定等条款，对中国的主权与民族利益造成了无穷的祸害。薛福成指出，“立约之初视若寻常而贻患于无穷者”，系片面的最惠国待遇和领事裁判权，“一则曰一国获利，各国均沾也”，“一则曰洋人居中国，不归中国官管理也”。[①] 黄遵宪第一次明确使用了“治外法权”的概念。他指出：“泰西诸国，互相往来。凡此国商民寓彼国者，悉归彼国地方官管辖。其领事官不过约束之、照料之而已。唯在亚细亚，领事得以己国法审断己民，西人谓之治外法权。谓所治之地之外而有行法之权也。”这种治外法权，使“不公不平之事，积日愈多，则吾民

---

① 薛福成：《筹洋刍议》，丁凤麟、王欣之编：《薛福成选集》，上海人民出版社 1987 年版，第 528 页。

之怨愤日深”。① 他们对于关税主权的丧失，更是痛心疾首，以为中国的“利源尽为所夺矣，数十年吸中国之膏血，官商贫富无不仰屋而嗟”②。他们对清政府的丧权辱国表示不满，纷纷要求取消外国侵略者在华享有的特权，强国御侮，维护民族的权益。

早期维新派主张发展民族工商业，以使中国也能逐渐成为独立富强的资本主义国家。他们认为，中国积贫积弱的原因，主要是受到外国资本主义经济掠夺的结果，故中国在讲求经武，即与外国列强“兵战”的同时，还必须发展本国的工商业，即与之“商战”。郑观应说，“习兵战不如习商战”，兵战是短暂的，商战是持久的。“泰西各国以商富国，以兵卫商，不独以兵为战，且以商为战”，而以商战为最终目的；兵战以商战为后盾，只有工业发达，经济富裕，才能制造和购置先进武器，为兵战张本，即所谓“寓兵于商”。西方各国无不以举国之力，发展本国工商业：“士农工为商助也，公使为商遣也，领事为商立也，兵船为商置也。”③ 早期维新派批判中国封建社会长期盛行的“重农抑商”的传统观念，反对清政府限制本国资本主义工商业发展的政策，要求取消关税协定，收回海关主权，鼓励和保护民间投资，以为只有做到“人尽其才”“地尽其利”“物畅其流”，中国民族经济才能得到迅速发展。

早期维新派初步具备了近代的民主观念，不再认同封建君主专制制度，希望革新政治，建立君主立宪新的国家政治体制。他们对于西方政治制度已有了一定的了解，郑观应、王韬、薛福成等人且做过实地考察。他们认为，西方各国所以强盛，不仅仅在于工商业的发展与船坚炮利，更重要还在于政治制度的优越，尤其是其议会制度，君民一体，通上下之情，国家缘是充满了生机与活力。王韬说：“泰西之立国有三：一曰君主之国，一曰民主之国，一曰君民共主之国。”在民主之国，“国家有事，下之议院，众以为可行则行，不可则止”。在君民共主之国，国家大政必交于“上下议院”讨论，“必君民意见相同，而后可颁之于远近”。④ 郑观应更进而比较中西，说：“西人立国之本，体用兼备。

① 《黄遵宪全集》下册，中华书局 2005 年版，第 986—987 页。

② 马建忠：《复李伯相札议中外官交涉仪式洋货入内地免厘禀》，《采西学议——冯桂芬、马建忠集》，郑大华点校，辽宁人民出版社 1994 年版，第 210 页。

③ 郑观应：《商战上》，夏东元编：《郑观应集》上册，上海人民出版社 1982 年版，第 586—597 页。

④ 王韬：《重民下》，楚流等选注：《弢园文录外编》，辽宁人民出版社 1994 年版，第 34—35 页。

育才于书院，论政于议院，君民一体，上下同心，此其体；练兵、制器械、铁路、电线等事，此其用。中国遗其体效其用，所以事多扞格，难臻富强。”① 这即是说，中国国势不张，归根结底，乃端在于封建君主专制之政治制度不如人。在他们眼里，世界各国无非分成君主、民主与君民共主三种类型的政治制度，“君主者权偏于上，民主者权偏于下，君民共主者权得其平”，依中国国情，选择君主立宪制，最为相宜。19 世纪 80—90 年代，郑观应、何启、胡礼垣等都已明确提出了在中国建立议会制度的主张。它反映了新兴资产阶级渴望参与政权的政治诉求。

早期维新派还对因循守旧的封建思想进行了有力的批判，指出中国只有发愤图强，革新进取，才可能赶上世界的潮流。他们的批判，助益了西学及新思想、新事物在中国的传播。

早期维新思想有一个发展过程。19 世纪 70—80 年代，早期维新派大都是洋务运动的积极支持者或直接参与者。他们对洋务运动虽有所批评，多属条陈所见，无非意在补台，故与洋务派之间并无明确的分别。中法战争后，尤其是到了 19 世纪 80 年代末 90 年代初，随着本国资本主义经济的发展和民族危机的加深，早期维新派逐渐从洋务派中分化出来，开始抨击洋务运动。他们指斥官督商办洋务企业普遍腐朽，认为依靠它不能求中国真正的富强，唯有商办企业才是发展民族工业的唯一道路。他们抨击洋务派创办的军事工业与编练的海陆军，宗派林立，徒具虚名，不足以御外敌，实现民族独立。他们倡言政治革新，明确提出了实行君主立宪制度的要求。这说明，早期维新思想已发展成了一种新的社会思潮，即改良主义，成为后来戊戌维新变法思想的先驱。

甲午战前，资产阶级初养成，毕竟微弱，故早期维新思想也嫌稚嫩。这既表现为他们的改革主张缺乏系统性与理论的阐述，也表现为他们对封建君主专制制度鲜少正面与大胆的批判。同时，他们虽从洋务派中分化出来了，但在许多方面仍划不清界限，一些人甚至终生依附于洋务派。要言之，其维新思想，仅属言者，缺乏政治实践的意义。这些都决定了早期维新思想在社会上不可能产生太大的影响。尽管如此，它终究代表了一个新

---

① 郑观应：《南游日记》，夏东元编：《郑观应集》上册，上海人民出版社 1982 年版，第 967 页。

的历史方向。

思考题：

1. 为什么说洋务运动是中国早期现代化的开端？
2. 洋务派是怎样产生的？有些什么特点？
3. 如何评价洋务运动的历史作用？
4. 试比较洋务运动和日本明治维新，思考洋务运动失败的原因。

▶ 拓展阅读

第四章　边疆危机与中法战争、中日甲午战争

19 世纪七八十年代后，帝国主义国家在世界范围内掀起了争夺殖民地的高潮，瓜分世界领土的争斗达到了非常尖锐的程度。西方列强从侵占中国周边邻国，发展到蚕食中国边疆地区，使中国陷入“边疆危机”。中法战争中国不败而败，中日甲午战争中国战败，陷入空前的民族危机。

第一节　边疆危机

一、美、日侵略台湾与中日交涉

19 世纪中期以后，列强觊觎中国是从东南海疆开始的，美国人是这一行径的始作俑者。美国人早有染指台湾之心，曾多次派人和派军队对台湾进行窥视，只是没有找到借口。中美《天津条约》签订后，美国商人得以到台湾经商和居住，与当地人的矛盾和摩擦渐生。其中曾掀起轩然大波的是 1867 年 2 月“罗弗号”在红头屿附近失事，船长夫妇和船员登岸后被当地高山族人误杀一事。事件发生后，美国派海军将领贝尔率舰进攻台湾，但遭到台湾人民的坚决抵抗，大败而归。此后，美国政府转而支持、联合日本侵略台湾。

日本侵略台湾是以琉球事件为借口的。琉球与中国关系久远，607 年，隋炀帝“遣羽骑尉朱宽使于流求国”①。1372 年，明太祖朱元璋派使臣杨载出使琉球。② 尔后，琉球或隔年，或连年向明朝进贡，明朝政府亦给予优厚回赐。历代琉球王新立均向中国皇帝请求册封，并使用中国年号，奉中国为正朔，使用汉字缮写官方文书、外交条约和史籍，琉球与明朝建立了明确的藩属关系。这种关系一直延续到清代。

1871 年 12 月，琉球太平山岛船主岛袋等 69 人驾一艘小海船往琉球国中山府交纳方物。是夜遭遇飓风，船只倾覆，3 人淹毙，66 位幸免于难者凫水登岸，误入台湾东南部牡丹社土著居民地区。土著居民误将琉球漂民当成敌人，

---

① 《隋书·炀帝纪上》，上海书店编：《二十五史》，上海古籍出版社 1986 年版，第 11 页。

② 雷礼：《皇明大政纪》卷二，明万历刻本。

杀害其中54人，其余12人被送到凤山县衙门，又转送到福建省城。得知情况后，福州将军兼署闽浙总督文煜等向朝廷报告了此事，并将12位幸存者送回琉球。当时，日本外务少丞柳原前光为修改刚订立的《中日修好条规》来到北京，便将此事报告日本，日本当局未对此事件表态。

1872年，日本以明治天皇亲政为由，示意琉球赴日朝贺。琉球使者抵日后，日本政府趁机迫琉球为藩属国，封琉球国王为藩主。翌年还将琉球视为日本属县，要琉球缴纳租税。日本既将琉球列为藩属国，对琉球漂民被害事件的看法也随即发生变化，并得到了美国的鼓动和支持。1873年3月，日本外务卿副岛种臣奉命来华交换《中日修好条规》批准书时，日本天皇即以台湾土著所杀系日本人为由，要副岛种臣向中国"伸理"。

在琉球漂民被杀案的处理过程中，日本不但否认琉球是中国的属国，而且否认台湾是中国领土。总理衙门指出台湾和琉球均为中国"属土"，台湾"生番"杀害琉球漂民该如何裁决、抚恤，与日本无关。又说"杀人者皆属'生番'，故且置之化外，未便穷治"①。这句"生番""置之化外"的说辞被日方抓住了口实。与此同时，日本派兵前往琉球，废除琉球国王，另立傀儡。

1874年年初，日本政府命内务卿大久保利通、大藏卿大隈重信调查台湾"生番"杀害琉球漂民一案。大久保利通等人写出《台湾番地处分要略》，认为台湾土番部落是中国管辖不到的无主之地，为被杀的琉球人报仇是日本政府的义务，对中国以琉球遣使纳贡为由将琉球视为中国属国的声明，不予理睬。

为此，日本政府于4月初任命陆军大辅西乡从道为台湾番地事务都督，并授陆军中将衔，以讨伐台湾土著居民。西乡从道随即命令"有功丸号"军舰搭载270名官兵前往中国福建厦门，并下令"日进号""孟春号""明光号"和"三邦号"四艘战舰开往台湾社寮港。5月下旬，西乡从道抵达社寮港，随即进攻牡丹社，20余位土著居民被杀。但当地少数民族并未屈从。

清廷命船政大臣沈葆桢以巡阅为名，率兵赴台，又派福建布政使潘霨协同防守。当时，在台清军逾万人，而赴台日军仅3000人，且因水土不服，又受当地少数民族的袭击，伤亡很大。清廷不许守军主动出击，致使日军恣意横行，攻破18个番社。西乡从道还与沈葆桢谈判，要求中国赔偿210万两白银的军费，遭到清政府拒绝。

---

① 王芸生：《六十年来中国与日本》第1卷，天津大公报馆出版部1932年版，第59页。

9月初，日本内务卿大久保利通亲自来华交涉。他在天津向美国外交人员表达索赔意愿，美国驻天津领事馆副领事毕德格转告直隶总督李鸿章："揣其意不给兵费必不退兵，且将决裂，扰乱中国各口。"① 李鸿章同意了日方的要求。在总理衙门大臣文祥的附和下，中日两国于10月底签订《北京专条》，承认日本出兵台湾是"保民义举"，中国赔偿日本50万两白银了结此案。

1875年光绪皇帝即位。日本以清政府已经承认琉球国民为日本属民，勒令琉球从此使用日本年号，不准再朝贡清政府，不准派遣使者庆贺清帝即位。

琉球国王没有因此屈服，于1877年派使臣来中国求救。浙闽总督何璟和福建巡抚丁日昌建议清廷饬令使日大臣"将琉球向隶藩属，该国不应阻贡，与之剀切理论，并邀集泰西驻倭诸使，按照万国公法，与评曲直"②。驻日公使何如璋为此提出辩论与出兵并用等办法，但主管其事的李鸿章等认为争得琉球朝贡没有意义，总理衙门甚至要撤回态度强硬的何如璋，这使得日本的气焰更加嚣张。1879年3月，日本派出30余名官员、60余名警察、400名陆军到琉球宣布将琉球改为冲绳县。清政府表达了抗议，两国交涉到1888年，因日本准备发动战争而终止。

二、俄国侵略新疆伊犁地区与中俄交涉

克里米亚战争的失败和1861年农奴制改革后国力的增强，使俄国掠夺新地盘欲望空前高涨，中亚和中国西部地区成为俄国觊觎的目标。1864年，俄国向中国新疆西边的浩罕（今乌兹别克斯坦境内）发动军事进攻，并继续东进，企图侵吞整个新疆。与此同时，英国完成吞并印度计划后正极力向北扩张，与俄国在新疆展开角逐。

俄国进攻浩罕时，新疆少数民族武装起来反抗清朝的统治，先后攻占库车、乌鲁木齐、哈密、玛纳斯和喀什噶尔旧城等地，建立了几个互不相属、彼此攻伐的地方割据政权。1864年8月，柯尔克孜族人思的克夺取喀什噶尔的回城疏附，又进攻汉城疏勒，因久攻不下，派金相印赴浩罕求援。浩罕统治者派帕夏阿古柏于1865年年初率军侵占喀什噶尔，驱逐了思的克。

此后，阿古柏又先后攻占南疆各城，吞并了其他几个割据政权，并于1867

---

① 李鸿章：《述美国副领事毕德格面议节略》（同治十三年七月二十四日），《李鸿章全集》第31册，安徽教育出版社2008年版，第86页。

② 故宫博物院编：《清光绪朝中日交涉史料》第1卷，1932年排印，第21页。

年成立“哲德沙尔汗国”（意为七城国，包括喀什噶尔、莎车、和田、库车、叶尔羌、阿克苏、吐鲁番），阿古柏自称“汗”。1870 年，阿古柏又进占乌鲁木齐等地，势力伸展到玛纳斯，进而占领南疆全部和北疆的部分地区。阿古柏的入侵给新疆带来了灾难，也给英国和俄国入侵新疆提供了机会与条件。

1867 年前后，英国多次派人到南疆活动，将商品和军火输入阿古柏占领的地区，并派人会见阿古柏。1870 年，英国派正式使团到达喀什噶尔，给阿古柏提供军事教官和大量武器。1873 年，英国通过土耳其苏丹封阿古柏为“艾米尔”（统治者），并派出特派使团，携英国女王的亲笔信到达喀什噶尔，翌年 2 月同阿古柏签订通商条约，英国正式承认阿古柏政权，阿古柏同意英国在其占领区享有通商、驻使、租地等特权。

俄国也多次派遣军官同阿古柏接触。1866 年，俄国同阿古柏达成协议，规定俄有权到南疆追捕逃犯。据此协议，俄国借口稳定边境秩序，于 1871 年 7 月出兵占领伊犁地区，美其名曰“代为收复”①。翌年又与阿古柏订立条约，俄国承认阿古柏是“独立国君主”，阿古柏则答应俄国在南疆享有特权。尔后，阿古柏派人访俄，俄国的商品、武器随之大量涌入南疆。

阿古柏的占领和英、俄的企图，激起了新疆各族人民的反抗，伊犁军民“均已同心能死，不降俄夷”②。他们派人到内地，请求清政府出兵解救处在水深火热之中的黎民百姓。清政府派署伊犁将军荣全处理此事，荣全在军事上没有太大的作为，新疆危在旦夕。

面对西北和东南地区同时并起的严重边疆危机，清政府内部出现了“海防”与“塞防”之争。直隶总督李鸿章认为海防重而塞防轻：“新疆不复，于肢体之元气无伤；海疆不防，则腹心之大患愈棘。”③ 主张放弃新疆，将塞防费用移办海防。陕甘总督左宗棠等主张二者缺一不可，应当二者并重。清政府采纳了左宗棠等人的意见，决定先平定阿古柏，再解决收回伊犁的问题。1875 年 5 月初，清廷任命左宗棠为钦差大臣，督办新疆军务，金顺调补乌鲁木齐都统。左宗棠以湘军刘锦棠部为先锋，于次年 4 月分三路进入新疆。根据新疆幅员广阔、地形复杂、交通不便、饷运困难的实际情况，左宗棠确定了先北后南的战略方针，实施缓进急战、速决制胜的作战方案。新疆各族人民主动配合清军作

① 袁大化修：《新疆图志》第 54 卷，天津东方学会民国十二年铅印，第 2 页。

② 《筹办夷务始末（同治朝）》卷八十四，中华书局 2008 年版，第 3385 页。

③ 李鸿章：《议复条陈》，《李鸿章全集》第 6 册，安徽教育出版社 2008 年版，第 164 页。

战，并捐粮献马，传送消息，给部队充当向导。军民合力，仅用半年时间，就收复了古牧地、乌鲁木齐、玛纳斯等北疆大部分地区。

清军收复北疆后迅速直下南疆，粉碎了英、俄企图霸占南疆的种种阴谋。1877 年春，清军连克达坂、托克逊、吐鲁番等城，消灭了阿古柏的主力军队，阿古柏兵败自杀。他的儿子伯克胡里自立为“汗”，企图继续顽抗。12 月中旬，清军攻克喀什噶尔，伯克胡里率残部逃入俄境。翌年 1 月，清军收复了除俄国侵占的伊犁九城地区以外的全部新疆领土。

消灭了阿古柏政权后，清政府任命吏部左侍郎崇厚为头等钦差大臣，赴俄都圣彼得堡谈判交收伊犁事宜。中俄谈判历时九个月，崇厚未经清政府允许，于 1879 年 10 月初在克里米亚半岛的里瓦几亚擅自与俄国签订了《伊犁条约》。条约规定：俄国归还伊犁九城一带地方，中国将霍尔果斯河以西和特克斯河流域大片领土割让给俄国；并许给俄国一系列特权。消息传出，舆情大哗，举国激愤，张之洞上疏认为“崇厚误国媚敌”“国人皆曰可杀”①。清政府拒绝批准该条约，并将崇厚交刑部治罪。

俄国对此恼怒异常，一面抗议清政府严惩崇厚，一面在伊犁地区大量集结军队，并调集舰队到远东海面示威。清政府针锋相对，调兵遣将，在山海关、黑龙江、松花江布防，并再次任命左宗棠为钦差大臣，赴新疆备战。与此同时，清政府还派驻英、法公使曾纪泽兼任驻俄公使，赴俄谈判改约与收复伊犁问题。曾纪泽于 1880 年 8 月初首次赴俄国与沙俄代表代理外交大臣吉尔斯会晤。经过五个多月的艰苦谈判，双方于 1881 年 2 月下旬签订了《中俄伊犁改订条约》，中国收回伊犁和特克斯河流域，但俄国仍割占了中国霍尔果斯河以西 1 万多平方公里土地；中国偿付沙俄“代收代守”伊犁兵费 900 万卢布（约合白银 509 万两）；俄国在新疆各城贸易“暂不纳税”，在蒙古贸易全部免税；俄国可在嘉峪关、吐鲁番两地增设领事馆；重新勘定中俄边界的“不妥之处”，按俄国“现管之界”勘定边界，安设界牌等。此后，俄国利用这一条款，又迫使清政府与之签订了中俄《伊犁界约》《喀什噶尔界约》《续勘喀什噶尔界约》等勘界议定书。通过“勘界”，俄国又割占中国斋桑湖以东，霍尔果斯河以西，特穆尔图淖尔东南等地区共约 7 万平方公里的领土。

---

① 张之洞：《熟权俄约利害折》（光绪五年十二月初五日），《张之洞全集》第 1 册，武汉出版社 2008 年版，第 22 页。

《中俄伊犁改订条约》与《伊犁条约》相比，中国在界务、商务方面收回了部分主权，但俄国仍攫取了不少利益，就此而言，它仍是一个不平等条约。

1884 年 11 月，清政府根据左宗棠的建议，在新疆建立行省，以乌鲁木齐为省会，任命湘军将领刘锦棠为巡抚，并设立州县。新疆设省意义重大，不仅使西北边疆渡过了危机，有利于西北边防的巩固和建设，而且进一步加强了新疆与内地的政治、经济，文化等方面的联系，对维护边疆稳定、促进国家统一起到了积极作用。

三、“马嘉理案”与中英交涉

19 世纪五六十年代，英、法两国分别侵占了缅甸和越南南部后，便把侵略矛头指向中国云南地区。为此，他们不断寻找进入中国西南的捷径。

1873 年云南回民起义失败后，英国在印度和缅甸的殖民当局组织新的探路队，再次从缅甸中部的曼德勒北上探测滇缅陆路交通，阴谋修建从缅甸仰光到我国云南思茅地区的铁路，并要求英国驻华公使派一名通晓汉语、熟悉中国情况的官员引领探路队入中国。为此，英国驻华公使馆以三四名官员从缅甸赴云南边境“游历”为名，向总理衙门索取护照。但翌年，却组成以柏郎上校为首有 193 名成员的武装“探路队”自缅入华，英国驻华使馆派 29 岁的翻译马嘉理前往接应。1875 年 1 月中旬，马嘉理到缅甸八莫与柏郎等会合，于 2 月上旬分两路向中国边境进发。行至芒允户宋河边时，受到景颇族义军的劝阻和痛斥。马嘉理不听劝告，反而开枪打死一边民。于是群情激奋，将马嘉理及其五个随从杀死。柏郎闻知，不敢继续前行，返回八莫。这便是所谓“马嘉理事件”。

马嘉理事件发生后，英国驻华公使威妥玛于 3 月中旬向总理衙门提出一系列交涉。清政府迅速作出反应，谕令署理云贵总督兼云南巡抚岑毓英将此案确切查办。对于英方要求再派人赴滇探路等要求，中方都予以拒绝。

威妥玛在上海得到柏郎编造的滇案情节，便自沪返京。8 月初，威妥玛在天津会见李鸿章，提出了多项无理要求，使用断交、降旗离京、武力干涉等手段逼迫清政府。

马嘉理在云南边境被杀和琉球漂民在台湾被杀有相同之处，都与少数民族有关。为不重蹈覆辙，清廷在处理马嘉理案时十分谨慎，指示经办者秉公办理，查明案情，不可含糊大意，防止英国人使用狡谋。6 月中旬，清廷派湖广总督李瀚章赴滇调查，英国驻华使馆秘书格维讷等前往监督，但只准旁听，不得擅自行动。当威妥玛决计搬兵要挟时，底气不足的清政府万般无奈，决定加速办理马嘉理案，并采纳李鸿章的建议，于9月上旬下诏加派已离职回四川老家的原工部右侍郎薛焕迅速赶赴云南，辅佐李瀚章。

李瀚章经过在云南的调查，得出马嘉理系被“野人”所杀的结论，与此前岑毓英的调查结果相同。李瀚章进而指出，马嘉理被杀的原因是当地民众误听讹传，一些不法分子乘机滋事，地方官未能先事防范，以致酿成事端。李鸿章认为：“此事竟不办一官，外人固不答应，即中国办案亦不能行。大家皆思糊弄鬼子，要知鬼比人更伶俐耶。”① 于是腾越厅同知吴启亮、署腾越镇总兵蒋宗汉、署云南南甸都司李珍国等遭到革职处分。威妥玛不承认这次调查，要求清政府提讯岑毓英，处分李瀚章，遭到清政府回绝。

英国不惜动用武力，派兵5000人，由缅甸蓝贡海口到云南交界处驻扎。威妥玛还与俄使密商，由俄国进军伊犁，配合英军在滇行动，使中国首尾不能相顾。为了进一步对清政府施加压力，威妥玛还联合各国驻华公使，宣布退出调停中国与西班牙关于“古巴华工”问题的谈判，致使谈判中止。

清政府请英籍中国海关总税务司赫德从中调停，赫德与威妥玛会面后，建议清政府派钦差大员到烟台与威妥玛谈判。清政府采纳此建议，指定熟悉洋务的李鸿章为谈判全权代表。

1876年8月下旬，谈判正式开始。9月中旬，双方签订了《烟台条约》。该条约分昭雪滇案、优待往来、通商事务三个方面，共16款，主要内容为：

中国向英国赔款银20万两，并向英国派遣“道歉使团”；英国得派员到云南“调查”，拟订滇缅边界及通商章程；增开宜昌、芜湖、温州、北海为通商口岸，开放大通、安庆、湖口、武穴、陆溪口、沙市为轮船停泊码头；英国可派员经甘肃、青海、四川前往西藏及转赴印度，亦可由印度进入西藏；洋货在各口岸租界内免收厘金，运入内地只纳子口税；英国在上海设立“承审公堂”，英国可派员“观审”涉及英人生命财产案件。

《烟台条约》的签订，使英国获得了前所未有的利益，扩大了它的在华权

---

① 李鸿章：《致李瀚章》（光绪二年四月初五日），《李鸿章全集》第31册，安徽教育出版社2008年版，第390页。

益。但英国政府并不满足，直至十年后才批准该条约。在所谓“一体均沾”的原则下，英国获得的这些权益很快就被其他列强共同享有，中国的半殖民地化进一步加深。

四、英、俄觊觎西藏

西藏地处中国西部边陲，北枕新疆，南与邻国尼泊尔、不丹、印度接壤。英、俄在窥伺新疆的同时，对西藏也虎视眈眈。

18 世纪，英国武力征服印度、孟加拉国，在东方建起了海外殖民地。为了拱卫英属印度，遏制沙俄，英国图谋将西藏纳入其势力范围，挑动西藏“独立”，将西藏变成其控制下的瓯脱之地。19 世纪 60 年代，英国吞并中印之间、喜马拉雅山南麓的廓尔喀（今尼泊尔）、哲孟雄（今印度锡金邦）、布鲁克巴（今不丹）等小国后，在哲孟雄境内的大吉岭设立军事基地，并将铁路修至大吉岭。大吉岭乃要冲之地，是由印度进入西藏的咽喉要道。

大吉岭基地的设立，为英国北上西藏提供了军事保障。1879 年，英国根据《烟台条约》规定，派员自青海南下四川，再横插入藏“游历”。为此，总理衙门特地行文驻藏大臣松桂，通知西藏地方噶厦（藏语“地方政府”）派汉藏弁兵前往护卫。英员行至成都，被四川总督丁宝桢极力劝阻，西藏地方噶厦官员和三大寺僧俗则准备用武力阻止洋人入藏。

1885 年，内阁学士文硕接任驻藏大臣。文硕力主抗英，支持西藏地方噶厦派兵在与哲孟雄接壤的隆吐山修筑堡垒炮台，设卡自卫。1887 年，英国驻华公使华尔身到总理衙门，“声言藏番于界外近大吉岭一百里地方，建立炮台，意在阻止通商”①。又称隆吐山属哲孟雄领土，于此建卡设防距大吉岭甚近，是“越界”行为，横截廓尔喀东通印度之路，要求清政府限期撤卡。清政府断然拒绝，并严令西藏驻军做好防守准备。英国遂向边界调集军队和物资，准备入侵西藏。西藏地方政府派四品仔琫（财政官员）多尔济仁增赶赴隆吐山，并从各地抽调军队前往增援。

1888 年 3 月中旬，英军由隆吐山下札鲁隘口突袭，多尔济仁增率众抵御，凭借火绳枪、弓箭、大刀等武器，坚守阵地，“枪毙黄衣英人一名”，英军随即

① 《文硕为饬详查有无筑炮台添兵之事致第穆呼图克图札》（光绪十三年十月），中国藏学研究中心等合编：《元以来西藏地方与中央政府关系档案史料汇编》第 3 册，中国藏学出版社 1994 年版，第 1110 页。

撤退；翌日，英军再向隆吐山守军发起进攻，多尔济仁增“激励兵民，誓死抵御，鏖战许久，伤毙英兵约有一百余名”①。英军调来重炮，对隆吐山守军发动攻击，藏军不支，撤出隆吐山。6月，藏军3000人向隆吐山进行反攻，拟收复失地，惨遭失败。10月，藏军第三次组织反攻，再度被英军打败，被迫放弃隆吐山。

隆吐山失守后，文硕被革职，升泰接任。清廷谕令撤兵媾和，升泰奉命下令江孜守备和统领藏军噶布伦“严束藏兵，不准妄动”②，并将藏军内撤到帕里地方，“力阻藏番不准妄动……责令只准防守，务须按兵不出，如违节制，立即严参”③。其后，英军不费一枪一弹，相继占领则利拉、亚东等地。

同年9月，清政府派驻藏大臣升泰与英国议和，谈判停战划界。双方就哲孟雄、藏哲边界和通商问题展开激烈争论，谈判中断。为解决语言不通问题，清政府派赫德之弟赫政担任升泰的翻译和助手，与英方继续谈判。1889年7月和9月，中方先后提出两个草约，均遭到英方拒绝。1890年3月，升泰与英印总督兰斯顿在印度加尔各答正式签订了《中英会议藏印条约》，该条约划分了西藏与哲孟雄的边界，并规定“哲孟雄由英国一国保护督理，即为依认其内政、外交均应专由英国一国径办”等。④ 1893年12月初，中英又签订《中英藏印条约补遗》，规定亚东于次年9月初开放通商，英国商人可随意驻寓亚东，双方货物进出口在五年内免纳进出口税等。通过这两个条约，英军不但侵占了哲孟雄，而且把侵略触角延伸到中国境内，实现了打开西藏门户的目的。

英国获益，俄国不甘其后。西藏不与俄国接壤，且交通不便，俄国对西藏的侵略采取了与英国不同的策略，即主要通过组织“探险队”“考察队”“调查团”等，打着“科学研究”的旗号进行。1870—1909年，俄国

---

① 《文硕奏报西藏兵民在隆吐山抗击入侵英兵初获小胜折》（光绪十四年二月十七日），中国藏学研究中心等合编：《元以来西藏地方与中央政府关系档案史料汇编》第3册，中国藏学出版社1994年版，第1144页。

② 李鸿章：《附译署来电》（光绪十四年九月十八日），《李鸿章全集》第22册，安徽教育出版社2008年版，第398页。

③ 《升泰奏经开导西藏僧俗现已具禀停战拟赴边界妥办折》（光绪十四年八月十八日），中国藏学研究中心等合编：《元以来西藏地方与中央政府关系档案史料汇编》第3册，中国藏学出版社1994年版，第1156页。

④ 《中英会议藏印条约》，中国藏学研究中心等合编：《元以来西藏地方与中央政府关系档案史料汇编》第3册，中国藏学出版社1994年版，第1194页。

先后派出 13 批所谓的西藏“考察队”，由俄地理学会、外交部、总参谋部共同决定考察任务和路线，“考察”经费则由国库支付。这些“考察队”到西藏西部、东部和东北部进行测量、绘制地图，以寻找从俄国通往西藏的捷径，并了解西藏社会、自然、政治和宗教信仰状况，摸清中国在西藏等地的驻军情况。

清政府开始时还试图拒绝俄国派遣“考察队”的要求，但高压之下被迫允许俄国入藏。1876 年 3 月，俄国拟派遣普尔热瓦尔斯基赴罗布泊、西藏“考察”，总理衙门即以西藏路途遥远，途中盗匪出没，安全不能保证为由拒绝签发护照。后因俄国驻华公使软磨硬泡，总理衙门还是给其签发了护照。

俄国人进入西藏，遭到中国当地各界民众抵制。西藏地方噶厦和三大寺僧俗多次联名向驻藏大臣呈递“全藏公禀”，吁请清政府制止外国人入藏。当地民众对俄国的“考察队”始终持敌视态度，采取种种方式抵制。老百姓的抵制使“考察队”寸步难行，甚至一度放弃了前往拉萨的计划。

俄国人“考察”途中与当地民众冲突不断，流血事件时有发生。1879 年 11 月，普尔热瓦尔斯基率“考察队”在当拉岭山口（即唐古拉山）与藏民交易时发生冲突，普尔热瓦尔斯基下令开枪，打死群众四人，打伤多人。“考察队”随即窜到拉萨东北的那曲。1884 年，俄国人再次进入西藏东北部，尚未抵藏，即在青海扎陵湖、鄂陵湖一带与当地居民发生冲突，40 多位藏民被枪杀。

在征服中亚地区的蒙古部族后，俄国利用这些部族经常到拉萨朝圣和经商的机会，从中招募间谍，直接潜入西藏刺探情报，其中影响最大的首推布里亚特蒙古人德尔智。德尔智于 19 世纪 70 年代到西藏留学，博取部分西藏僧侣贵族的好感，数年后担任拉萨最大寺院哲蚌寺主持。英国侵藏远征军司令荣赫鹏称“其左右达赖喇嘛之势力远过中国驻藏大臣”①。利用担任达赖十三世参宁堪布（即侍讲经师）之机，德尔智不断向达赖灌输脱离中国、投靠俄国的思想，妄称“英国将来侵略西藏的可畏，中国政府不足赖，惟俄罗斯是将来喇嘛的惟一保护者”②，并多次怂恿达赖派他率领所谓“西藏代表团”访问俄国，借以控制西藏地方的外交权。

英国和俄国在西藏的角逐，使政教合一的藏族社会失去了昔日的宁静，及

① ［英］荣赫鹏著：《英国侵略西藏史》，孙煦初译，台北学生书局 1981 年版，第 122 页。
② 黎孤岛编著：《俄人东侵史》，哈尔滨商务印书局 1930 年版，第 267 页。

至清末，西藏危机愈发严重。

第二节 中法战争

一、法国侵略越南与清政府对策

在边疆危机四伏、各地反洋教斗争风起云涌的时候，近代中国又遭遇了法国侵略者借入侵越南所挑起的中法战争。

17世纪以来，法国在开拓海外殖民地的过程中，一直企图占领越南。1862年，法国强迫越南签订《西贡条约》（亦称《第一次西贡条约》），威逼越南割让昆仑岛、西贡（今胡志明市）、下交趾三省（边和、定祥、嘉定）给法国。1867年，法国殖民者派兵直接镇压了越南南部人民起义，侵占了越南南部的永隆、河仙、昭笃三省，完全将越南南圻①变为法国的殖民地。

1873年，侵越法军从已占领的越南南圻北上，攻占北圻（法国人称之为Tonkin，汉译“东京”）的河内、海阳、宁平、南定诸省。不得已，嗣德帝阮福时邀请原中国反清农民武装、为避清军“追剿”而入越的刘永福领导的黑旗军帮助抗法。虽然黑旗军打败了法军，但越南最终迫于法国的压力，于翌年签订《法越和平同盟条约》（即《第二次西贡条约》）。该条约规定越南处于法国的“保护”之下，成为“法国进展道路上的里程碑”②。

19世纪80年代，法国从欧洲战败的阴影中走出，成为仅次于英国的世界经济强国，更加疯狂地向外扩张。1881年7月，法国议会通过了250万法郎拨款，作为侵略越南北圻的军费。于是，法国的交趾支那海域分舰队司令李维业海军上校开始率军向越南北圻发动新的军事攻势，相继攻陷海防、河内等重镇。1883年，黑旗军和越南军民向河内法军发起进攻，在城西纸桥再次打败法军，击毙法军司令李维业，打乱了法军的北侵计划。就在这一年，法国增拨侵越经费，并任命何罗芒为东京总特派员，陆军少将波滑为东京驻军最高司令，海军少将孤拔为东京湾海军司令，组成所谓的侵越“三头政治”，海、陆并进，越都顺化陷落。在越南君主新丧之际，法越《顺化条约》签订，法国进一步控

① 越南国土呈长条形，分南、中、北三圻。

② ［英］季南著：《英国对华外交：1880—1885年》，许步曾译，商务印书馆1984年版，第89页。

制了越南外交、司法、税收等大权。从此，越南陷入法国殖民地的深渊。

法国侵越的目的，除了在越南建立殖民地以外，还企图以越南作为跳板，北上攫取中国的资源。使法大臣曾纪泽致书李鸿章说："法人之夙志，非徒并越，而特欲以越为根脚耳。粤边之煤矿，滇中之金矿，无不垂涎，此间人之著作，多可为证。"① 法国巴黎商会进出口委员会毫不隐讳地说："云南、贵州和广西……这几个省拥有5000多万居民，云南省富有铜矿和锡矿，广西省出产中华帝国最好的丝绸，我们的商业必然会在这些地区获得一个巨大的贸易市场。"② 法国驻越南海防领事土尔克说得更露骨："法国必须占领北圻……因为它是一个理想的军事基地……一旦欧洲各强国企图瓜分中国时，我们将是一些最先在中国腹地的人。"③

越南是中国南部的邻邦，古称"交趾"，秦汉以后纳入中国版图。后称"安南"，北宋初年自立为国后成为宋朝的藩属国。1803年，清政府改其国名为"越南"④，沿用至今。越南在被法国入侵的情况下，根据中越宗藩关系的原则，多次遣使来华，并请清政府以宗主国的身份出兵保护："窃照下国久赖天朝封殖，豫列职方二百余年……字小之仁，保属之义，想不忍膜视。况疆土皆其所属，岂忍听人占取，以薄藩篱？"⑤ 正是利用宗藩关系，越南翰林院学士阮籍在会晤清朝招商局道员唐廷庚时，恳求代禀李鸿章及两广总督，"务必怜恤藩封，设法拯救……事情甚迫，下国王甚忧闷，满朝臣子望天朝拯救如婴儿之望父母"⑥。

出于保护自身国家主权和边疆安全及保护藩属的考虑，清廷早在1870年8月25日即谕令军机大臣等派人前往越南，调查法国的侵略动向，搜集有关情报，并激励阮氏王朝抗法。

法越《第二次西贡条约》签订后，法国驻华公使馆代办罗淑亚于1875年5

---

① 曾纪泽：《曾惠敏公遗集》，中国史学会编：《中国近代史资料丛刊·中法战争》第4册，上海人民出版社1957年版，第268页。

② 法国外交部档案《回忆录与公文·亚洲》第40卷，第199页。

③ ［越］陈辉燎著：《越南人民抗法八十年史》第1卷，范宏科、吕谷译，生活·读书·新知三联书店1973年版，第71页。

④ 《清史稿·属国传二·安南》，上海书店编：《二十五史》，上海古籍出版社1986年版，第1683页。

⑤ 《越南国王咨文》，中国史学会编：《中国近代史资料丛刊·中法战争》第5册，上海人民出版社1957年版，第141页。

⑥ 《总署收署两广总督裕宽函》，郭廷以、王聿均编：《中法越南交涉档》第1册，台北"中研院"近代史研究所1962年版，第353—354页。

月通过正式外交途径，首次以照会方式就越南问题向中国提出交涉。该照会除将法越条约的内容通知总理衙门外，还提出了禁止中国军民进入越南、开辟滇越商道、歼灭“中国匪帮”等无理要求。总理衙门在照复中拒绝承认越法条约的合法性，并对罗淑亚的要求一一驳斥。清廷还命使法大臣曾纪泽与法国当局辩论，以维护中越宗藩关系。

中法两国就越南问题进行了旷日持久的外交谈判。直隶总督兼北洋大臣李鸿章原想放弃越南这个藩属国，但清廷与群臣想保住越南，李鸿章只能按照朝廷的意愿与法方交涉。1881 年 12 月，李鸿章在与法国驻华公使宝海议及越南问题时即指出，越南是中国的属国，法国若吞并越南，中国不能袖手旁观。翌年 4 月法军攻占越南河内后，曾纪泽三次照会法国外交部，要求法军撤出河内。法国拒不答复，却命宝海与中方谈判。清廷命李鸿章为全权代表。李鸿章的随员马建忠代表李鸿章与宝海签订了一个包含三条内容的备忘录，史称《李宝协议》，其主旨是以红河划界，红河以北归中国巡查保护，以南归法国巡查保护。

尽管这个协议与清朝保藩固圉的初衷有距离，但还是不能满足法国侵略者的欲望，于是撤回宝海，改派驻日公使脱利古来华谈判，同时定下武力夺取越南的计划。1883 年 6 月，脱利古到达上海与李鸿章谈判，李鸿章强调越南是中国属邦，脱利古则以法越订有条约为由加以否定，双方互不让步，谈判未能达成协议。

在进行外交斗争的同时，清廷就越南危机征询群臣的意见，李鸿章等少数官员建议朝廷放弃越南这个藩属国，多数人则主张保藩固圉，以防唇亡齿寒。为此，清廷决定派兵出关，援越抗法，并派遣招商局道员唐廷庚前往越都顺化，“晤商越王及其执政，将通商自强及联络外交之法密为探询”①，向越南协办大学士阮文祥等分析形势，晓以抗法之利害，并极力劝告越南应早筹对付法国的良策。继之，吏部候补主事唐景崧又主动请缨前往越南，“查看地形，而为越作说客”②，激励越南政府领导人民抗法。

二、中法战争的爆发及其进程

入越抗法的清军和黑旗军，分东、西两线，从广西和云南出境。驻扎在越

---

① 《光绪七年十二月二十八日总署收两广总督张树声函》，郭廷以、王聿均编：《中法越南交涉档》第 1 册，台北“中研院”近代史研究所 1962 年版，第 210 页。

② 故宫博物院编：《清光绪朝中法交涉史料》第 3 卷，1936 年排印，第 32 页。

南东线的桂军达35营，总数约1.4万人。西线清军达7营。而奉命赴滇的川军和黔军正待命出关，清廷还批准云贵总督岑毓英率20营兵力赴越。[①] 加上黑旗军和越军，抗法部队集结完毕后，可达数万之众。

侵越法军由海、陆两军组成，至1883年11月，其总数为1.5万人。其中陆军9000多人；海军包括东京海岸分舰队11艘军舰、东京小舰队12艘军舰、中国海分舰队6艘军舰、交趾支那分舰队4艘军舰和6艘运输舰，兵员共5600多人。[②]

当李鸿章与脱利古谈判破裂之后，法国决定动用武力占领越南北圻，总理衙门照会法国驻华公使："倘（法军）竟侵及我军驻扎之地，惟有开仗，不能坐视！"[③] 法军自恃武器精良，毫不理会，法国海军及殖民地部长裴龙向越南前线下达电令："军事行动要占优先地位，一俟援军到达，必须集中海、陆两军的优势兵力，进行决定性的打击，夺取（红河）三角洲的主要据点。"[④] 1883年12月中旬，法军约6000人分水、陆两个纵队，从越南河内向西北方向的山西进发。经过三日激战，抗法部队败退出城，战略要地山西落入法军之手。山西之役，成为中法战争的起点。

在越南北圻，红河沿岸及其三角洲地区的南定、海阳、北宁、河内、山西五省田多沃壤，粮丰物盛，是强兵足食之区。攻下山西后，这五省中的四个逐步被法军窃踞。法军要把这五大富省全部占为己有，北宁是最后一个堡垒。法军制定了进攻北宁的作战方案：由新任东京远征军总司令米乐中将任总指挥，对北宁附近的主要工事实施攻击。1884年3月上旬，两路法军分别出发，对北宁城发动总攻。抗法部队因将帅腐败无能，布防失误，士卒厌战，装备窳劣，无法抵御法军的猛烈炮火，仅一天时间北宁即告陷落。

北宁失守后，清政府下令惩处前线作战不力的官员，先将东、西线指挥官徐延旭（广西巡抚）、唐炯（云南巡抚）褫职，继而将北宁偾事两统领黄桂兰、赵沃拿问，还将以恭亲王奕䜣为首的军机大臣全班罢免，重组军机处。但严厉的措施未能阻止清军潮水般的败退，局势进一步恶化。云贵总督岑毓英哀叹"越事如将倾大厦，断非一木所能支"，"万难补救"，故请"全师撤回，退守

---

① 参见黄振南著：《中法战争诸役考》，广西师范大学出版社1998年版，第92—93页。

② 法国海军部档案 BB-4 1947。

③ 《军机处密寄署直隶总督李鸿章等上谕》（光绪九年九月三十日），中国史学会编：《中国近代史资料丛刊·中法战争》第5册，上海人民出版社1957年版，第223页。

④ 法国海军部档案 BB-4 1946，第193页。

边境"①。北圻战场上悲观失望情绪开始蔓延，4 月中旬兴化城沦陷，更使畏惧厌战心理空前膨胀。

军事获胜的法国，企图在扩大战果的同时进行外交讹诈。1884 年年初，法国驻华公使馆代办谢满禄就曾致电法国内阁总理兼外交部长茹费理："我们认为，我军攻占山西及北宁后，中国政府如果不准备与我方谈判，不准备以严肃郑重的条约来实施理应实施的和平与各项保证，我方便应不惜任何代价，在尽可能短的期限内迫使其就范。为了达此目的，只有一种行动最为有效，即立即进军北京。"② 列强各国默认和支持法国的行动，威胁清政府对法让步，盘踞中国海关总税务司的英国人赫德、前天津海关税务司的德国人德璀琳尤其卖命。

5 月初，只有中校军衔的福禄诺衔命从上海北上天津，与直隶总督兼北洋大臣李鸿章谈判，双方签订了《中法会议简明条款》（又称《李福协定》），规定中国军队撤出越南，法国不向中国索取兵费，中国开放边境通商，法越修约时不插入伤碍中国威望体面字样。

法国人迫不及待地宣布《李福协定》的内容，同时慰劳军队，鼓舞士气，决定将清军驱赶出越南北圻。6 月中旬，杜森尼中校率部从浪张府北上，出发前法国东京远征军总司令米乐下令道："必须立即占领谅山，这是政府的期望。你要尽快不惜任何代价赶往那里。"③ 杜森尼赶到谅山省的北黎，前往接收清军营地。清军表示尚未接到撤退命令，希望法方与总理衙门交涉，等命令下达后马上撤回中国边境。法军强行进入清军驻地，双方发生激战。清军隐蔽在丛林中向法军射击，并包抄其退路，最终击退法军。此事史称"北黎冲突"或"观音桥事件"（事发于北黎的观音桥附近）。观音桥事件传到法国，舆论哗然，复仇之声弥漫全国，这为法国挑起事端，将战火引到中国本土提供了借口。7 月初，法国的中国海及日本海分舰队总司令利士比少将致函驻华公使巴德诺（又译为巴特纳），提出了以武力夺取旅顺、威海卫作为"担保品"的主张，即所谓"据地为质"策略。巴德诺电告法国外交部："这里的人深信，要取得胜利，我们必须采取掌握抵押品的办法，占领中国港口。"④ 法国驻沪总领事李梅也主

① 岑毓英：《太原失守越事万难补救请旨办理折》（光绪十年二月二十九日），《岑毓英集》，广西民族出版社 2005 年版，第 296 页。

② 《谢满禄致内阁总理兼外交部长》（1884 年 1 月 19 日），张振鹍主编：《中国近代史资料丛刊续编·中法战争》第 5 册，中华书局 2006 年版，第 633 页。

③ 法国海军部档案 BB-4 1957，第 482 页。

④ 法国外交部档案《政治通信·中国》第 65 卷，第 15 页。

张在华北动手，但进攻的目标改为登州，并封锁渤海湾。法驻天津领事林椿则主张先攻下东南沿海重镇福州，然后北上芝罘。① 于是，巴德诺建议召回法国驻北京使馆代办谢满禄，向中国发出最后通牒，强迫清政府登报承认《李福协定》，撤出驻扎越南北圻的部队，并赔偿2.5亿法郎（为清政府数年财政收入之和）的“违约费”，交出福州、南京的兵工厂和港口作赔偿保证，派全权代表到上海签署正式条约，三天之内得不到圆满答复便动武。如此讹诈，遭到了清政府的断然拒绝。

法国人要进攻福州和基隆，“拿住这两个埠口作质”②。基隆是被称为“台北咽喉”的战略要地，那里生产的煤炭可作军舰的燃料，基隆港的关税也令法国垂涎。8月初，利士比率领“拉加利桑呢亚号”等三艘军舰前往基隆，摧毁基隆岸上炮台后登岸作战，遭到数千守军的顽强抵抗。法军招架不住，在两人战死、十人负伤之后仓皇窜回舰上，驶离基隆。③

法国进犯基隆，引来疆臣一片怒斥。媒体推波助澜，上海《申报》发表了《论中国此时当明与法人示战》等多篇社评，强烈要求清政府奋起抗法。法军则因未能在基隆捞到“担保品”，开始谋划实施对福建马尾的攻击。

马尾位于福建省会福州东南，闽江与乌龙江会合处，是一座军港，为福建水师的大本营。岸上的福建船政局，是当时远东地区规模最大的造船基地。

7月中旬，法军违反国际法，借口“游历”进入马尾。截至8月上旬，停泊在马尾水面的法舰已达九艘，另有两艘鱼雷艇，总排水量1.45万吨，舰炮77门，官兵1830人。战争期间，军舰驶进敌对的主权国家内河如入无人之境，与主权国军舰同泊月余之久，世所罕见。有人提出援引《万国公法》关于军舰进入他国不得超过两艘、停泊时间不得超过两星期的规定驱逐法舰，但清廷反复强调不准“衅自我开”，因此清军未对法舰采取任何措施。

当时，直接参与决策的清朝大员中，闽浙总督何璟、福建巡抚张兆栋驻马尾上游的福州，会办大臣张佩纶、船政大臣何如璋驻马尾直接指挥，福州将军穆图善驻闽江下游出海口处的长门，马尾与福州、长门相距各数十公里，互为

① 法国外交部档案《领事政治通信·中国》第6卷，第16页。

② 《东京事件》，中国史学会编：《中国近代史资料丛刊·中法战争》第7册，上海人民出版社1957年版，第225页。

③ 法国海军部档案 BB-4 1959，第9页。

遥制。形势骤紧，马尾港仅有福建水师三艘军舰，何如璋分别从厦门、台湾、广东等地调舰，至8月下旬，汇集马尾的舰只达11艘（其中两艘为无炮位的运输舰），总排水量近万吨，舰炮45门，兵员1185人。这些军舰多为木质结构，排水量、大炮数、战斗员都不如法军，且无鱼雷艇和机关枪，整体上处于劣势。

新组建的法国远东舰队总司令孤拔中将亲自指挥马尾作战。8月下旬，法军利用清军不敢先开火、船头系锚、退潮时尾部朝向法舰之机，集中火力突袭清军旗舰以破坏其指挥系统，仅用半个小时光景，便将清军军舰全部打沉，清军将士的鲜血染红了马江。法军在摧毁船政局和沿岸各炮台后，大摇大摆地驶出闽江口。

福建水师全军覆没，清政府于8月26日对法宣战。

马尾之战后，法军转向进攻台湾。10月初，孤拔以十艘战舰的优势兵力对基隆实施重击。曹志忠、章高元两位提督分守基隆河口两岸，对来犯之敌予以英勇还击。守军顶不住法军的猛烈炮火，前沿阵地被法军占领。

孤拔的副手利士比（时任远东舰队副司令）率领四艘军舰直奔淡水，环泊港外。闻知淡水遭到袭击，台湾守军主帅刘铭传以淡水距离台北府城近为由，除留林朝栋率300人驻守狮球岭外，其余连夜撤出基隆，赴援淡水。为了不让法军得到燃煤，刘铭传还下令毁掉基隆煤矿的机器设备，将挖出的煤烧掉。守军撤退，法军轻而易举地占据了基隆，侵略者终于实现了“据地为质”的愿望。

法军在淡水击毁岸上炮台之后，不敢贸然登陆。等基隆方面派三艘军舰运送援兵抵达后，才派600人登陆。守军宁死不屈，迎头痛击，最后把敌寇赶下了海。

法军在东南沿海频频肇事，对中国海军造成了沉重的打击。侵略者还觉得不够，因无力进攻中国的首都北京，他们便想出了替代的办法——将大米列为战争禁运品，以坚船利炮阻止江浙漕粮从海道运往北方。拿平民百姓的生活必需品要挟主权国家，与人道主义精神背道而驰，是践踏国际法则的海盗行径，“震撼了文明世界”①，英国等曾出面干涉，但法国我行我素，宣布从1885年2

---

① ［英］季南著：《英国对华外交：1880—1885年》，许步曾译，商务印书馆1984年版，第184页。

月下旬起禁运大米，直至中法战争结束。

三、不败而败的战争结局

对法宣战后，清政府在越南战场上制定了“进兵越南，规复北圻，俾彼族（法军）不敢悉众内犯”① 的战略决策，命令云贵总督岑毓英和接替徐延旭任广西巡抚的潘鼎新，兵分三路入越，以减少东南沿海战场的压力，改变被动挨打的局面。

法军方面，东京远征军于1884年9月由波里也取代因病回国的米乐任总司令后，集结于越南北圻的法军官兵两个旅约1.8万人，分守河内、北宁、宣光等城，尼格里率第一旅分路进攻，波里也带第二旅居中，驻谅江以备机动。

在东线战场，10月，法军第二旅进攻北宁东北、陆南江北岸的船头，遭到清军的猛烈反击，法军损兵折将，清军取得了北圻反攻以来的第一次胜利，士气为之一振。另一部法军进攻船头西边的郎甲，清军奋起抗争，仍败下阵来，郎甲、船头相继落入敌手。

在东线战场鏖战正酣之时，岑毓英组织优势兵力，与黑旗军并肩作战，在西线战场上展开了以围攻北圻重镇、水陆交通枢纽宣光为中心的系列军事行动，占领了宣光附近的战略要地，拖住法军不得向东线战场运动，有力地支持了桂军的战略反攻。

1885年年初法军在东线反扑，清军受重创。法国增兵8000人到越南，加速了清军的溃败。法军一路追击，清军退回镇南关（今友谊关）内，边警告急，广西全省为之震惊。

署理两广总督张之洞，欲改变桂军在越南战场上的颓势而起用年逾花甲、称病赋闲在老家钦州的原广西提督冯子材。冯子材仅用半个月就募兵十营，名为萃军（冯号萃亭），于1885年2月中旬赶到镇南关前，清廷令冯子材帮办广西关外军务。

冯子材到达边关后，团结将帅，收拾败局，拦截散卒，整顿军纪，鼓舞士气。接着在镇南关内约4公里处（今广西凭祥市友谊镇隘口村南面）的关前隘筑起一道长1500米、高2米多、宽1米多的土石长墙，连接东、西山岭，墙外

① 《军机处寄前两广总督张树声等电旨》（光绪十年七月初三日），中国史学会编：《中国近代史资料丛刊·中法战争》第5册，上海人民出版社1957年版，第511页。

挖掘1米多深的堑壕，东、西山岭上修筑数座堡垒。在镇南关附近方圆上百里的阵地上，节节陈兵约80营，做好了战前准备。

3月下旬，冯子材率军出关，夜袭驻扎谅山省文渊州的法军，打乱了法军部署，促使法军在援军未到之前即仓促发动进攻。3月23日，指挥北圻东线战场的法国远征军第一旅旅长尼格里少将率法军携带十门大炮，北犯镇南关。法军逼近长墙后，足蹬草鞋、手执长矛的冯子材与二子率兵出击，短兵相接，以众压寡，展开肉搏战，使法军无法发挥先进武器应有的作用，两天共毙敌74人，伤敌213人，[①] 是为中法开战以来法军死伤最多的一次。

将法军赶出国门后，清军乘胜追击，一路南下，频频奏凯。3月底，在文渊与谅山之间的驱驴，两军相遇，法军最高指挥官尼格里胸部中弹倒地。此后，法军一蹶不振，从谅山往南撤退。清军顺利占领谅山，是为镇南关—谅山大捷。

拿下谅山后，东线清军继续在其周边扩大战果，克复屯梅、谷松、观音桥等处，进逼郎甲；会办云南军务鲍超正率军向龙州进发，作为东线的后援；吏部主事唐景崧所率桂军，正计划从中路出牧马、攻太原；西线滇军和黑旗军在临洮击敌后，正向兴化、山西挺进；粤军拟从钦州出海，进击广安；越南军民则摩拳擦掌，准备策应清军，将法军驱逐出境。法军的失败，在法国掀起了政潮，茹费理内阁为此倒台。正当北圻抗法局势看好之际，清廷突然下了停战令，前线将士痛心疾首，扼腕顿足，纷纷请战。4月中旬，清廷催促两广总督张之洞如期停战，撤回边界。无奈之下，清军南下进击河内，收复北圻的计划化为泡影。

1885年1月上旬，中国海关驻伦敦办事处英籍税务司金登干抵达法国首都巴黎，代理中国同法国就结束战争进行谈判。4月初，金登干与法国外交部政务司副司长戈可当签订《中法停战条件》。为了履行这份停战条件，清政府不能再让越南北圻战事延续下去。

中法双方分别指派李鸿章和法国驻华公使巴德诺议定正式和约。6月9日，李、巴在天津签订《中法会订越南条约十款》（简称《中法越南条约》，又称《中法新约》），规定法军从台湾、澎湖撤退，确认越南是法国的“保护国”，

① 黎贡德：《法军谅山惨败》，中国史学会编：《中国近代史资料丛刊·中法战争》第3册，上海人民出版社1957年版，第465页。

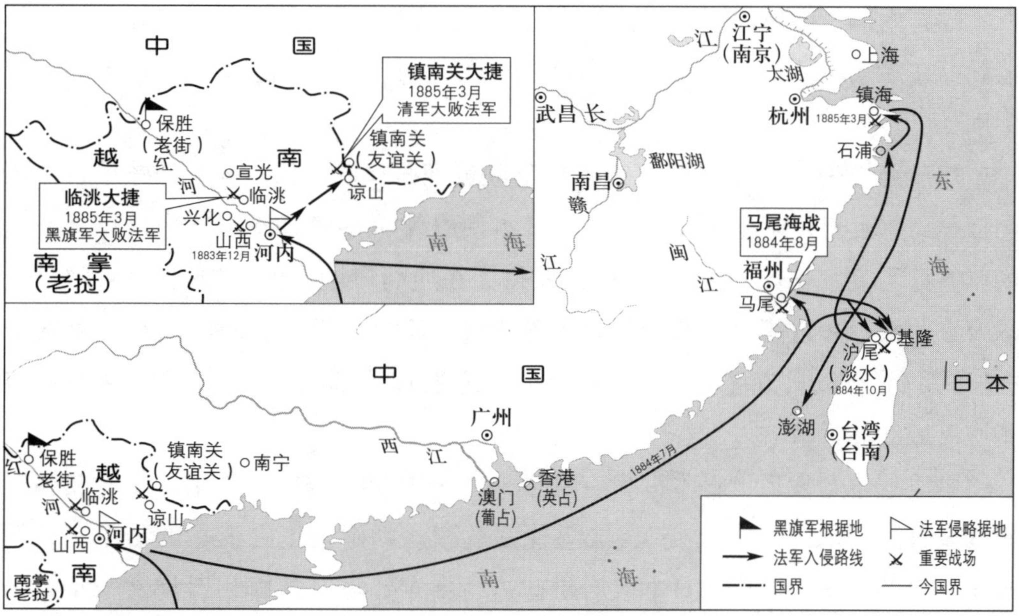

中法战争示意图

不再是清朝的藩属国。此外，在该条约和次年签订的《中法越南边界通商章程》等文件中，法国还获得了通商、修筑铁路等方面的利益，外国侵略者攫夺中国铁路利权的要求第一次在条约上表达出来。法国侵略者在战败的情况下，达到了发动这次战争的目的，中国则在获胜后损失了大量权益，充分暴露了清政府的腐败无能，时人用“法国不胜而胜，吾国不败而败”归纳这场战争的结局。

第三节 甲午战争

一、日本的扩张野心与围绕朝鲜问题的中日交涉

日本发动侵华战争的野心由来已久，最早可追溯到明朝万历年间，丰臣秀吉就曾发出狂言：“率军进入朝鲜，席卷明朝四百余州，以为皇国之版图。”①

1868 年，明治天皇登基伊始，即以对外侵略扩张为基本国策，公然宣称“日本乃万国之本”，要以武力“开拓万里波涛，布国威于四方”②。随后，在

① 日本参谋本部编：《日本战史》，村田书店 1978 年版，第 11 页。
② 《日本史史料》(4)，岩波书店 1997 年版，第 83 页。

日本政府内部，便掀起了一股“征韩论”的浊浪。朝鲜是中国的友好邻邦，与清朝存在藩属关系。所谓“征韩”是要征服朝鲜，征服朝鲜的目的就是侵略中国。

1875年9月，日本战舰“云扬号”驶进朝鲜汉江河口，并派兵数十名乘艇向江华岛炮台逼进。守军发炮示警，日本便以朝军污辱日本国旗为借口，强迫朝鲜签订了《江华条约》，日本由此获得了在通商口岸通商租地、领事裁判权，以及在朝鲜沿海进行测量和绘制海图等特权。1882年7月，日本又趁朝鲜发生“壬午兵变”，以日方遭受损失为借口，强迫朝鲜签订《仁川条约》，从而获得了在汉城的驻兵权。

中法战争爆发后，日本以为有机可乘，一面与法国进行勾结，一面在朝鲜策动亲日派发动“甲申政变”，成立傀儡政权。朝鲜国王在清军的帮助下，粉碎了日本的阴谋。事后，日本政府借此进行要挟，派宫廷卿伊藤博文来华，于1885年4月与李鸿章签订《天津条约》，其中规定：“将来朝鲜国若有变乱重大事件，中日两国或一国要派兵，应先互行文知照。”① 此条款赋予了日本向朝鲜派兵的权利，这为后来日本发动甲午战争埋下了伏笔。

从1885年起，日本加紧了发动大规模侵华战争的准备。日本政府以打败北洋舰队为海军发展的目标，实行新的造舰计划，并发行公债，作为海军扩张经费。天皇下谕节省宫廷费用造舰，6年间每年拨出30万元，以充造舰之用，又令全体文武官员在此期间各缴纳薪俸的十分之一作为造舰经费。到甲午战争前夕，日本海军已拥有各种舰只30余艘，计6万多吨。陆军也建成了7个师团，现役兵力为12万多人，战时兵力可达23万人。②

在大力扩军备战的同时，日本参谋本部还不断派遣间谍潜入中国，搜集各种情报。这些间谍回国后写出详细调查报告，提出“征清”方策。其中，参谋本部第二局局长小川又次的《清国征讨方略》最为露骨。这一方略提出日本对华作战的总目标，是击败北洋舰队，攻占北京，擒获清帝，迫其订城下之盟：将中国分割为六块，或直接划入日本版图，或为日本的属国和保护国，或建立由日本“监视”的傀儡政权。近年在日本又发现了六份由海军军官所写的《征清方略》，也都提出以打败北洋舰队、攻占北京为要着。③ 1893年，参谋本部

---

① 故宫博物院编：《清光绪朝中日交涉史料》第8卷，1932年排印，第15页。
② 孙克复、关捷编：《甲午中日陆战史》，黑龙江人民出版社1984年版，第67页。
③ 林伟功主编：《日藏甲午战争秘录》，澳门中华出版社2007年版，第19—20页。

次长、陆军中将川上操六还亲自来华，对天津周围的地理形势及防御设施进行实地窥察，“确信中国不足为惧”①。于是，他密令驻华使馆武官加紧探测渤海及各港口航道，并寻找适宜大部队登陆作战的地点。

日本政府也为入侵中国做了舆论准备，内阁总理大臣山县有朋于 1890 年 3 月抛出一份《外交政略论》，提出在当时，“仅仅防守主权线已不足以维护国家之独立，必须进而保卫利益线”②。9 月，他在施政演说中进一步解释说：“何谓主权线？国家之疆域也。何谓利益线？即我主权线的安全紧密相关之区域是也。”③ 朝鲜和中国，都被山县视为与日本“主权线的安全紧密相关之区域”。而后，“保卫利益线”便成为日本对周边国家发动侵略战争的“理论”根据。到 1893 年夏，明治天皇批准了《战时大本营条例》，标志着日本已经完成了大陆作战的准备，只等挑起战端的时机了。

1894 年春，朝鲜爆发东学道起义（又称东学党起义）。应朝鲜政府之邀，清政府派兵 2500 人协助镇压。日本政府见有机可乘，决定派一个混成旅团赴朝。到 6 月下旬，日本陆军入朝兵力达 7600 人，并占据汉城附近要地，海军则有八艘军舰驻泊朝鲜海面，其兵力远在清军之上。为堵住日本出兵之借口，朝鲜政府请求中国政府撤兵。清军准备从朝鲜定期撤回，并要求日方同时撤军。日本决心挑起衅端，促使中日关系破裂，不仅拒绝撤兵，反而继续向朝鲜增派军队。清政府一面与日本进行撤军谈判，一面寄希望于西方列强的调停，以促使日军撤回，此举不但毫无结果，反而贻误了兵机，在军事上陷于被动地位。

随后，日本另出花招，抛出所谓“共同改革朝鲜内政”的方案，以达到既使日军赖在朝鲜不走又能拖住清军的双重目的。清政府反对干涉朝鲜内政，拒绝了此项方案。日本政府电令其驻朝公使大鸟圭介：“不妨利用任何借口，立即开始实际行动。”④ 7 月，大鸟根据政府训令，要求朝鲜政府废除中朝间的所有条约，并驱逐清军出境。随后，大鸟派兵进攻朝鲜王宫，软禁国王李熙，成立了以大院君李昰应为首的傀儡政府。大院君慑于日本兵威，命外务衙门废除

---

① ［日］德富猪一郎：《陆军大将川上操六》，日本第一公论社 1942 年版，第 124 页。

② ［日］信夫清三郎编：《日本外交史》上册，天津社会科学院日本问题研究所译，商务印书馆 1980 年版，第 237 页。

③ 日本近代研究会编：《近代日本人物政治史》上卷，日本东洋经济新报社 1955 年版，第 174 页。

④ ［日］陆奥宗光著：《蹇蹇录》，伊舍石译，商务印书馆 1963 年版，第 68 页。

与中国的通商条约，并“授权”日军驱逐清军。这成为甲午中日战争的序幕。

二、战争进程与北洋舰队覆灭

1894 年 7 月 25 日，日本海军悍然在朝鲜丰岛海面袭击中国军舰，击沉中国租借英国的运兵船“高升号”。8 月 1 日，中日两国同日宣战，甲午战争正式开始。起初，战争在朝鲜半岛和黄海进行，陆战主要是平壤之战，海战主要是黄海之战。

平壤之战是中日两国陆军的首次大规模作战。当时驻守平壤的清军有 1.3 万人，进攻的日军有 1.6 万人。战斗主要在城南和城北两个战场展开。9 月 15 日凌晨，日军第九混成旅团首先向城南船桥里清军发起进攻。毅军分统马玉崑督队英勇抗击，盛军统领卫汝贵也率队支援，共同坚守大同江南岸的三座堡垒，并发起阵地反击。战至下午 2 时，日军将校以下死 140 多名，伤 290 多名，有 3 个中队的军官非死即伤，被迫向南撤退。城北是另一个主战场，日军集中了朔宁支队和元山支队共 7000 多人，分两路对玄武门清军堡垒发动了钳形攻势。奉军统领左宝贵率 3 营 1500 人迎敌，以寡敌众，陷于苦战。左宝贵登玄武门指挥，还亲燃火炮击敌，官兵感奋，誓死拼战。激战中，左宝贵中炮牺牲。日军以伤亡 285 人的代价攻占了玄武门。

日军在城南战场遭到了挫败，在城北战场虽攻占玄武门，却仍阻于内城之外。是日大雨如注，日军所携带的口粮及弹药已将告罄，又是在城外冒雨露宿，处境极其困难。不料清军总统叶志超下令停止抵抗，趁夜弃城北逃。日军早有埋伏，沿途排击。一夜之间，清军死于溃逃路上者达 1500 多人，另有 683 人被俘。不战而损失了近 5 个营。平壤军储丰厚，枪炮弹药等军用物资及金银折合库平银在 1000 万两以上，皆落入敌手。但由于叶志超怯敌，造成清军兵力大挫，元气大伤。经过此战，清军一蹶不振，而日军的侵略气焰更加嚣张。

黄海海战是中日双方海军的一次主力决战。这次海战发生在鸭绿江口以西的大东沟附近海面。北洋舰队参加战斗的军舰是 10 艘；日本舰队投入战斗的军舰有 12 艘，在吨位、航速、火力诸方面皆占优势。9 月 17 日中午海战打响。北洋舰队提督丁汝昌下令，排成犄角雁行阵迎敌，因当时时间短促，整个舰队到接近敌舰时，便形成类似“人”字阵式。日本舰队先绕攻北洋舰队右翼的弱舰超勇、扬威，两舰中弹甚多。此时，定远、镇远等舰迅猛直前，将日本舰队拦腰截断，重创其后继的比睿、赤城、西京丸三舰，并击毙赤城舰长坂元八郎太少佐，三艘日舰皆伤重难支，逃离战场。

此后，日本舰队采取夹击的战术，北洋舰队陷于背腹受敌的境地，情势大为不利。激战中，提督丁汝昌重伤，裹伤坐于甲板鼓励将士。定远管带刘步蟾代为指挥，沉着应敌。由于旗舰定远信号装置被敌炮击毁，指挥失灵，除定远、镇远两姊妹舰尚能保持相互依持的距离外，其余诸舰各自为战。定远中炮，燃起大火，镇远管带林泰曾命帮带大副杨用霖驾舰急驶，上前掩护。致远管带邓世昌也命帮带大副陈金揆开足轮机，驶向定远，迎战来敌。定远赢得时间扑灭大火，转危为安。当定远与日本旗舰松岛接近时，猛发舰首重炮，击中松岛右舷下甲板，砰然爆炸，引起堆积在甲板上的弹药爆炸，致使舰体剧烈震动，烈火冲天，死伤达 84 人，松岛已经丧失了战斗和指挥的能力，随发出“各舰随意运动”信号，竭力摆脱定远、镇远二舰，与其他四艘日舰向南驶去。致远则中炮甚多，受伤严重，遂直冲日本第一游击队旗舰吉野，而敌炮丛集，未至而沉没。邓世昌、陈金揆和舰上管理机务的英籍洋员，皆与舰同沉。全舰 200 余名官兵，除 27 人遇救生还外，都壮烈殉国。致远沉没后，济远、广甲舰先后驶逃。其后，经远舰也被划出阵外，势单力孤，管带林永升奋勇拼战，突中敌弹，为国捐躯。日舰又实施近距离炮击，经远在熊熊火焰中沉没。全舰 200 余人中，仅有 16 人遇救生还，其余都英勇牺牲。

黄海海战前致远舰士官在烟台留影

采自日本《画报近代百年史》第 6 集。

黄海大战中，北洋舰队损失严重，官兵阵亡 642 人，是日本舰队的 7 倍多，而且丧失了五艘军舰，日本舰队却一艘未失。从此，北洋舰队余舰只能游弋于威海与旅顺之间，执行“防渤海，以固京畿之藩篱”① 之方针，完全丧失了对黄海的制海权。

10 月下旬，日军分兵两路进入中国本土作战。日本第一军渡过鸭绿江，向清军阵地发起猛攻。三万重兵驻守的鸭绿江防线全线瓦解。日本第二军从旅顺后路的花园口登岸，向南进犯，先后攻占金州和大连湾，继续向旅顺推进。11 月下旬，日军向旅顺要塞发起总攻，旅顺被称为“海军根本”，其规模之雄伟宏敞为中国海防要塞之冠，故海军中有“铁打的旅顺”的说法。守军虽竭力抵抗，终被攻陷。日军占领旅顺后，一连滥杀四天，致使尸积市街。这就是震惊世界的旅顺大屠杀惨案。据统计，当时市街有 2000 多人被杀，还只占整个死难人数的一小部分，大多数死难者是在市街以外的海岸以及市郊外和山区遇害的，总人数为 21000 多人。②

日本随军画家笔下的日军进入旅顺市街屠杀居民情景

采自日本《画报近代百年史》第 6 集。

日军突破鸭绿江防线后，战局急转直下，清军决定退守辽阳东路，在摩天岭（又称大高岭）以东设防。日军计划由凤凰城北犯，经草河口、连山关、摩天岭等地到达辽阳，再北上夺取奉天。11 月中旬，日军袭占连山关。当时新授直隶提督聂士成守摩天岭，决定不与敌争锋，而采用“疑兵”战术，于丛林中

① 李鸿章：《据实陈奏军情折》（光绪二十年八月二十日），《李鸿章全集》第 15 册，安徽教育出版社 2008 年版，第 424 页。

② 戚其章著：《走近甲午》，天津古籍出版社 2006 年版，第 457 页。

张旗帜，鸣号角，抓住机会出奇兵，时出时没。日军不敢靠近摩天岭一步，扎营于连山关。聂士成乘敌戒备松懈，进行突击，夺回连山关。① 是时，黑龙江将军伊克唐阿率镇边军驻守摩天岭以东 75 公里的赛马集。伊克唐阿采用“运动”战术，或打或走，“避众击寡”，“神出鬼没，进退灵活”②，使敌疲于奔命。由于天寒降雪，日军冒雪趱行，或涉水渡河，冻伤者大半，丧失了战斗力。到 12 月初，日军不得不弃攻为守，龟缩于凤凰城。

日本第一军既在辽阳东路受挫，便决定冒险西侵，先攻占海城，然后对山海关发起进攻。12 月中旬，海城清军弃城而退向辽阳。日军占领海城，悬师深入，处境孤危，只能盘踞城池，以待援兵。对清军来说，敌据海城，将北窥辽阳、奉天，西迫牛庄、营口，锦州、宁远危殆，大局攸关。在此后的两个多月内，清军先后发动五次规复海城之战，但未能切断海城日军的后路。于是，中日两军在辽阳东路处于相持的状态。

随后，日本大本营决定派第二军第一师团由金、旅北犯，以打通海城的通道，然后在辽河下游地区与清军主力决战。1895 年 1 月中旬，北上日军陷盖平，使辽阳南路的清军处于更加不利的地位。3 月初，日军又袭占牛庄，使清军扭转辽阳战局的计划终成泡影。3 月上旬，日本第一军、第二军共三个师团会师田庄台，结束了辽阳南路之战。

虽然清军在辽东战场上失败的时候居多，但屡次重创日军，致使双方力量的消长不利于敌军。据统计，在辽东战场上，日军第一、第三、第五师团减员合计为 9914 人，相当于其总兵力的 1/6，其损失是惨重的。日本是一个岛国，越海作战，兵源有限，兵力不足，优势很难长久保持下去。相反，清军虽历经苦战，损失严重，但队伍愈打愈大。如帮办军务、四川提督宋庆所统毅军由参战时的 9 营扩充到 39 营，黑龙江将军伊克唐阿所统镇边军由参战时的 10 营扩充到 14 营，正定镇总兵徐邦道所统拱卫军由参战时的 5 营扩充到 11 营。只要持久作战，优势便会逐渐转到清军方面，整个战争形势或将发生逆转。

进而，日本有预谋地发动了山东半岛战役。旅顺口失陷后，日本舰队在渤海湾获得了重要的根据地，从此北洋门户洞开，北洋舰队难以出海作战，只能

---

① 聂士成：《东征日记》，中国史学会编：《中国近代史资料丛刊·中日战争》第 6 册，上海人民出版社 1957 年版，第 15 页。

② ［日］桥本海关：《日清战争实记》第 14 编，第 11 页。

困守于威海卫基地。日本确定了“诱降”和“攻取”两种方案，而以“诱降”为最佳选择。日军草拟了一份致丁汝昌的劝降书，以荣华富贵引诱。丁汝昌接书后，拒绝日人劝降，当众发出誓言：“予决不弃报国大义，今惟有一死以尽臣职!”① 日军见劝降未能奏效，决定采取第二方案。1895 年 1 月中旬，日本第二军在舰队的掩护下，按预定作战计划在荣成龙须岛登陆，当天占领荣成县城。经过数日休整，日军开始向西进犯。

当敌锋渐逼威海之时，丁汝昌与李鸿章反复电商，确定了“水陆相依”“舰台相辅”的防御方针，这种策略在一定时间内似可奏效，但必须保证威海后路安全无虞，当务之急是要“增援后路以防抄袭”。丁汝昌建议在威海要塞后路部署能够野战的“游击之师”。清政府也批准速调 25 营东援威海。不料援军刚入山东境内，清政府又以京畿吃紧为由改调北上。日军分两路向西进犯：北路称右路纵队，主攻威海南岸炮台群；南路称左路纵队，绕至炮台西南两侧以切断守军后路。1 月底，日军先向威海南岸陆路炮台的摩天岭发起进攻，守军在港内定远舰的支援下，击毙日军指挥官大寺安纯少将。大寺在日本国内被誉为“一代良将”，是甲午战争第一个被清军击毙的将军。最后炮台守军全部战死。2 月初，日军左、右两路纵队会师威海卫城。威海陆地遂全部沦于日军的铁蹄之下。

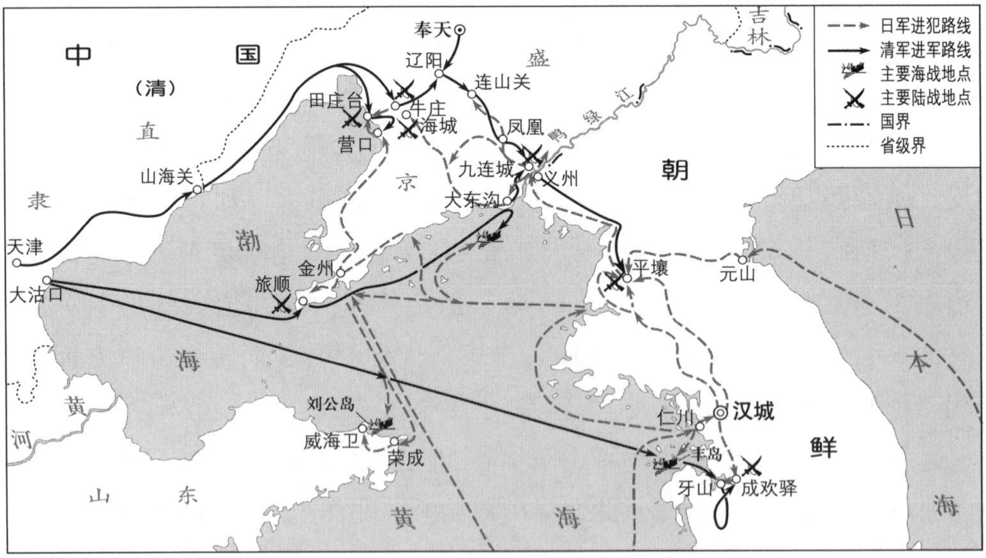

甲午中日战争形势示意图

① 《日清战争实记》第 20 编，东京博文馆 1895 年版，第 9 页。

威海既陷，陆地尽失，北洋舰队失去后防，刘公岛成为唯一的依托。当日军进攻南岸炮台之时，日本舰队也从海上发动了进攻。日军采用水陆夹击的进攻方式，使刘公岛守军和港内军舰都陷于苦战之中。日军派鱼雷艇从威海南口潜入港内，发炮击中旗舰定远。管带刘步蟾愤然饮药自尽。德籍洋员出面劝丁汝昌："可战则战，若兵士不愿战，则纳降实为适当之步骤。"① 丁汝昌表示投降为不可能之事。丁汝昌知盼援无望，遂饮鸦片自尽殉国。美籍洋员以及部分清军将领借丁汝昌名义投降，北洋舰队全军覆灭。

北洋舰队覆灭是甲午战争进程中的一个转折点，也标志着洋务运动的失败。对日本来说，既定战略目标已基本实现，衡量国内外形势，感到战争长久拖下去不利，必须抓住议和的时机；对清政府来说，早已丧失了进行战争的决心，更是决意求和了。

三、《马关条约》的签订及其危害

甲午战争爆发之初，光绪皇帝主战，慈禧太后尚有轻视日本之心，故也传懿旨主战。1894 年农历十月初十是慈禧的六十诞辰，她本想大办庆典，希望战事早日结束，但随着战争的节节失利，逐渐失去信心。平壤之战的失败使慈禧由主战转变为主和，希望俄、英等列强出面调停。日军突破鸭绿江防线后，慈禧求和之心已定，起用已罢黜十年的恭亲王奕䜣，名为督办军务，实则主持和议。慈禧求和之举，遭到帝党的消极抵制。她便施展种种手段，迫使光绪就范，在仪鸾殿召见军机处大臣时，突然宣布瑾、珍二妃种种劣迹，降二妃为贵人。后传谕撤满汉书房，以隔断光绪与其身边主战近臣的接触，将其孤立起来，成为空头皇帝。此后，慈禧便毫无顾忌地操纵和议。

起初，美国出面以居间人的角色，传达日本方面的意思，可由中国先提出讲和。清政府决定派津海关税务司德国人德璀琳东渡，以相机转圜。德璀琳携总理衙门照会及李鸿章私函各一件，乘轮抵达日本。但日本政府拒绝接待。随后，日本政府又致电美国驻华公使，指责清政府"似尚未痛切感到有媾和的必要"②。面对日本的强硬态度，清政府决定派户部左侍郎张荫桓、署湖南巡抚邵友濂为全权大臣，赴日议和，并聘前美国国务卿科士达为顾问。1895 年 2 月

---

① 张荫麟译：《泰莱甲午中日海战见闻记》，中国史学会编：《中国近代史资料丛刊・中日战争》第 6 册，上海人民出版社 1957 年版，第 66 页。

② ［日］陆奥宗光著：《蹇蹇录》，伊舍石译，商务印书馆 1963 年版，第 113 页。

初，张、邵与日本全权大臣伊藤博文、陆奥宗光会晤于广岛。日方以中国代表全权不足为由，拒绝开议，从而破坏了广岛和谈。

北洋舰队全军覆没后，日本认为，这正是迫使清政府派重臣来日和谈的最好时机。随着日本军队深入中国本土作战，已经出现了西方列强干涉的明显迹象，这是日本最为担心的。同时，日本派大军越海作战，也造成了国内的严重危机。日本政府为支撑这场侵略战争，不得不发行公债，还增收土地税，引起民怨。英国驻日公使报告说："如果中国不迅速接受条件，则完全可以预言，日本将在本年底前陷入严重的财政困难。"① 到战争后期，德国前驻华公使巴兰德也认为："日本国内的政治局势危机四伏，对于日本国家和当政的人们，不要说战败了，即使战事拖长下来，也是十分危险的。"② 日本国内外形势已不允许持续作战，必须抓住议和时机，否则战争长久拖下去，后果不堪设想。所以，日本在广岛拒使之后，又表示愿意讲和，但又挑明"须中国派从前能办大事有名之员，给予十足全权责任，方可再行开办"③。对于日本所指何人，慈禧心里清楚，即任命李鸿章为头等全权大臣前往日本议和。

1895 年 3 月 19 日，李鸿章一行抵达马关。随即开始与日方全权大臣伊藤博文、陆奥宗光进行谈判。日方故意提出占领天津、大沽、山海关三地，并在停战期间由中国支付军费的苛刻条件，以迫使中方打消停战的念头。中方以日方停战条件碍难照办，将停战之议搁起，要求日方出示和款。李鸿章在第三次会晤后乘轿返回寓所的途中，突遭暴徒开枪击中。日本政府极为紧张，生怕李借口中止谈判回国，引起列强插手干涉，遂即决定允诺停战三周，但将台湾和澎湖列岛排除在停战区之外。3 月底，双方签订《中日停战协定》。此时，李鸿章还不知道，日本在一周前攻占了澎湖列岛。3 月 20 日，日方将《和约底稿》致送李鸿章，其中开列割让盛京省南部及台湾省、赔偿军费库平银三亿两、在已开通商口岸之外另开顺天府等七处为通商口岸等条件。李鸿章阅后为之愕然。他草拟一份说帖，对日方条件进行辩驳。双方互

---

① 《楚恩迟致金伯利函（第 1 号）》（1895 年 1 月 4 日，2 月 7 日到），戚其章主编：《中国近代史资料丛刊续编·中日战争》第 11 册，中华书局 1996 年版，第 547 页。

② 《1894 年 12 月 1 日巴兰德自威斯巴登致金登干函》，中国近代经济史资料丛刊编辑委员会编：《中国海关与中日战争》，中华书局 1983 年版，第 79 页。

③ 戚其章主编：《中国近代史资料丛刊续编·中日战争》第 6 册，中华书局 1993 年版，第 609 页。

不相让，僵持起来。

马关议和谈判遭狙击痊愈后的李鸿章

采自日本《画报近代百年史》第6集，第485页。

日方破译了李鸿章来往密电，注意到清政府已将决定权推给了李鸿章。4月中旬，日方提交改定条约节略，其中重要的改动有两项：（一）对割让盛京省南部地区的范围做了较大的压缩，改为从鸭绿江口起，溯江至安平河口，由此画线到凤凰城、海城及营口。（二）赔偿军费则从三亿两减为二亿两。此时，李鸿章接到北京密电："如竟无可商改，即遵前旨，与之定约。"可见《马关条约》尚未签订，清廷的卖国求和之心已定。

4月17日，中日双方全权代表会于马关春帆楼，签订《马关条约》。条约的主要内容是：（一）废绝中国与朝鲜的宗藩关系。（二）中国割让辽东半岛、台湾全岛及所有附属岛屿和澎湖列岛给日本。（三）中国赔偿军费库平银二亿两。（四）中国允在已通商口岸外，另增开沙市、重庆、苏州、杭州为通商口岸，日船得驶入各口搭客载货。（五）日本臣民任便从事各项工艺制造，所有在中国制造之货，与进口货物一样享受优待，免征一切杂捐。（六）在交清赔款以前，中国听允日军驻守威海卫，并负担每年驻军费库平银50万两。这是《南京条约》以来丧权辱国最为严重的条约，助长了列强侵略中国的野心，引发了列强瓜分中国的狂潮。

《马关条约》签订后，举国为之哗然。京内外官员纷纷上奏反对和约，前敌将领也皆力主拒和备战，认为日本"外强中干……国帑之贫乏，军士之疲劳，其势万难持久"①。节制关内外诸军、钦差大臣刘坤一也提出:"'持久'二字,实为现在制倭要着。"② 还有的官员提出:定迁都之策,以使统兵将领无后顾之忧,放胆拼战。当时,正值全国各省举人会试北京,纷纷上书反对和约。帝党还寄希望于俄、德、法三国帮助商改条约,但被拒绝。光绪在内外压力下于5月初批准了《马关条约》。

《马关条约》给中国带来了严重的民族灾难。条约规定中国赔款库平银二亿两,还有威海卫的驻军费每年库平银50万两,3年为150万两。在俄、德、法三国干涉下,又以3000万两赎回辽东半岛。赔款合计23150万两。但日本贪心不足,又以库平银必须"足色"为借口让中国多付1325万两,更要求中国必须以英镑在伦敦付款,并由日本规定汇率标准,使中国因"镑亏"多付1494万两。诸项合计,约为库平银2.6亿两。另外,日本还从中国掠夺了大量战利品,包括舰船、军港设备、枪炮、金银、粮食等,约略计之,可折合8000万两。以上共计约库平银3.4亿两。③ 这是一笔巨大的财富,约当日本年度财政收入的6.4倍。通过《马关条约》,还废除了中国与朝鲜之间存在已久的藩属关系,为日本此后兼并朝鲜扫除了障碍。日本尝到了发动侵略战争的甜头,更加刺激了它对外扩张的野心。从此,日本政府更加大力扩军备战,成为东亚地区的主要战争策源地。

四、日本占领台湾与台湾军民的反割台斗争

1895年2月,日本非法占据了钓鱼岛。继又趁马关议和之机,派兵攻取了澎湖。台湾绅民深忧本岛亦将不保,聚商保台问题。《马关条约》签订的当天,割台消息便传到了台湾,台民群情激奋,奔走相告。在籍工部主事、全台义军统领丘逢甲,代表全台绅民刺血上书,表示:"臣等桑梓之地,义与存亡,愿与抚臣誓死守御。……如日酋来收台湾,台民惟有开仗!"④ 署理台湾巡抚唐景崧接总理衙门来电,说明割台实为万不得已之举,又说:"百姓愿内渡者,听;两年内,不内渡者作为日本人,改衣冠。"⑤ 此电传出后,台北鸣锣罢市,绅民拥入巡抚衙门,哭声震天。鉴于台民强烈反对割台,唐景崧两月之内发电20余次,但清廷

---

① 故宫博物院编:《清光绪朝中日交涉史料》第41卷,1932年排印,第19—20页。
② 故宫博物院编:《清光绪朝中日交涉史料》第40卷,1932年排印,第28页。
③ 戚其章:《甲午战争赔款问题考实》,《历史研究》1998年第3期。
④ 王彦威:《清季外交史料》第109卷,台北文海出版社1964年版,第5页。
⑤ 俞明震:《台湾八日记》,中国史学会编:《中国近代史资料丛刊·中日战争》第6册,上海人民出版社1957年版,第385页。

悉置不答。至此，绅民知割台之事已无可挽回。于是，丘逢甲等人连日会商如何保台固守，前驻法参赞陈季同提出“民政独立，遥奉正朔，拒敌人”① 之策。

5月下旬，台湾爱国民众为了抵抗日本的侵略，在迫不得已的情况下，临时采取应变措施，成立“民主国”，公推唐景崧为“总统”，改年号为“永清”，仍“恭奉正朔，遥作屏藩，气脉相通，无异中土”②。驻守台南的帮办台湾军务、南澳镇总兵刘永福，也与黑旗军诸将共立《盟约》称：“变出非常，改省为国，民为自主，仍隶清朝。”“民主国”一成立，便立即任命新的官员以填补清政府官员和军队将领内渡后所留空缺。与此同时，还建立了清军与义军联合抗日的体制，为其后的反割台斗争作出了巨大的贡献。

日本政府任命海军大将桦山资纪为台湾总督兼军务司令官，又派近卫师团长、陆军中将北白川宫能久亲王率所部从之。5月底，日军从基隆东50里的澳底登陆。6月初，日军攻陷基隆。省城外围险要尽失，台北危在旦夕。唐景崧潜行至沪尾内渡。日军前锋未遇抵抗即进占台北。6月17日，桦山资纪在台北主持“始政典礼”，宣布台湾总督府正式成立。

日军占领台北后，台湾府义军统领吴汤兴在苗栗县集众誓师，北上迎敌。苗栗头份秀才徐骧组成义军一营，同赴前敌。丘逢甲也派所部义军四营前来参战。日军在猛烈炮火掩护下进占新竹城。城外各庄仍为义军所控制，新竹日军已处于义军的包围之中。新竹胡嘉猷义军以安平镇为据点，使新竹日军后路受到极大的威胁。据日人称：“他们在丛林中实行坚固的家屋防御，经常袭击我兵站，夺我粮食，杀戮我兵。我先头部队有此后顾之忧，而不能向新竹以南进兵。”③ 淡水苏力义军在三角涌袭击日军护粮队，击毙32人，使其全军覆没。北白川宫能久又派骑兵队22人前去侦察，也遭到包围，有19人丧生，仅3人逃回台北。

义军英勇抗敌，鼓舞了民众的爱国热情，也促使地方官员积极筹备战守。新楚军统领杨载云率四营北上，与吴汤兴义军联合作战，以收复新竹。自6月下旬以后的一个月间，吴军与杨军先后对新竹城发动了三次进攻，皆因火力不济而遭失败，损失颇重。北白川宫能久见有机可乘，亲率近卫师团主力南侵，直逼苗栗。

8月上旬，日军向新楚军大营所在的头份发起进攻。日军凭借优势兵力，

---

① 陈衍：《闽侯县志》卷六九《陈季同传》。

② 蔡尔康等：《中东战纪本末》，中国史学会编：《中国近代史资料丛刊·中日战争》第1册，上海人民出版社1957年版，第202页。

③ 《日清战争实记》第35编，博文馆1894年，第22—23页。

四面环攻，杨载云力战阵亡，苗栗、大甲先后失陷。刘永福知日军下一步必攻台南，便命黑旗军参赞军务吴彭年兼统新楚军驻彰化，与吴汤兴、徐骧义军共同御敌。日军旋即对彰化发起总攻。彰化城小，城东八卦山可俯览全城，守山即足以守城，故成为日军攻击的重点。奉命守八卦山的吴汤兴手持短铳，往来指挥，徐骧也鏖军力战。然日军炮火炽烈，终不能支，吴汤兴不幸中弹仆地，守军也伤亡殆尽，仅徐骧率20人突围而出。此时，吴彭年正在城内指挥，见八卦山已悬日旗，便亲率黑旗军七星队300人夺山。敌弹密集如雨落，七星队伤亡甚众，吴汤兴身中数弹，壮烈牺牲。于是，日军遂分兵从东、南、北三门进入彰化城。此战，日军也付出了惨重的代价。北白川宫能久在战斗中受伤，不久毙命。旅团长山根信成少将也在进入彰化后染疫身亡。近卫师团减员达4200多人，约占其作战人员编制的1/3。

日军占领彰化后，又连陷鹿港、员林、北斗、云林等地。台南形势十分危急。刘永福决心抗敌，力撑危局，起用前署台湾镇总兵杨泗洪，令节制黑旗前敌诸军。9月初，杨泗洪率黑旗军北进，突袭他里雾，夺回被日军占领的大莆林，并收复云林。日军退至浊水溪以北。杨泗洪不幸在追击逃敌时中弹身亡。黑旗军虽与日军相持于浊水，然台南的粮饷不继，兵力也得不到补充，已经无力再发动攻势。此时，日本大本营派第二师团和海军舰队前来，共同参加南侵作战。日本南侵军规模庞大，海军人员不计，仅陆军兵力即达到四万人，是日本发动战争以来最大的一次用兵。10月上旬，日军攻陷嘉义。与此同时，日军第二师团兵分两路：南路从枋寮海岸登陆，以拊台南城之背；北路从布袋嘴登陆，直扑台南城。于是，城北的曾文溪为台南的最后一道防线。日军猛攻曾文溪。徐骧义军为先锋营，拼搏在前，首中敌弹，犹跃起大呼杀敌，终仆地不起。黑旗军总兵柏正林随之阵亡。义军管带林义成和简精华突围而出。至此，日军海路俱进，台南城完全处在敌锋之下，危在旦夕。台南外援既断，粮饷又复告罄，黑旗军进退失据。时人有诗记刘永福当时的处境："兵穷食尽孤城在，空使将军唤奈何！"① 刘永福无奈于当晚乘英国商船内渡。21日，台南陷落。

1895年11月下旬，日本宣布台湾"略定"，此后的半个世纪里，台湾人民反抗日本殖民统治的斗争从来没有停止过，他们用鲜血和生命抗击日本侵略者，在中国人民反对外来侵略的历史上写下了璀璨夺目的篇章。

---

① 吴质卿：《台湾战争记》，《近代史资料》总28号，中华书局1962年版。

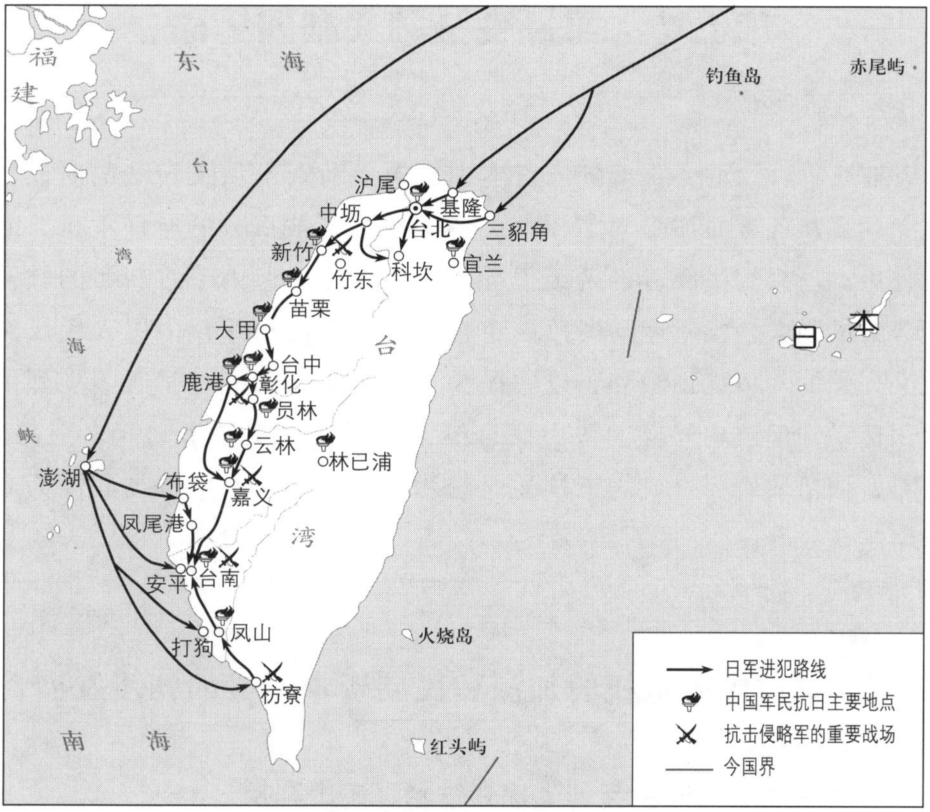

台湾人民反抗日军占领示意图

思考题：

1. 边疆危机是在什么背景下发生的，对近代中国产生了什么影响？
2. 如何评价同治中兴时期清政府的对外政策？
3. 简述清政府内部海防与塞防之争的内容及其后果。
4. 简述中国甲午战争失败的原因。

▶ 拓展阅读

第五章　维新变法和义和团运动

甲午战争后，正是欧美自由资本主义向垄断资本主义转变的时候，帝国主义列强从各方面加强对华侵略，中国面临着被瓜分的空前危机。面对内忧外患，新兴的民族资产阶级倡导救亡和变法，但由于维新派的软弱和顽固势力的强大，维新运动失败。随着民族危机的加深，中国人民反对帝国主义列强的斗争更加激烈，以农民为主体的义和团进行了轰轰烈烈的反帝爱国运动，但被中外反动势力联合绞杀。八国联军侵华和《辛丑条约》的签订，使清政府完全成为帝国主义统治中国的工具，中国彻底沦为半殖民地半封建社会。

第一节　民族危机的加深和民族资本主义的初步发展

一、甲午战后大借款与列强掠夺铁路、矿山利权

根据《马关条约》，清政府须向日本支付巨额战争赔款。清政府无力支付，不得不向列强举借巨额外债。1895 年，清政府向西方列强的借款额是 1894 年的 11 倍多，1895—1899 年年均借款额也比 1894 年高 5 倍多。仅 1895 年一年支付给日本的战争赔款就超过甲午前清政府全年岁出的 90%，相当于 1895 年中国全年进口值的一半。

1895 年 5 月，正当俄、法、德三国与日本就退还辽东问题举行谈判时，俄国驻华公使就向清政府施加压力，要求获得贷款权。但当时俄国并没有多少可贷资金，于是拉上法国。俄、法十家银行组成财团，向中国贷款 4 亿法郎（约合库平银 9896. 8 万两），年息 4%，折扣 94. 125%（中国实收库平银 9051. 7 万两），期限 36 年。这笔借款被称为“俄法借款”。第一期对日战争赔款和 3000 万两向日本赎回辽东半岛的费用都是用这笔借款支付的。

由于债权国能够获得各项政治、经济特权，列强纷纷争夺向清政府的贷款权。俄、法、英、德诸国为抢夺贷款权，争斗异常激烈，甚至宣称“将不惜诉诸武力”。各国驻华公使几乎每天都要到总理衙门“咆哮恣肆”，强迫清政府向

他们借款。

在海关总税务司赫德的撮合下，1896 年 3 月，英国汇丰银行与德国德华银行联合，强迫清政府签订《英德洋款合同》，向清政府贷款 1600 万英镑，约合库平银 9762.2 万两，除去折扣后清政府实收库平银 9142.5 万两。这笔借款称“英德借款”。英德借款合同还专门对海关总税务司一职聘用英人做了规定。1898 年，英、德两国再次迫使清政府签订《续借英德洋款合同》，数额仍为 1600 万英镑，年息 4.5%，折扣 83%，限期 45 年。此次借款折扣之大，期限之长，前所未有，其担保品除海关关税外，还包括长江流域富庶地区的七处货厘、盐厘。

西方列强的借款条件非常苛刻，除了政治条件，还以关税、盐税作为担保。中国的财政经济命脉为帝国主义列强所控制，清政府对帝国主义列强的财政依赖大大加深了。

同时，西方列强把铁路视为深入中国进行侵略活动的利器和争夺势力范围的重要工具。甲午战争后，西方列强很快在中国掀起了抢夺铁路权益的狂潮。

1895 年 8 月，中法两国签订《续议商务专条附章》，其中第五条规定：“至越南之铁路或已成者或日后拟添者，彼此议定，可由两国酌商妥订办法，接至中国境内。”① 法国驻华公使还强调：“接字系接长之接。”1896 年，法国取得从越南到中国龙州的铁路修筑权，这是西方列强在华取得的第一个铁路修筑与经营权。1896 年，沙皇俄国以中俄结成军事同盟共同对付日本为幌子，获取了修筑从西伯利业穿越中国领土到海参崴的东省铁路（亦称“中东铁路”）的权益。

1895 年年底，光绪帝准备采取官督商办的体制兴建卢汉（卢沟桥至汉口）铁路，允许能集资千万两以上的华商设立公司筑路，但不许纳入洋股。由于官督商办体制让华商普遍不满，应者寥寥，受命主持卢汉路务的湖广总督张之洞一筹莫展。盛宣怀提出借债筑路，并强调“洋债”并非“洋股”。清廷同意了借洋债筑路的主张。由于卢汉铁路是贯通南北的一大干线，因此这一铁路贷款成为美、英、德、法等国激烈争夺的对象。1897

① 《续议商务专条附章》（1895 年 6 月 20 日），王铁崖编：《中外旧约章汇编》第 1 册（1689—1901），生活·读书·新知三联书店 1957 年版，第 623 页。

年，清廷决定向比利时借款，这使得与比利时关系密切的俄、法势力伸入华北平原和长江流域，进入英国势力范围。英、德两国再三向清政府提出抗议，英国还以炮舰横行中国海域，要挟清政府。德国以1897年山东发生教案为理由，派军舰登陆胶州，并于1898年和清政府签订《胶澳租界条约》，一举囊括山东路权。英国为了确保其所谓“长江流域铁路必须让与英国公司”的强盗原则，于1898年向清政府提出五项铁路要求，把津浦铁路列为首位。由于这条铁路必须经过山东，于是英、德在伦敦签订协议，英国承建南段，德国承建北段，瓜分了津浦铁路利权。1898年，汇丰银行又对关内外铁路提供了230万英镑的贷款，使英国势力扩展到山海关外，直达牛庄，伸入沙俄的势力范围。英国还获得从山西、河南到长江沿岸、长江三角洲、珠江流域等铁路的权益。美国资本也不甘落后，美商合兴公司获得了贯通华中华南的粤汉铁路的修筑权。由于美国这一路权触及英国在华南的势力范围，因此英、美通过协商，先达成分赃协定，然后才由清政府与美商签订粤汉铁路借款正合同。

帝国主义对中国路权的控制方式主要有两种：一种是由外国直接投资承办，路权被投资国完全控制，如山东胶济铁路；另一种是名义上由中国政府借外债“自办”，但铁路的主要管理和重要技术职务都操于债权国之手。比如卢汉、正太（正定至太原）等铁路，都正式订立《行车合同》，规定债权公司“代为调度经理、行车生利”，因此铁路实权仍由外国资本掌握。由于后一种方式所占比重较大，因此铁路借款成为这一时期西方列强向中国政府贷款的重要内容，同时也成为帝国主义列强之间矛盾斗争的一个焦点。汇丰银行等外资在华银行在帝国主义列强争夺铁路权益的过程中发挥了重要作用。

此后，经过列强之间的明争暗斗，以及它们对清政府的威逼利诱，到清政府倒台时，英国先后获取了津浦、浦口—信阳、苏州—杭州—宁波、广州—九龙、北京—新民屯、上海—南京，以及湖广铁路的建筑权、管理和用人权；法国获取了北海—南宁、广州湾（今广东湛江）—安浦等铁路的建筑权；德国获取了胶济、开封—兖州、正定—德州等铁路的建筑权和在山东的投资优先权；俄国获取了中东铁路、南满铁路、正定—太原等铁路的建筑权；日本获取了安东—沈阳、新民屯—沈阳、南昌—九江、吉林—朝鲜会宁等铁路的建筑权、投资和顾问权；美国获取了粤汉铁路的投资承建权；比利时获取了卢汉铁路、开封—洛阳等铁路的代理经营权和承办权。

列强在激烈争夺铁路权益的同时，还加紧对中国采矿权的争夺。1895 年 8 月，中法签订《续议商务专条附章》，不仅规定了法国在中国西南的路权，还规定中国如在云南、广西、广东开矿，须“先向法国厂商及矿师人员商办”①，获得了在云南、广西、广东的开矿优先权。法国还进一步向四川等地渗透，于 1899 年获得灌县、犍为、威远、綦江、合州、巴县等地铁矿、煤矿的优先开采权和天全、懋功五金矿的优先开采权。英国认为法国侵犯了它的在华利益，向清政府要求“补偿”，又攫取了在山西、河南、直隶、四川等地的采矿权，此后还长期占据了开平煤矿。1898 年，德国与清政府签订《胶澳租界条约》，获取了在山东铁路沿线开矿利权，并取得了德商具有在德国人所修铁路沿线 30 里内地区优先开矿的特权。② 1899 年，德国人又向清政府要求“勘办沂州、沂水、诸城、潍县、烟台五处矿务”，并于当年着手开采潍县坊子煤矿。③ 俄国攫取了中东铁路及支线沿线的采矿优先权，并于 1898 年 11 月强迫清政府签订《续订旅大租地条约》，强调非经俄国应允，不得将辽东半岛“造路、开矿及工商等各利益让给”其他国家。④

二、帝国主义在华划分势力范围

甲午战争后，列强对中国的侵略和掠夺迅速扩大，它们已经不满足于攫取经济权益，而是要瓜分中国，在中国建立各自的殖民地。中国领土成为英、法、俄、德、日等国争相抢夺的对象，列强展开了划分势力范围的争斗。

列强在划分势力范围的过程中，有时也会达成某种妥协，以保证各自的“地位和商业利益”。如 1897 年，德国在谋取山东为势力范围的过程中，拟以强占胶州湾为先导，又担心沙俄从中阻挠，于是设法与沙俄达成

① 《续议商务专条附章》（1895 年 6 月 20 日），王铁崖编：《中外旧约章汇编》第 1 册（1689—1901），生活·读书·新知三联书店 1957 年版，第 623 页。

② 《胶澳租界条约》（1898 年 3 月 6 日），王铁崖编：《中外旧约章汇编》第 1 册（1689—1901），生活·读书·新知三联书店 1957 年版，第 739 页。

③ 汪敬虞主编：《中国近代经济史：1895—1927》上册，人民出版社 2000 年版，第 600—601 页。

④ 《续订旅大租地条约》（1898 年 5 月 7 日），王铁崖编：《中外旧约章汇编》第 1 册（1689—1901），生活·读书·新知三联书店 1957 年版，第 755 页。

默契：沙俄控制中国辽东半岛的港口，默许德国在胶州湾活动。之后，德国远东舰队强行登陆胶州，逼迫清政府签订了《胶澳租界条约》，进而把山东作为德国势力范围。

1898 年 8 月，英国向俄国表示，为“谋求避免彼此在中国的利益交错问题上可能引起冲突”，提议在中国划分势力范围。英俄两国于 1899 年 4 月在圣彼得堡互换照会，规定：（一）英国约定不在长城以北，为自己或为英籍臣民或其他人士要求任何铁路让与权；并且不阻挠——直接的或间接的——为俄国政府所支持的对这一地区铁路让与权的要求。（二）俄国方面约定不在扬子江流域，为自己或为俄籍臣民或其他人士要求任何铁路让与权；并且不阻挠——直接的或间接的——为英国政府所支持的对这一地区铁路让与权的要求。①

从 1895 年到 1899 年，帝国主义列强在中国划分了各自的势力范围：大致上，英国以长江流域、西藏和广东、云南两省的一部分为势力范围，并租借了九龙半岛（租期 99 年）；俄国以东三省、蒙古以至长城以北为势力范围，并租借了旅大（租期 25 年）；德国以山东为势力范围，胶州湾为其租借地（租期 99 年）；法国以广西以及云南、广东两省邻近越南的地区为势力范围；日本除割占台湾、澎湖列岛外，还以福建为势力范围。

当列强在中国激烈争夺势力范围的时候，美国正忙于与西班牙进行争夺菲律宾群岛的战争。待美国战胜西班牙后，列强在华的势力范围已基本划定。在这种情况下，1899 年，美国提出了“门户开放”政策。这个政策在承认列强势力范围和既得利益的同时，要求列强开放自己的在华租借地和势力范围，使美国享有均等的利益和机会。英国自恃优越的实力，认为在自己的势力范围内实行垄断贸易，远不如在整个中国进行自由竞争贸易更为有利，因此首先赞同“门户开放”政策。其他帝国主义国家也陆续表示接受。这样，列强不但划分了势力范围，而且彼此协调关系，共同奴役中国。中国出现了空前严重的民族危机。

三、外国资本加紧控制中国经济

西方列强在由资本主义向帝国主义阶段发展过程中，银行资本与工业资本

① 转引自宓汝成著：《帝国主义与中国铁路：1847—1949》，经济管理出版社 2007 年版，第 82 页。

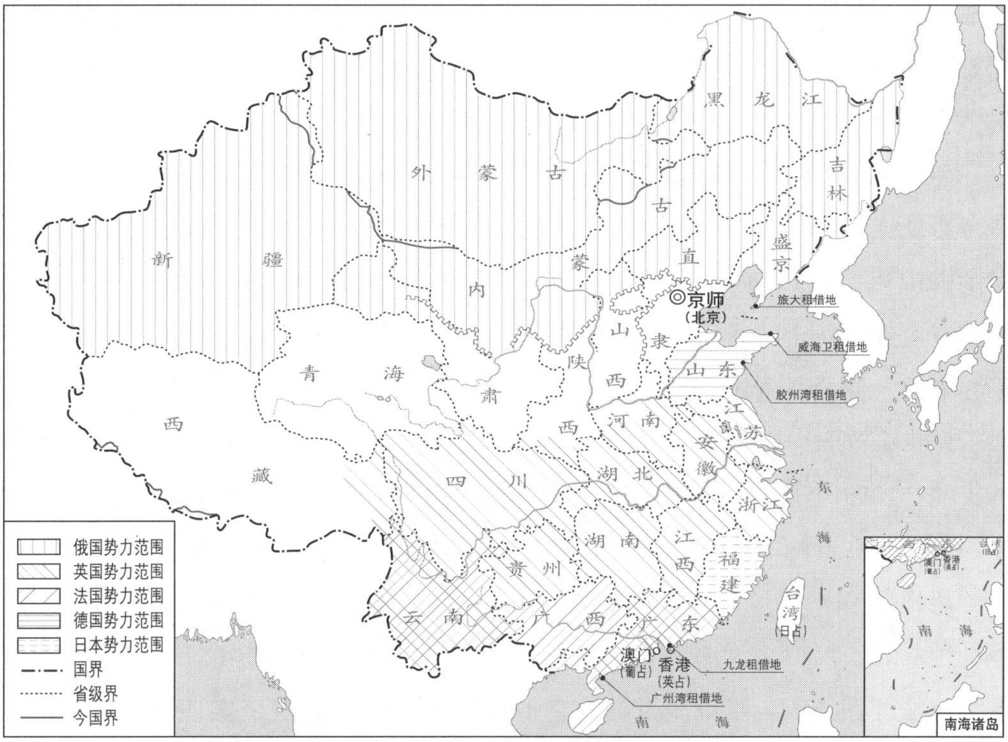

19世纪末帝国主义在华划分势力范围示意图

总理衙门的三位大臣

采自 J. Thomson，*Through China with A Camera*，Westmindter：A. Constable & Co.，1899，p. 234.

逐渐融合，形成金融资本，并出现了金融寡头。金融资本和金融寡头的形成及其对国家政治经济生活的统治，成为帝国主义的一个基本特征。这一时期，帝国主义国家的金融资本在中国也有了新的扩张。

外资银行不断在华增设分支机构，至 19 世纪末，汇丰银行的分支机构已经分布北京、天津、营口、烟台、汉口、上海、厦门、广州、澳门、打狗（今台湾高雄）、基隆等城市，建立了一个庞大的金融网。德国的德华银行、法国的东方汇理银行也进入中国。甲午战争爆发前一年，日本正金银行在上海设立了办事处，其后日资银行在华势力快速发展。甲午战后，正金银行在香港、天津、北京、烟台、汉口、青岛等地广设支行或办事处，成为日本对华金融活动的支柱。1895 年夏，俄、法合资成立华俄道胜银行，并强迫清政府在俄法借款中划出银 500 万两“入股”。华俄道胜银行的实权被俄国人所控制，清政府所入“股银”相当于俄、法投资总额的 70%左右，但连一个董事席位都没有。该银行在上海、汉口、天津、北京等地广设分支机构，其范围之广，进展之速，是其他外国在华银行难以企及的。它不仅从事一般商业资金融通，而且将业务扩大到仓储、保险以至不动产经营买卖；不仅从事财政贷款和企业投资，参与中国铁路的修建、电线的架设和矿山的开采，而且可以为中国政府承包税收、代理国库、购买军火、发行货币。它的业务远远超出了银行的经营范围，一个地方代理处甚至都可以向清政府要求设立俄国驻当地的领事馆。

继华俄道胜之后，外国资本在中国又新设了美资花旗银行、比利时华比银行等，形成了一个遍布中国的外资金融网，并出现了英、法、德、日、俄、美六强鼎立、相互竞争的局面。清政府被迫签订《辛丑条约》后，列强选择汇丰、德华、道胜、东方汇理、花旗、正金等银行组成委员会，代表各国接收中国每年所交的“庚子赔款”，并在各国之间分配这些款项。后来荷兰银行和比利时华比银行也参加了这一委员会。该委员会的构成表明，外资银行控制了中国的财政经济命脉。

在众多外资在华银行中，实力最强的要数英国的汇丰银行。汇丰银行资本一增再增，利润一再增长，到 19 世纪末，已“实际成为中国外汇市场上白银汇率的独裁者”①。进入 20 世纪以后，中国每年按期偿付的外债本息和战争赔

---

① 以上详见汪敬虞：《1895—1927 年外国在华银行势力的扩张》，《中国经济史研究》1995 年第 4 期。

款达4000多万两，“几占清政府财政支出的半数”。每年到清政府还本付息时，外资银行就利用其国际汇兑的垄断地位，“缩小”外汇牌价。仅用这种手段，汇丰银行所盘剥的收益就约有1500万元。[①]

甲午战争后，清政府所借巨额外债都由外国金融资本经手。在俄法借款、英德借款等重要借款合同中，贷款国往往还加上若干侵犯中国主权、扩张该国在华势力范围的条件，清政府主要财政收入被贷款国所控制。列强在华贷款权益的获得，也不仅仅取决于各国的投资能力，更重要的是“受各国在华的军事政治力量，势力范围和特权的制约”[②]，以致当时国内资本贫乏，同样需要输入资本的沙俄和日本，也积极向清政府贷放大量款项。华俄道胜、汇丰银行等成为经管列强在华贷款权益的“操盘手”。

外资银行在中国的巨额投资，很大一部分并非本国资本，而是从中国掠取所得。其来源主要是：勒索的清政府赔款等项所得；开展存放款业务吸收到的大量社会资金；先期资本投入产生的高额利润。例如，清政府的外债有不少是向汇丰银行举借，把持中国海关税务司的洋人，为了保证以关税收入偿还外债本息，将中国关税收入存放在汇丰银行，汇丰向清政府支付4%的年息，一转眼又将这些收入以10%的年息出贷给清政府。汇丰银行贷放的债款有不少来源于此。

外国资本还对中国工矿、运输、通信等行业进行渗透。甲午战争后，外国在华工矿交通企业投资迅速增长。1895—1899年的年平均数是1894年的20多倍。仅1896—1900年的5年间，资本10万元以上的外资工厂和矿场开设了20多个，资本总额2426万元，比甲午战前五十年间外商工业投资总额1972.4万元[③]还高出了23%。由于外国投资的增加，外人投资收益也比以前有明显增长，外国企业投资利润汇出数也成倍增加。

甲午战争前，外国在华企业投资以贸易业、金融业为主，工矿运输等行业的投资所占比重较小。甲午战争后，外国资本在工矿运输等行业的投资上升很快。至1914年，已占外国资本投资的一半还多。增长最快的是运输业，至1914年所占比重已达34.9%，在各行业中比重最大。这主要是由于甲午战争后

---

① 洪葭管：《从汇丰银行看帝国主义对旧中国的金融统治》，《学术月刊》1964年第4期。

② 吴承明编：《帝国主义在旧中国的投资》，人民出版社1955年版，第87页。

③ 《历年设立的重要外国厂矿统计（一）：按国别分类统计（1895—1913）》，汪敬虞编：《中国近代工业史资料》第2辑上，科学出版社1957年版，第2页；《1894年外国资本在中国经营的近代工业的资本与投资额的总估计》，孙毓棠编：《中国近代工业史资料》第1辑上，科学出版社1957年版，第247页。

列强在中国疯狂掠取铁路权益，铁路企业投资增加了很多。截至1914年，外国在华铁路直接投资约有2.92亿美元，筑成铁路长度共有3772公里，外国贷款投资筑成的铁路有京汉铁路、粤汉铁路、正太铁路、陇海铁路等，共长4846公里，两者占同期中国筑成铁路长度的90%多，而中国自主修筑的铁路只有950公里。外国在华直接投资和贷款投资修筑铁路的路务规章、铁路运价等由控制各路的各国制定，常发生优待外商、歧视华商的现象。

外国资本的对华铁路贷款，控制了中国的交通命脉。某个帝国主义国家取得中国某条铁路的投资权后，如果不愿意近期内投资筑路，别国不能再要求投资修筑此路，中国自己也不能兴建，这就破坏了中国铁路的自主发展。从国际收支来看，不仅清政府为支付铁路借款的利息，几乎耗尽了铁路营运的盈利①，而且债权国还往往垄断铁路材料的供应，从中获取垄断利润。经手发放铁路借款的外国银行，除了获得借款的存放权外，还可以另外获得发行费、信托费、购料手续费、分红等，约相当于铁路借款总额的11.05%。②

在沿海和内河航运上，尽管中国轮船业有所发展，但外资轮船仍占优势。《马关条约》开放了宜昌—重庆段的长江航权，英商川江轮船公司、太古轮船公司与英国军舰相继开到重庆，美、法、日本的船只也蜂拥而来，有的还扩展到长江上游的泸州、叙州。③ 由于轮船比民船（旧式木船）功率大、速度快、安全性能高，进出口商改用轮船运货者增多。重庆的一些华商字号行栈也改变了过去的经营方向，转而为洋行服务，成为洋行势力进入长江上游市场的助手。在日本政府的津贴补助下，1898年1月大阪轮船公司正式开业，经营长江从上海直到宜昌的所谓“命令航线”。该公司轮船可在镇江、芜湖、九江、汉口及非通商口岸通州（今江苏南通）、江阴等处停泊，上下货物，普设仓栈码头。不过一年多，公司长江线业务即有超过英商太古、怡和之势，1900年资本增长一倍，达1100万元。

棉纺织业是这一时期外资在华工业中的重要行业。《马关条约》签订不久，英商怡和纱厂、美商鸿源纱厂、英商老公茂纱厂、德商瑞记纱厂都在上海散发

---

① Chi-ming Hou（侯继明），*Foreign Investment and Economic Development in China*，1973，p. 40.

② 宓汝成著：《帝国主义与中国铁路：1847—1949》，经济管理出版社2007年版，第371—374页；陈仲秀：《英国银行界从中英借款中所获的利润》，台湾《清华学报》1965年第5卷第1期。

③ 章开沅、朱英主编：《对外经济关系与中国近代化》，华中师范大学出版社1990年版，第17、22页。

了计划书并发行股票。1897 年，上述外资纱厂在吸收了不少华商资本后，先后在上海开工投产。这些外资厂规模大，资金雄厚，设备新，经营管理效率也较高，给华资纱厂带来了沉重压力。

列强还在中国攫取了大批矿权。20 世纪初社会各界展开了声势很大的矿权收回运动，但所收回的矿权都由中方巨款赎回，仅占帝国主义在华掠夺矿权的一小部分，且多是尚未开采或未见成效之矿，重要大矿如开滦、抚顺、本溪湖等仍然被外国资本所控制。

甲午战争后，中国对外贸易增长迅速。由于外国资本对华输出促进了外国商品的对华输出，中国开始由甲午前的贸易顺差转为贸易逆差，国际收支的一些主要项目都发生了较大变化。中国不但进一步成为帝国主义商品倾销的对象，而且也成为帝国主义剩余资本的投放场所，国际收支迅速恶化。

四、甲午战后民族资本主义的初步发展

甲午战争后，由于列强大肆向中国倾销商品、掠夺原料，特别是资本输出，加剧了中国自然经济的进一步解体。列强的侵略和外国资本对中国经济的压迫，也促使一些爱国志士把发展民族工业作为挽救民族危亡的手段，要求准许民间设厂的呼声日益高涨。同时，巨额的战争赔款给清政府带来了严重的财政困难。这些促使清政府不得不“提倡”和“奖励”民间设厂。

1895 年 7 月，光绪帝发布有关“恤商惠工”的上谕。同年年底，又就卢汉铁路兴建一事颁谕，允许能集资千万两以上的富商设立公司筑路，赢绌自负。1896 年 2 月，总理衙门根据御史王鹏运的建议，奏请各省设立商务局，以显示“恤商之诚”，“行护商之政”，得到清廷批准。其后，清政府还准许民间招商集股开矿，并开放内河航运，在政策上放宽对民间创办实业的限制。1898 年，总理衙门制定《振兴工艺给奖章程》。在百日维新中，光绪帝颁发诏书，提出了鼓励商办矿务、铁路，提倡实业，设立农工商总局和矿务铁路总局等新政措施。1899 年，上海设立商务总局以联络工商，讲求制造。

甲午战争后，在清政府“提倡”下，出现了一个持续三四年的设厂高潮。新办工业企业以轻纺工业为多。轻纺工业一般投资较少，获利较快，与农业经济联系较为紧密。19 世纪 60 年代、70 年代之交，先进的机器纺织业已在中国出现。它较高的生产率及其带来的优厚利润，对中国工商业者有很大吸引力。在实业救国的热潮中，他们纷纷选择轻纺工业进行投资。

清末状元张謇（1853—1926），历经五年，依靠股份制向社会集资，在南通创办了大生纱厂。在此基础上，张謇又相继创办了农垦、航运、码头、机械、面粉、榨油、制盐、贸易、金融、房地产等企业，组成大生企业集团。张謇在大生企业产权关系、经营管理体制和利润分配制度等方面建立了一系列制度，并使生产经营与农村植棉业、手织业有机地结合起来，摸索出了一条“以大工业为中心，以农村为基地的区域或乡土经济发展路线”①。

19世纪末，新建并投入生产的民族纺织企业还有上海的裕晋、大纯，无锡的业勤，宁波的通久源等，连大生共十家。其中，除宁波的通久源有400台布机外，其余都是专业纺纱。这是由于企业的投资者认识到“织布厂资巨而任重，非有大力者不能为”，而创办纺纱厂“资本可以稍轻”，其规模可“随其资本之大小而设立”。这十家企业，共有纱锭19.5万枚，资本500.7万元，大体上是一批中型工厂。

在生丝大量出口的推动下，机器缫丝业成为民族资本较早建立的近代工业行业。它们多数设在长江三角洲和珠江三角洲，其分布中心由广东转向上海，还扩散到山东、四川和东北等地。

民族资本面粉工业开始兴起。1896年设有广州机粉厂，1897年设有芜湖益新面粉厂等，它们还属于机器磨坊性质。徽商孙多森、孙多鑫兄弟了解了上海英商增裕面粉厂生产情况后，决定投资创办上海阜丰面粉厂。至1900年，该厂资本30万两，日夜出粉能力2500包，是中国民族资本最早一家机器面粉厂。其后又有一批民族资本面粉厂投产。甲午战争后华商火柴工业也有初步发展。1895年全国华商火柴厂有9家，资本50万元；至1899年已增至13家，资本116万元。②

上海、广州等口岸的华商船舶修造业原以修理进口轮船为主。甲午战争后，业务渐集中于少数特约厂。这一时期，上海设立的船舶专业19厂中，已有14家是以制造小火轮为主，且业务逐步扩大。

在实业救国热潮中，民族资本采矿业也有初步发展。由于采矿业需要资本较多，更需要地方政府的支持，晚清地方政府往往垄断矿产资源，民族资本采

① 吴承明认为，这种乡土经济发展路线“不失为中国式的近代化的途径之一”，比起那种“以洋行为中心，以租界为基地，脱离农村以至于对立于农村”的近代口岸经济发展路线，乡土经济发展路线“应当有更广阔的前途”。见吴承明：《中国近代经济史若干问题的思考》，《中国经济史研究》1988年第2期。

② 许涤新、吴承明主编：《中国资本主义发展史》第2卷，人民出版社2003年版，第663页。

矿业的发展举步维艰。

伴随着中国民族资本主义的初步发展，中国民族资产阶级也逐步成长为一种新的政治力量，这为维新变法运动准备了必要的社会条件。

第二节 维新运动的开展

一、康有为与维新运动的理论准备

甲午战争的失败，使中国的民族危机进一步加深，救亡图存日益成为中国社会各阶层的共识。一些具有资产阶级思想观点的知识分子开始了挽救民族危亡的探索。1895—1898 年，中国兴起一股强劲的维新变法思潮，形成了戊戌变法运动，其领袖是康有为。

康有为（1858—1927），原名祖诒，字广厦，号长素，广东南海县人。从小受到严格的传统文化教育，十九岁师从理学家朱次琦，钻研理学，留心经世学问，一度研究佛学。1879 年他在广东西樵山偶遇京官张鼎华，听张介绍京师

康有为像

采自 T. Richard，*Forty Five Years in China*，London：T. Fisher Unwin Ltd.，1916，p. 160.

的新风气、近时人才和各种新书，于是决定舍弃考据、帖括之学，而以拯民救世为职志。此后他到上海、香港等地游览、考察，思想发生变化。从此大量购买西学书籍，举凡声光化电、西方历史及政治等，悉心研读，初步形成了学习西方、维新变法的思想。

1888 年，康有为到北京参加顺天乡试，结识了一批关心时局的官员，其中多为清流派。在这些朋友的支持下，康有为上书表达变法主张，要点是“变成法，通下情，慎左右”①。他托光绪帝的师傅翁同龢代为上书，遭婉拒，但是翁同龢却抄录了上书的部分内容，自己保存起来。当时以翁同龢为首的帝党分子比较活跃，他们想利用次年光绪帝亲政的机会，实行改革。为此，康有为又代御史屠仁守起草了两道奏折《请醇亲王归政折》和《门灾告警请行实政而答天戒折》，前者要求解除光绪帝的生父醇亲王奕譞的一切差使，以免他在皇上亲政后干政；后者建议光绪帝起用敢于直谏、深通治术之士。康有为的上书活动得到工部尚书潘祖荫、左都御史祁世长、御史屠仁守等官员的支持。这初步打下了后来变法运动的基础。

1889 年秋康有为南返。次年春，他在广州会晤今文经学家廖平，受其影响，从尊尚古文经学转向尊尚今文经学。今文经学家和古文经学家在治经解经的方法上不同。今文经学家认为西汉流行的今文经典《诗》《书》《礼》《易》《春秋》是真经，而古文经学家认为东汉流行的古文经典是真经；今文经学家注重阐释经典的微言大义，常将自己的观点附会其中，而古文经学家注重追索经典的本义，少有主观发挥。今文经学家的治经解经方法适应了晚清社会变革的需要，所以很容易被康有为这样有变革思想的士子接受和利用。

1890 年起，康有为先后在广州的长兴里、万木草堂收徒讲学，授课的主要内容是“求仁之义”“中外之故”“救国之法”。学生有陈千秋、梁启超、韩文举、徐勤、麦孟华等，后来多成为维新变法运动的中坚分子。其中梁启超影响最大。

梁启超（1873—1929），字卓如，广东新会人，1889 年中举人，师从康有为后，即成为康最为得力的助手。

讲学之余，康有为在学生的协助下编写了《新学伪经考》（1891）、《孔子改制考》（1892—1897）、《春秋笔削大义微言考》（1893—1895）②、《春秋董氏

---

① 康有为：《上清帝第一书》（1888 年 12 月 10 日），《康有为全集》第 1 集，中国人民大学出版社 2007 年版，第 182 页。

② 《春秋笔削大义微言考》，初撰于 1893—1895 年，后来补写，1917 年初刊。

学》(1893—1897)等著作。

《新学伪经考》认为:东汉开始流行的古文经《诗》《书》《礼》《易》《春秋》都是刘歆伪造的,是为帮助王莽篡汉、建立新朝服务的,后世各朝各代崇奉古文经,因而产生了种种恶政。

梁启超像

采自 T. Richard, *Forty Five Years in China*, London: T. Fisher Unwin Ltd., 1916, p. 162.

《孔子改制考》认为:上古茫昧,无可稽考,至先秦诸子出现,他们各自为了宣传自己的主张而假托上古圣贤,把他们自己的思想附会到上古圣贤身上,其中孔子假托尧、舜、文、武来宣传他的改制主张,所以孔子是一位"改制圣王"。

《新学伪经考》和《孔子改制考》是姊妹篇,前者破旧,后者立新。前者否定了王莽新朝以来的儒家经典的真实性,旨在动摇占统治地位的封建意识形态;后者树起了一个"托古改制"的孔子形象,旨在为变法拉起一面作掩护的大旗。

《春秋笔削大义微言考》和《春秋董氏学》是通过解读《春秋》来宣传变革思想。《春秋》是孔子所修的一部鲁国历史书,他的"笔则笔,削则削"的写法中有微言大义,所以后代学者都不遗余力地进行索解。康有为的索解与前人有很大不同,他用西学来解释《春秋》,把民权、平等、君主立宪、民主共和等观念都附会到《春秋》上。他特别重新解释了《春秋公羊传》的“三世”说（据乱世、升平世、太平世），说：“《春秋》始于据乱立君主，中于升平为立宪君民共主，终于太平为民主。”① 又说：“乱世者，文教未明也；升平者，渐有文教，小康也；太平者，大同之世，远近大小如一，文教全备也。”② 按照这种解释，人类社会要经过这样三个发展阶段：人类最初生活在据乱世，那时尚无文明，与之相适应的政体是君主专制，以后进入升平世，文明有了发展，与之相适应的政体是君主立宪，最后进入太平世，文明高度发展，与之相适应的政体是民主共和制。③

康有为的上述著作企图为变法运动建立起一套理论，其核心是阐述变君主专制为君主立宪的必要性和合理性。它一定程度上反映了 19 世纪末 20 世纪初中国先进知识分子的认识。

二、公车上书与维新运动的开展

1895 年春，康有为、梁启超等在北京参加会试期间，传来日本逼迫中国签订《马关条约》的消息，群情激愤。文廷式等京官率先上书，反对以巨额赔款和割地为议和条件。4 月中旬，康有为得知谈判代表李鸿章决定签约的消息，立刻令梁启超鼓动广东、湖南在京举人上书反对。李鸿章签约后回到天津，即向朝廷奏报。京城的官员和士子得知这个消息后，纷纷联名上书反对。康有为则于 4 月底联络各省在京举人在宣武门外达智桥松筠庵集议上书，会后由康有为起草一折（即《上清帝第二书》）。其中提出拒签和约、迁都抗战、变法图强三项建议，并详细论述富国、养民、教民等变法措施，又建议每十万户推举一名议郎供皇帝咨询，并负责讨论内外兴革大事，“三占从二，下部施行”。这道上书与时论明显不同。当时的舆论大多集中在反对议和这个主题上。而该上书则明确建议变法，有关富民、养民、教民之法，多是效法西方的政策。特别是设“议郎”，更显示了仿行西方议会制度的意图。

据康有为回忆，这道上书征集到1000 多人签名（有学者认为实际为600 多

① 康有为：《春秋笔削大义微言考》，《康有为全集》第 6 集，中国人民大学出版社 2007 年版，第 310 页。

② 康有为：《春秋董氏学》，《康有为全集》第 2 集，中国人民大学出版社 2007 年版，第 324 页。

③ 康有为对“三世”说有多种解释，如有时把“太平世”解释为民主共和制，有时又解释为空想社会主义社会。

人），虽然递交都察院时遭拒，但是已在社会上广为传抄。上海一家书店为这道上书出版了单行本。

这次事件史称“公车上书”，它是近代中国知识分子第一次掀起的群众性爱国运动，是 19 世纪 70 年代出现的维新思潮发展为政治运动的重要标志。

康有为在这次科考中得中进士，授为工部主事，留在京城继续致力于变法运动。5 月和 6 月他接连上《第三书》和《第四书》，建议变法。《第三书》由人代递光绪皇帝和慈禧太后，由此为光绪帝所注意。在上书中，他建议在朝廷新设两个机构：一是在武英殿设“议郎”，其成员取自于“翰林”“荐举”“上书”“公推”，职责为顾问，可随时请求召对。有权上驳诏书，下达民词；二是如《第二书》的建议，每十万户公推一名“议郎”，会议内外兴革大政、筹饷事宜，多数通过后交部施行。康有为把在中国实行上下议院制当作变法的主要目标。

《马关条约》签订后，中华民族的危机空前加深，变法图强成为主流。不仅进步知识分子，就连官员如帝师翁同龢、总督张之洞等也积极主张变法。翁同龢会见康有为，与他通信，商讨变法事宜。张之洞、袁世凯等资助维新派办学会、办报纸。

1895 年 7 月，康有为在北京创办《万国公报》（后改名《中外纪闻》），由梁启超、麦孟华等编辑和撰稿，宣传西学，鼓吹变法。此报免费递送京官，以开通风气。8 月，康有为与杨锐、张权、陈炽、袁世凯等发起成立强学会，督抚刘坤一、张之洞、王文韶以及宋庆、聂士成、盛宣怀等文武官员都捐资赞助，李鸿章也汇款银 1000 两。参加强学会的主要是主张和倾向维新变法的士子、官员及个别传教士，共 100 余人。强学会是一个政治性社会团体，每十天集会一次，每次都有人讲演“中国自强之学”。11 月，康有为赴上海，在署理两江总督张之洞的支持下，与黄绍箕、梁鼎芬等创立强学会分会，出版《强学报》。

维新人士的活动遭到顽固派的反对。御史杨崇伊奏劾京官创立强学书院、植党营私、开士子议政之风。强学会和《中外纪闻》遂遭查禁。在上海，因为康有为坚持《强学报》用孔子纪年而不用清朝纪年，遭到张之洞的激烈反对，被迫停刊，上海的强学会分会也无形解散。

1896 年 8 月，维新人士汪康年、黄遵宪等在上海《强学报》的基础上创办《时务报》，邀请梁启超为主笔。《时务报》以“变法图存”为宗旨，发表了大量宣传西学、倡言民主、鼓吹变法的文章。其中梁启超发表的《变法通议》等文章以兴民权为主题，议论风发，影响尤为深广。维新人士邹代钧在致汪康年的一封信中谈到他读《时务报》的印象说："阅之令人狂喜，理识文兼具，而采择之精，雕印之雅，犹为余事，足洗吾华历来各报馆之陋习，三代以下赖有此举，为吾党幸，为天下幸。"[①] 湖广总督张之洞最初看到《时务报》，也认为该报"识见正大，议论切要，足以增广见闻，激发志气"[②]，所以用官款为湖北省各文武大小衙门、各局、各书院、各学堂订阅。《时务报》在几个月中销量达上万份，风行一时。

1897 年 10 月，严复、夏曾佑等在天津创办《国闻报》，成为维新派在北方的舆论中心。严复（1854—1921），字幼陵，又字幾道，出生在福建侯官的一个中医家庭。1866 年进入福建船政学堂学习。1877 年被派往英国海军学院学习。留学期间，他大量阅读西方哲学和社会科学著作，向往西方政治制度。两年后归国，先在福建船政学堂任教，次年奉李鸿章之命赴天津北洋水师学堂任教。甲午战败，他深受刺激，在天津《直报》上发表《论世变之亟》《原强》《辟韩》《救亡决论》四篇文章，以进化论和天赋人权说为武器，批判君主专制理论，抨击科举制度，主张"用西洋之术"以致富强。1897 年 12 月，他翻译的《天演论》开始在《国闻报》上连载，次年出版单行本。此书是根据英国学者赫胥黎的论文集《进化论与伦理学及其他论文》中的前两篇翻译的，内容是宣传达尔文的生物进化论和社会达尔文主义。严复的翻译有直译，也有意译，并且加有"按语"。按语或是对译文内容的解说，或是结合译文来发挥译者的观点。严复接受了社会达尔文主义，认为生物界的"物竞天择""生存竞争"也同样适用于人类社会。"生存竞争"说震动了处于深刻民族危机中的国人，使之因为感到"亡国灭种"的危机而奋起自救。《天演论》出版后立刻风靡思想文化界，其中的进化论史观，适应了当时中国人要求变革、企求自强的愿望，为维新派和后来的革命派的活动提供了理论基础，对中国近代的民族自强运动和思想文化发展产生了深远的影响。

1897 年至 1898 年，湖南长沙的维新运动蓬勃开展起来。湖南巡抚陈宝箴、

---

① 上海图书馆编：《汪康年师友书札》第 3 册，上海古籍出版社 1987 年版，第 2658 页。

② 张之洞：《鄂督张饬行全省官销时务报札》，《时务报》第 6 册，光绪二十二年八月二十一日。

按察使黄遵宪、学政江标、继任学政徐仁铸等人都热心维新，他们又邀请在湖北的谭嗣同和在上海的梁启超到长沙来兴办新政，因此湖南成为地方上维新人士最为集中之地。

江标、唐才常于1897年4月在长沙创办《湘学新报》，宣传维新变法。1898年3月改名《湘报》，由谭嗣同、唐才常、熊希龄负责。谭嗣同（1865—1898），字复生，号壮飞，出生于湖南浏阳官宦人家。少年时接受传统教育，深受甲午战败刺激，开始留心西学，产生变法思想。他注意到康有为的变法活动，阅读了《新学伪经考》，自称康有为的私淑弟子。1896年，其父谭继洵（湖北巡抚）为他捐得五品衔候补知府。1897年夏，谭嗣同写成五万余言的《仁学》，批判君主专制制度，痛斥三纲五伦，号召冲决君主、伦常、利禄、俗学、天命、佛法等网罗。在他的主持下，《湘报》成为国内最激进的一份报纸。

谭嗣同像

采自 T. Richard, *Forty Five Years in China*, London: T. Fisher Unwin Ltd., 1916, p. 160.

1897年10月，陈宝箴在长沙开办时务学堂，特邀梁启超和李维格分任中、西文总教习，唐才常、韩文举等为教习。开办学堂的目的是为自强而开民智、培植人才。梁启超等则向学生灌输民主思想。如在给学生写的批札中说："臣也者，与君同办民事者也。如开一铺子，君则其铺之总管，臣则其铺之掌柜等也，有何不可以去国之义？""议院虽创于泰西，实吾五经诸子传记随举一义多有其意者，惜君统太长，无人敢言耳。”① 时务学堂的教学内容，引起岳麓书院院长王先谦、斋长宾凤阳和旧学人叶德辉等人惊骇。他们联名上书陈宝箴，控告梁启超、韩文举等“阴行邪说”，使学生不知忠孝节义为何事，要求斥退宣传“异学”的教习。梁启超、韩文举等被迫离开时务学堂。

1897 年冬，谭嗣同、唐才常等在陈宝箴的支持下筹办南学会，次年 2 月正式开办，其目的是“联合众力，官民上下，通为一气”②，“激发保教爱国之热心，养成地方自治之气力”③。在长沙设总会，在湖南各府厅州县设分会。参加学会的有官、绅、士、庶各界人士。学会定期举行讲演，讲演者有黄遵宪、谭嗣同、皮锡瑞等，内容有政教、经史、天文、舆地等，中心是变法救亡。听众踊跃，陈宝箴曾率官员听讲。除讲学外，南学会还办理时政，如设立保卫局、整顿制造公司、练兵等。戊戌政变后南学会被解散。

据不完全统计，1895—1897 年，维新派和开明人士在全国共创办学会 23 个、学堂 17 所、报馆 9 家、书局 2 家，总计 51 个。到 1898 年，增加到 300 多个，表明维新运动已经有了一定的群众基础和规模。

三、维新与守旧的论争

维新派进行的变法宣传，最初得到广泛的响应。但是，他们把兴民权、设议院作为宣传重点之后，引起强烈反对。反对者中有顽固派、洋务派，其代表人物分别为长沙岳麓书院院长王先谦、湖广总督张之洞等。争论的核心是怎样变法。

中日甲午战后，变法声浪日益高涨。在官僚集团中，大多数人主张继续推进洋务新政。比如，1897 年 12 月袁世凯致信翁同龢说：“然而事变迭乘，人不我待，痛切于剥肤，厄甚于倒悬，又何可不幡然振厉，以图挽回补救于万一，《易》曰：穷则变，此其时矣。第于积重之秋，骤行变法之政，兹事体大，猝难毕举，而究其所最要者，如用人、理财、练兵三大端，实属瞬刻不容稍缓。”④ 张之洞于 1898 年春天写了《劝学篇》，提出：“不可变者伦纪也，非法制也；

---

① 叶德辉辑：《觉迷要录》卷四，长沙叶氏刻本，光绪三十一年。
② 谭嗣同：《论全体学》，《谭嗣同全集》，岳麓书社 2012 年版，第 444 页。
③ 梁启超：《戊戌政变记》，岳麓书社 2011 年版，第 201 页。
④ 转引自孔祥吉：《袁世凯上翁同龢说帖述论》，《历史研究》1995 年第 3 期。

圣道也，非器械也；心术也，非工艺也。”①

维新派则主张进行体制性变革。在《论不变法之害》一文中，梁启超把清朝比喻为一座经历千年的“巨厦”，已经瓦墁毁坏，榱栋崩折。一旦风雨猝集，必然倾圮。所以，必须去其废壤，廓清更张，鸠工庀材，重新构造，才能轮焉奂焉，高枕无忧。② 另一方面，维新派根据进化论和《易经》的变易思想指出：“变者古今之公理也”③，而且“变”是个不断更新的过程：“昨日之新，至今日而已旧；今日之新，至明日而又已旧。……所谓新理、新事必更有新于此者。”④ 根据事物不断更新的普遍规律，即使洋务新政也需要新的变革了。所以他们批评说：自同治、光绪以来，总署、使馆、招商局、制造局、税务局、船政厂、电报局、铁路等虽然都是新政，但“根本未变”，“未易骨髓”，并不能挽救清朝的危势，而必须“别立堂基，涤除旧弊”，进行全面变法。⑤

维新派主张的变法非常全面，不仅在经济、军事、教育领域，而且在政治领域，其中心是兴民权、设议院。这正是顽固派和洋务派坚决反对的。张之洞《劝学篇》说：“使民权之说一倡，愚民必喜，乱民必作，纪纲不行，大乱四起。”⑥ 宾凤阳等批判梁启超等的批札说：“民有权，上无权矣”，“中国幸不设议院耳。议院设而废君，大逆不道之事更多矣。”⑦ 辜鸿铭特地致书张之洞，批判维新派的主张说：西方立议院，开报馆，诋议政事，结党互相标榜，“此西洋各国近日政治之所以外强而实弥乱也”。至于《时务报》载有君权太重之论，尤骇人听闻，“种种辩言乱政，流弊将不可以收拾”⑧。这些反对者身份不同，知识背景各异，但是反对设议院、行民主的根本理由却是相同的，即民主制度将使君权受到损害，从而造成混乱。所以他们竭力维护

---

① 张之洞：《劝学篇·外篇·变法第七》，上海书店出版社2002年版，第49页。

② 梁启超：《变法通议·论不变法之害》，《饮冰室合集》文集之一，中华书局1989年版，第2页。

③ 梁启超：《变法通议·自叙》，《饮冰室合集》文集之一，中华书局1989年版，第1页。

④ 谭嗣同：《〈湘报〉后叙》（上），蔡尚思、方行编：《谭嗣同全集》（增订本）下册，中华书局1981年版，第417页。

⑤ 康有为：《外衅危迫分割洊至急宜及时发愤大誓臣工开制度新政局折》，《康有为全集》第4集，中国人民大学出版社2007年版，第13页。

⑥ 张之洞：《劝学篇·内篇·正权第六》，上海书店出版社2002年版，第20页。

⑦ 《岳麓书院宾凤阳等上王益吾院长书》，苏舆编：《翼教丛编》卷五，上海书店出版社2002年版，第146页。

⑧ 辜鸿铭：《上湖广总督张书（丙申）》，黄兴涛编译：《辜鸿铭文集》（下），海南出版社1996年版，第220—221页。

君主专制制度说："上之有君父宵旰之忧，下之有世道人心之惧，内之有《春秋》尊攘之辨，外之有彼族思启之防。"① 在他们看来，中国君主专制制度既完美又有效。

维新派针锋相对，坚决驳斥他们。梁启超写道："君权日益尊，民权日益衰，为中国致弱之根原"②，"国之强弱悉推原于民主"。③ 他从中西政治制度、政体的比较中认识到，中国衰弱主要是因为没有像西方那样兴民权、行民主。严复更全面地阐述了在中国设议院的意义："是道也，欲民之忠爱必由此，欲教化之兴必由此，欲地利之尽必由此，欲道路之辟、商务之兴必由此，欲民各束身自好而争濯磨于善必由此。"④

设议院的主张并非起于戊戌维新时期，也不仅仅是维新派的主张。19 世纪 80 年代前后，早期改良派就已经有所鼓吹，也有开明官员奏请设议院。翰林院编修崔国因早在 1884 年就上奏建议设上下议院。后由皇帝命王大臣议覆，但议覆的结果是不需要。戊戌变法时期满族官员阔普通武也奏请设上下议院。张之洞虽然反对兴民权，但也认为议院是要设的，只是"此必俟学堂大兴，人才日盛，然后议之，今非其时也"⑤。

这些官员虽然也谈论设议院，但他们只是把设议院当作"通下情"的工具，并不限制君权，所以坚决反对维新派的主张："民主万不可设，民权万不可重，议院万不可变通。"⑥

维新派则把"兴民权"和"设议院"密切联系起来，在他们的观念中，"设议院"乃根源于"兴民权"，而"兴民权"乃根源于"人人有自主之权"。"人人有自主之权"的观念，来源于甲午战前一些介绍西方历史、政治、文化的书籍所宣传的天赋人权的思想。

梁启超着重宣传民权。他在《论中国积弱由于防弊》中说："西方之言曰：人人有自主之权。何谓自主之权？各尽其所当为之事，各得其所当有之利，公

---

① 《王干臣吏部〈实学平议〉》，苏舆编：《翼教丛编》卷三，上海书店出版社 2002 年版，第 53 页。

② 梁启超：《西学书目表后序》，《饮冰室合集》文集之一，中华书局 1989 年版，第128 页。

③ 梁启超：《与严幼陵先生书》，《饮冰室合集》文集之一，中华书局 1989 年版，第 109 页。研究者认为此文作于光绪二十三年春。

④ 严复：《原强修订稿》，王栻主编：《严复集》第 1 册，中华书局 1986 年版，第 32 页。

⑤ 张之洞：《劝学篇·内篇·正权第六》，上海书店出版社 2002 年版，第 21 页。

⑥ 《王干臣吏部〈实学平议〉》，苏舆编：《翼教丛编》卷三，上海书店出版社 2002 年版，第 52 页。

莫大焉。如此则天下平矣。”他认为，国家权力是建立在个人权利的基础上的，只有人人都可以行使自己的权利的国家才是“全权”的国家，也才能成为强国。当然，梁启超并不认为中国可以立刻实行君主立宪制度，他认为这是一个逐步实现的过程。因此他有时说“强国以议院为本，议院以学校为本”①，有时又说“欲兴民权，宜先兴绅权”②。这种矛盾是风气初开和新兴阶级力量还弱小的社会历史条件决定的。

严复着重宣传自由。他在《论世变之亟》中写道：“彼西人之言曰：唯天生民，各具赋畀，得自由者乃为全受。故人人各得自由，国国各得自由，第务令毋相侵损而已。”③ 个人自由是天赋的权利，任何人不得侵犯，国家设施、法律、规章都是为保护个人自由而设立的。他认为西方社会是“以自由为体，以民主为用”④，意思是说自由是根本，民主是为自由服务的，是保证实现自由的手段、工具。他比较中西社会，认为两者的根本不同就在于“自由不自由异耳”⑤。

谭嗣同着重宣传平等。他认为：西方的天赋人权说就是孔子在《春秋》中所宣扬的“称天而治”，它的本质是讲平等。他写道：孔子创立儒教的目的是要“黜古学，改今制，废君统，倡民主，变不平等为平等”⑥。但是孔子不是明明说过“君君臣臣，父父子子，兄兄弟弟，夫夫妇妇”那样维护封建等级制度的话吗？谭嗣同对这些重新做了解释，说它们“未有不平等”，因为这些言论不过是说人与人之间应该“忠”，而忠的原则是“抚我则后，虐我则仇，应物平施，心无偏袒”⑦。在这个原则下人与人必须彼此忠心，平等相待，并非只有臣忠于君这种单方面的责任。经过他的重新解释，儒家教义的核心便是平等，与维护封建等级制度的三纲五常完全对立。

康有为着重宣传博爱。梁启超曾评论说：“先生之哲学，博爱派哲学也。先生之论理，以‘仁’字为唯一宗旨，以为世界之所以立，众生之所以生，国

---

① 梁启超：《古议院考》，《饮冰室合集》文集之一，中华书局1989年版，第96页。
② 梁启超：《论湖南应办之事》，《饮冰室合集》文集之三，中华书局1989年版，第43页。
③ 严复：《论世变之亟》，王栻主编：《严复集》第1册，中华书局1986年版，第2页。
④ 严复：《原强修订稿》，王栻主编：《严复集》第1册，中华书局1986年版，第23页。
⑤ 严复：《论世变之亟》，王栻主编：《严复集》第1册，中华书局1986年版，第3页。
⑥ 谭嗣同：《仁学一》，蔡尚思、方行编：《谭嗣同全集》（增订本）下册，中华书局1981年版，第337页。
⑦ 谭嗣同：《仁学二》，蔡尚思、方行编：《谭嗣同全集》（增订本）下册，中华书局1981年版，第340页。

家之所以存，礼义之所以起，无一不本于仁。”① 康有为试图用儒家古老道德范畴“仁”来沟通资产阶级人道主义的博爱观，他说“仁者博爱”②。其实儒家的“仁”和近代人道主义的“博爱”虽有相似之处，却不相同。儒家的仁是出于个人的内心即“不忍人之心”，由己推人，由近推远，由亲至疏，达于“泛爱众”，因此它有远近亲疏之别，即“亲亲”“仁民”“爱物”，所谓“爱有差等”。康有为将仁和博爱结合起来，把仁的推及过程和他的三世说结合起来，以“亲亲”“仁民”“爱物”分别与“据乱世”“升平世”“太平世”相配。这样一来，在儒家那里本是同一社会中的“爱有差等”，在康有为这里却是不同发展阶段的社会中“爱有差等”：在据乱世即君主专制制度下只有“亲亲”，在升平世即民主制度下则只有“仁民”，到太平世即大同社会才能达到“爱物”。戊戌时期康有为和他的弟子所宣传的博爱，集中在“仁民”上，它与君主立宪的政治要求一致。

维新派提出的进化论思想，以及民权、自由、平等、博爱的民主主义和人道主义观念，为维新运动提供了思想武器。

第三节 维新运动的高潮和失败

一、百日维新

1897 年初冬，康有为再次到北京。恰在此时发生了德国强占胶州湾事件，他由此敏锐地觉察到列强开始瓜分中国了，立即向光绪皇帝上书（即《上清帝第五书》）。指出：“万国报馆议论沸腾，咸以瓜分中国为言。若箭在弦，省括即发，海内惊惶，乱民蠢动。”“譬犹地雷四伏，药线交通，一处火燃，四面皆应。”皇帝如果不当机立断，发愤维新，就可能亡国。到那时，“皇上与诸臣求为长安布衣而不可得矣”。③ 上书中还具体提出开国会、立宪法两项主张。他请求代递被拒绝，但已广为传抄，并在天津、上海、长沙维新派所办的报纸上发表。

① 梁启超：《南海康先生传》，《饮冰室合集》文集之六，中华书局 1989 年版，第 71 页。

② 康有为：《孟子微》，《康有为全集》第 5 集，中国人民大学出版社 2007 年版，第 455 页。

③ 康有为：《上清帝第五书》，《康有为全集》第 4 集，中国人民大学出版社 2007 年版，第 2—7 页。

康有为的变法主张引起帝师翁同龢的注意。他向光绪帝推荐康有为，同时给事中高燮曾也上书推荐康有为。于是光绪帝令有关大臣传询康有为，听取他对变法的意见。1898 年 1 月下旬，翁同龢、荣禄、李鸿章等大臣在总理衙门传询康有为。康有为说明了变法的必要性、紧迫性和变法步骤。针对荣禄所说“祖宗之法不能变”，他说：“祖宗之法，以治祖宗之地也，今祖宗之地不能守，何有于祖宗之法乎？”针对廖寿恒所问“宜如何变法”，他答：“宜变法律，官制为先。”针对李鸿章所问“然则六部尽撤，则例尽弃乎”，他答：“今为列国并争之时，非复一统之世，今之法律官制皆一统之法，弱亡中国，皆此物也，诚宜尽撤。即一时不能尽去，亦当斟酌改定，新政乃可推行。”他特别强调应该学习日本明治维新，说“日本维新，仿效西法，法制甚备，与我相近，最易仿摹”。[①] 翁同龢向光绪帝奏报传询情况，光绪帝令康有为随时上奏言事和进呈所著书籍。

1 月末，康有为上《外衅危迫分割洊至急宜及时发愤大誓臣工开制度新政局折》（即《上清帝第六书》），建议效仿日本明治维新，其步骤和方案是：大誓群臣以定国是，开制度局以定新制，设待诏所许天下人上书，别开法律局、税计局、学校局、农商局、工务局、矿政局、铁路局、邮政局、造币局、游历局、社会局、武备局十二局以施行新政。其中最重要的是开制度局。按照康有为的设计，制度局设在宫中，其成员二十人由皇帝征选，派王大臣为总裁，每日值内，讨论新政，皇帝亲临折中，然后草定章程，交给十二局施行。[②] 这个方案借鉴了西方政体的三权分立原则，企图把议政和行政分开，制度局类似上议院，十二局是政府部门。

与前几次上书相比，康有为《上清帝第六书》的变法建议完整多了，但也缓和多了。前几次上书，第二、第三、第四书都有设“议郎”的建议。第五书则建议“自兹国事付国会议行”。“议郎”“国会”都明显地要限制君权。但是《上清帝第六书》的制度局却不限制君权了：制度局的成员由皇帝征选，其讨论的政事由皇帝折中，然后下部施行。之所以发生这样的变化，康有为在《答人论议院书》中做了说明。他指出，光绪皇帝是位英明的君主，其以君权治天下能使变法收到速效，而且中国人民智力低下，皆如童幼婴孩不能“自主”，

---

① 康有为：《我史》，《康有为全集》第 5 集，中国人民大学出版社 2007 年版，第 90 页。

② 康有为：《外衅危迫分割洊至急宜及时发愤大誓臣工开制度新政局折》，《康有为全集》第 4 集，中国人民大学出版社 2007 年版，第 14—15 页。

只能以君权治天下。① 所以《上清帝第六书》的建议不但不限制君权，反而强调以君权变法，请皇上“以俄国大彼得之心为心法”，“乾健独断，发愤维新”。②

光绪帝非常重视《上清帝第六书》，谕令讨论如何实施，遭到阻挠，慈禧太后指示“尽管驳议”，于是康有为的建议被逐条驳回。

康有为很失望，便把主要精力放在鼓动群众运动上。4 月，他鼓动御史李盛铎在京发起成立保国会，以“保国保种保教”为宗旨。在此前后，京城中维新人士还成立了粤学会、蜀学会、闽学会、关学会、保滇会、保浙会、保川会等团体。士大夫们经常集会，议论时政，讨论救国、变法的方策，变法空气日益浓厚。

5 月，一直阻挠变法的恭亲王奕䜣病死，康有为立即鼓动帝党官员上书敦请变法，并亲自代御史杨深秀草拟《请定国是而明赏罚折》，代侍读学士徐致靖草拟《请明定国是疏》。此两折请光绪帝明定国是，立即开始变法。光绪帝派人将两道奏折送呈在颐和园的慈禧太后，太后阅后，指示光绪帝依行奏折建议。

6 月 11 日，光绪帝发布了《明定国是诏》宣告：“嗣后中外大小诸臣，自王公以及士庶，各宜努力向上，发愤为雄，以圣贤义理之学植其根本，又须博采西学之切于时务者实力讲求，以救空疏迂谬之弊。”③ 变法正式开始。

6 月 16 日，光绪帝在颐和园召见康有为，询问变法事宜。康有为陈述了建议，强调设制度局和擢拔新人。在对答的过程中，康有为感觉到光绪帝权力有限，所以建议“就皇上现在之权，行可变之事”④。召见后，光绪皇帝任命康有为在总理衙门章京上行走，特许专折奏事。康有为遂接连上书，或代他人拟疏，前后几十道。又进呈所著《俄罗斯大彼得变政记考》《日本明治变政考序》《突厥削弱记考》《法国革命记考》《波兰分灭记序》等书，作为变法的借鉴。在《日本明治变政考序》这部讲述日本明治维新历史的著作中，康有为加了许多按语，说明应该如何学习日本的变法步骤和措施。光绪帝发布的变法诏令有些就是根据这些按语拟定的。

---

① 康有为:《答人论议院书》,《康有为全集》第 4 集，中国人民大学出版社 2007 年版，第 326—327 页。

② 康有为:《外衅危迫分割洊至急宜及时发愤大誓臣工开制度新政局折》,《康有为全集》第 4 集，中国人民大学出版社 2007 年版，第 14、16 页。

③《德宗景皇帝实录（六）》光绪二十四年四月乙巳（二十三日），第 418 卷，《清实录》（第五七册），中华书局 1987 年版，第 482 页。

④ 康有为:《我史》,《康有为全集》第 5 集，中国人民大学出版社 2007 年版，第 93 页。

《明定国是诏》发布后，全国各地官员，以及号称士子、乡绅者，或直接上书，或通过官员代递，纷纷议论变法。光绪帝广泛采纳变法建议，先后发布了上百道诏令。其中关于经济方面的措施主要有：设立农工商总局，成立铁路、矿务总局；提倡兼采中西方法办农业，鼓励商办铁路、矿业；奖励发明创造，实行专利制度；裁撤驿站，设立邮政局；改革财政，创办国家银行，编制国家预算；广开口岸，促进商品流通。关于政治方面的措施主要有：广开言路，准许大小官员和普通民众上书言事，严禁官吏阻挠；删改则例，撤销重叠闲散机构，裁汰冗员；准许旗人经营商业。关于军事方面的措施主要有：裁减绿营，裁汰冗兵；陆军改练洋操；拟添设海军，筹造兵轮。关于文化教育方面的措施主要有：科举考试废除八股文和诗赋，改试策论；创设京师大学堂，将各省书院或祠堂、寺庙改为学堂，鼓励地方和私人办学堂，各级学堂一律兼习中学和西学；允许民间创办学会、报馆；设立译书局，编译外国新书；派人出国游历、留学，等等。以上这些变法措施，经济方面提出了一些有利于民族资本主义发展的政策，政治方面给予人民一定程度的言论、出版、结社自由，教育方面提出了一些有利于改造旧学、传播西学的措施，都有利于民族资本主义经济的发展和资产阶级文化思想的传播。但是，变法诏令没有涉及政治制度的根本改革。

光绪皇帝的变法诏令和措施受到维新派和开明人士的热烈欢迎。进士出身的吴汝纶当时在一封信中说："新政焕然，耳目一新。"① 罗振玉后来回忆说："（变法诏书）如春雷之启蛰，海上志士欢声雷动，虽谨厚者亦如饮狂药。"② 但这些热烈响应者多是不当政的知识分子或者低级官员，而掌握中央和地方实权的大员们，除湖南巡抚陈宝箴外，几乎没有人认真执行。湖广总督张之洞、两江总督刘坤一等采取拖延手法，直隶总督荣禄、两广总督谭钟麟等则置若罔闻。变法未能取得多少实效。

从 6 月 11 日光绪皇帝发布《明定国是诏》开始，到 9 月 21 日戊戌政变发生，变法共进行了 103 天，史称"百日维新"。

二、戊戌政变

光绪帝颁布的新政有利于社会进步，却侵犯了那些与旧制度联系密切的阶

---

① 吴汝纶：《吴挚甫尺牍》卷二，上册，国学扶轮社 1910 年版，第 11 页。

② 罗振玉：《贞松老人遗稿》（节录），中国史学会编：《中国近代史资料丛刊·戊戌变法》第 4 册，上海神州国光社 1953 年版，第 249 页。

层、集团的利益，因此遭到他们的反对。起初主要是顽固派反对，不久洋务派也站到顽固派的立场上去了。慈禧太后是顽固派的总后台。

慈禧太后对待变法的态度至关重要。她令光绪帝发布诏令明定国是、宣布变法，这说明她表面上是同意变法的。但是变法开始后，她就担心可能发生权力转移，所以采取了一系列防范措施。在《明定国是诏》发布后的第四天，她令光绪帝发布了三条有关人事的上谕：（一）免去翁同龢的军机大臣及其他一切职务，驱逐回籍。翁同龢是军机大臣中唯一支持变法者，并且是帝党的核心人物，他的去职使光绪帝更加孤立。（二）新授二品以上的官员必须到太后前谢恩。本来，太后在归政后就不再接见官员，现在又打破成例，接见新任的高级官员，这是为了防止光绪帝不经她的允许就任命高级官员。（三）任命慈禧的心腹荣禄署理直隶总督，统领北洋三军，即董福祥的甘军、聂士成的武毅军、袁世凯的新建陆军。

6月中下旬，慈禧又要求光绪帝任命崇礼为步军统领，怀塔布掌管圆明园八旗、包衣三旗及鸟枪营，刚毅掌管键锐营，从而使顽固派完全控制了京城防卫。

从1889年3月初慈禧太后完全归政后，日常政事就由光绪帝处理，但在办理前或办理后得向常居颐和园的太后请示。《上谕档》和《随手登记档》有这种记录：有的奏折在未处理前就“恭呈慈览”，等待太后的指示。也有的奏折是处理后向太后报告，档案记录为“现拟议办法，均俟分别办理后，再行陆续恭呈慈览”。百日维新中，光绪帝每隔两三天就去一趟颐和园，向太后问安、请示，每次住两三天，重要事情多在颐和园商定。无论光绪帝在颐和园，还是在紫禁城，都得把每日重要的奏折和诏谕派人送给太后阅看，太后随时发表同意或不同意的指示。太后不同意的，即使光绪帝已经发出谕旨了，也得追回。8月29日光绪帝根据康有为的建议，谕令裁撤东河总督、漕运总督。但太后认为裁撤漕运总督不妥，次日光绪帝又令修改谕令，删除裁撤“漕运总督”等内容。①

慈禧太后和光绪帝从一开始就在开制度局的问题上有分歧，这涉及用人问题，这种分歧在进入官制改革后加剧。8月底诏令裁撤中央的詹事府、通政司、

① 参见中国第一历史档案馆藏：《随手登记档》光绪二十四年七月十三日、十四日的关于废漕运总督的上谕。

光禄寺、鸿胪寺、太常寺、太仆寺、大理寺等衙门，裁撤湖北、广东、云南三省巡抚，河东总督等官职。9 月初表彰不畏强横、敢于上书的礼部主事王照，赏给三品顶戴，以四品京堂候补，同时把阻挠王照上书的礼部尚书怀塔布、许应骙和四位侍郎革职。任命新的礼部尚书和侍郎，其中署理尚书李端芬和署理侍郎徐致靖是积极支持变法的官员。赏赐由各省官员推荐的新政人才杨锐、刘光第、谭嗣同、林旭四品衔卿，擢为军机章京，参与新政，负责处理有关新政的奏章，代拟谕旨。旧官僚因此震恐，人人自危。内务府总管大臣立山率领所属官员数十人环跪在慈禧太后面前，痛哭流涕，请求废掉光绪皇帝，重新训政，太后笑而不答。

8 月下旬光绪帝传谕将在秋天与太后一起到天津阅兵。此后风传慈禧太后将在天津阅兵时废掉光绪帝。康有为等维新派风声鹤唳，异常紧张。他们几经筹商，决定建议光绪帝亲自掌握兵权，以防不测。9 月初康有为上密折，“请仿日本立参谋本部，选天下虎罴之士、不二心之臣于左右，上亲擐甲胄而统之”。随后，他一面请徐致靖奏保袁世凯，一面亲自上密折，“请抚袁以备不测”①。光绪帝心领神会，9 月中旬，召见在天津小站编练新军的袁世凯，赏候补侍郎，责成专讲练兵事务，随时具奏应办事宜。此举引起后党惊惧。荣禄立即调动军队，以防他变。荣禄造作谣言，说英国和俄国将在中国海开战，所以调聂士成军驻天津、董福祥军进北京，命令袁世凯迅速回防。京津一带气氛顿时紧张起来。

康有为又通过谭嗣同建议开懋勤殿，实际上就是开制度局。在得知光绪帝同意后，康有为鼓动帝党官员上书，推荐康有为、康广仁、梁启超、黄遵宪、徐致靖等进入懋勤殿。9 月 14 日，光绪帝赴颐和园请示开懋勤殿，当即遭太后严斥，形势急转直下。光绪帝随即赐给杨锐一道密诏，说太后不愿将旧法尽去，不欲罢旧臣用新人，要杨锐速与谭嗣同等商量办法，保住他的皇位。光绪帝让林旭带给康有为一道密诏，令他迅速出京，去上海负责办《时务报》，显然是要康有为出京避难。18 日，慈禧太后剥夺光绪帝处理政事的权力。

林旭把两道密诏一起交给康有为，康有为急忙找谭嗣同、梁启超、康广仁商量如何救驾。他们决定铤而走险，由谭嗣同游说袁世凯举兵勤王。当晚，谭嗣同秘密到京郊法华寺见袁世凯，要他率领敢死将士数百名，拥光绪皇帝登上

① 康有为：《我史》，《康有为全集》第 5 集，中国人民大学出版社 2007 年版，第 101 页。

午门，围颐和园软禁太后，杀荣禄，除旧党。袁世凯慷慨表示誓死效忠皇上，但又表示立即勤王有困难，他说："杀荣禄乃一狗耳。然吾营官皆旧人，枪弹火药皆在荣禄处，且小站去京二百余里，隔于铁路，虑不达事泄。若天津阅兵时，上驰入吾营，则可以上命诛贼臣也！"① 谭嗣同无奈，只好同意等到天津阅兵时再做计议。

次日下午，袁世凯乘火车回到天津后，立即向荣禄告密。荣禄随即向太后报告。

21 日晨，太后尚未接到荣禄的报告，就宣布重新训政。原来，御史杨崇伊在 19 日通过庆亲王奕劻上了一道密折，请太后即日训政。密折攻击康有为、康广仁、梁启超等"煽动天下之士心""不知何缘引入内廷"；攻击光绪皇帝"两月以来，变更成法，斥逐老成，藉口言路之开，以位置党羽"②。密折还煽惑说，光绪皇帝将任用日本人伊藤博文："风闻东洋故相伊藤博文，即日到京，将专政柄……伊藤果用，则祖宗所传之天下，不啻拱手让人。"③ 在接到密折的第二天，慈禧太后匆忙从颐和园赶回皇宫，严密控制光绪帝。21 日，慈禧太后将光绪帝囚禁在中南海瀛台，并以皇帝名义发布诏书"吁请太后训政"，又密令捕拿康有为和他的弟弟康广仁。政变发生后，康有为在英国人的帮助下逃到香港。梁启超在日本使馆人员的帮助下，逃到日本。谭嗣同拒绝出逃。他向友人表示："各国变法，无不从流血而成。今中国未闻有因变法而流血者，此国之所以不昌也。有之，请自嗣同始。"④ 谭嗣同于当天深夜被捕。⑤

此后几日，慈禧太后下令连续捕拿参与新政的维新党人。9 月底处决谭嗣同、林旭、刘光第、杨深秀、康广仁、杨锐，宣布康有为、谭嗣同等"谋围颐和园，劫制皇太后"⑥ 的罪状。此后大部分新政被推翻，被裁撤的衙门重又恢

① 康有为：《我史》，《康有为全集》第 5 集，中国人民大学出版社 2007 年版，第 102 页。

② 《掌广西道监察御史杨崇伊折》（光绪二十四年八月初三日），国家档案局明清档案馆编：《戊戌变法档案史料》，中华书局 1958 年版，第 461 页。

③ 《掌广西道监察御史杨崇伊折》（光绪二十四年八月初三日），国家档案局明清档案馆编：《戊戌变法档案史料》，中华书局 1958 年版，第 461 页。

④ 梁启超：《戊戌政变记（外一种）》，上海古籍出版社 2014 年版，第 103 页。

⑤ 皮锡瑞在光绪二十四年九月十八日日记中曰："望之来云：谭复生灵柩已到，有其仆言，初六夜捕拿入朝，即下刑部。"皮锡瑞：《师伏堂日记》，谭绍兴、张浩、汝玉虎编：《近代名人日记选译》，巴蜀书社 1997 年版，第 190 页。

⑥ 《德宗实录》（六）光绪二十四年八月乙未（十四日），第 427 卷，《清实录》（第五七册），中华书局 1987 年版，第 606 页。

复，八股取士重新开始，但谕令“通商、惠工、重农、育才以及修武备、浚利源，实系有关国计民生者，即当切实次第举行”①，京师大学堂继续筹办。至此，戊戌变法最终失败。

三、戊戌变法失败的原因及意义

中国民族资产阶级自身的软弱性和妥协性是戊戌变法失败的根本原因。

维新派不敢彻底否定封建主义。以康有为为首的维新派还处于从封建士子向资产阶级知识分子转变的过程中，难以完全与封建主义相决裂。政治上，他们不敢从根本上否定封建君主制度，而是幻想依靠一个并无实权的光绪帝，实行自上而下的改良，逐步实现君主立宪；经济上，主张发展民族资本主义，却不敢触动封建土地所有制；理论上，打着“托古改制”的旗号，虽具有减少改革阻力的策略意义，但也说明他们与封建主义之间存在无法割断的精神“脐带”。

维新派不敢反对帝国主义在中国的统治。维新派对帝国主义侵略中国的行径有很多揭露和批判，但是没有认清帝国主义侵略的本质，不敢触动帝国主义在华利益，甚至幻想西方列强支持变法运动。认为只要学习西方的资本主义制度，就能使中国富强起来，从而免于帝国主义的侵略，显示了维新派在政治上的不成熟。

维新派与顽固派的力量对比过于悬殊。19 世纪末中国资产阶级的力量还相当弱小，他们既没有严密的组织，也不掌握政权和军队，局限于部分官僚士大夫和知识分子的小圈子，更没有取得群众的支持。而封建势力过于强大。顽固派掌握着从中央到地方的整套官僚机构，控制着军权，是封建专制统治的忠实维护者。一旦变法触及顽固派的利益，他们就会疯狂反扑，而维新派由于力量弱小而无法抵抗，不可避免地遭到镇压。

戊戌变法虽然失败了，但它在中国近代史上依然具有重大的历史意义。

第一，戊戌变法是一次爱国救亡运动。维新派为实现救亡图存的目的，要求通过变法发展资本主义，使中国走上富强的道路。康有为创立强学会、保国会，宗旨都是“强国”“保种”，他在历次上书中不厌其详地说明，只有变法才

---

① 《德宗实录》（六）光绪二十四年八月壬辰（十一日），第 427 卷，《清实录》（第五七册），中华书局 1987 年版，第 603 页。

能御侮图存。即便在慈禧太后发动政变的当天，光绪帝仍申明："洋人逼迫太急，欲保存国脉，通融试用西法。"[①] 虽然变法没能达到自强御侮的目的，但它体现着强烈的爱国主义精神，把民族救亡意识提高到了新的水平。

第二，戊戌变法是一场资产阶级性质的政治改良运动。维新派鼓吹民权，提出开议院，主张以君主立宪制度取代君主专制制度，旨在使资产阶级享受一定的政治权利，促进资本主义工商业的发展。戊戌变法虽未达到政治改良的目的，但在一定程度上冲击了封建制度，对近代中国发展资本主义有促进意义。

第三，戊戌变法也是一次思想启蒙运动。维新派提倡西学，宣传自由平等、社会进化观念，批判封建君权和纲常伦理，大大突破了封建主义思想的束缚，提高了社会的民主意识。中国资产阶级的新文化，是在维新运动时期和稍后几年初步建立起来的。"诗界革命""文体革命""小说界革命""史学革命""戏剧改良"等相继而起，资产阶级的新文化，开始影响中国近代文化的发展方向。

第四节 义和团运动兴起

一、反教会斗争此起彼伏不断高涨

鸦片战争以后的几十年中，依据不平等条约规定，大批享有在华自由传教特权的传教士纷纷涌入中国，在各地设立教区、广建教堂，教会势力迅速发展。其中，不少西方传教士，大肆进行间谍活动，干涉中国内政，挑拨民族关系，进行文化侵略，为本国政府侵略中国出谋划策。外国传教士的种种罪恶活动，激起了中国人民的极大愤恨，反教会斗争此起彼伏。

根据条约规定，鸦片战争后美、法两国的传教士能在五个通商口岸内活动，清廷也反复强调传教士不能"越界传教"[②]，可是越界传教者比比皆是。中法《天津条约》为传教士深入中国腹地传教开了方便之门。尔后，随着通商口

---

① 苏继祖：《清廷戊戌朝变记》，中国史学会编：《中国近代史资料丛刊·戊戌变法》第1册，上海人民出版社1953年版，第347页。

② 《著两广总督耆英转谕法使天主教之禁可开但断不能明降谕旨通谕中外事上谕》，中国第一历史档案馆编：《鸦片战争档案史料》第7册，天津古籍出版社1992年版，第532页。

岸的增开，清政府宗教政策的步步松弛，“西洋教法盛行中国，天主福音等堂几遍天下，虽至穷乡僻壤，皆有各国教士潜往传教”①。

西洋传教士虽做过一些救助穷人、创办医院和学校等公益事业，但其根本目的是为了更好地对中国实行宗教渗透。特别是有很多传教士打着传教的幌子，攫取情报，走私文物，参与不平等条约的制定，加入掠夺中国经济的行列，在中国做了不少伤天害理的事。

美国人马士这样分析中国人“厌恶传教士的理由”：“他破坏了家庭；他干涉了祭祖仪节；他把那已经深入在他们生活中的佛教和道教的仪礼说成是邪教，而对于他们传统的先师孔子的训迪，并不称之为‘圣’。”② 不难想见，洋教对中国百姓造成巨大的心理伤害。

依仗不平等条约的庇护，洋教士深入中国各地，广置教堂，滥收教徒，勾结地痞流氓，横行闾巷，作歹乡间，本应受到严惩，事实却是“教中犯案，教士不问是非，曲庇教民，领事亦不问是非，曲庇教士。遇有民教争斗，平民恒屈，教民恒胜”③。教士、外交官袒教抑民，清朝各级官员也因教会享有“治外法权”，因此在处理民教纠纷时，往往屈服于列强压力，使老百姓的冤屈得不到伸张，反洋教斗争由此而起。清政府宣布洋教弛禁以后，随着传教士不断涌入和伤害民众事件的大量发生，近代中国的早期反洋教斗争风起云涌，遍及全国。

中法《北京条约》签订后，传教士掀起了从通商口岸涌入内地的浪潮。在入内地传教和索还旧教产的过程中，民教冲突进一步升级。整个 19 世纪 60 年代，影响重大的教案有 1861—1862 年贵阳教案、南昌教案，1862 年衡州教案，1863 年第一次重庆教案，1864 年第一次酉阳教案，1868 年第二次酉阳教案，1868 年第一次扬州教案，1868 年台湾凤山教案，1869 年安庆教案，1869—1870 年建德教案，等等。

近代中国教案是随着列强侵华的深入，民族危机的扩大而日益严重的。有人做过统计，近代中国发生过 400 多次教案，其中大部分集中在 19 世纪后 30

① 王明伦选编：《反洋教书文揭帖选》，齐鲁书社 1984 年版，第 331—332 页。
② ［美］马士著：《中华帝国对外关系史》第 2 卷，张汇文等合译，商务印书馆 1963 年版，第 243 页。
③ 《有关天津教案的四份密件 曾国藩密片之二》，中国社会科学院近代史研究所近代史资料编辑部编：《近代史资料》总 88 号，中国社会科学出版社 1996 年版，第30 页。

年。[①] 1870 年爆发的天津教案，把近代教案推向了新的高潮。

洋教开禁后，法国天主教仁慈堂在华创办了育婴堂、孤儿院等机构。1870 年 5—6 月，天津一带发生疾疫，育婴堂所收养的婴孩大批死亡，“民间谣言甚多，有谓用药迷拐幼孩者，有谓义冢内有幼孩尸骨暴露者，有谓暴露之尸均系教堂所弃者，遂有谓天主教挖眼剖心者……”[②] 天津县拿获拐犯，民众疑怨愤怒不已，与教士口角相争，抛砖殴打。法国驻天津领事丰大业气势汹汹地赶到三口通商大臣崇厚衙门大发雷霆，疯狂咆哮，砸毁器物，并向崇厚开枪。丰大业从衙门出来，路遇从教堂维持秩序归来的天津县知县刘杰，再次拔枪射击，打伤刘的家人。民众忍无可忍，当场打死丰大业及领事馆书记官西蒙，放火烧了望海楼法国教堂、育婴堂和领事署，打死两名神甫、十名修女、四名法国人，误杀俄商三人，焚毁英、美教堂数所。这就是震惊中外的天津教案。

天津教案发生后，法、英等七国一面向清政府提出抗议，一面调集军队进行威胁。清廷惊慌失措，派直隶总督曾国藩前往查办。在朝廷和洋人的双重压力下，曾国藩决定判 20 人死刑，25 人流放（天津知府张光藻、知县刘杰革职并流放黑龙江）；支付法、英等国抚恤费和赔偿财产损失银 49 万两；派崇厚作为中国特使到法国赔礼道歉。

判决公布，曾国藩即遭国人谴责，其京师同乡尤引为奇耻大辱。李鸿章接替处理此案后，原判 20 名死刑被改为 16 名，4 名缓刑，余依其旧。法国人这样评价这一结局：“强权即公理那个悲痛的格言，必须严厉地在中国予以实施。”[③]

天津教案以后，各地反洋教斗争此起彼伏。19 世纪 70 年代到 80 年代中期，法国传教士仍然是中国人民反洋教斗争的主要对象。1876 年发生在皖南建平县、宁国府、广德县等地，川东邻水县、涪州、江北厅等地，乃至 1882 年发生在黑龙江呼兰县的教案，都以法国传教士为对象。其中交涉最繁复的，要算皖南诸教案。

中法战争结束以后，《中法新约》给法国更多的权益。在利益均沾原则下，

---

① 顾长声著：《传教士与近代中国》，上海人民出版社 1981 年版，第 136 页。

② 《三口通商大臣崇厚奏报天津教案经过请饬直隶总督曾国藩来津查办折》，中国第一历史档案馆、福建师范大学历史系合编：《中国近代史资料丛刊续编 · 清末教案》第 1 册，中华书局 1996 年版，第 776—777 页。

③ ［美］马士著：《中华帝国对外关系史》第 2 卷，张汇文等合译，商务印书馆 1963 年版，第 284 页。

列强对中国的侵略进一步加剧，民族矛盾日益激化，反洋教斗争在反侵略斗争中的比重加大，秘密会社活动频繁，成为人民反洋教斗争的有生力量。除广大农民、城市贫民、码头工人以外，游勇、流民、会党等也加入反洋教斗争的行列。西南诸省、长江流域等地的教案空前增多，规模比以往更大。从80年代中期到90年代中期，10年间爆发的教案主要有：1886年的第二次重庆教案、第一次四川大足教案、第二次江苏扬州教案，1887年的第一次山东冠县梨园屯教案，1889年的江苏镇江教案，1890年的第二次四川大足教案，1891年的安徽芜湖教案、江苏丹阳教案、江苏无锡教案、湖北广济县武穴教案、湖北宜昌教案，1893年的湖北麻城教案，1895年的福建古田教案、四川成都教案等。1897年11月，山东巨野县磨盘张庄的德国圣言会天主教堂遭到乡民袭击，两名传教士被杀，该堂神父薛田资逃脱。11月，德皇威廉二世指令德国在远东的舰队必须采取积极行动，如果中国方面不赔偿巨款并严办“祸首”，舰队应立刻驶往胶州湾，占领该处现有村镇，“采取严重报复手段”。总理衙门尽管提出了各种替代方案，德国却寸步不让。1898年3月，总理衙门屈服，中德《胶澳租界条约》正式签字。条约规定，德国租借胶州湾，租期99年，在租借地周围设立中立区，德国军队在此可以自由行动。中国允许德国在山东修造从胶州湾经潍县、青州、邹平到济南以及从胶州湾往沂州经莱芜到济南两条铁路，并拥有在铁路沿线30里内开矿的权利。“巨野教案”后，在华西方传教士采取更加放纵的传教政策，教会的势力和影响迅速扩展，各地“教堂日增，教民日众，教焰亦日炽”①。

总的来看，19世纪60年代初到90年代末的反洋教斗争，虽然有“排斥异端”和盲目排外的缺点，但它们是民众反侵略斗争的重要形式。这一斗争在戊戌变法失败后进一步发展，最终爆发了义和团运动。

二、义和团运动的兴起及其在直隶境内的发展

巨野教案后，西方传教士的态度更为骄横，他们披着宗教外衣，凭借不平等条约，从事非法活动，给中国人民带来种种灾难。他们插手地方官员任免等事务，粗暴干涉中国内政；从事间谍活动，为列强侵略中国出谋献策；袒护教

---

① 《兖沂曹济道彭虞孙致总署某员函》，中国第一历史档案馆编辑部编：《义和团档案史料续编》（上），中华书局1990年版，第423页。

民，借端勒索，欺压百姓，霸占民众地产，甚至还参与鸦片走私。外国教会势力成为列强统治中国、奴役人民的重要工具。

19 世纪末，外国教会势力已遍布山东全境。1895 年，山东南部圣言会的教友和望教者为 20729 人，1899 年为 53039 人①，短短四年增长了一倍多。此外，为数众多的教会团体也遍布各地。传教士深入穷乡僻壤，一些在地方权势竞争中处于劣势的群体和人士纷纷加入教会，一些不良教民托庇于教会，横行乡里，欺压良善。外国教会势力的渗透及其罪恶活动，激起了中国人民的极大愤恨。

与此同时，自然灾害频频袭击。1898 年 8 月，黄河在寿张县决口，以后又在济南以下的黄河南堤和东阿县两次决口，共有 34 个县受灾，洪水吞噬了数以千计的村庄，上百万人被迫离开家园。② 这一年，在鲁苏豫皖交界地区，饥民成群结队，四处流徙进而发展为流民暴动。大涝之后紧接着又是大旱。1899 年，整个华北地区很少降雨，干旱一直持续到 1900 年春夏之交。持久而严重的干旱不仅威胁农民的生计，而且加剧了整个社会的焦虑和恐慌心理。于是谣言纷起，人们相信老天爷之所以不肯下雨，全是因为教会和洋人不拜中国神仙祖宗，蔑弃人伦，惹怒上天所致。义和团运动随即兴起。

义和团的组织来源及其流派非常复杂，与华北社会长久存在的秘密结社、乡村武装和拳术组织有着密切的关系，它们大体包括金钟罩（大刀会）、义和拳（梅花拳）、神拳、红拳等民间组织，它们在 18 世纪末即已成为秘密教门羽翼。拳会的教门特征在义和团运动初期就已形成，并且贯穿于运动的全过程。义和团运动兴起时，大刀会及红拳会，已经与坎、离卦教相融混；梅花拳则是先改名为义和拳，后来又改称“神助义和拳”，也与教门相结合；神拳以离卦教为依托，显然也具有教门特征。

义和团成员主要有两种：一种是流动的、具有特定信仰的教门分子，他们是运动中的骨干和核心；另一种是依附于土地的农民、富户，以守乡土、卫身家为己任，因此习练拳棒，占义和团成员的大多数。义和团的基本组织形式是坛，又称坛口、坛厂（场）、拳厂（场），每个坛口有十数人或数十人不等，有

---

① ［日］佐藤公彦著：《义和团的起源及其运动》，宋军等译，中国社会科学出版社 2007 年版，第 179 页。

② ［美］周锡瑞著：《义和团运动的起源》，张俊义、王栋译，江苏人民出版社 1994 年版，第 207 页。

些坛口后来联合起来，形成了总坛。义和团大都袭用了华北民间社会的崇拜仪式和传统武术硬气功的某些程式，形成了“刀枪不入”“画符吞朱”“降神附体”的神秘主义活动方式。

义和团运动1896年酝酿于鲁西南及其周边地区。这年6月，曹县、单县的大刀会因比邻的安徽砀山县天主教徒欺压平民，而开展反教会斗争，先后焚毁单县、丰县、砀山等县的十余处教堂。鲁西南大刀会的斗争突破了传统反洋教模式，开始直接同清军武装对抗。大刀会的组织形式成为后来义和团的重要构成部分，而其“刀枪不入”的法术和仪式受到参加者的欢迎，并由四处云游的武师传播到各地，对后来义和团运动的发展产生了深刻影响。不过，鲁西南的大刀会严格说来还只是一个超越村落界限的、多阶层人士参与的民间自卫组织，它的功能主要是为了应对省界地区日益增加的劫掠性行为，尽管它曾经一度以激烈的反教会活动而闻名，但它的斗争目标并不十分清晰，而有的大刀会变成了单纯的劫掠性团体，受到平民和教民的联合抵制。

义和团运动正式发端于直隶、山东交界处山东冠县北十八村与直隶威县东境沙柳寨等毗连地带。北十八村的梨园屯是天主教方济各会势力伸入的一个重点教民村，在这里，乡绅与教会头面人物斗争激烈。村里原有一片土地公产，上面建有一座玉皇庙，村中的教徒与平民围绕该庙的拆建和是否建立教堂问题，从1869年起持续斗争了20多年。教会方面因为地方官员的妥协和支持而占了上风。村民首领、红拳拳师阎书勤便到离梨园屯十几里远的威县沙柳寨，请求梅花拳首赵三多支援。1897年赵三多接受了邀请，并将梅花拳改名义和拳。1898年10月25日，赵三多举起“顺清灭洋”旗帜，宣布起义。赵三多的义和拳长期活动于直鲁交界、直隶南部与东南部地区，未能越出冀中往直隶更广阔的地区发展，它的组织形式也不如金钟罩、神拳那样有吸引力。

赵三多在冠县起义后，邻近的高唐、恩县、临清、茌平、平原、禹城一带的义和拳相继而起，遍设拳场。拳民在首领朱红灯、心诚和尚等人的领导下进行了多次反教会斗争。这些斗争遭到了清政府的镇压。11月初，在平原县森罗店，清军与朱红灯等率领的拳民激战，拳民先胜后败，朱红灯率众分路突围。在森罗店战斗前后，义和拳改名为义和团，后来被广泛使用。朱红灯转回茌平，与心诚和尚会商，以图再举。12月，朱红灯、心诚和尚先后被捕，不久即被杀害。

义和团在山东兴起时，曾先后提出“顺清灭洋”“助清灭洋”“兴清灭洋”等口号，最后又打出“扶清灭洋”的旗号，并逐渐被其他各地义和团所采用。“扶清灭洋”口号反映了当时帝国主义与中华民族的矛盾已经极端尖锐。这个口号虽然具有一定爱国主义性质，但是也使义和团放松了对清朝统治者的警惕，导致最后被统治阶级所利用。同时，“灭洋”也具有盲目性，给义和团的反帝斗争带来消极影响。

1900 年，由山东进入直隶的义和团，与当地义和团联合斗争，声势大振。首先波及的地区是直隶东南部。直隶是畿辅重地，同时也是教会、拳会活动很活跃的地区。义和团之所以在直隶地区迅速发展，重要原因之一是“由于德国人侵占了胶州湾”“洋人要瓜分中国”，当地民众的心中燃烧着“炽热的烈火”，认为“教会是洋人的先遣队”“是教会把洋人叫来的”①。所以，义和团将斗争的矛头直接对准教会，其反教范围之广、力度之烈都远远超过了兴起阶段的山东。

三、义和团运动高潮的形成

义和团运动前期，清政府主要采取了坚决镇压政策。但随着义和团运动的逐步扩大，清政府认识到非单纯的武力所能镇压，同时由于教会的横行不法、骄横跋扈，一些地方官员对此极为不满，也想借拳民之力来抵抗和限制教会的扩张。清政府对义和团的态度由坚决镇压改为防范查禁、逐步利用。

1898 年 6 月，山东巡抚张汝梅在镇压直鲁交界的义和拳时，曾派员前往秘密访查，并根据调查结果提出“化私会为公举，改拳勇为民团”的建议，认为可派地方官前去剀切劝谕，严密查禁。同时将“拳民列诸乡团之内，听其自卫身家，守望相助”②。1899 年 3 月，毓贤升任山东巡抚。毓贤在山东为官多年，在曹州知府、山东按察使任内，就曾经多次镇压大刀会和义和拳，并捕杀过多名拳会首领。不过，多年与教民、拳会打交道的经历使他明白，不法教民凌辱乡党，欺负平民，民众已经隐忍太久，如果地方官办理案件时，完全屈服于洋人压力，对反教民众不分青红皂白，一概剿杀，可能适得其反。他办理教案尽可能秉公讯断，对于教会的无理要求并不屈从，在镇压拳民起义时也采取惩首

① 转引自路遥主编：《义和拳运动起源探索》，山东大学出版社 1990 年版，第 246 页。

② 《山东巡抚张汝梅折》，故宫博物院明清档案部编：《义和团档案史料》（上），中华书局 1959 年版，第 15—16 页。

解从政策。毓贤持平办理的做法令西方列强十分不满，认为这是有意庇护“拳匪”，他们不断要求撤换毓贤。12 月初，清廷将毓贤调离，命令袁世凯署理山东巡抚。

在颁布袁世凯任命后不久，慈禧太后立端郡王载漪之子溥儁为大阿哥，准备取代光绪皇帝。各国公使拒绝入宫庆贺，这使得慈禧太后和载漪、刚毅等顽固派非常不满，产生了利用义和团的想法。当袁世凯率领武卫右军到达济南，准备对义和团进行严厉镇压时，清廷连发电旨，要求袁世凯遇有民教之案，应当“持平办理，不可徒恃兵力”①，这表明清廷的政策已经开始转变。此时，善于观察形势的袁世凯只得稍敛锋芒。最初数月，他在镇压义和团时有所节制，后来政治局势明朗后才大开杀戒。袁世凯的到来对义和团有很大的震慑力，不少拳民纷纷离开山东，进入直隶。

1900 年 1—5 月，义和团运动在直隶逐步走向高潮。1 月中旬，清廷发布上谕，指出有些拳会实际上是安分良民，他们学习技艺保卫身家，或者联络多村互保闾里，实际上是守望相助。上谕要求地方官办理教案，“只问其为匪与否，肇衅与否，不论其会不会、教不教也”②。4 月中旬，军机处在寄直隶总督裕禄的上谕中重申“止论其匪不匪，不必问其会不会”的原则。③ 这时清廷对付义和团的基本政策是：查禁攻打教堂和教民的拳会，以武力迫使其解散，如果抗拒不从就进行剿灭。对没有参与攻打教堂和教会的拳会则采取较为宽容的政策。实际上，对民间结社团体区别对待，是清廷平息内乱时一贯奉行的政策，并非专门针对义和团制定，不过清廷反复重申这一点，表明它对义和团的政策已有所松动。这种变化对于那些主张坚决镇压所有义和团的官员，具有一定牵制约束作用，客观上有利于直隶地区义和团运动的发展。

义和团由直隶东南部发展到中部后，以保定府属的新城县板家窝与白沟镇为中心所设立的团坛为标志，沿着两个方向发展：一路向东，顺大清河往静海、天津扩张；一路往北，沿定兴、涞水、涿州推进，并由此涌入北京。这样，在津、京、保一带就形成了一个新的斗争中心，义和团运动逐步发展到

① 《军机处寄署理山东巡抚袁世凯上谕》（光绪二十五年十一月二十四日），故宫博物院明清档案部编：《义和团档案史料》（上），中华书局 1959 年版，第 44 页。

② 《上谕》（光绪二十五年十二月十一日），故宫博物院明清档案部编：《义和团档案史料》（上），中华书局 1959 年版，第 56 页。

③ 《军机处寄直隶总督裕禄上谕》（光绪二十六年三月二十二日），故宫博物院明清档案部编：《义和团档案史料》（上），中华书局 1959 年版，第 82 页。

高潮。

4月后，保定城内的义和团越来越活跃，城内教堂不论天主教还是基督新教的，都被拳民付之一炬。在天津附近的静海县，5月前后出现了两支义和团，一支由曹福田统领，团众达数千人；一支由张德成统领，在独流镇建立“义和神坛天下第一坛”，后来发展到两万余人。义和团在直隶各县普遍设立坛口。5月下旬，义和团占领涿州，这是义和团占领的第一座城市。涿州位于顺天府南部，是卢保铁路出入顺保的咽喉之地。占领涿州后，义和团继续北上。为了阻止清军前来镇压，义和团将涿州到长辛店的铁路、车站、电杆焚毁。随后，义和团占领并焚毁丰台车站，逼近北京。义和团焚毁铁路车站的举动，引起清廷的恐慌，命令直隶总督裕禄派兵镇压。从5月底到6月中旬，义和团在卢保、京津铁路沿线继续与护路的清军展开斗争。

1900年春，北京城内已有义和团零星活动。4月底在东单附近出现了北京义和团的第一个坛口。5月，京城内外的义和团相互配合，参加者日渐踊跃，各类揭帖到处张贴，声称要焚毁教堂、使馆。当义和团势力越来越大时，西方列强认定单凭清廷的力量已经很难将义和团镇压下去，必须进行武装干涉。

在内乱难以平复，外患逼迫日急的局势下，刑部尚书兼顺天府尹赵舒翘等主张将义和团编入清军，用他们来抵抗外国侵略者。慈禧太后于6月派赵舒翘前往涿州，劝告义和团解散。赵舒翘经过实地考察后，觉得义和团人员混杂，战斗力不强，不足以用来抵抗侵略，但在揣摩慈禧太后的意愿后，并没有如实回复。随后，慈禧又派刚毅到涿州颁布上谕，要求义和团解散。但刚毅默许义和团合法存在，命令清军停止镇压，撤走正在与义和团作战的军队。在这种情况下，各地义和团纷纷涌入北京，6月下旬，北京已设立了1000多个坛口，团众达十万，并出现了王坛、公主坛等各类坛口，少数满族亲贵不仅迷信义和团的法术，而且图谋利用义和团来达到自己的政治目的。

1900年年初，天津城内就有义和团的活动。6月上旬，各地义和团纷纷涌入天津。义和团首领曹福田、王成德、张德成等先后在天津设立总坛口，林黑儿统领的红灯照也在天津活动。6月中旬，天津义和团焚毁了望海楼等八处教堂。天津义和团的坛口规模较大，战斗力也较强。

在直隶义和团运动的推动下，山西、河南、内蒙古和东北地区都出现了义和团的活动。

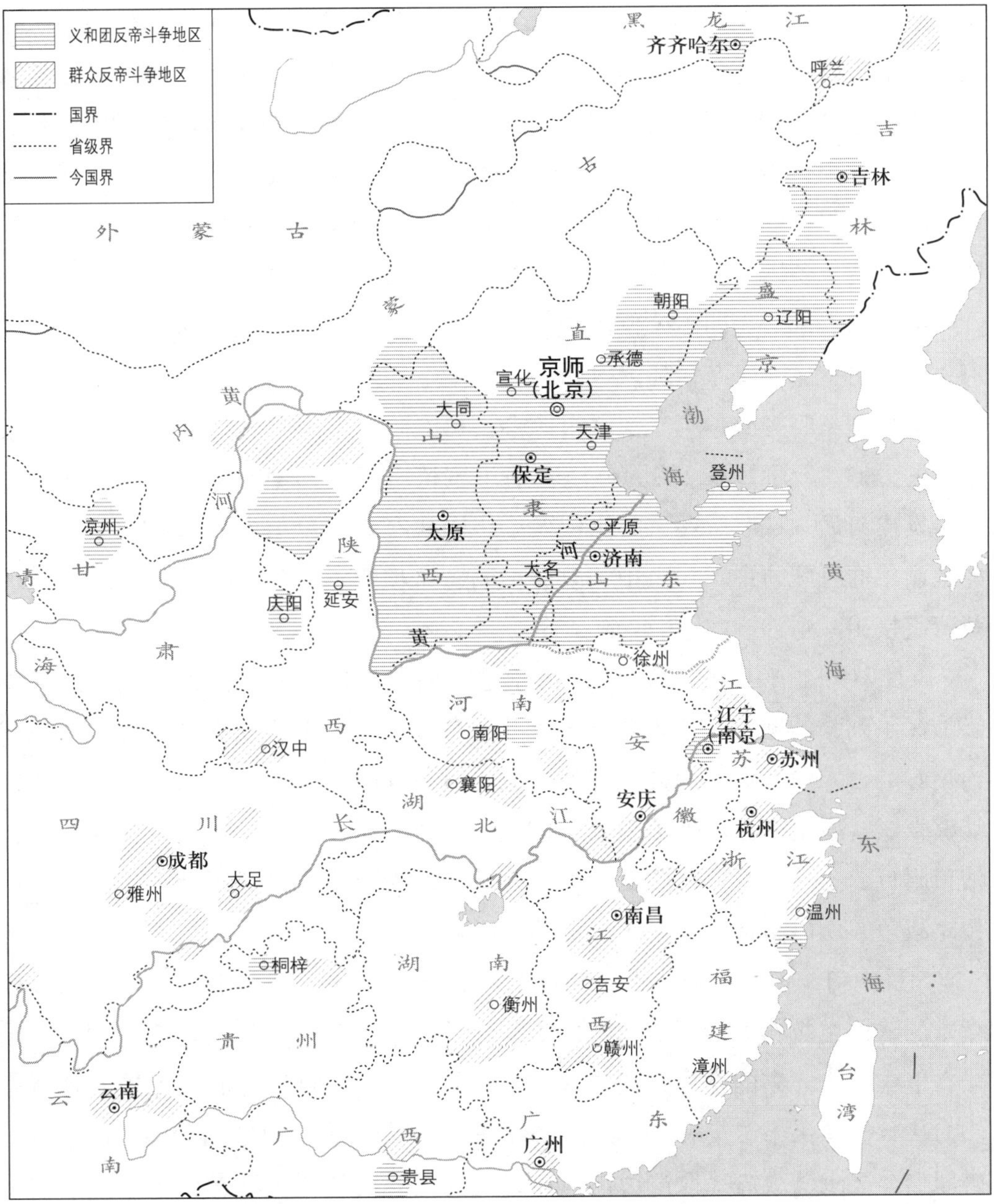

义和团及各地人民反帝斗争示意图

第五节　八国联军侵华

一、八国联军发动侵华战争与义和团的抗击

各国驻华公使密切关注清政府对待义和团的政策，也一直在施加压力，逼

迫清政府完全取缔义和团。1900 年 1 月初，清廷曾颁布上谕称：朝廷一直三令五申，地方官应当“随事随时认真保护”外国人，现在山东却发生了英国传教士被害的事件，朝廷对此深表惋惜，要求袁世凯将疏于防范的官员先行参处，同时规定期限，缉拿“凶犯”，维护中外关系。这个上谕似乎表明，清廷要采取切实措施保护在华外国人。随后，清廷又颁布上谕，要求地方官员对义和团要区别对待。各国驻华公使认为，后者推翻了前者，是暗中鼓励拳民活动。

英、法、德、美四国公使团于 1 月下旬向清政府发出联合照会，要求清政府发表一道上谕，宣布镇压义和拳和大刀会。3 月初，四国公使加上意大利公使，向总理衙门提交了第二次联合照会，再次要求中国政府在《京报》上发表禁拳的上谕。3 月上旬，英国公使窦纳乐主持召开五国使节会议，决定向中国政府发出最后一次联合照会，不但要求中国政府在《京报》上颁布取缔义和团的上谕，而且威胁说，如果中国政府不同意这项要求，各国公使将建议他们的政府直接出兵干涉，“代为剿平”。

3 月中旬，清廷颁布了任命前山东巡抚毓贤担任山西巡抚的上谕，这进一步加深了列强的疑虑。就清政府而言，任命毓贤担任山西巡抚是早在 1 月份就内定好的，并没有针对列强的特殊考虑。但是各国公使认为山东义和团之所以能够发展，就是因为得到了毓贤的同情和鼓励。4 月中旬，外国兵舰开始在大沽口附近云集。清政府对此虽然不安，但又认为列强此时还不至于对中国发动侵略战争，所以坚持不肯发布禁拳的上谕。

5 月中旬，担任各国驻华公使首席代表的西班牙公使葛洛干将北京西什库教堂的法国主教樊国梁写给法国公使毕盛的一封信转交给各国公使传阅。樊国梁在信中认为北京的局势已经非常严重和危险，并要求法国派兵保护西什库教堂。次日，葛洛干召集有 11 国使节参加的公使团开会，决定向中国政府提出联合照会，要求清政府采取严厉措施扑灭义和团。会议还决定，如果骚乱继续下去，或者五天之内清政府没有给出满意的答复，他们将采取进一步措施。5 月间，义和团在京津一带迅猛发展，越来越多的清军士兵开始同情并参加义和团。各国公使再次举行会议，一致决定调集卫队来京保护各国使馆，而在会议召集之前，法国公使已经在调集他的卫队。5 月底，英国、美国、意大利、俄国、法国和日本等国的卫队共 337 人抵达北京。6 月初，集中在大沽口外的各国军舰已有 24 艘，聚集在天津租界的侵略军也有 2000 多人。他们计划先武力夺取天津，然后再进军北京。

与此同时，为了阻止各国军队进犯北京，义和团开始大规模破坏京津一带的铁路、电线。

6 月初，英国海军中将西摩尔在大沽口外的军舰上召集法、德、意、俄、奥、美、日等国的高级海军军官举行会议，讨论了当时的局势，并决定在必要时采取一致的行动。随后，西摩尔率领俄、英、美、日、德、法、意、奥等八国军队 2000 多人，乘火车由天津向北京进发。

京津铁路沿线的义和团和清军董福祥部，沿途拆除铁轨，拦截联军。联军只得一边抢修铁路，一边向前艰难推进。当联军抵达廊坊时，这里的铁路已经破坏得很严重了。就在联军赶修铁路期间，几百名义和团成员向侵略者发起了攻击。他们有的手持大刀、长矛，有的拿着抬枪和步枪。① 连续两天，义和团坚持战斗，打死打伤联军近 40 人，将联军围困在杨村车站一带。在遭到阻击后，西摩尔联军准备返回杨村，打算在那里乘船由北运河前往北京。此时，联军开始两线作战，部分联军留守廊坊，西摩尔则率军退到落垡。

留守廊坊的联军遭到董福祥甘军和义和团的联合攻击，战斗进行得很激烈。廊坊战斗是改变联军进军方向的关键之战，由于清军的参战，联军受到沉重的打击。西摩尔看到从水陆两路都无法进军北京，于是率部沿北运河向天津撤退，沿途所经过的每一个村庄都遭到义和团的袭击，直到 6 月下旬，西摩尔联军才被租界的援军接回天津租界。在这场阻击战中，义和团和清军共打死侵略军 62 人，打伤 228 人②，阻止了西摩尔联军进犯北京的计划。

二、清政府和战难决与“宣战”诏书

外国使馆卫队进京及其所引发的一系列事件，使得清政府与列强的关系急剧紧张，而西摩尔联军的行动更让清廷坐卧不安。在事关国家存亡的危急时刻，清廷内部分成了主和、主战两派。

主和者多是在义和团问题上坚决主剿的官员，朝臣中的许景澄、徐用仪、袁昶、联元、王文韶等，地方督抚中的李鸿章、刘坤一、张之洞等都坚决反对与列强开战。

主和派的意见遭到以载漪为首的后党顽固派的反对。而这一派的核心人物

① ［英］璧阁衔著：《在华一年记》（节译），许逸凡译，天津社会科学院历史研究所编：《八国联军在天津》，齐鲁书社 1980 年版，第 231 页。

② 胡滨译：《英国蓝皮书有关义和团运动资料选译》，中华书局 1980 年版，第 57—58 页。

是协办大学士、军机大臣刚毅，支持者有大学士徐桐、礼部尚书启秀、户部尚书崇绮等人，此外还有庄亲王载勋，载漪的兄弟载濂、载澜等人。在他们看来，最大的问题是废帝立储。他们对于列强的反复阻挠怀恨在心，希望利用义和团的排外行动来报复列强，趁混乱之际实现自己的政治图谋。

6月上旬，清政府任命载漪管理总理衙门，礼部尚书启秀、工部尚书溥兴、内阁学士兼礼部侍郎衔那桐在总理衙门大臣上行走。[①] 随后两天，义和团大举进入北京。因各地焚杀案件层出不穷，清廷为了控制局势，发布上谕，表示要对义和团严加惩办，不容姑息。6月中旬，刚毅自涿州返回良乡时，当地拳民已经不敢练拳，刚毅却怂恿他们说“上谕不要紧”[②]。刚毅回京后，又极言团民义勇可恃，并带领团首拜见载漪，载漪每天与团首计议，以为可以借助义和团将洋人一网打尽，“于是焚教堂、杀教民，无日无之”[③]。这些行为不仅使整个北京城陷入恐慌之中，而且也给列强进一步扩大侵略行动提供了借口。

在主战还是主和的选择上，慈禧太后一直处于摇摆不定的状态。但是不久，传来一份以西人名义写的假照会。[④] 不仅要求慈禧太后归政光绪帝，而且要由列强掌管中国的兵马钱粮。于是慈禧在御前会议上说，亡国就在眼前，如果不战而亡，她死后也无颜见列祖列宗，和是亡国，战也可能亡国，与其如此，不如决死一战。

6月21日，清廷发布“宣战”诏书，历数洋人和传教士的种种侵略罪行，表示要与列强一决雌雄。但是“宣战”诏书并未送达任何外国政府。

三、京津沦陷与清廷仓皇出走

6月中旬，联军舰队向大沽炮台清军守将罗荣光发出最后通牒，限定于次日凌晨两点交出炮台。罗荣光严词拒绝，命令各炮台做好战斗准备，并派人赴天津向直隶总督裕禄汇报情况，请求援助。6月17日凌晨，驻守大沽的清军率先开炮，轰击联军舰只。由于敌我力量悬殊，再加上裕禄拒派援军，大沽炮台

---

① 《著端郡王载漪管理总理各国事务衙门等事上谕》，中国第一历史档案馆编辑部编：《义和团档案史料续编》（上），中华书局1990年版，第596页。

② 中国社会科学院近代史研究所近代史资料编辑室编：《庚子记事》，中华书局1978年版，第145页。

③ 中国社会科学院近代史研究所近代史资料编辑室编：《庚子记事》，中华书局1978年版，第80页。

④ 是否存在假照会，学者间有不同的认识。

失陷。在这次战斗中，清军战死 90 人，负伤 1000 余人，联军死伤 200 余名。联军登陆后，分兵在周边展开行动，随后向天津进犯。

联军攻占大沽炮台的消息传到天津，租界内各国领事派出部队，进攻租界隔河相望的武备学堂。联军多处点火，引起学堂的军火库爆炸，学堂化为灰烬，五六十名学员战死。[①] 闻讯增援的清军开始向紫竹林租界轰击，义和团也在各处助战。这是天津驻军参加抗击八国联军的开始，也是他们由镇压义和团到与团民并肩抗敌的转折点。

直隶总督裕禄过于自信，以为紫竹林指日可下，命令聂士成分兵一部去消灭逃到天津附近的西摩尔联军。清军分兵后，进攻紫竹林的战斗陷入僵持状态，租界敌军开始固守待援。

6 月下旬，2000 余名俄国军队首先冲出紫竹林租界，从西面进攻清军兵工厂东局子，遭到清军迎击，英、美、日等国军队 800 余人前往增援。在双方激战时，天津城内数千名义和团众也赶来增援。东局子的弹药库被敌击中，起火爆炸，敌军乘势攻入，东局子失守。正在此时，张德成率领“天下第一团”约 5000 人到达天津，马玉崑率武卫左军先头部队 5000 余人也赶到天津，清军得以稳住阵脚。

侵略军集中兵力在租界以南和以西进行反扑，攻破聂士成部多处阵地，清军伤亡惨重，聂士成壮烈牺牲。为了扭转战局，马玉崑部对老龙头发动猛烈攻击，力求占领车站，切断租界与大沽之间的联系。经过数小时激战，打死打伤敌军 150 人，但没能占领车站。

7 月中旬，天津的联军总兵已达 17000 余名。[②] 1500 名美军也到达天津。敌我双方力量的对比已经发生了改变，联军由防守转入大举进攻。7 月 14 日晨，天津陷落。

联军占领天津后，除了进行疯狂的屠杀和抢掠外，各国还达成协议，成立“天津城临时政府”，临时政府的中文名称确定为“都统衙门”[③]，八国联军开始了对天津长达两年之久的殖民统治。

在北京，西摩尔联军出发的消息助长了使馆里外国人的气焰，使馆人员和卫

---

① ［英］G. 吉普斯著：《华北作战记》（节译），许逸凡译，天津社会科学院历史研究所编：《八国联军在天津》，齐鲁书社 1980 年版，第 26 页。

② 李德征、苏位智、刘天路编：《八国联军侵华史》，山东大学出版社 1990 年版，第 146 页。

③ 倪瑞英等编译：《八国联军占领实录：天津临时政府会议记录》（上），天津社会科学出版社 2004 年版，第 14 页。

队开始在北京街头肆意抓捕、枪杀义和团和民众。侵略者的暴行激起了义愤，义和团开始在京焚烧教堂和洋货店、西药店、医院，捕杀教民。数千名愤怒的义和团和民众聚集在使馆周围，对使馆的哨兵发动了几次攻击，但被击退。

在“宣战”上谕发布的同时，清廷要求各省督抚将拳民召集成团，以御外侮，放弃以前实行的攻剿拳民政策。第二天，清廷命令户部拨粳米二百石，分发义和团食用。随后，清廷发布上谕，命令庄亲王载勋、协办大学士刚毅统帅义和团，英年和载澜会同办理。载勋等在庄王府设立总坛，将在京的团坛分为东、南、西、北、中五镇，由义和团王大臣等统领，并制定《团规》，希望对义和团严加约束，凡属违反团规者，就是“假团”，按照“匪徒”论处，格杀勿论。①

清政府“宣战”之后，主战派的气焰高涨，主和派官员许景澄、袁昶、徐用仪、立山、联元先后被杀，罪名是勾结洋人，莠言乱政。

8 月初，大约两万名联军分两路从天津出发，进军北京。

8 月 14 日，慈禧太后决定出京“暂避”。第二天清晨，慈禧携光绪皇帝及王公大臣十余人、兵勇千余名，仓皇离开北京，饿着肚子一路奔逃，傍晚才抵达昌平贯市。此后，慈禧太后一路逃抵山西太原，逗留半个多月后，继续西行，10 月下旬抵达西安。

北京正阳门被八国联军炮弹击坏

采自山本诚阳：《北清事变写真帖》，东京，1901 年，第 34 页。

① 陈振江、程歗编著：《义和团文献辑注与研究》，天津人民出版社 1985 年版，第 167 页。

8月15日，北京陷落。联军占领北京后，对义和团和民众开始进行残暴的屠杀，北京城内横尸遍地，“人皆踏尸而行”①。联军先是特许“公开抢劫”三天，紧接着自由随意地“私人抢劫”②，前后长达八天。为了协调各国的侵略利益，联军决定对北京实行分区占领。

八国联军统帅瓦德西在紫禁城前检阅通过皇宫的联军部队

采自 L. Giles, *The Siege of the Peking Legations: A Diary*, Perth: University of Western Australia Press 1970, pp. 136-137.

八国联军用机枪扫射，北京市民伏尸在地

采自 A. H. Savage-Landor, *China and the Allies*, London, 1901, p. 224.

---

① 中国社会科学院近代史研究所近代史资料编辑室编：《庚子记事》，中华书局1978年版，第95页。

② 王光祈译：《瓦德西拳乱笔记》，台北文海出版社1972年版，第65页。

四、联军扩大侵华战争与俄国侵略东北

9 月下旬，在联军统帅瓦德西的策划下，各国舰队司令开会决定占领山海关和秦皇岛。9 月底，英舰“侏儒号”占领山海关，10 月初，法国和意大利的军队占领秦皇岛。

京津陷落后，大批义和团撤退到保定一带。瓦德西认为，进攻保定既可以打击义和团，又能给逃亡的清皇室施加压力，为外交谈判创造有利条件。

10 月中旬，德、法、英、意四国联军一万余人，组成远征队，分别从天津和北京出发，向保定进军。联军出发前将此次行动通知了李鸿章。李鸿章为了顺利议和，要求直隶布政使护理直隶总督廷雍严令所属官兵不准挑衅，并将提督吕本元所部调往河间府去攻打义和团，为联军的到来清空道路。从天津出发的法国军队最先到达保定，顺利占据保定城城垣和车站。后续联军占领总督府，控制藩署司库，抢劫库银 16 万余两。联军占领保定后，大肆搜捕、屠杀拳民，城关各空旷处均成屠场。11 月初，联军以支持纵容义和团等罪名，将廷雍等三名中国官员枭首示众。

在南下侵犯保定的同时，联军还出兵攻打山西。10 月底，英、法、德进攻紫荆关，清军经 4 小时激战，力不能支，紫荆关失守。

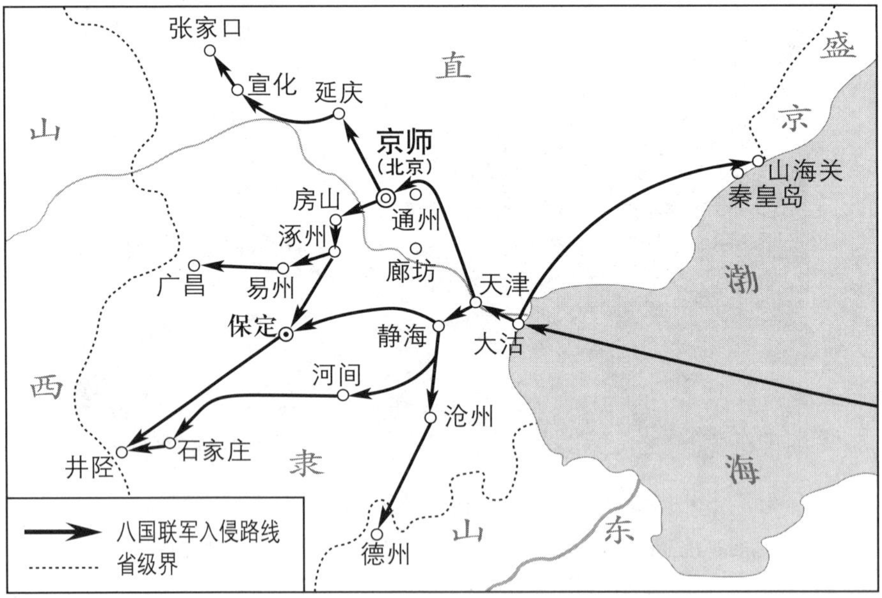

八国联军侵华路线示意图

在沙俄看来，中国东北战场的战略意义要远远高于直隶战场。截至 1900 年 6 月底，沙俄的远东部队共有 11 万余人，其中用于直隶战场的只有 9000 余人，

准备用于东北战场的则有10万余人。

东北地区也有义和团活动，先是在临近山东、直隶两省的营口、锦州、朝阳等地兴起，到6月份已逐步蔓延到整个东三省。

当东北义和团运动发展到高潮时，沙俄认为这是乘乱侵占中国东北的好时机，它以保护中东铁路为名找到了出兵的借口。7月上旬俄国向全国发出进犯中国的总动员，沙皇尼古拉二世自任总司令，陆军大臣库罗巴特金任参谋长。7月下旬，俄军分兵多路从不同方向进犯中国东北。到10月初俄军占领盛京，东北三省全部沦陷。

俄国为了使军事占领合法化，诱逼盛京将军增祺派员与俄国代表于11月上旬草签《奉天交地暂且章程》①，根据这个章程的内容，中国在东北地区的主权完全丧失。

沙俄在侵略中国东北的过程中，还制造了骇人听闻的海兰泡和江东六十四屯惨案。

海兰泡位于黑龙江省瑷珲县黑河镇对岸，是中国居民世代居住的村镇，俄国侵占黑龙江左岸后，改名为布拉戈维申斯克，但居民多为中国人。7月中旬，俄国军警将海兰泡的中国人关押到警察署，第二天将5000余名中国人驱赶到黑龙江边，强逼他们泅水过江。当时江面宽度在200余米，水深在4米以上，“江流急湍，狂风呼啸”，跳进江水的人很快沉溺，后面的人不敢下水，侵略者就用皮鞭抽、用斧子砍，并开枪射击，时间长达半小时，岸上的尸体“堆积如山”。最后，侥幸过江的中国人不足百人。7月下旬，俄军又先后以同样的方法残杀200余人。②

与此同时，俄国侵略者在江东六十四屯也进行了惨绝人寰的大屠杀。江东六十四屯位于黑龙江左岸，根据1858年的中俄《瑷珲条约》，江东六十四屯归中国管辖。俄国一直企图占领这块地方，不断强行向这里移民。从7月中旬，俄军在江东六十四屯以武力驱赶中国人过江，将来不及过江的居民聚在一起，活活烧死。被俄军枪杀、烧死和溺水身亡的中国居民达2000余人。8月中旬，俄军宣布占领江东六十四屯。

---

① 《阿提督给增祺的复照》，辽宁省档案馆、辽宁社会科学院历史研究所选编：《东北义和团档案史料》，辽宁人民出版社1981年版，第43页。

② ［美］乔治·亚历山大·伦森著：《俄中战争——义和团运动时期沙俄侵占中国东北的战争》，陈芳芝译，商务印书馆1982年版，第66—67页。

五、“东南互保”

清廷对外“宣战”前夕，局势已经非常紧张，北京对外的电报通信被阻隔。当时，无论是清廷中枢还是地方督抚，以及外国列强，所有的文电都要经过上海转递。消息既然经过上海，上海又是南洋大臣、两江总督的管辖之地，所以地方督抚中刘坤一自然最先获得消息。时任大理寺少卿兼理中国电报局总办的盛宣怀驻在上海，盛宣怀长期为清政府经办洋务，办事精明，消息灵通，不仅在内廷大臣中颇有人脉，而且与东南督抚关系密切。盛宣怀将重要消息都分别电告李鸿章、刘坤一、张之洞三人。

早在清廷发布上谕，宣布教民拳民都是“国家赤子”，朝廷一视同仁的时候，刘坤一致电总理衙门，认为义和团就是叛乱，应当迅速剿灭，现在大沽口各国军舰云集，“万一出而干预，大局何以支持”①。盛宣怀也曾分别致函协办大学士王文韶和军机大臣荣禄，告以中国当时的国力即使与一个大国作战也很难取胜，更何况是与多个大国为敌，希望他们能够利用参与决策的时机，挽回局面。清廷发布“宣战”诏书两天后，刘坤一、张之洞、王之春、盛宣怀仍然联合电奏，希望朝廷改弦易辙，向各国外交部说明中国并没有“助拳拒洋”，同时派兵保护使馆，劝阻洋人不要再增兵。②

刘坤一、张之洞等东南地方大员竭力主张剿灭义和团，主要是基于其地主阶级的立场，对农民反抗有着天然的仇视。同时，他们意识到清政府想依靠义和团对抗列强的想法不切合实际。刘、张都是洋务派领袖，也是地方实力派的中坚人物，盛宣怀则是总揽后期洋务事业的官僚，与东南地方官绅有非常密切的利益联系，这些人的事业和根基在此。他们担心义和团一旦蔓延到自己管辖的地区，外国军舰大批从长江口开进来，局面难以收拾，所以对内主剿，对外主和。对于列强来说，它们的眼光当然不只是盯着华北地区，为了维护各自的在华利益，列强对中国南方的局势同样非常关注。英国在华投资多，贸易量大，势力范围主要在长江流域，所以英国对于长江沿岸各省可能出现动乱的前景十分担忧。英国驻华公使窦纳乐被困在北京，与外界联系基本被隔绝，所以由英国驻上海代总领事霍必澜负责处理中国南方事务，其权责接近于公使。霍

① 《两江总督刘坤一致总理各国事务衙门电报》（光绪二十六年五月十二日），故宫博物院明清档案部编：《义和团档案史料》（上），中华书局 1959 年版，第 121 页。

② 《两江总督刘坤一等致总理各国事务衙门电报》（光绪二十六年五月二十七日），故宫博物院明清档案部编：《义和团档案史料》（上），中华书局 1959 年版，第 179 页。

必澜致电英国外交大臣，认为局势严峻，英国必须迅速采取行动，如果准备同北京断交，就应当立即与张之洞和刘坤一两位总督达成谅解，只要他们尽力维护和平，就能得到英国政府的有效支持。6 月中旬，南京和汉口的英国领事分别求见刘坤一和张之洞，口头转达英国政府的意见，如果发生骚乱，英国将派海军进入长江，帮助进行弹压。刘、张二人拒绝英国派海军进入长江的意见，表示他们自己有能力维持地方稳定，可以承担保护之责，保障洋人和传教士的安全。刘坤一和张之洞还分别通知中国驻外使臣，让他们向各国政府说明南方督抚的安全保证，以避免各国派军舰进入长江。至于上海方面的各国领事，则由上海道余联沅向他们转达告知。

盛宣怀等人开始酝酿与外国直接订立条约，以确保东南地方免于战火。参加者有沈瑜庆、汤寿潜、蔡钧、沈曾植、余联沅、福开森、汪康年、赵凤昌等。6 月 23 日，他们议定办法，由盛宣怀分别致电刘坤一、张之洞，建议派上海道余联沅与各国领事订约，上海租界归各国保护，长江内地归督抚保护，两不相扰。刘坤一、张之洞斟酌商量后，分别派代表赴上海商谈。

6 月下旬，盛宣怀、余联沅等与各国上海领事举行会议，会上余联沅出示了已经拟订好的《东南保护约款》，共九条，主要内容是：上海租界归各国共同保护，长江及苏杭内地归各督抚保护，两不相扰；南洋大臣刘坤一、湖广总督张之洞移文告知各省督抚，请他们也一体保护洋人的性命和产业；中国自己的兵力维持长江内地的稳定，各个口岸现有各国的军舰可以照常停泊，只是士兵水手不可上岸；如果各国不与中国督抚商议，就增派军舰进入长江，因此引发事端，伤害洋商和教士的性命产业，中国不会同意赔偿；各国军舰不可在吴淞口及长江沿岸各炮台停泊，也不准在炮台附近操练；洋人教士不得进入偏僻和无法提供保护的地方游历。① 各国领事对这份仓促拟订的文件并不满意，决定日后再议。

从 6 月底到 7 月中旬，双方除了正式商谈外，函电公文往返频繁，尽管各国领事同意约款的基本精神，并且还以照会的形式说明，只要总督们履行保护的承诺，各国将不会派兵在长江一带展开军事行动，但始终没有正式签字。这其中除了列强内部的矛盾外，主要是列强不希望因此限制了自己的行动自由。

东南互保的约款虽然没有正式签字，但也获得了列强的认可。刘坤一、张

---

① 朱寿朋编：《光绪朝东华录》，张静庐等校点，中华书局 1958 年版，第 4522—4523 页。

之洞积极联络各省督抚，将互保的范围扩大到整个东南地区，四川、陕西、山东事实上也执行了互保的原则。东南互保的实施将战争主要限制在直隶地区，使中国东南部广大地区免受战火的蹂躏，保住了这片财赋之区。不过，这种奇特的局部地区和平，实际上是以保护列强在华利益为前提和代价的，主动权完全掌握在列强手中。从对外战争的角度看，尽管东南督抚在筹划互保时一直声称是以存宗庙社稷为念，以保全两宫为目的，但实际上东南督抚们对待清政府的宣战诏令或虚与委蛇，或决不奉诏，已经暴露了内部分裂的事实。

六、《辛丑条约》签订与半殖民地半封建社会最终形成

9 月初，慈禧太后在逃往西安的途中发布上谕，命令地方官员对义和团“痛加铲除”。此后，在清军和八国联军的联合打击下，义和团运动最终失败。

8 月下旬，清廷授予庆亲王奕劻“便宜行事”的全权，命令他赶快回京，负责与各国议和，同时命令李鸿章迅速到京，会同奕劻一起办理。

9 月初，德国外交副大臣致电德国驻华公使穆默，提出了议和的七项条件，穆默在回电中除了对国际共管财政这一条有所保留外，其他都同意。有公使克林德被杀作借口，德国的态度特别强横，条件特别苛刻，要求中国一定要赔罪，要惩办所谓“祸首”。德国在给各国的照会中反复强调，必须找出“最初的和真正的唆使人”，并要求各国政府训令他们的公使提出名单。按照德国的标准，第一“祸首”当然就是慈禧太后。德国的主张遭到英、美、日等国家反对，在后者看来“惩办皇太后是绝对不可能的”，因为这将导致中国的解体，不符合列强的利益。在各国的反对下，德国只能将“祸首”锁定为几个相对次要的人物。

10 月初，法国以最后通牒的形式向各国递交备忘录，正式提出六项议和条件：惩办“祸首”，禁止中国进口军火，赔款，在北京建立永久的使馆卫队，拆毁大沽炮台，在津沽之间军事占领两三个地方。法国政府的方案引起各国政府的重视，10 月上旬部分在京的使节开会讨论法国的建议。

10 月中旬，法国政府提交新的备忘录，指出既然各国都支持法国方案中所提出的原则，那么各国所提出的问题可以由各国之间或他们驻北京的公使进行讨论，并对原来的方案进行必要修改。10 月下旬起，出兵中国的八个国家加上使馆受到攻击的西班牙、荷兰和比利时的代表开始召开外交团会议，经过反复的讨论，最终达成协议。12 月 24 日，各国公使将议和大纲以联合照会的形式正式提交给清政府，照会强调这份议和大纲中国政府只能接受，不能更改，直

到列强表示满意之前，不能指望各国撤军。

议和大纲共十二条，只是一个框架性的文件，很快得到了清政府的批准。慈禧发布批准议和大纲的上谕说："今兹议约，不侵我主权，不割我土地。念列邦之见谅，疾愚暴之无知。事后追思，惭愤交集。"此后八个月进入漫长的细节谈判阶段。不过谈判不是在清政府的全权大臣同各国公使之间进行，而是在各国公使内部进行，所谓的公使会议实际上就是列强之间的分赃会议。在议和的整个阶段，奕劻和李鸿章尽管与各国进行了不少交涉，力争在具体问题上为中国减少一些损失，但他们根本无法主导谈判，只不过是在消极等待列强的最后方案而已。各国之间围绕"惩凶"和赔款等问题反复进行磋商，最终于1901年8月中旬达成一致意见，随后由公使团的首席公使将没有签字的议和总结条款备文交给奕劻和李鸿章，并表示只有清政府颁布停止科举、惩处外省官员和禁运军火的谕旨，各国公使才会同意签字。清廷很快答应了各国的要求。

1901年9月7日，奕劻和李鸿章代表清朝政府与俄、英、美、日、德、法、意、奥、西、比、荷等11个国家的公使正式在条约上签字，因为1901年为农历辛丑年，所以和约的中文名称为《辛丑各国和约》，一般称为《辛丑条约》。《辛丑条约》有正约12款，还有19个附件。主要内容是：

（一）派遣醇亲王载沣为专使，赴德国道歉，在克林德被杀的地方竖立纪念碑，建立底座占满整个街道的牌坊一座。派遣户部侍郎那桐赴日本，就杉山彬被杀一事表示道歉。惩办首祸诸臣：处死、流放和监禁曾经赞成义和团的宗室大臣和各级官员，总数达百余人。

（二）永远禁止中国人民成立或加入所谓排外的团体组织，"违者皆斩"，各地官员必须迅速镇压各种伤害外国人和违反条约的活动，否则"即行革职，永不叙用"。凡是发生过外国人"被害受虐"的城镇，一律停止科举考试五年。

（三）清政府向各国赔款白银4.5亿两，以关税、盐税和常关税作担保，分39年付清，年息4厘，本息共达9.8亿多两。除了条约内的赔款外，还有部分没有包括在上述款项之类的地方教案赔款，加上汇率损失，清政府实际赔款总数在10亿两以上。各国所得赔款，以俄国和德国最多，几乎占到总数的一半。①

---

① ［美］马士著：《中华帝国对外关系史》第3卷，张汇文等合译，商务印书馆1960年版，第377页。

（四）列强在北京设立“使馆区”，有权在使馆区驻扎军队，使馆区内不准中国人居住。拆毁大沽口以及从北京到大沽海口的所有炮台，列强可以在黄村、廊坊、杨村、天津、军粮城、塘沽、芦台、唐山、滦州、昌黎、秦皇岛、山海关等地派驻军队。

（五）两年内不准将军火及制造军火的各种器材运进中国境内。

（六）两年之内，以上谕形式将上述承办事项布告于各府厅州县。

《辛丑条约》的签订是帝国主义列强强加给中国人民的沉重枷锁，是中华民族的巨大耻辱。道歉和“惩凶”具有强烈的政治象征意义，由清朝官方在京城之内为侵略者修建纪念碑和巨大的牌坊，同时对支持义和团的大臣和各级官员给予最严厉的惩罚，强令各级官员镇压人民反抗侵略的行动，所有这一切都是列强企图从心理上彻底摧毁中国人民的抵抗意志，让清政府的各级官员成为侵略者的驯服工具。史无前例的巨额赔款既是列强对中国的可耻掠夺，也为列强长期控制中国的经济和财政提供了条件。列强不惜违反国际法，以条约形式规定各国在使馆驻军，外国公使可以乘轿直入紫禁城，公使团从此成为清廷的太上皇。为了方便干预中国政治，列强逼迫清政府调整政府机构，将外务部置于六部之前。当然，列强为了自己的利益，并不打算废弃清政府，也没有直接占领瓜分中国，而是以所谓“保全”中国的名义保留了清政府。正因如此，清政府在接到列强的议和条款后，非但不痛心，居然还感恩涕零，表示要“量中华之物力，结与国之欢心”，这表明清政府已被帝国主义列强征服，已沦为“洋人的朝廷”。中国的主权极大丧失，中国半殖民地半封建社会最终形成。《辛丑条约》是自《南京条约》签订以来中国社会“沉沦”到“谷底”的标志。

义和团运动是中国人民自发的反帝爱国运动，表现了中国人民不畏强暴、不甘任人宰割的顽强精神，在中国近代史上具有积极的意义。义和团运动表明，在半殖民地半封建的中国，广大农民不但是同封建势力斗争的强大力量，而且是同帝国主义斗争的强大力量。在反抗八国联军侵略的战争中，义和团和清军官兵同敌人浴血奋战，拼死抵抗，打击了帝国主义侵略势力，在中华民族反抗外来侵略的历史上写下了值得永远铭记的篇章。

义和团运动虽然失败了，但它打碎了帝国主义瓜分中国的迷梦。义和团运动前，有的帝国主义分子就叫嚣，只要有一万名新式装备的军队，就可以横行中国。但义和团的顽强斗争，狠狠教训了这些狂妄的侵略者。八国联军统帅瓦

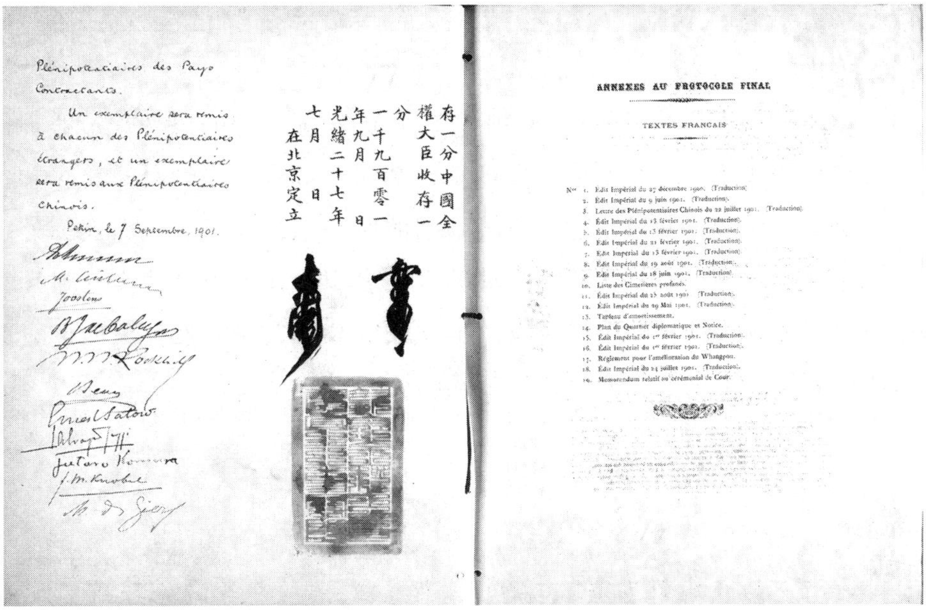

《辛丑条约》签字页

原藏英国国家档案馆，档案号 FO 93/23/20（17），采自张海鹏、翟金懿著《简明中国近代史读本》，中国社会科学出版社 2018 年版，彩插页。

德西感慨说，中国人民“含有无限蓬勃的生气”，“无论欧、美、日本各国，皆无此脑力与兵力，可以统治此天下生灵四分之一”，所谓“瓜分一事，实为下策！”①

义和团运动激励了中国人民的反帝反封建斗争。1901 年，留日学生的杂志《开智录》发表《义和团有功于中国说》，认为“义和团此举，实为中国民气之代表，排外之先声”，震惊了世界，“有此数功，则我国民精神可从此振刷矣”。② 义和团运动后，中国人民反对帝国主义侵略、掠夺的斗争更加激烈和鲜明，一直到最终取得胜利。

义和团运动也对清政府的腐朽统治造成了严重冲击。清政府对帝国主义的妥协，并和帝国主义共同镇压义和团，订立了丧权辱国的《辛丑条约》，更加暴露了它的反动本质，促进了中国人民的觉醒。义和团运动后，从 1901 年起，清政府不得不宣布实行“维新”，使清朝统治集团的内部矛盾进一步激化，原

① ［日］佐原笃介：《八国联军志》，中国史学会编：《中国近代史资料丛刊·义和团》第 3 册，上海人民出版社 1957 年版，第 244 页。

② 《义和团有功于中国说》，张枬、王忍之编：《辛亥革命前十年间时论选集》第一卷（上），生活·读书·新知三联书店 1960 年版，第 62 页。

先的改良派也发生了分化，资产阶级革命派的力量进一步壮大，资产阶级民主革命的步伐进一步加快。

但义和团运动也存在着很大的局限性。它提不出正确的口号，不能进行统一的、有组织的战斗，具有严重的盲目排外倾向，带有浓厚的封建蒙昧和迷信色彩。特别是在后期，为封建统治阶级顽固派所利用，其行为反而成为外国侵略者武装干涉中国的口实。义和团运动的失败表明，在半殖民地半封建社会的中国，没有先进阶级领导的单纯自发的群众反帝斗争，是必然要失败的；单靠农民阶级的力量，不可能完成反帝反封建的历史任务。

思考题：

1. 怎样理解戊戌维新运动发生的历史背景？
2. 戊戌维新运动中守旧派和维新派论战的主要问题是什么？
3. 简述戊戌维新运动失败的原因。
4. 评述“东南互保”的出现及其影响。
5. 简述《辛丑条约》的主要内容及其后果。

▶ 拓展阅读

第六章　辛亥革命与中华民国南京临时政府的建立

《辛丑条约》签订后，民族危机空前严重，中国社会的各种矛盾更加尖锐。清朝统治者面对社会各阶层呼吁变革的压力，推出了诸如改革军制、振兴商务、废除科举等所谓“新政”，但没有改变其封建专制统治的本质和拒绝根本改革的一贯立场。为挽救民族危亡，以孙中山为代表的资产阶级革命派发动辛亥革命，推翻帝制，建立了中华民国。但由于当时资产阶级的软弱性和妥协性，辛亥革命并未彻底推翻帝国主义和封建主义的统治。中国人民反帝反封建的革命斗争将进入新的阶段。

第一节　20 世纪初的中国社会

一、帝国主义侵华新态势

义和团运动沉重地打击了西方列强，使他们不得不承认“瓜分之说，不啻梦呓”。然而，列强的对华侵略并未停止，彼此间因分赃不均而引发的矛盾也进一步尖锐化。

1900 年，沙俄借八国联军侵华之机出兵东北，使日本、英国感到不安；英国想独占长江流域，其他列强则提出应“万国公开”；法国进据云南和日本企图占领福建，也是英国极不愿意看到的；德国想扩充山东地盘，不仅使日本感到“危险万分”，也引起英、美的不满。美国则举着“门户开放”的旗帜，在“利益均沾”名义下，扩大在华利益。在这种情况下，没有一个国家能够独霸中国，列强被迫改变“瓜分”政策，转而实行“保全”政策。其实质是在所谓“尊重中国主权”“保全中国领土”的名义下，通过控制清政府来扩大在华权益。当时，许多爱国人士深刻地揭露这一政策实为“无形之瓜分”。他们一针见血地指出：“无形之瓜分，更惨于有形之瓜分，而外人遂亡我四万万同胞于此保全领土、开放门户政策之下。”①

在“保全”的名义下，帝国主义列强进一步加剧了对中国的侵略。他们在

① 佚名：《论中国之前途及国民应尽之责任》，《湖北学生界》1903 年第 3 期。

加大对华商品输出的同时，还进一步扩大了对铁路、矿山的投资，疯狂侵夺中国路矿权利。

列强通过与清政府签订的借款筑路合同，不仅夺取了铁路的经营管理权，还取得了铁路沿线森林的砍伐权、矿山开采权和邮电经营权，甚至还可以在铁路沿线设置警察和派驻军队。铁路成为他们扩大侵略权益的重要途径。

矿山开采方面，20 世纪初，各国纷纷扩大对中国矿产的投资。从 1900—1911 年，列强通过各种方式，与清政府或地方官员签订了一批掠夺中国矿权的条约、协定、合同，取得了在华的采矿权。日本夺取了抚顺、烟台煤矿的开采权。1900 年，八国联军侵占开平煤矿，英国诱骗开平总办私签合同，将开平矿卖给了英商。1907 年，清政府设官督商办的滦州煤矿，力图与英人控制的开平矿竞争。开平矿减价倾轧，滦州煤矿终因股本不足，难以抵挡，不得不谋求与对方合并。1912 年 1 月，开平、滦州两矿签订联合办理合同，但实际控制权掌握在英人手中。

1902—1903 年，英、美、日、葡萄牙等国先后通过商约修订谈判，迫使清政府签订了新的商约，进一步扩大了列强在中国的侵略权益，包括：扩大内河航行范围，海轮可直接行驶中国内河；修改矿务章程，允许外资来华开矿；保护外国人在中国的商标、专利、版权；扩大通商口岸，新增条约口岸江门、长沙；开放东北奉天、大东沟、安东口岸，但通商章程由中外会定。这一切为列强扩大在华经济利益提供了便利条件。

帝国主义为了争夺和扩大在华权益，相互之间展开了激烈争夺。

《辛丑条约》签订后，清政府于 1902 年 4 月与俄国签订《交收东三省条约》，规定俄军一年半内分三期撤出。但沙皇俄国根本不打算全部撤军，还得寸进尺，提出了享有东三省特殊权益的要求。这自然影响到了日本的利益。日、俄两国在中国东北的争夺，终于在 1904 年 2 月爆发了日俄战争。清政府竟荒唐地宣布中立，甚至为双方划出交战战区。但是日、俄两国军队根本无视中国的中立，肆意烧杀抢掠，使无辜的东北人民惨遭杀戮。经过一年多的战争，俄国战败。1905 年 9 月，在美国的调停之下，日本、俄国签订《朴次茅斯和约》，俄军撤出东三省，同时将旅顺口、大连湾，以及在东北南部的铁路和权益全部“转让”给了日本。这样，东三省实际成了日本和俄国共同的势力范围。

1903 年 12 月，英国派遣一万余人的兵力，发动了第二次侵藏战争。西藏地方军民进行了英勇抗击。第二年 8 月，拉萨被攻陷，十三世达赖仓皇逃亡。9 月，英国侵略者强迫西藏地方当局签订《拉萨条约》（又称《英藏条约》），规定开放江孜、噶大克、亚东为商埠；西藏向英国赔款 50 万镑；并承诺没有英国的允许，任何其他国家的势力不得进入西藏，不能享受任何铁路、道路、电线、矿产等权利。这实际是将西藏变成英国独占的势力范围。但清政府始终没有在这个条约上签字。1906 年年初，中英在北京谈判，签订了《续订藏印条约》。这个条约虽然承认了中国拥有对西藏的主权，但也承认英国在西藏的通商及开商埠的特权，因此，仍是一个不平等条约。

1903 年 12 月，英印侵略军侵略西藏，在帕里炮台下扎营

采自 P. Fleming, *Bayonets to Lhasa*, London，1961，p. 113.

二、民族资本主义的发展与民族资产阶级的形成

历史进入 20 世纪，在民族危机的刺激下，一批新兴的民族资产阶级人士认为，大力举办工矿实业才能增强国力、挽救民族于危亡。这时，清政府迫于形势的压力，也开始逐步转变经济政策。1903 年 3 月，清廷发布上谕："通商惠工为古今经国之要政。自积习相沿，视工商为末务，国计民生，日益贫弱，未始不因乎此。亟应变通尽利，加意讲求。"① 同年商部成立后，颁布了一系列商规、商法，特别是 1904 年制定的《公司律》，承认民间可以自由经商、自由

① 朱寿朋编：《光绪朝东华录》，张静庐等校点，中华书局 1958 年版，第 5013 页。

集资创办各类公司，以法律形式确定了工商业者经营的合法地位。同时，清政府还颁布了一系列奖励创办实业的法令。

在这种情况下，这一时期民族资本主义企业有了进一步发展。据统计，1901 年至 1911 年新设工厂 650 家，资本总额 1.4 亿多元。尤其是 1905 年到 1910 年，由于抵制美货、收回利权等爱国运动的推动，出现了一个投资设厂的高潮，新创办的企业 515 家，创设资本 1.146 亿元。①

私人资本创办的机器棉纺织业产生于甲午战争后，到 20 世纪初，又有一批较大规模的棉纺织厂创办起来。张謇于 1899 年创办南通大生纱厂后，又于 1907 年兴建了崇明大生二厂，资本额 121.1 万元。② 同年荣宗敬、荣德生在江苏无锡创建振新纱厂。据统计，1901 年到 1911 年新办的纺纱、织布、毛纺、染织等企业达 82 家，创办资本总额 1332.1 万元，分布在上海、湖北、浙江、江苏、安徽等地。

缫丝业在这一时期有较大增长。1901—1911 年，新办缫丝厂 70 家，创办资本总额达到 556.9 万元。这些工厂大部分集中于广东、上海两地，相比较而言，上海厂的规模较大，如振纶、顺记、仁昌、源昌四家厂的资本额都超过 50 万元。③

1901 年后，面粉业的发展也较快，新办 53 家面粉厂，创办资本总额 786.8 万元。其中规模较大的如上海华兴面粉厂、吉林双合盛面粉厂、北京丰顺面粉厂、黑龙江富拉尔基广记面粉厂的资本额均在 40 万元以上。

在收回矿山权利运动的刺激下，私人投资开办的采矿和冶炼企业也有一定发展，主要是煤矿，还有铁、铅、锑、锡等金属矿及冶炼厂。陕西延长的石油，1906 年巡抚升允奏请官办，后经陕省绅、学各界力争后改为商办。这一时期共设厂 73 家，创办资本 2272.9 万元。

航运业方面，创办的轮船公司有 138 家。据海关十年报告统计，1900—1911 年，中国轮船数从 517 艘增长到 901 艘，总吨位从 18215 吨增长到 90169

---

① 杜恂诚著：《民族资本主义与旧中国政府（1840—1937）》，上海社会科学院出版社 1991 年版，第 33 页；张海鹏、李细珠著：《新政、立宪与辛亥革命（1901—1912）》，张海鹏主编：《中国近代通史》第 5 卷，江苏人民出版社 2006 年版，第 90—91 页。

② 《历年设立的厂矿名录（1895—1913）》，汪敬虞编：《中国近代工业史资料》第 2 辑下册，科学出版社 1957 年版，第 892 页。

③ 《历年设立的厂矿名录（1895—1913）》，汪敬虞编：《中国近代工业史资料》第 2 辑下册，科学出版社 1957 年版，第 898 页。

吨。金融业方面，1901—1911年，中国自办银行29家，创办资本总额达到2133.6万元。其中商办银行有浙江兴业银行、上海四明商业储蓄银行、北京厚德商业银行、天津兴殖银行等。

此外发展较快的还有碾米、榨油、造纸、玻璃、烟草等行业。受纺织、卷烟、面粉、榨油等行业发展的影响，这一时期的机器修造业也取得一定进步，新创办企业20家。其中比较著名的有1902年朱志尧在上海创办的求新机器轮船制造厂、严裕棠在上海创办的大隆机器厂、1905年张謇在江苏南通创办的资生铁冶厂等。

总体上看，民族资本企业仍没有摆脱自身的弱点。从工业结构来看，以轻工业为主，特别是缫丝、轧花、棉纺织、造纸、印刷出版等行业。重工业则发展缓慢，只有少数机械修造厂和采矿业，机械修造厂多数只能从事机器的修理和制造小型机械。

企业分布很不平衡，主要集中在上海、武汉、广州等通商口岸及沿海地区。有学者统计，1901—1911年民族资本650家工矿企业的分布情况是，江苏（含上海）162家，湖北82家，广东54家，四川42家，直隶（含天津）37家，浙江36家，奉天30家，福建22家，安徽21家，山东20家，湖南11家，江西10家。[①] 尤其是纺织业，1901年上海、武汉两地的华商纱厂纱锭占全国的74.7%；1910年这一比例有所下降，但仍占全国的51.5%。[②]

企业投资少、规模小，生产技术落后的情况仍很突出。如商办轮船公司主要是小火轮公司，平均吨位只有50.4吨，一个公司往往只有一二艘小火轮。采矿业中相当部分还是手工开采。由于资本少，私人企业规模一般都不大，机器设备不足或者陈旧简陋，生产技术落后，无法与外国资本竞争。

伴随着民族资本主义的初步发展，民族资产阶级的队伍有所扩大，地位有所提高。但他们仍处于外国资本主义与本国封建势力的夹缝之中，处境艰难。为了维护自身利益，打破狭隘的、互分畛域的行帮壁垒，他们要求联合起来，建立更大规模的工商业团体，以便更好地通商情、联商谊、扩商权。1902年以后，上海、天津、广州、汉口等地出现了商业会议公所、商务公所等组织。它

---

① 张海鹏、李细珠著：《新政、立宪与辛亥革命（1901—1912）》，张海鹏主编：《中国近代通史》第5卷，江苏人民出版社2006年版，第97页。

② 《上海、武汉、无锡、南通四大城市华商纱厂纱锭在全国的比重（1895—1913年）》，汪敬虞编：《中国近代工业史资料》第2辑下册，科学出版社1957年版，第655页。

们一般由地方官府支持建立，以商董为主体，有了商会的雏形。新政开始后，清政府于1904年颁布《商会简明章程》，要求凡属商务繁盛地区，皆宜成立商务总会，商务稍次地区，设立分会。在清政府的提倡下，上海把商业会议公所改为商务总会，天津等地也将商务公所改为商会，各地商会纷纷建立。1905年全国有商务总会5个，分会36个；1906年总会14个，分会91个；到1911年，总计成立的总会43个，分会750个。① 商会的出现，不仅对民族工商业的发展起到了积极的推动作用，而且为民族资产阶级提供了一个活动的舞台，成为民族资产阶级形成的重要标志。

三、"民变"蜂起

20世纪初，清政府的腐败无能使社会矛盾不断激化，各种"民变"风起云涌。据统计，1902年至1905年全国发生的民变共292次，平均每年73次；1906年陡然增至185次，1907年175次，1908年103次，1909年126次，1910年达到263次。② 这些斗争汇集成汹涌的波涛，有力地冲击了清政府的统治，加速了清王朝的灭亡。

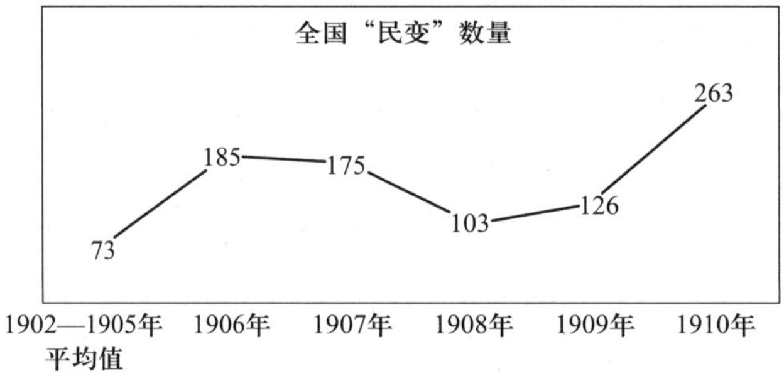

辛亥革命前"民变"趋势图

《辛丑条约》签订后，清政府除了要承担条约规定的巨额赔款外，还要承担许多地方因"教案"等原因产生的赔款。所有这些赔款，最终无非是全部摊到民众的身上。因而这一时期反洋教斗争连绵不绝，它们有的与"反赔款""反捐税"相结合，有的打出"扫清灭洋"的旗号，显示出新的特点。

---

① 马敏著：《过渡形态：中国早期资产阶级构成之谜》，中国社会科学出版社1994年版，第161页。

② 张振鹤、丁冠英：《清末民变年表（上）》，中国社会科学院近代史研究所近代史资料编辑部编：《近代史资料》总49号，中国社会科学出版社1982年版，第108—182页。张振鹤、丁冠英：《清末民变年表（下）》，中国社会科学院近代史研究所近代史资料编辑部编：《近代史资料》总50号，中国社会科学出版社1983年版，第77—122页。

1900年4月，四川资阳民众在红灯教首领李冈中带领下举行起义，攻打县城教堂，影响整个川东地区，30多个府县响应。在川西华阳、金堂、成都一带，也有红灯照起义活动，刻印的通俗木刻唱本中有“灭清扫洋”的宣传。1902年，直隶广宗爆发了由景廷宾领导的起义。《辛丑条约》签订后，直隶被分摊的赔款额为80万两，此外广宗县知县还与法国传教士议定赔款京钱两万串，全部按田亩分摊到农民身上。4月，在忍无可忍的情况下，东召村武举景廷宾召集各村民，宣布“粮捐并抗”，邻近各县纷纷响应。署理直隶总督袁世凯调兵镇压。景廷宾率部转移至巨鹿县并正式宣布起义，自号“龙团大元帅”，打出“官逼民反”“扫清灭洋”的大旗，队伍迅速发展到三四万人，并与前来镇压的清军展开殊死搏斗。7月中旬景廷宾被捕就义，起义被镇压下去。同年3月，因河南南阳天主教向泌阳县勒索11000元地方赔款，知县胁迫农户缴纳，激起义愤。他们集结起来成立“齐心会”，抗交摊派赔款，并烧毁教堂，围攻泌阳县城。后在清军的围剿下失败。1903年，浙江宁海因教会欺压民众，推举王锡彤为首领，焚毁教堂两座，聚众数千，坚持斗争到1905年。

20世纪初广西会党大起义，更是震动朝野。广西一向地瘠民贫，人民生活极为困难。由于大赔款摊派和新政开展，地方官加征苛捐杂税，人民难以负担，只好铤而走险。19世纪末以来，广西各地民变蜂起，此伏彼起。到1904年，形成了以柳州、南宁为中心的大起义，遍及广西南部、西部、左右江各地，波及省城桂林一带。起义多由会党发动，参加者主要是农民，也有新军士兵，还有不少妇女。各地参加起义的民众，多以千万计，攻城略地，声势浩大。广西大起义影响及于云南、贵州、湖南、广东各省，清政府调兵数十万，耗资巨大，虽将大股起义镇压下去，但是1905年以后，各地仍有小股起义难以平息。

据不完全统计，从1901年至1905年，各地反洋教斗争至少有50起之多。①1906年以后，反洋教斗争仍此起彼伏，遍及湖北、江西、浙江、山西、河南、福建、贵州、安徽、四川、湖南等省。其中有的由会党发动，发展成具有一定规模的武装斗争。

清政府为偿还巨额赔款，加征各税款，固然使民众负担陡然加重；而此期

---

① 章开沅、林增平主编：《辛亥革命史》上册，人民出版社1980年版，第264—271页。

推行新政的各项费用，同样也以捐税的名义加到了民众身上，这无异于雪上加霜。当时各种捐税名目繁多，已到了无以复加的地步，“所有柴、米、纸张、杂粮、菜蔬等项，凡民间所用，几于无物不捐”①。因此，抗捐税势所必然成为这一时期民众反抗斗争的主要形式，令清政府穷于应付。

1903 年，山西永州地方当局为办新政对当地传统的柿酒征收重税，引起民众强烈反抗，数千人拥入县城，捣毁县衙，迫使当局停征柿酒税。同年，河南因改地丁征银为征钱，扩大浮收一倍多，激起温县、孟县、河内等县民众激愤。他们聚众要求减免钱粮，有的地方还冲进县衙，火烧衙署，或冲进大户劫富济贫。1904 年，江西乐平人民开展了反对“靛捐”的斗争。靛青是当地的主要出产，抽捐本已沉重，但官府又加派靛捐，激起民众强烈不满。7 月，当地民众在会党首领夏廷义的带领下冲进县城，捣毁统捐局、厘卡、缉私卡，还轰开县署，打开监狱。后转移到婺源一带，坚持到 9 月被镇压。

随着“新政”逐步展开，捐税名目更加繁多，如办巡警的“警捐”，办理学堂的“学堂捐”；有的地方还以办理户口调查、地方自治名义敲诈百姓，致使反对警察、学堂、户口调查、地方自治的“民变”层出不穷。据当时报纸记载，1906 年直隶平山、灵寿两县因办警察，抽收捐款，群众抗捐，将县衙大堂拆毁，殴击官吏。1907 年，浙江定海书吏、劣绅借口办学，每亩多收钱粮，乡民数千人打毁学堂及劣绅家。1910 年，浙江上虞农民反对征收学堂捐，聚集两千余人，捣毁学堂、劝学所、教育会等机构。同样的事件在全国各地都有发生。

这一时期反捐税斗争中规模最大的是山东莱阳人民的抗捐税暴动。1910 年，山东遭受严重自然灾害，“缺食者十居八九”。官府以新政为名，于正赋外更议加捐，致使百姓不堪重负。加以当地劣绅与官府勾结，侵吞备荒积谷，引起民愤。5 月，饥民 700 多人在曲士文领导下冲进莱阳县衙，要求速发积谷，减免苛捐杂税。知县朱槐之表面上答应，背后却让巡防队到县防守，准备镇压。群众被激怒了。6 月中旬，曲士文率领几千农民焚烧劣绅房宅，还声言进城杀官。不久，朱槐之因弹压不力罢官，新任知县奎保刚一到任，就出告示捉

① 《江西巡抚冯汝骙奏宜春县乡民抗捐仇绅聚众攻城折》（宣统二年五月二十日），中国第一历史档案馆等、北京师范大学历史系编选：《辛亥革命前十年间民变档案史料》（上），中华书局 1985 年版，第 355 页。

拿曲士文，还“议再加烟斤之税”。7 月初，曲士文率众正式宣布起义，队伍迅速发展到十几万人。起义军攻打县城，山东巡抚孙宝琦急调兵镇压，起义军终因实力不敌而失败。

与抗捐税斗争同时兴起的，是抗粮抗租和抢米风潮。20 世纪初，大江南北灾荒不断，饥民遍野。为谋生路，饥民不得不聚众抢米、吃大户。1906 年 5 月，杭州城内发生成千贫民抢砸米店事件；6 月，安徽南陵、江西奉新发生饥民抢米和捣毁富户及米铺事件；8 月，江苏震泽县饥民捣毁平粜局，还抢了米店。1907 年至 1909 年，因江苏、安徽、浙江一带灾情持续，各州县抢米风潮进一步发展。在各地持续不断的抢米风潮中，影响最大的是 1910 年的长沙抢米风潮。

1909 年，湖北、湖南洪水泛滥，各处灾民不下百余万人。不法商人乘机囤积居奇，官府又勾结外国人偷运粮食出境，致使米价飞涨。到 1910 年 4 月，长沙市内米价不仅早晚不同，而且一日数涨，甚至有价无米，人心惶惶。长沙南门外一挑水工因买不起米，全家投水自溺。消息传开，长沙市民无不义愤填膺，聚集巡警分局前，要求平粜救灾。但官府不仅不答应，还逮捕了为首者，民众拥至巡抚衙门，要求放人和减价粜米。巡抚岑春蓂调兵镇压，打死数十人。愤怒的民众把巡抚衙门团团围住，并“将城厢内外各碓坊堆栈之米，抢劫罄空”，全市罢市。民众烧毁巡抚衙门，“城内外之学堂、教堂及外人商店、居宅，咸被焚劫”。传教士和洋商纷纷避往轮船或汉口。长沙饥民的斗争影响到全省，十余个州县“相继而起”。岑春蓂束手无策，自请免职，布政使庄赓良奉命署理巡抚。庄到任后，采用剿抚两手办法，表示抚恤死者，赈济饥民，同时调兵加强巡逻。湖广总督也从湖北调兵前来长沙，英、美、法、日、德等国也从汉口、上海调来军舰协助镇压，先后有数百名起事群众被逮捕和杀害。

辛亥革命前十年民众的自发反抗斗争，其事件之频繁，参加人员之广泛，是前所未有的。这些斗争加剧了社会的动荡，并与正在兴起的资产阶级革命运动交汇在一起，使清政府陷入四面楚歌。

四、留学运动和新知识阶层的形成

20 世纪初，中国社会一个引人注目的变化是新型知识分子群体的诞生。他们主要由三部分人组成：国内新式学堂学生、归国留学生，以及通过接受新教育、新思想而发生转化的传统士人。据估计，这个群体的人数约 200 万人。①他们成为当时社会中一支富有朝气的新生力量。

留学生是这个群体的一个重要组成部分。中国留学生出国学习，开始于洋务运动时期，主要是到欧美。留学日本，始于甲午战争以后，主要由湖北、湖南、江苏、广东等省官派，共百余人。20 世纪初，在严重的民族危机面前，许多人把游学外洋以谋求富国强兵之策视为救国途径之一，加之清政府也采取了奖励留学的政策，出国留学人数大增，出现了清末的留学热潮。日本是许多留学生的首选之地。1900 年留日学生 159 人，1903 年 1242 人，1905 年达到 8000 余人。留日学生来源复杂，有官费也有自费，有的还有科举功名，学习目的不一，其中大部分接受的只是“速成”教育。

除留日外，还有一部分留美和留欧的学生。据统计，1900—1907 年，留美的官费学生 100 余人。1908 年，美国政府退还部分庚子赔款，作为接受中国赴美留学生的经费，清政府为此制订了“庚款留学”计划，还在北京西郊清华园设立“游美肄业馆”，1910 年改名“清华学堂”，是为清华大学的前身。这样，到 1911 年，留美官费生已达 207 人，总数 650 余人。在欧洲，1910 年有 500 余名中国留学生。②

新兴知识分子不同于传统士人，由于接受了西方自然科学和社会科学的新知，他们的视野大为开阔，产生了新的理想和追求，具有更加强烈的爱国意识和现代意识。他们大多认为，只有通过社会政治变革，才能使中国免于被列强瓜分并走上富强之路，因此，很多新兴知识分子身体力行，组织团体、创办报刊，并推动一系列爱国运动的发展。

1900 年春，留日学生沈翔云、戢元丞等人在东京成立励志会，部分成员创办《译书汇编》，翻译了一批欧美资产阶级启蒙思想名著，如卢梭的《民约论》、孟德斯鸠的《万法精理》、约翰·穆勒的《自由原理》、斯宾塞的《代议政体》等，产生了很大影响。1901 年，部分成员创办了《国民报》月刊，倡言颠覆清王朝，持论激烈。1901—1903 年留日学生中又先后出现了一批以省为单位的同乡会组织，他们分别创办了《湖北学生界》《直说》《浙江潮》《江

---

① 张海鹏、李细珠著：《新政、立宪与辛亥革命（1901—1912）》，张海鹏主编：《中国近代通史》第 5 卷，江苏人民出版社 2006 年版，第 122 页。

② 章开沅、马敏、朱英主编：《中国近代史上的官绅商学》，湖北人民出版社 2000 年版，第 679、674、676 页。

苏》等刊物，宣传民族危机的形势，宣传祖国乡土的可爱，探讨救亡之路。

1902年4月，章太炎、秦力山、冯自由等人在日本东京发起“支那亡国二百四十二周年纪念会”，定于4月26日，即明崇祯皇帝自缢之日举行，意在借悼明朝灭亡来激发人们的反清情绪。报名赴会留学生数百人。清政府驻日公使蔡钧获知后，请日本政府出面禁止，致使纪念大会未能开成，但已在留学生和华侨中产生很大影响。

1903年4月，广西巡抚王之春将全省铁路权益让与法国的消息传出，引起在国外的留学生和国内工商学界的极大愤慨。28日，东京中国留学生会馆召集各省评议员会议，作出要求驱逐王之春、拒绝法人等决议。次日召开全体留学生大会于锦辉馆，并发出函电分致督办政务处及两广、四川总督，痛陈借兵借款的危害。在上海，由广西绅商龙泽厚发起在张园召开拒法会，到会的有中国教育会会员与爱国学会学生等400余人。拒法抗争还得到杭州、广州等地的学界响应。

与此同时，一场规模更大的拒俄运动又爆发了。1903年4月，非法驻在东北的俄军不仅拒不按照中俄《交收东三省条约》的规定撤军，反而进一步向清政府提出扩大在东北侵略权益的无理要求。

消息传来，举国群情激奋。上海各界和18省旅沪人士千余人在张园集会，力拒俄约。留日学生会馆干事及评议员40多人在会馆开会，钮永健在会上提议组织义勇军抗敌，得到大家赞同。在锦辉馆举行留学生大会，到会者500多人，十余名留学生相继演说，皆慷慨激昂，痛哭流涕。会议作出组织义勇军等七项决议，并开展签名。两天内即有130多人签名加入。5月初再次集会，改义勇军为学生军，并公议规则，以蓝天蔚为队长，下分甲、乙、丙三个区队，开展训练。日本警方以留学生不能在日本组织军队之名义进行干预。留学生再度集会，改学生军为军国民教育会，还派特派员二人回国赴天津游说袁世凯。

在上海，爱国人士在张园多次集会，与留学生相呼应。他们先是成立四民公会，后改成中国国民总会，签名者一千余人。在得到日本留学生成立义勇军的消息后，上海绅商当即签名成立上海拒俄义勇队，后改名军国民教育会。

日本留学生和上海各界的拒俄运动得到全国很多地方学生和绅商的响应。北京京师大学堂师范、仕学两馆学生集会，数十人发表演说，最后联名上书管学大臣请代奏拒俄；武昌各学堂停课集会，上书兼署湖广总督端方请电争俄约；安庆安徽大学堂学生集会并成立爱国会；南昌、广州、杭州、福州、长沙、开封等地的学生或举行集会，或组织学生军，或联名抗争，形成一个具有全国规模的群众性爱国运动。

拒俄运动的发展，使清政府极为恐慌。驻日公使蔡钧诬告学生“名为拒俄，实则希图作乱”。清廷密谕对于回国留学生有“行踪诡秘”“有革命本心者”，可随时抓捕，就地正法。清政府的态度使许多学生痛感“报国无门”，从而走向革命道路。拒俄运动虽然夭折，但对清政府也造成了巨大的压力，再加上日、英、美等国为维护自身在东北的利益也对清政府施压，迫使其始终不敢接受俄国的要求。

第二节 清政府被迫推行“新政”

一、变法“诏令”颁布与“新政”措施

1901 年 1 月 29 日，为躲避八国联军而逃到西安的慈禧太后以光绪名义发布变法上谕，声称“法积则弊，法弊则更，惟归于强国利民而已”，故而要“取外国之长”，“去中国之短”，还明令各地督抚“参酌中西政要”，就朝章、国政、吏治、民生、学校、科举、军制、财政提出改革建议。[①] 这种高喊变法的姿态首先是为了示好于列强，以博得信任与支持。4 月又令成立督办政务处，作为商议变法条陈之所，派庆亲王奕劻，大学士李鸿章、荣禄、崑冈、王文韶，户部尚书鹿传霖为督办政务大臣，两江总督刘坤一、湖广总督张之洞“遥为参与”。新政的帷幕就此拉开。

7 月，刘坤一、张之洞联名提交变法奏议三折。第一为《变通政治人才为先遵旨筹议折》，提出育才兴学四条，包括设文武学堂、改文科科举、停罢武科、奖劝游学。第二为《遵旨筹议变法谨拟整顿中法十二条折》，提出政治方面进行改革的具体内容，主要是：崇节俭、破常格、停捐纳、课官重禄、去书吏、去差役、恤刑狱、改选法、筹八旗生计、裁屯卫、裁绿营、简文法等。第三为《遵旨筹议变法谨拟采用西法十一条折》，主要论军事与经济方面的改革，列出广派游历，练外国操、广军实、修农政、劝工艺、定矿律路律商律交涉刑

① 朱寿朋编：《光绪朝东华录》，张静庐等校点，中华书局 1958 年版，第 4601—4602 页。

津、用银元、行印花税、推行邮政、官收洋药、多译东西各国书等具体内容。刘、张会奏提出了一个较为系统的改革方案，得到清廷认可。慈禧命将其中可行者“择要举办”，各省“亦应一律通筹”，切实举行。新政由此进入具体实施阶段。

行政机构改革是新政的主要内容。1901 年 7 月，清廷谕令改总理衙门为外务部，班列六部之前。设总理大臣一名，由庆亲王奕劻担任；王文韶为会办大臣，瞿鸿禨为会办大臣兼尚书。内设和会、考工、榷算、庶务各司，分别执外交、通商、路矿、关税、邮政、海防等事务。外务部成为常设的正式外交机构，突出了它在政府中的地位。

清政府还设立了一些新的行政管理机构。1903 年后，清政府先后设立了商部、巡警部和学部。与此同时，裁撤了詹事府、通政使司和河东河道总督缺，以及督、抚并设共处一城的云南、湖北、广东巡抚缺。此外整顿吏治，要求裁汰从中央六部到各级政府的胥吏差役，停止捐纳买官行为。

经济改革的目标是振兴商务，奖励实业。商部成立后，制定并颁布了《商人通例》《公司律》《破产律》《公司注册章程》等一系列商法、商律，提倡私人资本办实业，以立法形式给工商业者的经营活动以某种保护。还颁布了《奖励华商公司章程》《华商办理农工商实业爵赏章程》，规定了对经营工商业者的奖励办法。如凡能集股 50 万元至 5000 万元的工商业者，奖以议员或商部头等顾问官等职衔，加以七品至头品顶戴。尽管实际得到奖励的人数微乎其微，但这一政策的颁布，多少对民族资本主义的发展起到了激励的作用。此外，这一时期还颁布过《筹办矿务章程》《矿务暂行章程》《铁路简明章程》等有关矿务、铁路的规章，给华商开矿、办铁路以一定的法律支持。

在教育方面，1901 年清廷令将各书院改为大、中、小学堂；1904 年颁布《奏定学堂章程》，确定新的学制体系；奖励留学，并于 1905 年宣布停止科举考试。

练兵是新政的关键。1901 年新政开始后，清廷下令取消武举，要求各省创办武备学堂，裁撤二成到三成的绿营和半正规的防勇，挑选精壮，编练常备、续备、巡警各军。1902 年，直隶总督兼北洋大臣袁世凯开始编练“北洋常备军”左右两镇；同年冬，湖广总督张之洞将护军营改建成“湖北常备军”左右两翼，共 7000 余人。1903 年 12 月，清政府成立练兵处，派奕劻总理练兵事务，袁世凯为会办练兵大臣，铁良襄同办理。练兵处成立后，立即着手统一全国陆军营制，计划编练新军三十六镇。到 1910 年，全国只练成新军 20 个镇、9 个混成协；至 1911 年，练成 26 个镇。

这一时期的改革并没有触及封建专制政治，许多改革措施也只是流于形式。但改革在客观上有利于资本主义经济的发展，并推动了教育、军事体制的变革。这一时期，民族资产阶级的队伍有所扩大，新的知识分子群体和新式军人群体开始产生，他们成为推进中国进一步改革的新生社会力量。这个新生的社会力量最终成为清朝专制统治的“掘墓人”。

二、直隶新政与北洋集团的崛起

在清末新政中，直隶总督袁世凯推行的直隶新政最为突出。袁世凯（1859—1916），字慰亭，号容庵，河南项城人，出身于官僚地主家庭。袁世凯少年时不喜读书，不务正业，后转而投笔从戎。1882 年，随吴长庆统兵入朝鲜镇压“兵变”，因能随机应变，得到赏识，李鸿章推荐他任“驻朝总理交涉通商事宜”全权代表。1895 年接替胡燏棻在天津小站编练新军，建成一支 7000 余人的“新建陆军”。1899 年，任山东巡抚。1901 年，李鸿章去世，袁世凯继任直隶总督兼北洋通商大臣，成为权倾朝野的重臣。

袁世凯就任直隶总督，正是清政府推行新政之时。他利用这个时机，或是单独上奏，或是联合其他督抚上折，提出新政建议，同时又在直隶积极推行，地位稳步上升，成为新政中举足轻重的人物。他先后身兼参预政务大臣、练兵处会办大臣等职，可以直接参预新政决策，也使直隶新政在当时成了各省效法的模范。

袁世凯在直隶推行了一套发展工商和农业的措施。他在天津设立商务局，又以天津商务公所为联络商情、振兴商业的机构。1903 年，他委任周学熙在天津设立直隶工艺总局，作为提倡维持全省工艺的机构，并创办了劝业铁工厂、种植园、官立造纸厂、实习工场；还创办高等工业学堂、工商研究会、工商演说会，以培养工业技术人才，推广工商思想。这些举措促进了直隶官办、官督商办、官商合办与商办企业的发展。1906 年创办的唐山启新洋灰公司、滦州官煤矿公司，均成为当时首屈一指的大企业。到 1907 年，除天津以外，直隶各地开办的局、厂、场、所共计 65 家。

在农业方面，他督饬各属劝谕地方绅民讲求农艺，并于 1902 年奏请设立保定农务局和农事试验场，推广农桑种植；还设立农务大学堂和农业传习所，培养农业技术人才。

1902 年，袁世凯在保定创设警务总局一所，分局五所；8 月又在天津设南北巡警局，设立巡警学堂，又建议清政府设立巡警部，将警察制度推广到全国。

在教育方面，1902 年，袁世凯在保定设立学校司，“为通省学务总汇之地”，并于同年创办大学堂，考选各州县生童 120 余人入学。后改为直隶高等学堂。1903 年在天津建北洋大学堂。同时令各府直隶州办中学堂，州县办小学堂。此外还办了师范学堂和各种专门职业学堂，直隶新式教育得到迅速发展。

在直隶新政中，袁世凯最为看重的是练兵。1902 年年初，他刚到任，就奏请从顺直赈捐结存款下拨款一百万两，作为招募新军扩充军队的款项。之后，奏定募练新军章程，派手下赴直隶各地精选壮丁 6000 余人入伍训练。6 月，奏定《北洋练兵营制章程》，此后共练成新编陆军六镇，计 7 万余人。

在编练新军的同时，袁世凯还创办了一批武备学堂，其中最著名的是 1906 年创办的保定陆军军官学堂，专为培养军官而设，学制三年。

袁世凯在编练北洋六镇的过程中，大肆培植私人势力。如段祺瑞、冯国璋、王士珍出身于天津武备学堂，后分别得到重用。他们还被袁委任筹办北洋武备学堂、将弁学堂，又通过门生、故旧关系笼络了一批人，由此结成以袁世凯为核心的层层关系网，形成以他为首的北洋军阀武装政治集团。

三、科举停废和新学制的颁行

清廷宣布“新政”以后，在一部分封疆大吏中，改革科举的呼声又高涨起来。1901 年 4 月，袁世凯上折提出逐步减少中额，增加实科，最终以实科取代旧科。两广总督陶模和广东巡抚德寿主张当年乡试、次年会试，先暂以时务策论取士，俟学校齐备后即停止科举。张之洞、刘坤一在《江楚会奏变法三折》中，主张分科递减科举中额，十年之后，旧额减尽，科举停废。朝廷认为此事重大，“宁失之迟缓，不可失之操切”，因此并没有完全接受他们的要求，只是于 1901 年 8 月下令，从 1902 年起科举考试不再用八股文，并停止武科。

1904 年 1 月，张百熙、荣庆、张之洞进呈《奏定学堂章程》时，附上了《奏请递减科举注重学堂片》，提出：科举制的存在，让读书人以为朝廷之意并未专重学堂，因而不免观望；学堂入学者恃有科举一途为退步，亦不肯专心向学，直接制约新学堂的发展。折中要求，自下届丙午起，每科递减中额三分之一，三科即可递减完毕，十年科举不废自废。在陈述具体办法的同时，强调此为“暂行试办”，并提出科举停废后让旧日举贡生员依据年龄分别入学堂或师范学堂简易科学习，年长者“宽筹出路”的善后办法。此折得到清廷批准，谕令自丙午科始，将乡、会试中额及各省学额逐科递减，俟各省学堂一律办齐，确有成效后，再将科举学额分别停止。渐进性改革方案就此确定。

1905 年，随着日俄战争日胜俄败渐成定局，国内主张立宪的呼声日高，立废科举的要求再次被提了出来。8 月，由袁世凯领衔，会同盛京将军赵尔巽、湖广总督张之洞、湖南巡抚端方、两江总督周馥、两广总督岑春煊等人联名上奏，指出科举一日不停，士人皆有侥幸得第之心，故“欲补救时艰，必自推广学校始；而欲推广学校，必自先停科举始”[①]，要求朝廷雷厉风行，停罢科举。迫于形势和舆论的巨大压力，朝廷于是年 8 月颁发谕旨：“著即自丙午科为始，所有乡、会试一律停止，各省岁科考试亦即停止。”[②] 在中国历史上实行了 1300 多年的科举制度就此寿终正寝。

为解决科举停废后数十万举、贡、生员的出路问题，清廷颁布了《各学堂奖励章程》，规定自高等小学以上，根据考试分五等，分别给以翰林、进士、举人、贡生、生员的出身奖励，并授以官职。此举的目的在于吸引旧有功名者进入新式学堂，虽被时人批评为“化学堂为科举”，但也成为科举停废后向学堂体制转变的过渡方法。

清廷的新政上谕中明确提出：“兴学育才，实为当务之急”；后又颁旨要求各省所有书院，于省城者均改为大学堂，各府、直隶州均改设中学堂，各州县均改设小学堂，并多设蒙养学堂。虽然各省执行力度不一，但此举毕竟有力地促进了各类新式学堂的发展。这种局面迫切需要建立一个全国统一的学校制度为之规范，于是，制定新学制的问题被提上议事日程。

1902 年 8 月，管学大臣张百熙主持制订了《钦定学堂章程》，即“壬寅学制”。这个章程将学制分成初等教育（其中又分蒙学堂、寻常小学堂、高等小学堂三级，共十年）、中等教育（中学堂四年）、高等教育（大学预科三年，大学堂三年，大学院不定年）三个阶段。但由于清廷内部矛盾，并没有施行。

1903 年，清廷再次任命张百熙、张之洞、荣庆重新拟定学堂章程。1904 年

---

① 张之洞：《会奏请立停科举推广学校折》（光绪三十一年八月初二日），《张之洞全集》第 4 册，武汉出版社 2008 年版，第 233 页。

② 沈桐生辑：《光绪政要》卷三十一，台北文海出版社 1969 年版，第 59 页。

1月，《奏定学堂章程》拟定公布，又称“癸卯学制”。该章程仍将学制分成三段，初等教育分蒙养院（四年）、初等小学堂（五年）、高等小学堂（四年）三级；中等教育为中学堂（五年）一级；高等教育分高等学堂或大学预科（三年）、大学堂（三至四年）、通儒院（五年）三级。通儒院或大学毕业生被授予进士功名，高等学堂毕业生被授予举人功名，中学堂和高等小学堂的毕业生则可以取得生员（秀才）的功名。与此同时，该章程还确定了实业教育和师范教育的体制。根据教育发展和社会需要，清政府还制定了一些补充条例。如1907年3月学部颁布的《女子小学堂章程》《女子师范学堂章程》，确定了女子的受教育权。新学制的建立为中国现代教育的发展奠定了基础，并促使新式教育的进一步发展。据不完全统计，1904年，全国学堂总数4476所，学生99475人。到1909年，新式普通学堂递增至59117所，在校学生1639641人。其中新式中学堂460所，在校学生40468人；高等学校24所，学生4203人；大学堂3所，学生749人。此外还有师范学堂415所、各类实业学堂254所、女学堂298所。① 新式学堂有了长足的发展，并形成了一个有一定规模的新式学生群体。

科举制度的停废和新学制的颁布是中国教育制度的重大转变，自此，新式教育发展走上制度化和规范化的轨道。这一转变还促使传统的“士”阶层向近代知识分子转化，以及与此相关的选官制度的变革，对20世纪以来的中国社会政治与文化产生了深远影响。

第二节　“预备立宪”与立宪运动

一、五大臣出洋考察政治与清政府“预备立宪”

20世纪初，在清政府推行新政的过程中，要求立宪的呼声日渐兴起。1901年，流亡日本的梁启超作《立宪法议》，提出世界各国有君主专制、君主立宪、民主立宪三种政体，并认为“今日之世界，实专制、立宪两政体新陈嬗代之时”，中国应变专制政体为立宪政体，学习日本，先派大臣赴欧美考察，再在

① 参见王笛：《清末新政与近代学堂的兴起》，《近代史研究》1987年第3期；《宣统元年各省实业学堂统计表》，朱有瓛主编：《中国近代学制史料》第2辑下册，华东师范大学出版社1989年版，第221、633页。

宫中开立法局起草宪法，以20年为实行宪法之期。① 同年，张謇著《变法平议》，主张学习日本变法，设置议政院和府县议会。1903年，张謇赴日考察，受到很大触动，回国后与友人通信谈论，无不商讨立宪问题。1904年5月，他代张之洞、魏光焘起草《拟请立宪奏稿》，还写信给袁世凯，劝说他们奏请立宪，并刻印《日本宪法》《日本宪法义解》等书，送达朝廷官员，呼吁立宪。

与此同时，国内一些报刊也发出了立宪的呼声。1902年，上海《中外日报》的一篇文章在论时局之危的同时，要求朝廷取东西各国已行之法择其善者而行之，制定宪法。1903年，天津《大公报》载文提出："图治之根源，首在立宪法，予民权。如此则上下相安，君民一德，联合大群以防外患之来，则中国之前途或犹可补救于万一。"②

日俄战争期间，立宪的呼声高涨起来。日俄战争是一场帝国主义之间争夺中国领土的战争，实行立宪的日本战胜了实行专制的沙俄。中国朝野不少人把日本的胜利看作"立宪"的胜利，极力主张在中国实行君主立宪。1904年3月，日俄战争刚刚开战，两广总督岑春煊、两江总督魏光焘、湖北巡抚端方等就联衔电奏，要求朝廷迅速派人赴欧美考求新政。4月，驻法公使孙宝琦上书督办政务处："日闻异族危论，椎心疾首，无地可容"，因而"吁恳圣明仿英、德、日本之制，定为立宪政体之国"。③ 稍后，直隶总督袁世凯、两江总督周馥、湖广总督张之洞联衔奏请实行君主立宪，以12年为期。

日渐高涨的立宪舆论迫使清廷作出反应。1905年7月，清廷决定派使臣出洋考察政治。9月24日，清廷派出的五大臣分两路启程出国考察。其中载泽、徐世昌、绍英前往日本、英国、法国、比利时；戴鸿慈与端方前往美国、德国、意大利、奥地利、俄国。起程当日，在北京火车站发生革命党人吴樾暗杀五大臣事件。五大臣中两人受轻伤，吴樾当场牺牲。此事件对清廷震动不小，于是将考察推迟到12月。吸取前次的教训，此次分为两路：一路从北京出发，经上海出洋，成员是戴鸿慈、端方，正式考察了美、德、奥、俄、意五国；另一路是载泽、尚其亨、李盛铎，离京赴沪，过了一个月后才离开上海，正式考察了日、英、法、比等国。

1906年7月，两路出国考察政治大臣回国。五大臣先后上折，均主张中国

---

① 梁启超：《立宪法议》，《饮冰室合集》文集之五，中华书局1989年版，第1—7页。

② 《论内乱外患有相因之势》，《大公报》1903年4月24日。

③ 《出使法国大臣孙上政务处书》，《东方杂志》1904年第1卷第7号。

应实行君主立宪。载泽在密折中以日本宪法为例，说明君主立宪不会损及君权，主张先宣布立宪，明示宗旨，至于实行之期，可宽立年限；还总结出立宪有“皇位永固”“外患渐轻”“内乱可弭”① 三大益处。

8月下旬，慈禧令将考察政治大臣的奏折交军机大臣、会议政务处大臣和参预政务处大臣阅看并讨论。军机大臣奕劻、徐世昌，参预政务大臣袁世凯等人明确表示赞成立宪；大学士孙家鼐，军机大臣荣庆、铁良则明确反对。对此，军机大臣瞿鸿禨提出了一个中立的观点：中外情势不同，应定为预备立宪，而不是立即实行。这样既可表明立宪的态度，缓和国内要求立宪的压力，又可有所缓冲和准备。

9月初，朝廷发布了预备仿行宪政的上谕，称：“仿行宪政，大权统于朝廷，庶政公诸舆论，以立国家万年有道之基。但目前规制未备，民智未开……”②所以要先从官制改革入手，并将实行立宪的具体期限推延。

二、官制改革的挫折与《宪法大纲》的颁布

清廷颁布预备仿行宪政上谕的第二天，即派载泽、世续、那桐、荣庆、载振、袁世凯等共同编纂官制，另外令张之洞、端方、岑春煊等选派司道大员进京随同参议，由奕劻、孙家鼐、瞿鸿禨总司核定。接着设立官制编制馆，以孙宝琦、杨士琦为提调。起草委员中有相当一批人是留日学生，他们很快拿出了一个改革官制草案。主要内容是：设立责任内阁，内阁首领为国务总理大臣，另设左右副大臣二人，中央行政调整为11个部，各部设尚书一人，皆为国务大臣。重要行政须经国务会议通过。

这个方案的要点是废除军机处，以责任内阁制取代之。草案传出，引来一片反对之声，反对的不仅有那些因要裁并机构而失去权力的官员，更有军机大臣，如铁良、荣庆等。他们认为，现有军机大臣六人，而新内阁只有总理一人，协理两人，如此一来将会有三人失去权力。各种反对声无不指责新编官制流弊太多，主张军机处照旧保留。

11月初，经过总核大臣瞿鸿禨、孙家鼐最后修改核定的官制大纲颁布。慈

① 载泽：《出使各国考察政治大臣载泽奏请宣布立宪密折》，故宫博物院明清档案部编：《清末筹备立宪档案史料》上册，中华书局1979年版，第174—175页。

② 《宣布预备立宪先行厘定官制谕》，中国第一历史档案馆编：《光绪宣统两朝上谕档》第32册，广西师范大学出版社1996年版，第128页。

禧在公布官制改革的谕旨中说："军机处为行政总汇，雍正年间本由内阁分设，取其近接内廷，每日入值承旨，办事较为密速，相承至今，尚无流弊，自毋庸复改。内阁军机处一切规制，著照旧行。"① 这个所谓的新官制，保留了密切秉旨内廷的军机处，肯定了君主专制的执行机构，改革的只是几个中央行政部门：巡警部改为民政部，户部改为度支部，兵部改为陆军部，刑部改为法部，大理寺改为大理院，工部并入商部，改为农工商部，理藩院改为理藩部，另新设邮传部。而外务部、吏部、学部、都察院依旧。清廷公布的15人部院长官名单中，满族7人，汉族7人，蒙古族1人。虽然"满汉各半"，但重要职位大均由满族权贵担任，权力天平仍然向满族贵族倾斜。中央官制改革徒具形式而已。

在进行中央官制改革时，编制馆曾拿出两套方案向各省督抚征求外省官制改革意见。各省督抚意见分歧，多数主张维持旧制，略加变通；或认为经费不足，应予以缓行。在这种情况下，1907年7月，总司核定官制大臣奕劻等具奏"各省官制通则"，仍置总督掌一省或数省外交军政，巡抚掌地方行政，下设布政司、提学司、提法司及巡警道、劝业道分掌各方事务。各省分期设立高等审判厅、地方审判厅、初级审判厅，实行司法与行政分离的原则。同时在各府、州县设佐治官员；分期设立议事会和董事会，作为地方自治机构。清廷谕令在东三省先行试办，直隶、江苏两省"择地先为试办"，其余各省由督抚分年分地请旨办理，统限15年一律通行。②

1907年8月，清廷将五大臣考察宪政时成立的考察政治馆改为宪政编查馆，"专办编制法规、统计政要各事项"，并负责宪法大纲的起草工作，1908年8月27日，批准公布《钦定宪法大纲》。

这个大纲共23条，分"君上大权"与"臣民权利义务"两部分。大纲序言载明："君上有统治国家之大权，凡立法、行政、司法皆归总揽"，确定皇帝有颁行法律、发交议案、召集和关闭议院、黜陟百司、设官制禄、编定官制、统率陆海军、宣战媾和、订立条约、宣告戒严、发布命令及总揽司法等权力。君主的权力得到充分肯定。在"臣民权利义务"中确定了臣民的权利义务：在法律范围内的言论、著作、出版、结社自由；人身不受侵犯，即臣民受法律保

① 《清德宗实录》卷五六四，光绪三十二年九月甲寅，第12页。

② 《总司核定官制大臣奕劻等奏续订各直省官制情形折》，故宫博物院明清档案部编：《清末筹备立宪档案史料》上册，中华书局1979年版，第510页。

护及财产、居住的权利；臣民按照法律所定，有纳税、当兵之义务；另规定：“臣民中有合于法律命令所规定资格者，得为文武官员及议员。”宪法对君主权力也做了一定的限制，如规定：“已定法律，非交议院协赞奏经钦定时，不以命令更改废止。”也就是说，君主无权以命令更改废止议院通过的法律。但是，由于宪法赋予君主解散议院权，所以议院对君主的限制是非常无力的。总之，大纲仿效日本宪法，设计了一种保留封建专制特权最多的君主立宪制政体。

清政府颁布《钦定宪法大纲》时，还核准了宪政编查馆拟定的以九年为期，逐年筹备宪政，期满召开国会的方案，同时拟定了咨议局章程。其中关于立法机构的安排是：第一年筹办省咨议局；第二年选举并正式开办，同时举行中央资政院选举；第三年成立资政院。这年，各省先后进行了选举工作。因种种选举资格的限制，实际参加选举者占人口总数的平均比例是 0.42%，即每万人中只有选民 42 人。[①] 1909 年，全国各省除新疆外均成立了咨议局。咨议局章程规定：“咨议局钦遵谕旨，为各省采取舆论之地，以指陈通省利病，筹计地方治安为宗旨。”[②] 议员议决省内兴革各项事宜，纠举不法官吏，办理各项新政，具有一定的参政议政权利。但咨议局章程又规定：咨议局常年会与临时会均由督抚召集，督抚有监督咨议局选举及会议之权，对议案有裁夺施行之权，并可令其停会和奏请解散咨议局。这些规定，明确了咨议局的咨议性质，也成为造成各省咨议局与督抚矛盾冲突的原因。

资政院为中央议政机关，于 1910 年 9 月正式成立。议员分“钦选”“民选”两类。钦选议员为宗室王公贵族、中央部院官员，共 98 人；民选议员由各省咨议局选举产生，总数也是 98 人。资政院章程规定，资政院是“豫立上下议院基础”，即作为正式议院的过渡。[③] 从其职权看，包括议决奉特旨交议事件，新定和修改法律，讨论预算、决算、税法、公债、人民陈请事件，一切议决事件必须会同军机大臣或各部行政大臣具奏，请旨裁夺，资政院只具有咨政的职能。

司法改革也是预备立宪的重要方面。1903 年，清政府设置修订法律馆，以

---

① 张朋园著：《立宪派与辛亥革命》，吉林出版有限责任公司 2007 年版，第 14 页。

② 《宪政编查馆等奏拟订各省咨议局并议员选举章程折》，故宫博物院明清档案部编：《清末筹备立宪档案史料》下册，中华书局 1979 年版，第 670 页。

③ 《资政院等奏拟订资政院院章折》，故宫博物院明清档案部编：《清末筹备立宪档案史料》下册，中华书局 1979 年版，第 628 页。

刑部左侍郎沈家本、出使美国大臣伍廷芳为修订法律大臣。他们“以中国法律与各国参互考证”，提出了建立新的法制体系的方案，即改变省、府、县地方行政长官兼理司法审判的旧制，在县、府、省设置初级、地方和高等审判厅，最高一级审判机关为大理院。同时相应设立各级检察厅。确定重大案件与死刑案由地方、高等审判厅初审、二审后，由大理院进行终审判决。审判制度方面，规定“行政主管不准违法干涉”，实行回避、辩护、陪审、公开审理等一系列现代审判制度。此外还开始制定新律，1910 年颁行《现行刑律》，将有关继承、分产、婚姻、钱债等民事条款分出，以示民、刑区分；更定刑名，改革死刑案执行办法，废除酷刑。还先后完成了《刑事诉讼律草案》《民事诉讼律草案》《民律草案》等法规。

此外，根据清政府筹备立宪清单的安排，城镇乡、厅州县各级地方自治的工作，也于 1909 年起在全国铺开。清政府采取了逐项准备的办法，设立地方自治筹办处，从事调查、选举事宜，同时开办地方自治研究所，培养、训练自治人才。先推行城镇乡下级自治，再进行厅州县上级自治，建立各级议事会和董事会，预定 1914 年各级自治一律成立。所谓地方自治，很多只是原来地方“公局”之类的改头换面，不过应付公事。士绅地主控制地方自治的情况是普遍的，中国乡村并没有很大变动。

1908 年 11 月 14 日和 15 日两天，光绪皇帝和慈禧太后先后死去。光绪无子嗣，慈禧临死前决定立醇亲王载沣之子溥仪为嗣皇帝，入继大统，载沣为摄政王监国，改元宣统。宣统登基第二天，载沣以新皇帝名义发布谕旨：“凡先朝未竟之功，莫不敬谨继述。”“自朕以及大小臣工，均应恪遵前次懿旨，仍以宣统八年为限，理无反汗，期在必行。”① 重申九年立宪期限，并督促各级官员抓紧办理。

载沣监国所面临的最大政敌，是权倾朝野的袁世凯。1909 年 1 月，载沣以“足疾”为名将袁世凯“开缺回籍养疴”。为了将权力，尤其是军权集中到自己手中，载沣任命自己的弟弟载涛和皇族毓朗会同铁良建立一支新的禁卫军，直接由自己统率。这支禁卫军虽然在军制上与新军相同，但士兵全部是满人，管带以上军官中，相当一部分人都是日本士官学校出身。为了培养满族子弟，他

① 《重申仍以宣统八年为限实行宪政谕》，故宫博物院明清档案部编：《清末筹备立宪档案史料》上册，中华书局 1979 年版，第 69 页。

们还在北京办贵胄学堂，训练皇族军。2月，载沣颁旨下令筹办海军，由其弟弟载洵为海军大臣。7月，载沣又下一道谕旨，宣布自己代理皇帝为海陆军大元帅。同一天，把军咨处从陆军部的管辖下分出来，由载涛、毓朗管理。军咨处不仅是一个军事参谋机构，还有权提名海陆军将领、指派参谋僚佐，以及对各省军事和保定军官学校的监督权和令各省设督练公所以统辖军营的权力。督练公所设军事参议官一员，由陆军部奏派，负责全省新旧各军及筹备粮饷编练队伍一切事宜。这些举措加强中央集权尤其是加强了皇权，直接触及各省督抚的权力和利益，从而扩大了统治集团内部的裂痕。

1911年5月，由于国内革命运动和立宪运动迅猛发展，清政府陷入四面楚歌境地，只得裁撤军机处，成立责任内阁。责任内阁以庆亲王奕劻为总理大臣，大学士那桐、徐世昌为协理大臣；国务大臣十人，以调整后的十个部（外务、民政、度支、学务、陆军、海军、司法、农工商、邮传、理藩）大臣兼充。十三名内阁成员中，满族九人，其中皇族就占七人。内阁成员名单一经公布，举国大哗，讥其为“皇族内阁”。立宪派对皇族内阁很不满意，要求重组内阁，遭到清政府拒绝。立宪派内部开始分化，一部分人开始倾向革命，清政府处于空前孤立的地步。

1911年10月，武昌起义爆发，立即形成全国燎原之势。清廷在行将灭亡前又做了最后的挣扎。10月30日载沣下“罪己诏”，11月1日批准奕劻等人的辞职，授袁世凯任内阁总理大臣。两天后又炮制了一个《宪法重大信条十九条》（十九信条），不得不对《钦定宪法大纲》做进一步修改，将立法权赋予国会，将行政权归于内阁，保留皇帝的布宪权、大臣任免权和率军权。不过它还没有来得及实行，清王朝就灭亡了。

三、立宪团体的组成与国会请愿运动

1906年，清政府宣布“预备仿行宪政”，使一批鼓吹立宪的人士大受鼓舞。为了促使宪政早日实现，他们开始组建团体，一时间宪政团体纷纷出现。

1906年12月，上海成立预备立宪公会，这是国内最早建立的立宪团体。会长郑孝胥，副会长是江浙实业界著名人物张謇和汤寿潜。预备立宪公会宣称“敬遵谕旨，使绅民明晰国政，以为预备立宪基础”①，参加者最多时达到370

① 《预备立宪公会报简章》，《预备立宪公会报》1908年第1期。

多人。会员中有不少是实业、教育界的知名人物，如实业界的李平书、许鼎霖、周廷弼等，文化教育界的狄葆贤、黄炎培、张元济等。该会出版刊物《预备立宪公会报》，出版了《公民必读》《地方自治纲要》等一大批宪政宣讲材料，还举办了法政讲习班。

清廷宣示预备立宪后，远在海外的康有为大喜过望，立即将保皇会改为国民宪政会，后接受梁启超的建议改为帝国宪政会。1907 年 3 月下旬，帝国宪政会在纽约召开各埠代表大会，通过会章，“以君主立宪”“尊帝室”[①] 为宗旨。同年 10 月，梁启超在日本东京组织政闻社并召开成立大会，到会者 300 余人。以马相伯为总务员，徐佛苏、麦孟华为常务员。大会发布的宣言书提出了实行国会制度、建设责任政府、制定法律、巩固司法权之独立、确立地方自治、慎重外交，保持对等权利等政治主张。次年 2 月，政闻社本部迁往上海，一方面分派人员到各省发展社员，建立支部；另一方面又积极联络地方大吏和满族亲贵，力图在政界扩大影响。1908 年 8 月，因有一名社员电奏朝廷提出三年召集国会，并要求把主张缓行立宪的赴德国考察宪政大臣于式枚革职，触怒了慈禧太后，政闻社遭查禁。

1906 年 6 月，杨度在日本创立宪政讲习会，“宗旨在于预备宪政进行之方法，以期宪政之实行”[②]。在随即发表的《意见书》中，明确提出设立民选议院的目标。该会注重在国内发展势力，并于 1908 年改名为宪政公会，在北京建立本部，在天津、上海、湖南等地建立支部，影响很大。此外，国内先后成立的立宪团体还有广东地方自治研究社、粤商自治会、贵州自治学社、宪政预备会、湖北宪政筹备会等。据统计，这一时期成立的立宪团体近 80 个。[③] 以立宪团体的成立为标志，立宪派迅速成为一支全国性的政治力量。

立宪派把建立君主立宪制度作为基本的政治追求，积极拥护清政府的预备立宪。但是，随着清政府预备立宪步骤的展开，立宪派的不满情绪逐步滋长。清政府把官制改革作为立宪的第一步，而中央官制改革的结果却又是“军机处不动”，这使立宪派大为失望。他们尖锐地批评清政府是想“借此愈使专制运用之灵活”，并一针见血地揭露：“政府宁肯与人民以一尺之空文，不肯与人民

① 《帝国宪政会大集议员会议序例》（1907 年 3 月 23 日），上海市文物保管委员会编：《康有为与保皇会》，上海人民出版社 1982 年版，第 489 页。

② 《东京中国宪政讲习会总章》，《时报》1907 年 8 月 11 日。

③ 张玉法著：《清季的立宪团体》，台北“中研院”近代史研究所 1971 年版，第 90—143 页。

一寸之实事；人民与之争者，宜与争实事，而不与争空文。”[①] 他们认为，立宪必须从建立国会入手，建立责任内阁与国会。为推动清政府加快立宪步伐，立宪派开始了和平请愿行动。

1907 年 9 月，宪政讲习会代表熊范舆、沈钧儒等人赴京，向都察院递上了有 100 余人签名的请愿书。提出，中国正处于“存亡危急之秋”，外有列强环逼，内部革命蜂起，只有速行立宪，即行开设民选议院，才能“使国家内部无上无下，同心协力，共济艰难”，要求清廷于一二年内即行开设民选议院。[②] 请愿书在报纸上发表后，发生了很大的影响。次年 3 月，宪政讲习会在湖南发动绅商学界代表 4000 余人签名，向都察院递交了第二封请愿书。宪政讲习会的请愿行动得到海外和国内各省立宪团体的响应。10 月，帝国宪政会发动海外华侨数万人推举代表入京要求速开国会；政闻社、粤商自治会、预备立宪公会则发出电奏，请开国会；1908 年 7 月，河南绅民 5000 余人签字并派代表进京呈递请愿书。接着，安徽、江苏、吉林、湖南、直隶、山东、北京、山西、浙江、广东等地纷纷举行集会，并于 8 月派代表入京。在请愿书上签名的，多则两万多人，少则也有数千人。

请愿运动的开展，使清政府备感压力。一些顽固守旧大臣认为请愿是“扰乱国是”“若准如所请，实为堕其术中”。1908 年 8 月，清政府以“托名研究时务，阴图煽乱，扰害治安”为名查禁政闻社，力图借此遏止请愿运动。但面对立宪派速开国会的浪潮，8 月下旬，清廷颁发了一系列标志宪政的实质性文件：《钦定宪法大纲》《议院法要领》《选举法要领》《逐年筹备事宜清单》，准备 1916 年宣布宪法，颁布议院法和选举法，选举议院，确定了九年召开国会的期限。清单公布后，立宪派普遍认为九年召开国会的时间太长，但为了在各省咨议局中争取有利地位，他们将活动重点转向咨议局筹备和选举工作，请愿运动暂时沉寂下来。1909 年，各省咨议局成立（只有新疆缓办），不少立宪派人成为咨议局议员。他们以咨议局为基地，掀起了国会请愿高潮。

1909 年 10 月，江苏咨议局议长张謇与立宪派骨干分子共同商定，决定联合各省咨议局开展共同请愿活动，并派有关人员分赴南北各省联络。12 月，16 个省的 51 名代表到达上海。经过讨论，通过了进呈的请愿书，要求两年内召开

---

① 杨度：《致〈新民丛报〉记者》，《中国新报》1907 年第 4 号。

② 《湖南即用知县熊范舆等请速设民选议院呈》，故宫博物院明清档案部编：《清末筹备立宪档案史料》下册，中华书局 1979 年版，第 609—616 页。

国会，明年先开临时会议。在最后一次代表会议上，又改为要求一年召开国会。他们还推选代表组成了30多人的请愿代表团。1910年1月，到京代表赴都察院呈递了请愿书，吁请“皇上速降谕旨，颁布议院法及选举法，期以一年之内，召集国会”。他们还组织了请愿速开国会同志会，章程明定以“请求政府即开国会为宗旨”。1月底，朝廷颁发上谕，以“幅员辽阔，筹备既未完全，国民智识程度又未画一，如一时遽开议院，恐反致纷扰不安，适足为宪政前程之累”① 为由，拒绝了请愿代表的要求。

第一次请愿失败后，立宪派准备发动第二次请愿。为扩大声势，请愿速开国会同志会致电各省绅、商、学团体，要求各省速立分会，选举代表进京，再上请愿书。他们还派出特派员，游说各省商会、学会和其他团体，号召“各省以绅民之名义，自举代表上书请愿，其签名之人，必须普遍于各府、厅、州、县，不可限于省城，人数愈多愈善”②。经过较为广泛的发动，立宪派在各省征集了30万人的签名，并组织了10个请愿代表团。6月中旬，150名代表齐集都察院，递上了代表各界的10份请愿书，要求一年之内召开国会。他们还上书摄政王载沣，认为在此内忧外患国势危急之时，只有开国会才是“弭乱救亡之策”。6月下旬，清廷颁下诏旨，再次强调财政艰难，“匪徒滋事”，宪政必须分缓急先后，并严令以后“毋得再行渎请”③。

第二次请愿被拒绝后，立宪派积极联络农工商学各界准备发动第三次请愿。8月，各省咨议局联合会在北京成立，成为各省咨议局联合议政的机构。该组织在联合各省力量推动请愿运动中发挥了积极作用。10月上旬，请愿代表孙洪伊等前往摄政王府上请愿书，遇到正在等候的东三省旅京学生赵振清、牛广生等17人，赵、牛两人当场拔刀从自己左腿、右臂割肉写血书，以表达要求速开国会的决心。请愿代表孙洪伊等又向资政院呈递了由187人署名的请愿书，请资政院提议于1911年召开国会。资政院通过速开国会的议案并具折上奏。

与此同时，立宪派到各省发动民众，掀起了一个群众请愿集会高潮。10月初，直隶各界1000余人举行请愿大会，并列队前往总督府，要总督陈夔龙代奏

---

① 《仍俟九年预备完全定期召集议院谕》，故宫博物院明清档案部编：《清末筹备立宪档案史料》下册，中华书局1979年版，第641页。

② 章开沅等主编：《苏州商会档案丛编》第1辑，华中师范大学出版社1991年版，第1261页。

③ 《俟九年预备完全再定期召集议院谕》，故宫博物院明清档案部编：《清末筹备立宪档案史料》下册，中华书局1979年版，第645页。

请愿书。陈在代表的强烈要求下，勉强答应。紧接着，河南国会请愿同志会召开各界请愿大会，到会者3000余人，随后游行至抚署，巡抚宝棻接见代表并允为代奏请愿书。山西、陕西、福建、四川、贵州、湖北、奉天等省均爆发了群众性的请愿国会大游行。与此同时，各省咨议局也通过呈请代奏速开国会议案，并致电军机处要求速开国会。形势的发展，使一部分督抚看到非速开国会不能立挽时局，因而也联衔入奏，要求速开国会并成立责任内阁。

载沣害怕请愿运动的发展危及自己的统治权，慌张应对。决定先设内阁，提前三年召集国会。11月初，清廷发布了“缩改于宣统五年实行开设议院”的上谕，并表示：此次所定期限，“应即作为确定年限，一经宣布，万不能再议更张”。① 同时要求请愿代表“即日散归，各安职业，静候朝廷详定一切”。

国会期限缩短了三年，有些立宪派认为目标已经达到。江苏咨议局致电资政院，表示“请愿有效，天恩高厚，感激涕零”。但多数立宪派并不满意。11月初，国会请愿代表团解散，同时商议保留请愿同志会，着手组织政党，并希望各省继续要求请愿国会。12月初，奉天各界代表一万余人举行集会和请愿游行，请东三省总督锡良代奏请愿书，还推举出进京请愿代表。接着，直隶咨议局和各团体3000多人举行集会游行并派出进京请愿代表。清廷对此采取强硬手段，用军警强行把东三省请愿代表押回奉天。在直隶，总督陈夔龙则派军警镇压学生请愿活动，调兵包围学堂，勒令开课。

随着请愿运动受阻，立宪派许多人士对清政府的幻想破灭了。他们指斥清政府是“假立宪之名，行专制之实”，有的就直接指斥清政府的立宪是一场“骗局”。他们中的一些人开始谋求“推倒政府”，转向反清革命道路。

第四节 资产阶级民主革命运动的兴起

一、孙中山的早期革命活动与资产阶级革命派的形成

孙中山（1866—1925），名文，字德明，号逸仙，广东香山（今广东中山）人。他在日本进行革命活动时曾用过“中山樵”的化名，后来“孙中山”就成为通用的名字。他是伟大的民族英雄、伟大的爱国主义者、中国民主革命的伟

① 金毓黻：《宣统政纪》卷四十三，宣统二年十月癸酉，第3—5页。

大先驱。

孙中山青年时代就读于檀香山和中国香港的英、美教会设立的学校，在课余进一步学习西方社会、政治等方面的著作，开始产生以美国、法国等西方国家为榜样全面改造中国的思想。在求学期间，孙中山结交了一批对清朝统治不满、受过新式教育的知识分子，他们无所顾忌地抨击时政，畅谈反清意愿，公开表示仰慕洪秀全，甚至讨论过要建立团体。在这个阶段，孙中山联络会党，结交志士，试验炸药，考察山川形势，了解清朝军备虚实，逐步形成了反清革命思想。

1894 年春，孙中山上书李鸿章，提出“人能尽其才”“地能尽其利”“物能尽其用”“货能畅其流”四项主张，但没有受到李鸿章的重视。在北上上书期间，孙中山进一步看清了清政府的腐败，确信不推翻清政府，一切改革都无从实行。其时甲午中日战争爆发，孙中山认为时机已到，决心把“倾覆清廷”的思想付诸行动。

1894 年 11 月，孙中山在檀香山建立了中国近代第一个革命团体——兴中会。孙中山为兴中会起草的章程指出，中国面临极为严重的民族危机，兴中会的设立是“专为振兴中华、维持国体起见”，会员入会以“驱除鞑虏，恢复中国，创立合众政府”为誓词。

1895 年年初，孙中山回到香港，与旧友陆皓东、陈少白等商议，并与香港爱国团体辅仁文社的杨衢云等人合作，建立兴中会总部。兴中会中，粤籍华侨占有相当高的比例，起骨干和领导作用的是孙中山、杨衢云等受过西式教育、有反清意向的青年知识分子。

香港兴中会成立后，孙中山着手策划当年重阳节（10 月 26 日）在广州起义。但被清朝官吏查悉，陆皓东等人被捕牺牲，起义计划失败，孙中山脱险后流亡国外。

1896 年 10 月，孙中山在英国伦敦被清政府公使馆人员诱禁。经孙中山的英国老师努力活动，英国政府立即进行交涉，报纸也报道了有关新闻。清政府驻英使馆迫于压力不得不把孙中山释放。“伦敦蒙难”扩大了孙中山在华侨中的影响，国内先进知识分子开始更多了解和关注孙中山的活动。

1900 年，孙中山筹划在广东举行一次新的起义。郑士良受命到惠州一带联络会党，10 月初在惠州三洲田举义，但由于缺乏饷械而失败。这次起义产生了很大震动和影响。孙中山后来说，他第一次起义失败时，国内几乎没有同情者，但惠州起义失败后，“则鲜闻一般人之恶声相加，而有识之士且多

1896 年孙中山断发改装后摄于美国

采自 J. O. P. Bland, *Recent Events and Present Policies*, London, 1912. p. 54.

为吾人扼腕叹息，恨其事之不成矣……吾人睹此情形，心中快慰，不可言状，知国人之迷梦已有渐醒之兆……有志之士，多起救国之思，而革命风潮自此萌芽矣”①。

1900 年春，孙中山委派陈少白创办的《中国日报》在香港出版，它是辛亥革命时期创办最早、延续出版时间最长的革命报刊。作为兴中会的机关报，《中国日报》旗帜鲜明地宣传“排满革命”，对促进革命思潮起了重要作用。1902 年以后，出现了一个创办革命报刊的热潮。重要的革命报刊有上海的《苏报》《国民日报》《俄事警闻》《警钟日报》《政艺通报》《大陆》《女报》《中国白话报》《二十世纪大舞台》，长沙的《俚语日报》，杭州的《杭州白话报》，日本东京的《国民报》《湖北学生界》《浙江潮》《江苏》《湖南游学译编》，

① 孙中山：《建国方略》（1917 年—1919 年），中山大学历史系孙中山研究室、广东省社会科学院历史研究所、中国社会科学院近代史研究所中华民国史研究室合编：《孙中山全集》第 6 卷，中华书局 1985 年版，第 235 页。

日本横滨的《开智录》，檀香山的《檀山新报》，旧金山的《大同日报》等。

一些持有激进革命主张的人士还撰写、刊印了很多革命书籍，为革命大造舆论，其中以章炳麟（1869—1936）、邹容（1885—1905）、陈天华（1875—1905）的著作最著名。

章炳麟，号太炎，曾参加维新运动，戊戌变法失败后逃亡日本期间与孙中山结识。20 世纪初，章炳麟的政治思想从改良转向革命。1902 年，康有为发表《答南北美洲诸华商论中国只可行立宪不可行革命书》和《与同学诸子梁启超等论印度亡国由于各省自立书》，保皇党人把它们印成小册子，大肆宣传，影响颇大。1903 年 5 月，章炳麟写成《驳康有为论革命书》，对康有为的论点逐条反驳，指出进行“反满”民族革命的必要性，针对康有为关于中国“民智未开”“不可行革命”的论点，章炳麟旗帜鲜明地主张以革命明公理、去旧俗、开民智，认为革命是救中国的良药，只有彻底推翻清朝，中国才能以独立国家的地位自立于世界。

邹容曾赴日留学，1903 年出版了《革命军》一书，章炳麟为之作序。《革命军》以充满激情的语言阐释革命的意义，歌颂革命的神圣伟大，揭露清朝统治的残酷腐朽，讨论革命的进行方法，号召国人起来进行反满革命，建立一个“中华共和国”。《革命军》出版后被一再翻印，风行海内外，成为辛亥革命时期发行量最大的革命出版物。

上海的《苏报》刊登了多篇宣传《革命军》的文章，1903 年，上海租界当局应清朝统治者要求查禁《苏报》，并到报馆捕人，邹容与为《革命军》作序的章炳麟先后入狱。清朝统治者曾企图“引渡”章、邹二人，但遭到拒绝。案件拖延再三，到 1904 年 5 月，由租界会审公廨判决章炳麟监禁三年，邹容监禁两年，后来邹容瘐死狱中。“《苏报》案”引起很大轰动，清朝统治者无法阻止革命思想的传播，自身的专制、残暴、颟顸面目也进一步暴露。

陈天华，在留学日本期间积极参加爱国革命活动，于 1903 年写成《猛回头》和《警世钟》，两书的基本思想都是要挽救国家危亡和进行排满革命，强调必须推翻清朝这个“洋人的朝廷”，指出“我们要想拒洋人，只有讲革命独立，不能讲勤王”。[①] 两书以朗朗上口的说唱弹词和痛快淋漓的白话文写成，不

① 陈天华：《猛回头》《警世钟》，中国史学会编：《中国近代史资料丛刊·辛亥革命》第 2 册，上海人民出版社 1957 年版，第 151、125 页。

仅在知识阶层，而且在一般民众中也产生了很大影响。

在革命书报的出版方面，上海的地位特别重要，以上海、香港等城市为中心，逐渐形成了革命思想传播的网络。这些革命书报虽然在理论上还缺乏系统性，却已经在青年知识阶层引起强烈的共鸣，为各地革命小团体的建立打下了思想基础。

1902—1903 年，各地革命志士纷纷酝酿成立革命团体，到 1904—1905 年，一批革命团体先后建立。

1903 年 11 月，黄兴（1874—1916）、刘揆一、章士钊等人在长沙组织华兴会，先后参加华兴会的两湖革命志士有四五百人。华兴会议定以“雄踞一省，与各省纷起”为革命方式，以“直捣幽燕、驱除鞑虏”为目标。华兴会成立后，黄兴、刘揆一访湖南哥老会首领马福益，到湖北、江西联络新军、防营，原定 1904 年 11 月起义，但事机败露，未能发动。重要骨干黄兴、宋教仁、陈天华等流亡日本。

1904 年 7 月，华兴会会员胡瑛与湖北志士张难先、刘静庵、吕大森、曹亚伯等组织科学补习所，对外宣称以“研究科学”为宗旨，实际上进行革命排满活动。华兴会的宋教仁等也加入了科学补习所，两个革命团体有比较密切的联系。

1904 年 10 月，陶成章（1878—1912）、龚宝铨、蔡元培等在上海组织光复会，在狱中的章炳麟对光复会的创立起了很重要的作用，后来加入光复会的还有徐锡麟、秋瑾等人。光复会以“光复汉族，还我河山”为宗旨，誓词为“光复汉族，还我河山，以身许国，功成身退”，陶成章、徐锡麟积极联络会党和商、学等界人士，为日后密谋起义作准备。

此外，比较著名的革命团体还有 1903 年赵声、秦毓鎏等人在南京组织的知耻学社，1904 年张通典、赵声、柏文蔚在南京组织的强学会，1904 年陈独秀、熊成基、倪映典等人在芜湖组织的岳王会等。海外留学生和华侨也成立了一些革命团体。

据统计，从 1894 年兴中会成立到 1905 年同盟会成立前，海内外设立革命团体 66 个，绝大部分成立于 20 世纪初年。按地区分，华中华东 32 个，华南 7 个，华北 6 个，海外 21 个（其中 19 个在日本）。① 尽管这些团体人数不多，都

① 参见张玉法著：《清季的革命团体》，台北“中研院”近代史研究所 1982 年版，第 663 页。

带有明显的地域性、分散性特点，且其中一些存在的时间很短，但它们都以革命手段推翻清朝为宗旨，成立后都进行了实际的革命活动。这些革命小团体的涌现，标志着中国资产阶级革命派的形成。

二、中国同盟会的创立及其三民主义政纲

各地革命小团体的建立，为革命力量的集结、联合，以及组建全国性革命政党打下了基础。在孙中山、黄兴等人的努力下，革命派联合的进程加快了。

在 20 世纪初资产阶级革命派形成过程中，首先举起反清革命旗帜的孙中山日渐成为众望所归的领袖。1903 年，章士钊把宫崎寅藏撰写的《三十三年之梦》节译成小册子《孙逸仙》。章炳麟为《孙逸仙》题诗："索虏昌狂泯禹绩，有赤帝子断其嗌，掸迹郑洪为民辟，四百兆人视兹册。"秦力山为这本书写的序说，"四年前，吾人意中之孙文，不过广州湾之一海贼也"，后来才知道"彼独以一人图祖国之光复，担人种之竞争，且欲发现人权公理于东洋专制世界，得非天诱其衷、天锡之勇者乎"。章士钊的自序甚至说："孙逸仙者，近今谈革命者之初祖，实行革命者之北辰，此有耳目者所同认。"① 这三个人作序时都没有见过孙中山，但已经把孙中山视为革命的倡导者、革命人士的希望所寄，甚至是全国人民的领袖了。

"伦敦蒙难"后，孙中山在游历欧美的过程中不断考察，不断学习，不断思考，逐渐形成了比较完整的革命思想体系。1903 年，孙中山在日本东京组建青山军事学校，首次以"驱除鞑虏，恢复中华，创立民国，平均地权"为誓词，此后两年，孙中山在海外发展革命组织时均用这 16 字为誓词。这样，就为革命派组建全国性政党提供了一个明确的革命纲领。

20 世纪初，新式知识分子队伍壮大，并且日渐趋向革命。在新的形势下，孙中山对这个新兴阶层越来越注意，1903 年，他曾委托廖仲恺等人"物识有志学生，结为团体，以任国事"②。他自己在日本、欧洲也与流亡海外的革命者、留学生交往和联络。

---

① 《孙逸仙》，中国史学会编：《中国近代史资料丛刊・辛亥革命》第 1 册，上海人民出版社 1957 年版，第 90—91 页。

② 孙中山：《建国方略》（1917 年—1919 年），中山大学历史系孙中山研究室、广东省社会科学院历史研究所、中国社会科学院近代史研究所中华民国史研究室合编：《孙中山全集》第 6 卷，中华书局 1985 年版，第 236 页。

1905 年 3 月孙中山在布鲁塞尔与留欧学生合影

采自中国社会科学院近代史研究所藏片

1905 年 7 月，孙中山从欧洲到日本，先后与黄兴、宋教仁、陈天华等人会见，商谈进行革命、加强联络的办法。留学生中的革命派人士经过讨论，对组织新的统一的革命组织基本取得了共识。

7 月底，两湖、广东等十省革命志士 76 人举行建立统一革命组织的筹备会议，孙中山首先演说革命的理由、革命形势和进行革命的方法，然后主持了对组织名称、宗旨的讨论。有人提出将新组织命名为“对满同盟会”。孙中山认为，革命不仅在于排满，还要废除专制、建立共和，因而建议将新组织命名为“中国同盟会”，获得众人赞同。接着，众人各自在孙中山拟好的入盟书签名，举行宣誓仪式，最后推举黄兴、宋教仁、陈天华等人起草会章。

8 月中旬，东京留学生举行盛大集会，欢迎孙中山，场面极为热烈。孙中山发表了激动人心的演说，号召革命志士奋起救国，把中国建设成“二十世纪头等的共和国”，进而使中国赶上欧美和日本。这次集会激励和动员了广大留日学生，进一步巩固了孙中山的领袖地位。

8月20日，孙中山主持了中国同盟会成立大会，会议通过了同盟会总章，规定以“驱除鞑虏，恢复中华，创立民国，平均地权”为誓词，这是中国同盟会的纲领。孙中山被推举为总理，又以三权分立的原则设立执行部、评议部、司法部，推选出总部职员。执行部是本部最重要的机关，负责组织革命活动，由黄兴出任执行部庶务总干事。

同盟会总章规定，组织系统分本部、支部、分会三级，本部设于东京，在国内设五个支部，国外设四个支部，各支部统辖下属的分会，但日后组织发展的实际情况与总章规定的组织系统不尽相符。首先成立分会的是香港，此后，同盟会在国内外建立了大量的分支组织，吸收有志之士加盟，有效地动员和组织了各种革命力量。

同盟会成立后，宋教仁、田桐等人主办的《二十世纪之支那》被改组为同盟会机关刊物《民报》。1905年11月，《民报》第一号出版，孙中山在《〈民报〉发刊词》中把自己的理论概括为民族、民权、民生三大主义，后来被简称为“三民主义”。孙中山在其主持制定的《中国同盟会革命方略》《军政府宣言》以及日后的一系列演说中，对三民主义做了阐释，一些同盟会员也撰文对三民主义做了解释和宣传。

民族主义的基本内容是“驱除鞑虏，恢复中华”。“排满”是为了推翻恶劣的清政府，实现民族独立、挽救国家危亡，民族主义并非复仇主义，并不是要排斥整个满族，更不是要杀尽所有满族人。

民权主义的基本内容是“创立民国”，建立共和制政府。《军政府宣言》说：“今者由平民革命以建国民政府，凡为国民皆平等以有参政权。大总统由国民公举。议会以国民公举之议员构成之。制定中华民国宪法，人人共守。敢有帝制自为者，天下共击之。”

民生主义的基本内容是“平均地权”。《军政府宣言》说：“文明之福祉，国民平等以享之。当改良社会经济组织，核定天下地价。其现有之地价，仍属原主所有；其革命后社会改良进步之增价，则归于国家，为国民所共享。肇造社会的国家，俾家给人足，四海之内无一夫不获其所。敢有垄断以制国民之生命者，与众弃之。”

1905 年中国同盟会成立后孙中山与黄兴、何天炯合影

采自萱野长知：《中华民国革命秘籍》，东京，1940 年。

《军政府宣言》还规定了实施同盟会政治纲领的三个程序："军法之治"时期、"约法之治"时期、"宪法之治"时期，"第一期为军政府督率国民扫除旧污之时代；第二期为军政府授地方自治权于人民，而自总揽国事之时代；第三期为军政府解除权柄，宪法上国家机关分掌国事之时代"①。孙中山在《民报》创刊周年纪念大会上的演说，还宣布将来的中华民国宪法要实行"五权分立"，即行政、立法、司法"三权"加上考选权（日后又称考试权）和纠察权。

三民主义是中国近代第一个较为明确、较为完整的资产阶级民主革命纲

① 对三民主义及革命程序的阐释见《中国同盟会革命方略》（1906 年秋冬），广东省社会科学院历史研究室、中国社会科学院近代史研究所中华民国史研究室、中山大学历史系孙中山研究室合编：《孙中山全集》第 1 卷，中华书局 1981 年版，第 297—298 页。

领。它主张通过民族革命、政治革命和社会革命，推翻封建专制制度，建立资产阶级共和国。但三民主义存在着缺陷：它的“民族主义”没有明确提出反对帝国主义的口号和纲领，同时也没有明确把军阀、官僚、地主作为革命对象，实现彻底的民主革命。“民权主义”虽然强调了要建立民主共和国，却忽略了广大劳动群众在国家中的地位，因而难以使人民的民主权利得到真正的保证。“平均地权”的主张没有正面触及封建土地所有制，不能满足广大农民的土地要求，因而难以发动民众。

中国同盟会是中国近代第一个资产阶级性质的革命政党，它有明确的革命目标，有一个先进的、比较完整的民主革命纲领，有一套按照西方民主原则建立起来的组织系统，有包括开展武装斗争在内的系列的革命方略，因而最终担负起领导辛亥革命的重任。孙中山日后谈道：“自革命同盟会成立之后，予之希望则为之开一新纪元……及乙巳之秋，集合全国之英俊而成立革命同盟会于东京之日，吾始信革命大业可及身而成矣。”① 中国同盟会的成立，使反清民主革命进入一个新阶段。

三、民主革命思想与君主立宪思想的论战

中国资产阶级的两个政治派别——革命派和改良派的代表人物，在 19 世纪 90 年代几乎同时开始政治活动。如果从近代中国主要社会矛盾的角度来考察，两派在挽救国家危亡，以西方、日本为榜样改造中国政治，发展近代工商业等方面的主张有相通之处，双方最初不仅没有明显冲突，而且还彼此同情。

戊戌维新运动失败后，维新派演变为保皇派。1899 年，康有为在海外创立保皇会。以孙中山为代表的革命派曾就合作问题同康有为、梁启超会谈，但康有为坚持维护清政府的立场，故合作未能实现。在兴中会继续联络会党、筹划起义时，保皇派也进行着武装“勤王”的准备。1900 年义和团运动爆发后，保皇派中比较激进的唐才常等人组织“自立军”，筹划在长江流域起事，得到孙中山的支持，一些兴中会会员也参与了唐才常的活动。由于得不到康有为的接济，唐才常举事计划一再改变。主持自立军的唐才常等人思想与革命派接近，又有孙中山的支持和部分兴中会会员的参与，因此自立军起义超出了“保皇”

① 孙中山：《建国方略》（1917 年—1919 年），中山大学历史系孙中山研究室、广东省社会科学院历史研究所、中国社会科学院近代史研究所中华民国史研究室合编：《孙中山全集》第 6 卷，中华书局 1985 年版，第 237 页。

的范围，带有一定的革命色彩。湖广总督张之洞探悉自立军的活动，于是年8月下旬捕杀唐才常等人。起义失败后，保皇派实际上放弃了以军事行动实现政治目标的计划。唐才常等人的牺牲，使一批爱国志士脱离康、梁的影响走上革命的道路，革命、改良两派合作的商洽也停止了。

兴中会与保皇会最初的冲突主要表现在发展组织方面，双方在海外都以华侨作为争取对象。在檀香山、日本，保皇会用欺骗的手段，诱使兴中会会员加入保皇会，使兴中会在海外不少阵地被占夺，一些组织甚至无形瓦解。自立军起义失败后，在20世纪初年革命风潮初盛、革命力量不断壮大的情况下，改良派维护清朝、反对革命的立场日益鲜明，民主革命、君主立宪两种政治思想的分歧迅速凸显并激化。改良派1902年创刊的《新民丛报》，在华侨和新知识阶层中有众多读者，君主立宪思想成为革命的严重障碍。

在1903—1904年间，孙中山、章炳麟等革命派的代表已开始撰写文章批判改良派。兴中会的《中国日报》也开始同改良派的报刊展开论战。同盟会成立和《民报》创立后，孙中山马上发起和领导了同改良派的大论战。

1906年4月，《民报》第三号号外刊登了《〈民报〉与〈新民丛报〉辩驳之纲领》，列举了两派分歧的12个问题，围绕这些问题，革命派和改良派以《民报》和《新民丛报》两刊物为主要阵地展开论战，投入论战的还有双方在海内外的20多种报刊。论战的范围很广，但主要集中在以下的四个问题：

第一，要不要进行民族革命推翻清朝统治。改良派颂扬清政府“深仁厚泽”，否认清朝的民族压迫，认为可以在保留清政府的前提下进行政治改革，没有必要进行民族革命，要求革命派放弃民族革命的宣传。革命派则以大量事实揭露清朝民族歧视和民族压迫的政策，特别强调清朝建立时对汉族的大屠杀，认为满汉矛盾不可调和，满族对汉族的压迫虐待必然激起汉族的仇恨与反抗；革命派还揭露了清朝自鸦片战争以来的种种误国卖国行径，指出要救中国，就必须实行民族革命，推翻清朝统治，中国才可以富强。

第二，要不要通过政治革命手段建立民主共和政体。改良派反对实行民主共和制度，主张实行君主立宪甚至开明专制。他们认为，中国国民素质较低，而且政治改革必须经历君主专制—开明专制—君主立宪—民主共和的阶段循序渐进，国家才不致动乱，不能由君主专制直接过渡到民主共和；可以依靠清政府进行政治改革以实行君主立宪。清朝宣布预备立宪后，改良派认为政治革命已没有必要，向清廷请愿立宪，实行有秩序的改革，才是唯一正当的手段。革命派以西方天赋人权的理论和中华民族自古有高度文明的事实，说明中国国民完全有接受民权立宪的能力，民主共和制度适合于中国。革命派指出，清朝统治者根本没有资格和能力谈改良政治，在各国历史上也没有国民不革命而政府自动立宪的先例，中国必须发动国民进行政治革命，颠覆君主专制制度，建立民主共和政体。

第三，要不要进行社会革命。改良派认为中国没有严重贫富差距，不必、不可、不能实行社会革命，只需进行社会改良即可。他们批评革命派的“平均地权”主张不能解决土地国有问题，实行土地国有化也不能解决贫富问题，攻击革命派要夺富人之产，目的是要吸引“下层社会”起来骚乱。革命派则以欧美等国贫富悬殊的事实，说明社会革命之必要与可行。他们认为，社会革命应与政治革命并行，要预防和解决贫富悬殊问题，就必须实行民生主义，民生主义的关键在土地国有制，实现土地国有的办法是实行只征收土地税的单税法。

第四，革命派在大论战中还驳斥了改良派关于革命必然会引起内乱，引起外国干涉导致国家被瓜分的论点。

尽管革命派存在自身的弱点，但他们所宣扬的资产阶级民主主义的革命纲领，顺应了历史发展的潮流，因此赢得了更多人的赞同和欢迎。1907 年 1 月，梁启超曾通过徐佛苏向革命派表示“调和”之意，但孙中山、胡汉民都不赞成。1907 年 7 月，《新民丛报》在困境中停刊，两派大论战告一段落。在《民报》与《新民丛报》的大论战中，孙中山是革命派的旗帜，他最早认识到批判改良派政治主张的必要性，是坚决与之斗争的第一人。孙中山不仅是领导者，也是参加者，他的一些文章和演说，发挥了提纲挈领的作用。在《民报》上刊载的重要论战文章，不少出自孙中山的口授或授意。孙中山的三民主义，实际上成为双方辩论的中心议题。

这场大论战具有重大的意义。通过这场论战，革命党人对改良派的主要论点做了全面的清算，划清了革命与改良的界限，进一步阐释、宣传了同盟会的纲领，促进了革命形势的进一步发展。这场论战，对革命党人而言是一场思想政治的动员，同时也在更广大范围内使人们认识到必须推翻清王朝，建立新的共和制度取代君主专制制度。越来越多的新式知识分子甚至下层民众承认革命的正义性、必要性，造成了压倒改良派的气势。《新民丛报》一篇文章说：“数年以来，革命论盛行于国中，今则得法理论、政治论以为之羽翼，其旗帜益鲜明，其壁垒益森严，其势力益磅礴而郁积，下至贩夫走卒，莫不口谈革命，而身行破坏……革命党者，公然为事实上之进行，立宪党者，不过为名义上之鼓吹，气为所慑，而口为所钳。”① 大论战后，改良派虽然没有在思想政治领域销声匿迹，但影响大不如前，革命派掌握了思想战线的主动权。

这场大论战中也暴露了革命派政治和思想上的若干弱点。比如，革命派充满爱国精神，但对帝国主义的本质缺乏深刻认识，而且还抱有幻想。尤其是在论及“社会革命”“平均地权”时，一再申明并不是要“夺富人之田为己有”，不敢正视中国封建土地所有制的现实。同时，他们所说的“国民”，主要还是指资产阶级及其知识分子，而不是广大的劳动群众。这些理论和认识的局限，不可避免地影响了辛亥革命的进程和结局。

四、同盟会等团体发动的反清武装起义

孙中山在创立兴中会的时候，即确定以武装起义推翻清朝。他从“急于聚人，利于接济，快于进取”② 几个因素综合考虑，主张将广东作为起义的首选地点。同盟会成立后，孙中山基本沿用了兴中会时期的军事战略，首先在广东或邻近省份策划起义，以求在华南建立共和政权，然后各地革命党人纷起，最终推翻清朝统治。

从 1906 年到 1910 年，革命党人发动了多次起义。

同盟会成立后发动的第一次大起义是萍浏醴起义。同盟会总部曾派刘道一、蔡绍南回赣湘交界地区活动，联络会党。1906 年 12 月，蔡绍南与洪江会首领龚春台等在萍乡、浏阳、醴陵一带举义，四方群众纷纷响应，起义军在很短时间内就发展到三万余人，同盟会总部也派出会员参加起义或分赴各省响应。清廷先后调集四省军队与各地团勇共四五万人镇压。起义军仓猝发难，号令不一，各自为战，加之武器缺乏，最后失败。蔡绍南、龚春台与得知起义爆发消息后再次从东京赴湖南的刘道一等人，先后被捕牺牲。对这次起义，孙中山、黄兴等同盟会最高领导事先并无制订军事计划，也无法提供饷械支援，可说是部分同盟会员发动会党进行的起义。起义失败使革命党人在两湖、江西等省份的力量受到严重削弱，此后数年，孙中山、黄兴等更加专注在华南首先发

① 与之：《论中国现在之党派及将来之政党》，《新民丛报》第 92 号，日本横滨 1906 年。

② 孙中山：《与宫崎寅藏等笔谈》（1897 年 8 月—1898 年 8 月），广东省社会科学院历史研究室、中国社会科学院近代史研究所中华民国史研究室、中山大学历史系孙中山研究室合编：《孙中山全集》第 1 卷，中华书局 1981 年版，第 182—185 页。

动起义。

1907 年春，因清政府的交涉，日本政府迫令孙中山离境。3 月，孙中山与胡汉民等人赴南洋，在越南河内设立策动广东、广西、云南三省起义的机关。在两年内，孙中山、黄兴领导了南方边境地区的六次起义，即 1907 年 5 月的广东潮州黄冈起义、6 月的惠州七女湖起义、9 月的广东钦州防城起义、12 月的广西镇南关起义、1908 年 3—4 月的两广钦廉上思起义、4—5 月的云南河口起义。孙中山为这六次起义制订了军事计划，筹划饷械，在镇南关起义时还与黄兴、胡汉民等亲临战阵。黄兴则亲自指挥钦廉上思和云南河口的起义。加入了同盟会的会党首领许雪秋、王和顺、黄明堂等人被孙中山任命为起义的指挥者。参与这六次起义的人数都不多，举义时都只有几百人，加上陆续参加者，最多的也不超过几千人。起义的军费基本靠孙中山向华侨募集，数额有限，义军往往因为弹尽援绝自动退出。孙中山曾想通过某些日本人、法国人取得外援，但并无结果，镇南关起义后，越南法国殖民当局还应清政府的要求驱逐孙中山出境。虽然这六次起义都失败了，然而它们在政治上的影响远超过军事上的成就。起义军通过檄文、布告等宣传了同盟会的纲领，扩大了民主革命的影响。起义军小部队与人数、装备占优势的清朝军队作战，一再把敌军击败，黄兴等同盟会员在起义中表现出的英雄气概，鼓舞了革命党人和全国人民的革命精神。

1908 年秋，孙中山在新加坡设立南洋支部，以胡汉民为支部长。孙中山一方面在南洋领导和亲自参加对改良派的批判，一方面继续筹划在华南举行新的起义，举义地点选择在广州。此前，一些同盟会员在驻广州的防营中进行活动，借用会党散发“票布”的办法，在防营中散发“保亚票”，成立“保亚会”，作为联络防营士兵的机关。1908 年 11 月，同盟会员赵声、朱执信、邹鲁等筹划，决定通过防营士兵谭馥发动防营在广州起义。12 月，“保亚票”被清朝官吏破获，起义未及发动即告失败。

在发动防营的同时，同盟会员赵声、朱执信、倪映典在广州新军中积极进行活动，吸引大批士兵加入同盟会。1909 年 5 月，孙中山离开南洋赴欧洲，把在国内发展党务、筹划起义的工作委托黄兴、胡汉民负责。10 月，胡汉民在香港组建同盟会南方支部，定于 1910 年 2 月元宵节由新军作为主力在广州发动起义。1 月底，黄兴从日本抵达香港准备主持军事大计。但新军士兵因小事与巡警发生冲突，起义被迫改期。倪映典赴香港报告紧急情况后回到广州，于 2 月中旬仓促举义，率起义军千余人从城外燕塘军营出发进攻广州，半途遇到大队清军阻击，倪映典不幸牺牲。起义军群龙无首，加上弹药缺乏，无从接济，起义失败。

1907 年 3 月，同盟会员宋教仁、白逾桓等人征得孙中山、黄兴同意后，计划到东北“联络各马贼劫取通化县款项，然后大行进取之策”。宋、白到东北后致函“马贼”首领李逢春等，希望他们与同盟会合作，“南北交攻，共图大举”①，得到李逢春等人的响应。6 月，宋、白曾筹划起义，但未能成功，白被捕，宋教仁脱险到东京。

1908—1910 年，四川省籍的同盟会员黄树中、熊克武、谢奉琦等人联络会党、防营、新军，曾先后筹划在泸州、成都、叙州、广安、嘉定、彭水等地起义。虽然上述起义或未能发动便告失败，或旋起即被清朝官吏镇压，但扩大了同盟会在四川的影响，为日后保路运动中同盟会领导的起义打下了基础。

在同盟会领导和发动西南武装起义的同时，其他革命组织也发动了反清武装起义。同盟会成立后，一批光复会的领袖也加入了同盟会，但光复会组织仍独立存在并继续以光复会名义开展革命活动，有些光复会员如徐锡麟没有参加同盟会。1905 年 9 月，徐锡麟在浙江绍兴创办大通学堂，作为光复会筹划起义的机关，后捐了个道台官衔分发安徽，得任安徽陆军小学会办、巡警处兼巡警学堂会办。1907 年 3 月，同盟会员兼光复会员秋瑾任大通学堂督办。徐、秋筹划在浙江、安徽两省同时发动起义。部署未定，嵊县等地的会党提前起义，引起清朝官吏的注意。1907 年 7 月，徐锡麟仓促举事，在巡警学堂毕业典礼上刺杀安徽巡抚恩铭，率领学生攻占省城安庆的军械所，但被清军包围，徐锡麟等人被俘牺牲。秋瑾也受牵连被捕，就义于绍兴。

1908 年 11 月，岳王会安庆分会领导人熊成基趁慈禧、光绪相继死去的机会，率新军马炮营千余人在安庆城外举行起义。起义军作战一昼夜未能攻下安庆，大批清军赶到，起义军被迫退却，在清军追击下逐步解散。熊成基在起义失败后赴日本加入同盟会，1910 年在东北从事革命活动时被捕牺牲。

革命党发动的一系列武装斗争之所以均以失败告终，主要原因在于没有深入发动、组织群众，尤其是未能依靠广大的农民群众。革命党人没有自己的军

① 宋教仁：《我之历史（第六卷）》（1907 年 3 月 20 日、4 月 9 日），陈旭麓主编：《宋教仁集》下册，中华书局 1981 年版，第 723、727 页。

队，主要是依靠会党或策反清朝军队。会党虽然多数出身农民，但成分复杂，既有大量游民和贫苦农民、手工业者，也有商人、士绅、衙役等，还有专门打家劫舍的盗匪。他们不乏反抗精神，但缺少纪律性，往往不受军法约束，内部纷争不断，索饷不遂则不愿作战，甚至扰民害民。革命党人没有能力教育和改造会党，于是转而重点开展对军队特别是新军的工作。实际上，在多数地区革命党人是同时发动会党和军队，甚至继续实行以联络会党为主的策略。

五、抵制美货和收回利权运动的开展

在资产阶级民主革命运动兴起和逐步进入高潮时，民族资产阶级也掀起了抵制美货和回收利权的爱国运动。

抵制美货运动是由美国排华政策引起的。19 世纪，华工进入美国，从事垦荒、筑路、采矿等繁重甚至危险的劳动，对美国经济发展及西部开发作出了重要贡献。19 世纪 70 年代，美国发生周期性经济危机，大批工人失业，美国资产阶级为了转移本国劳动人民的不满，把失业和生活水平的下降归罪于外国移民，特别是华工。美国报刊连篇累牍登载反华文章。从 19 世纪 80 年代开始，美国排华暴力事件不断出现。在这种情况下，美国政府颁布了一系列种族歧视、排斥中国人的法律。1894 年，美国政府逼迫清政府签订《中美会订限禁华工保护华民条约》，规定十年内禁止华工入美，在美国的华人必须接受种种限制。通过这个条约，清政府实际上承认了美国的排华法律。

1904 年，《中美会订限禁华工保护华民条约》十年期满，华侨和国内的有识之士强烈要求清政府与美国废除旧约，另签新约。在舆论压力下，清政府与美国开展交涉，要求修改条约，但美国政府不允许修改条约中苛刻的排华条款。1905 年年初，美国派出新任驻华公使柔克义，以强硬态度与清政府谈判订约。

美国政府的态度激起了中国人民的强烈不满，上海商界首先发起了抗争运动。1905 年 5 月，上海商务总会召开各帮商董特别大会商讨对策，上海商务总会会董曾铸倡议：以两月为期，如到期“美国不允将苛例删改而强我续约，则我华人当合全国誓不运销美货以为抵制”①，与会绅商全体赞成。接

① 徐鼎新、钱小明著：《上海总商会史（1902—1929）》，上海社会科学院出版社 1991 年版，第 70 页。

着，由曾铸领衔向全国21个主要城市的商界发出通电，要求一致行动，得到各省响应。

由于美国政府拒绝修订禁止华工条约，上海商务总会宣布实行抵制美货，国内商界纷起响应，一场轰轰烈烈的爱国运动席卷全国。各地纷纷成立拒约组织，出版专门宣传拒约的报刊，举行大规模的群众集会，采取各种方式抵制美货。抵制运动有广泛的群众性，参加者包括商界、绅界、学界人士、海外华侨和广大劳动群众，甚至还有教会信徒、洋行雇员。抵制运动使美国对华输出大幅下降。

面对运动的迅猛发展，清政府一方面迫于美国政府的威胁，另一方面也害怕运动危及其统治秩序，于是命令各地官员“认真劝谕”抵制美货的民众，“严行查究”其中的激烈分子。在各地官员的压制打击下，抵制美货运动受到挫折，领导这场运动的资产阶级也出现动摇、分化。到1906年年初，抵制运动逐渐平息。面对全国人民的压力，清政府虽无力抗拒美国的排华政策，但也没有同美国续订限制华工的新约。

较之抵制美货运动，收回利权运动持续的时间更长。20世纪初，西方国家对华侵略的一个重要手段就是在中国攫夺和瓜分铁路修筑经营权和矿山开采权。由于清朝的铁路主要是通过向列强借债修筑的，列强通过借债控制了路权并以此扩张自己的势力范围。从1903年起，各省人民反对外国控制中国铁路、矿山的回收利权运动，逐渐在全国开展起来。

在收回路权运动中，首先收回自办的是粤汉铁路。1898年、1900年，美国华美合兴公司通过两次签约取得粤汉铁路的修筑权，但筑路进展缓慢，期间又违约把2/3的股票出售给比利时人。消息传出后，湖南、湖北、广东三省绅商士民和留学生坚决要求废除原合同，把粤汉铁路收回自办。三省的督抚也支持收回自办的主张。经过反复交涉，粤汉铁路修筑权终于以675万美元赎回，由三省分段集股自办，开创了赎路自办的先例。

江苏、浙江两省人民收回苏杭甬铁路的斗争持续了数年。1898年，英国公司通过签订合同取得苏州—杭州—宁波铁路的修筑权，但几年后仍未动工。浙江、江苏于1905年、1906年先后建立了铁路公司，一面集股，一面筹划开工修筑。英国对此大为不满，向清政府施加压力。1907年10月，清政府被迫答应向英国借款修路，两省绅民只准搭股。江浙两省绅、商、学界相继成立维护路权的组织，奋起抗议清廷卖路。1908年3月，清政府与英国正式

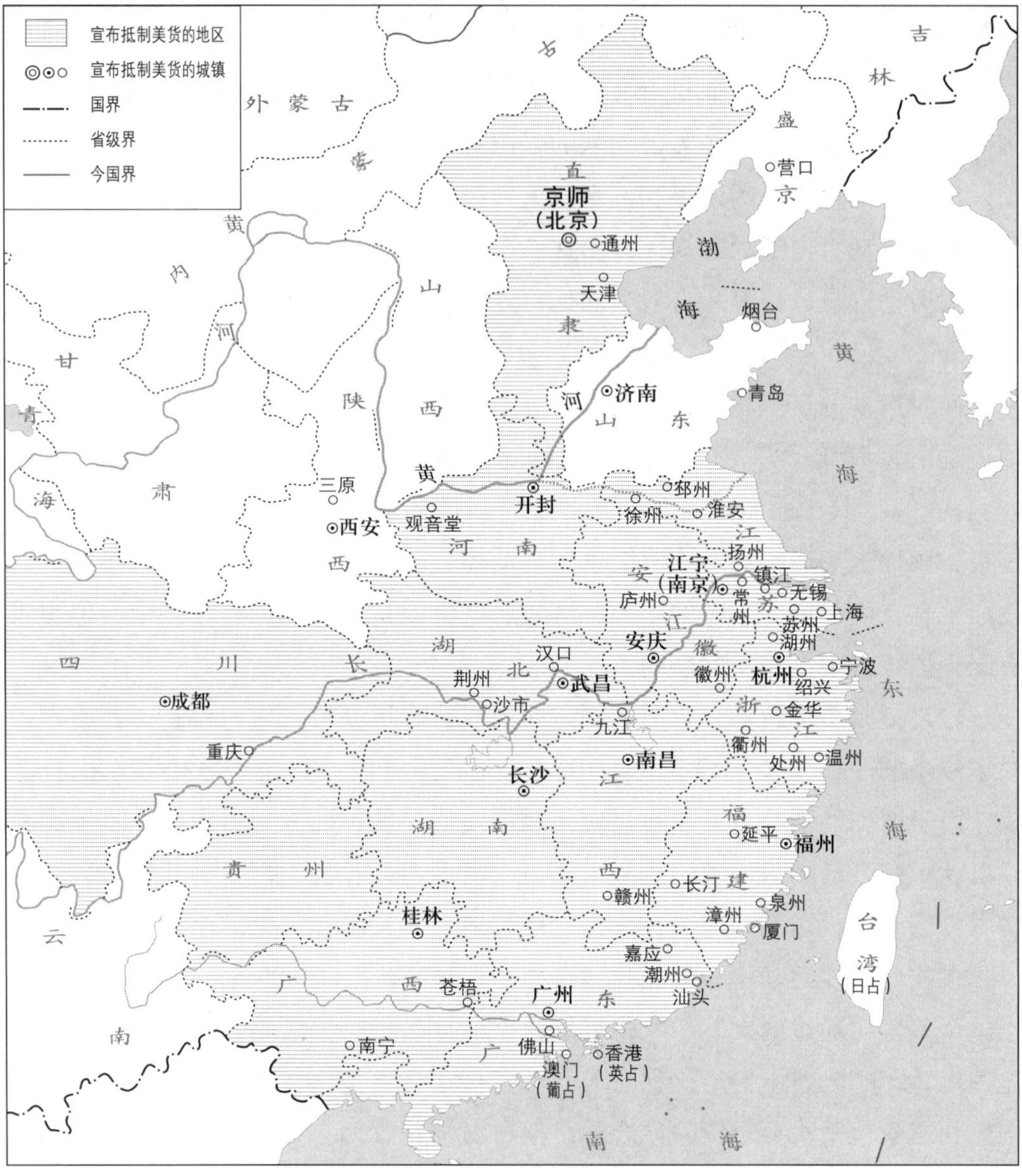

1905 年反美爱国运动示意图

签订合同，由英国借款给清政府邮传部，再由邮传部借款给江、浙两铁路公司，借款期内聘请英国人任总工程师。江、浙两公司在两省人民的支持下坚决反对，提出废约、退款、不用英国总工程师的要求。这场斗争延续到 1911 年，清政府把苏杭甬铁路借款移作徐州铁路借款，苏杭甬铁路争回自办风潮才告一段落。

此外，直隶、河南、山东、安徽、云南等省也掀起了维护路权、拒借外债、商民自办铁路的风潮。

在收回路权运动的同时，各地人民还掀起了回收采矿权运动的高潮。甲午战后，外国资本对中国矿冶业、特别是煤矿业的开发与投资，是帝国主义国家对华资本输出的一个重点，既损害了中国国家主权，也严重阻碍了中国民族资本主义的发展。各地绅商和学界认识到矿权丧失的危害，通过联名上书、举行集会、刊印宣传品、发起抵制等办法，动员了相当数量的各界民众参与这场运动，在各地绅商强烈要求下，清政府不得不同攫夺矿权的外国公司交涉，废除旧约，使部分矿山得以赎回自办。1904 年后，一些地区的矿权陆续收回：浙江收回衢州、严州、温州、处州四府矿权，福建收回建宁、邵武、汀州三府矿权，山西收回盂县、平定州、潞安、泽州、平阳等地所属矿权，安徽收回了铜官山矿权，山东收回茅山五矿矿权，四川收回江北厅矿权，云南收回昆明、澂江等七府矿权，黑龙江收回嘟噜河与吉拉林河砂金矿，等等。

上述运动，维护了国家主权和民族尊严，激发了中国人民的民族意识和国家观念，具有反帝爱国的性质。在这些运动中，民族资产阶级发挥了领导作用。

甲午战争以后，帝国主义的侵略与革命、维新两派的宣传，促进了民族资产阶级的觉醒，也使民族资产阶级进一步认识到清政府对外妥协、卖国误国的本质，他们积极参与甚至领导爱国运动。在各地商会和其他绅、商、学界组织的发动下，这些爱国运动带有广泛的群众性，兴中会、同盟会、保皇会部分成员也参与了运动，对辛亥革命爆发产生了不可忽视的影响。

第五节　武昌起义与全国革命高潮

一、黄花岗起义与保路风潮

1911 年发生的两件大事——黄花岗起义和保路运动，促进了全国性革命高潮的来临。

1910 年广州新军起义失败后，孙中山、黄兴等积极筹划再举。11 月，孙中山在马来西亚的槟榔屿召集会议，决定再次在广州发动起义。会后，孙中山赴美国、欧洲活动，黄兴、赵声、胡汉民等赴香港组织起义领导机构统筹部。在统筹部领导下，一方面向南洋、美洲等地华侨筹款；另一方面在广州设立秘密机关、购运枪械、组织起义的先锋队“选锋”①、联络军队与民军等，为起义作准备。此外，由谭人凤等人负责联络两湖、江浙等地的革命党人。

4月上旬，统筹部在香港召开会议，决定4月13日发难，由赵声、黄兴任起义军正、副总指挥，指挥“选锋”800人分10路进攻。因同盟会员温生才独自行动刺杀署理广州将军孚琦的事件发生，清朝官吏加紧了戒备，军械也未能按计划运到，统筹部决定把起义时间延期到4月26日。

黄兴到达广州后，在两广总督衙署附近的小东营5号设立起义指挥部。革命党人对是否如期举事产生分歧，经讨论后把起义日期再推迟到4月27日。起义部署一再变化，原先所定10路同时并举的计划改为4路，并通知邻近各县民军届时响应。然而，由于内部意见不一以及联络方面的失误，最后只有黄兴统率的一路孤军发动起义。

4月27日下午，黄兴率领选锋120多人攻入两广总督衙署，两广总督张鸣岐逃走。黄兴等人在督署放火后退出，与前来镇压的清军展开激战。由于寡不敌众，大部分起义者牺牲或被俘，黄兴与少数起义者脱险。

朱执信等人事先在广州附近联络的民军，不知起义已经失败，仍按计划于4月27日在顺德县乐从圩起事，接着攻入佛山镇，但被前来增援的清军击退。在这次起义中牺牲的同盟会员，日后能查出姓名的共86人。起义失败后，72名起义者的遗骸被同盟会员潘达微收葬于广州东郊黄花岗，所以这次起义也称作黄花岗起义。

这次起义虽然失败，但影响深远。起义沉重打击了清朝的统治，整个清朝统治集团此后如惊弓之鸟，阵脚大乱。无论在战斗中还是被捕后，革命党人都表现出崇高品格和英雄气概，鼓舞了全国人民。孙中山后来高度评价这次起义：“然是役也，碧血横飞，浩气四塞，草木为之含悲，风云因而变色，全国久蛰之人心，乃大兴奋，怨愤所积，如怒涛排壑，不可遏抑，不半载而武昌之大革命以成，则斯役之价值，直可惊天地、泣鬼神，与武昌革命之役并寿。”②

黄花岗起义的硝烟刚散，一场动摇清朝统治根基的保路运动跟着爆发。

在回收利权运动中，各省成立了一批商办铁路公司，但主事的绅商无力解

① 选锋：挑选精锐士兵组成的突击队。

② 孙中山：《〈黄花岗烈士事略〉序》（1921年12月），中山大学历史系孙中山研究室、广东省社会科学院历史研究所、中国社会科学院近代史研究所中华民国史研究室合编：《孙中山全集》第6卷，中华书局1985年版，第50页。

决铁路修筑的资金、技术、管理等方面的问题，筑路成效甚微。一些官员主张取消铁路商办，转而实行国有。一度支持铁路商办的张之洞，在1909年6月代表清政府同英、法、德三国银行团谈判，达成了借款修筑两湖境内的粤汉、川汉铁路的意向，后美国加入，借款额增至600万英镑。此后，四国向清政府施加压力，要求迅速签订正式借款合同。

1911年5月，清政府发布上谕，宣布以往批准的干路商办各案，一律取消，将铁路干线的修筑权收归国有。邮传部尚书盛宣怀代表清政府同四国银行团签订了正式合同。借款的利息很高，合同的条件也相当苛刻，在一些绅商和官员看来，清政府“铁路国有”政策实质无异于把回收的利权重新奉送给外国，严重损害了中国的主权。由于国会请愿运动被压制，立宪派本就对清政府极度失望，加之“铁路国有”政策与皇族内阁又几乎同时推出，于是引发了由立宪派绅商领导的保路运动。

湖南、湖北两省的咨议局、铁路公司，发动绅、商、学等各界，举行集会，抗议请愿，要求清政府收回成命。广东的铁路公司举行股东大会，在一派激愤的气氛中，通过了“万众一心，力争商办”，“政府如有甘愿违背先朝谕旨，破坏商办之局，派人来粤强占，我股东力筹对待”① 等五条决议。广东商民为抵制清廷的“铁路国有”政策及反对两广总督张鸣岐的高压手段，还抵制清政府发行的纸币。由于清廷和三省官员软硬兼施，予以压制，领导抗议运动的绅商也害怕下层民众“暴动”，与清朝官吏妥协，三省的保路运动并没有形成大风潮。

清政府宣布铁路国有政策的消息传到四川，引起了激烈反应。6月，川省立宪派主持的四川保路同志会成立，接着，省内各地也成立保路同志会的分支机构，各界人士纷纷入会，很短时间内，会员人数超过十万。一些同盟会员也参与其中，寻找机会发动起义。

清廷并不理会四川立宪派的诉求，把同情争路的护理四川总督王人文革职。8月初，赵尔丰署理四川总督。他诱捕保路运动的领袖人物蒲殿俊、罗纶等人，查封了保路同志会和铁路公司。成都市民闻讯到督署要求释放被捕各人，赵尔丰竟下令开枪，当场打死打伤数十人。在成都血案发生前，铁路公司股东大会已作出不向清政府纳税捐、不分担外债等决定，血案发生后，保路运

① 《粤路公司反抗铁路国有之大会议》，《申报》1911年6月12日，第二版。

动完全冲破立宪派力主的“文明争路”范围，演变成一场遍及全川的武装起义。此后，革命党人掌握了运动的主导权。同盟会员秦载赓、龙鸣剑、王天杰率领的东路同志军与清军在仁寿、成都一带作战，各地的保路同志军先后揭竿而起者达 20 余万人。四川各地的清军疲于奔命，各级官员如同惊弓之鸟。

四川保路运动发展为武装起义，使清朝最高统治者手忙脚乱，清朝的统治秩序不仅在四川，而且在全国都陷入风雨飘摇之中。四川保路运动促进了全国革命形势的成熟，在四川烽烟四起之际，震撼全国的武昌起义爆发了。

二、武昌首义与各省响应

武昌成为首义之地，是湖北革命党人多年苦心经营的结果。

文学社和共进会是策动武昌起义的两大革命组织。文学社是武汉本地的革命团体，它与“内容实为同盟会”的日知会，有不可分割的历史联系。1906 年年初，同盟会员曹亚伯与湖北志士刘静庵等创立革命团体日知会。不久，同盟会东京总部派余诚回鄂组建同盟会湖北分会，刘静庵等日知会成员加盟，同盟会湖北分会利用日知会名义在军学两界开展活动。萍浏醴起义失败后，多名日知会骨干被清朝官吏拘捕，日知会机关被破坏。1908 年 7 月，原日知会一些成员又组建了湖北军队同盟会。当年 12 月，湖北军队同盟会又改组为群治学社，1910 年 9 月，再改组为振武学社。1911 年 1 月，同盟会员蒋翊武、刘复基、詹大悲等人将振武学社改组为文学社。从军队同盟会到文学社，都以在新军发展革命力量作为重点。革命党人在各标、营、队都推举代表，分别管理各标、营、队事务，形成了相当严密的组织系统。

湖北共进会的骨干多为同盟会员，它实际上是同盟会中的一个派别。1907 年秋，两湖、江西等省籍的同盟会员张百祥、邓文翚、焦达峰、刘公和孙武等人，不满于孙中山对长江流域关注不足，在日本东京组建共进会。共进会有自己的组织系统，把同盟会的纲领“平均地权”改为“平均人权”，以联络会党为重点，全力推进长江流域的革命运动。1909 年，孙武回鄂与湖北革命党人组织湖北共进会，在总结以往经验教训后，也把工作重点转向新军。经过文学社和共进会的发动，湖北 16000 多名新军中，差不多 1/3 的士兵都被组织到革命团体里来。

文学社、共进会两团体经过多次商谈，在 9 月下旬实行了联合，成立了起义总指挥部，制订了起义的具体方案，推举文学社领导人蒋翊武为起义军事总指挥，共进会领导人孙武为参谋长。革命党人还派人分别到香港和上海敦请黄兴和宋教仁前来武昌主持起义大计，并联络邻近各省响应。

起义原决定于10月6日举行，但未能如期发动。10月9日下午，孙武在汉口俄租界宝善里14号制造炸弹失事爆炸，起义计划暴露。湖广总督瑞澂下令镇压，清朝官吏按查获的名册搜捕革命党人，设在武昌的起义秘密机关被破坏，蒋翊武走避，革命党人刘复基、彭楚藩、杨宏胜被捕杀。形势万分紧急之时，部分革命党人当机立断，决定10月10日晚上发难。傍晚，工程第八营的革命党人打响了武昌起义第一枪，首先占领楚望台军械库，其他步、炮、辎重各营和军事学堂学生纷纷响应，在临时推举的原日知会成员、新军队官吴兆麟指挥下，起义军攻占了第八镇司令部、湖广总督署和藩库等重要部门，湖广总督瑞澂逃到了停泊在长江的兵舰上。当晚，起义军占领省城武昌。到12日，起义军完全控制了武汉三镇。

1911年10月武昌起义后，革命军渡江去汉口作战

采自《大革命写真集》第一集，上海商务印书馆1912年版。

占领武昌后，革命党人按照中国同盟会革命方略，立即筹划建立军政府。湖北革命党人迫切期望同盟会领导人能迅速到武汉主持和领导。孙中山此时远在海外不能赶回，黄兴在香港闻讯后赶赴上海，与宋教仁等于10月28日到达武汉。他们虽然参与了指挥武汉保卫战和革命政权的领导工作，但错过了掌握武昌首义领导权的时机。武昌的革命组织领导人蒋翊武、孙武、刘公等人也都因故不在武昌。起义者绝大多数是普通士兵，只有少数下级军官，他们没有意识到应该把新建立的军政府权力掌握在自己手里，以为自己声望不够，便邀请具有较高社会声望的湖北咨议局议长汤化龙等立宪派人士讨论成立新政权的问题，无奈中把新军湖北第二十一混成协协统（相当于旅长）黎元洪请出来充当军政府都督。革命党人以黎元洪的名义发布中华民国军政府鄂军都督府的告示，随后根据同盟会的《革命方略》拟定了军政府的组织条例，组建了由革命党人主导，有旧官僚、立宪派参加的新政权。

武昌起义后的湖北革命军

采自 Edwin J. Dingle, *China's Revolution*: *1911–1912*, Shanghai: Commercial Press, 1912, p. 21.

湖北革命党人还以“中华民国大总统孙”的名义，在《中华民国公报》上发布文告，号召各省响应，以安定和鼓舞人心。

黎元洪（1864—1928），字宋卿，湖北黄陂人。甲午战争后，随张之洞在湖北训练新军，递升至第二十一混成协协统。他曾以军界代表的资格参加过保路运动，博得了一些进步人士的好感，但他对革命持敌视态度。10 月 10 日晚上，他亲手枪杀了两名响应起义的士兵。黎元洪并不乐意归顺革命，他是被士兵搜出，用枪逼着出任都督的，因此沉默、消极。

武昌起义以后，各省纷纷响应。10 月 22 日，湖南革命党人起义，建立了湖南军政府。同日，陕西革命党人也光复西安，建立了陕西军政府。接着，23 日，江西九江的新军响应武昌起义，建立了九江军政分府；29 日，山西新军起义，建立了山西军政府；30日，云南新军起义，建立了云南军政府；31日，同盟会员在南昌发动起义，建立了江西军政府。

11月3日，上海同盟会、光复会发动起义，建立了上海军政府。上海当时虽不是省会，却是资产阶级力量最集中、中外舆论最关注的城市。上海的光复影响了整个东南地区。4日，浙江和贵州的革命党人分别起义，成立了军政府。5日，在革命党人和立宪派的劝告下，江苏巡抚程德全宣布脱离清朝独立，成立了江苏军政府。同日，安徽革命党人也举行起义，后来成立了安徽军政府。7日，广西巡抚沈秉堃接受革命党人和立宪派劝告，宣布脱离清朝独立，成立了广西军政府。9日，福建新军起义，建立了福建军政府。同日，两广总督张鸣岐被迫同意放弃政权，广东成立军政府，同盟会员胡汉民被推举为都督。22日，四川重庆建立了同盟会员执政的蜀军政府。26日，入川镇压保路运动的湖北新军起义，杀死钦差大臣、署理四川总督端方。27日，原四川总督赵尔丰被迫交出政权，大汉四川军政府成立，以立宪派蒲殿俊为都督。

在清朝统治力量强大的直隶滦州、保定，也发生了革命党人领导的新军起义。一些少数民族地区也发生了反对清朝、拥护共和制的革命运动。

同盟会是各省起义的主导力量，各省的起义基本没有遇到有力的抵抗，这充分说明清朝统治已经完全腐朽。在革命高潮到来时，城乡的下层群众参加了革命斗争。在两湖、江浙、广东、四川等省区都有大批农民加入革命军。例如在广东，革命党人发动了数以十万计以“赤贫农民与其失业而流为土匪者为基本队，更裹胁乡团及防营之溃散者以成其众”① 的民军。广东乡村地主士绅的统治受到严重的冲击和破坏。

在清政府镇压国会请愿运动和实行“铁路国有”政策后，立宪派对清廷已完全失望。革命高潮来临时，不少立宪派的代表人物同革命党人合作，在江苏、广西、四川等省，立宪派和一些清朝官员在促成脱离清朝“独立”方面起了重要作用。但革命、立宪两派社会基础、政治主张的分歧依然存在，随着形势的发展，在若干省份新政权中的立宪派、旧官员逐步掌握了更多权力，与革命党人展开争夺。立宪派、旧官员在革命阵营内地位和影响的提升，对日后革命阵营同袁世凯妥协产生了不可忽视的影响。

---

① 胡汉民：《胡汉民自传》，中国科学院近代史研究所近代史资料编辑组编：《近代史资料》总45号，中国社会科学出版社1981版，第45页。

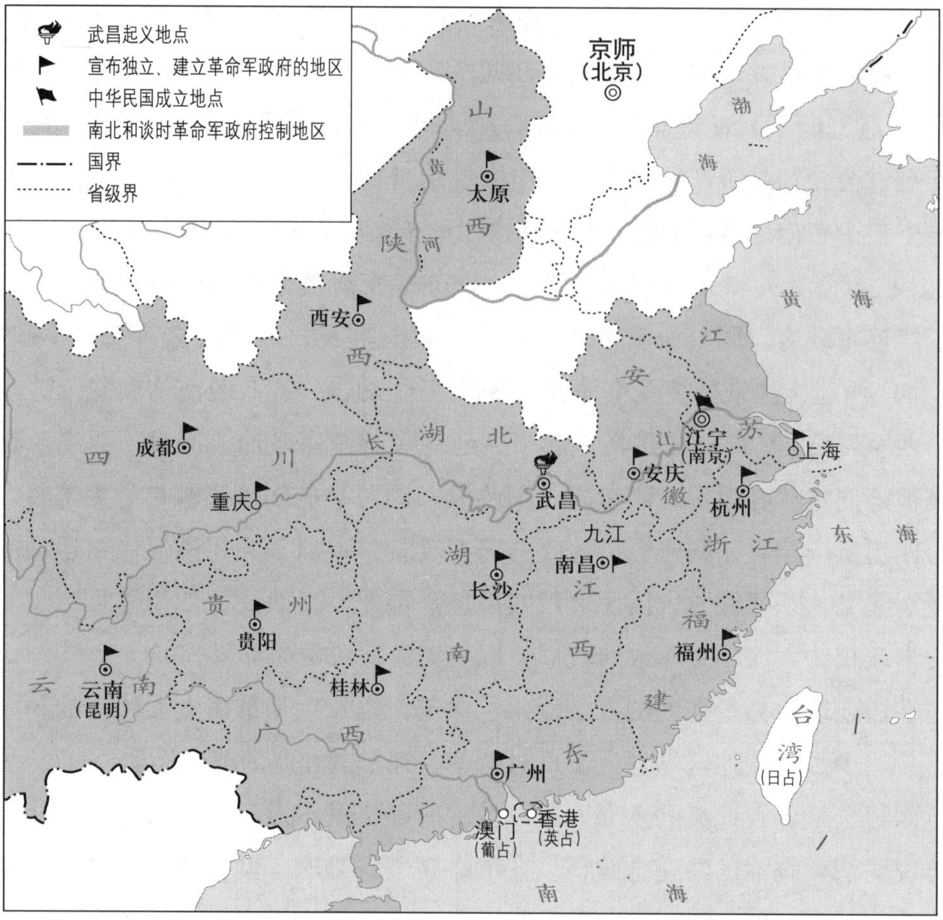

武昌起义和全国各省独立示意图

形势发展之迅速出乎所有人的意料，武昌起义后短短一个多月，革命风暴席卷长城内外、大江南北。清廷的统治土崩瓦解。

第六节 中华民国南京临时政府的建立及其内外政策

一、中华民国南京临时政府的建立

武昌起义成功和各省纷纷独立，使筹建统一的中央政府问题提上议事日程，革命阵营内部各种势力围绕中央政府所在地和政府首脑人选问题展开了争论。

11 月 15 日，各省都督府代表联合会在上海召开。由于武昌是首义之地，联合会决定把会场迁到武汉。11 月底，独立各省派出的代表到武汉召开第一次会议（各省仍在上海留代表一人），于12月初通过《中华民国临时政府组织大纲》，规定临时大总统由各省都督府代表投票选举产生，参议院由各省都督府所派参议员组成，临时政府成立后六个月内由临时大总统召集国民会议，临时政府组织大纲施行期限以中华民国宪法成立之日为止。

就在独立各省代表在武汉召开会议前夕，清军攻占汉阳，武昌危殆。而此时江浙联军于12月2日攻克了南京。在武汉的各省代表乃议决：临时政府设于南京，各省代表开临时大总统选举会于南京，临时大总统未举定以前，仍认鄂军都督府为中央军政府，有代表各省军政府之权。

留在上海的代表也议决暂定南京为临时政府所在地，并投票选举黄兴为大元帅、黎元洪为副元帅。当武汉、江浙双方就临时政府所在地设于南京达成共识之后，12月12日在南京开会的各省代表会议，也承认了上海选举的大元帅、副元帅。黄兴见时局错综复杂，坚持不受大元帅之职，代表会议遂选举黎元洪为大元帅，黄兴为副元帅代行大元帅职权，黄兴勉强接受。就在此时，黄兴获悉孙中山正在回国途中并即将抵沪的消息，决定暂不上任，特意在上海等待孙中山的到来。

武昌起义发生时，孙中山正在美国，得知消息后，他打算先从外交方面致力，游说美国及欧洲各国朝野，争取西方国家同情、支持中国革命。经过一个多月的活动，孙中山未能取得满意的成果。11月下旬，孙中山从法国动身回国，途经香港时，广东都督胡汉民认为局势复杂，建议孙中山暂留广东，积蓄实力，再成南北统一之局。孙中山认为当务之急是创建新政府，自己必须到沪宁主持内外大计，并说服胡汉民随行。12月25日，孙中山一行抵达上海。

孙中山是公认的革命领袖，他的归来使革命阵营声势大振，临时政府的组建有了众望所归的领袖。同盟会在上海的领导人即为选举孙中山为大总统展开活动，革命阵营内的立宪派、旧官僚也同意在袁世凯“反正”前由孙中山担任过渡总统。12月29日，各省代表会议选举临时大总统，每省1票，共17票，候选人是黎元洪、黄兴、孙中山，孙中山以16票当选为临时大总统。

1912年1月1日晚10时，孙中山在南京宣誓就职，宣布国号为“中华民国”。孙中山发布《临时大总统宣言书》，宣称临时政府乃“革命时代之政府”，其根本任务是“尽扫专制之流毒，确定共和，以达革命之宗旨，完国民之志愿”；其内政方针是实现民族统一、领土统一、军政统一、内治统一、财政统一；其外交方针是“当尽文明国应尽之义务，以期享文明国应享之权利。

满清时代辱国之举措与排外之心理，务一洗而去之；与我友邦益增睦谊，持和平主义，将使中国见重于国际社会，且将使世界渐趋于大同”①。1月2日，临时大总统孙中山通电各省宣布改元，使用阳历纪年，以1912年1月1日为中华民国元年元旦。

1月3日，各省代表会选举黎元洪为临时副总统，并通过了由孙中山提议的临时政府中央行政各部及其权限案，决定临时政府中央行政机构设陆军、海军、外交、司法、财政、内务、教育、实业、交通九部，各部总长既有革命党人，也有立宪派和旧官僚，但根据“部长取名，次长取实”原则，次长绝大多数为同盟会的骨干人物，并掌握实权。1月下旬，南京临时政府的立法机构临时参议院正式成立，多数参议员为革命党人。临时政府各部门和参议院，虽然在形式上是由革命派、立宪派与旧官僚等多种政治势力联合组成，但以革命派居主导地位。南京临时政府是一个以资产阶级革命派为主体的革命政权。它的成立，是中国民族资产阶级建立资产阶级共和制的一个尝试，标志着资产阶级民主政体在中国的正式诞生。

3月11日，南京临时政府公布了由临时参议院议决的《中华民国临时约法》。该法共7章56条，其中规定：中华民国主权属于国民全体；领土为22行省、内外蒙古、西藏、青海；以参议院、临时大总统、国务员、法院行使其统治权；中华民国人民一律平等，无种族阶级宗教之区别；人民享有身体、家宅、财产、经营、言论、著作、刊行、集会、结社、通信、迁徙、信教之自由；人民有请愿、陈诉、诉讼、考试、选举及被选举之权；有依法纳税与服兵役的义务。该法自公布之日起生效，此前各省代表会议在武汉通过的《临时政府组织大纲》同时废止。《中华民国临时约法》以根本大法的形式废除了两千年来的封建君主专制制度，贯彻了主权在民、三权分立等近代西方资产阶级共和宪法的基本原则，具有鲜明的资产阶级民主色彩。

南京临时政府成立后，在以孙中山为首的革命党人的领导下，颁布了一系列有利于资产阶级政治、经济、文化发展的法规法令。政治方面，达成汉、满、蒙、回、藏“五族共和”，以各民族之间的平等和团结来实现国家的统一。经济方面，颁布保护人民私有财产的政策，鼓励发展实业，发布了一系列保护

① 孙中山：《临时大总统宣言书》（1912年1月1日），中国社会科学院近代史研究所中华民国史研究室、中山大学历史系孙中山研究室、广东省社会科学院历史研究室合编：《孙中山全集》第2卷，中华书局1982年版，第1—3页。

农业、工业和商业的政策措施。军事方面，严肃军纪、整编军队，连续发布约束士兵令，又颁布《维持地方治安临时军律》，并把云集在南京的军队整编为21个师，进行正规的军事建制。法制方面，禁止刑讯、体罚，改革司法官制，建立律师制度和法官考试制度。新闻舆论方面，颁布暂行报律，有限度地开放言论，并力图限制和取缔有关破坏共和政体的反动言论，但因遭到新闻界的强烈反对而不了了之。文化教育方面，教育总长蔡元培提出以军国民教育、实利主义教育、公民道德教育、世界观教育、美感教育作为中华民国的新教育方针①，他在任时颁布的《普通教育暂行课程标准》为民国时期学校教育的发展奠定了一定的基础。

在外交方面，经济困顿、军事软弱的南京临时政府急需得到列强的同情与支持，因而采取“和平主义”的外交方针。1月5日，临时大总统孙中山向世界各国发布《对外宣言书》，正式宣布承认前清政府与列强签订的条约、所借外债及赔款，承认各国在华特权，保护各国在华公民的生命财产。但是，列强对孙中山领导的中华民国政权并不信任，把保障他们在华利益的希望寄托在强权人物袁世凯身上。美、日、德、俄等国始终不肯承认南京临时政府，拒绝对其予以任何形式的援助，新生的共和政权陷于困难的境地。

南京临时政府的局限性也是明显的。它企图用承认清政府和西方列强所签订的不平等条约和清政府所欠的外债，来换取列强对中华民国的承认，暴露了它对帝国主义的严重妥协性。南京临时政府也完全没有触动封建地主阶级的土地制度，没有提出任何可以满足农民土地要求的政策和措施，反而以保护私有财产为借口，维护封建土地制度以及官僚、地主的土地和财产。在中外反动势力的压迫下，南京临时政府在政治、经济上都是软弱的。但它作为中国资产阶级民主革命的产物，向世人昭示了中国历史走向民主共和的方向，具有标志性意义。

二、南北和谈与袁世凯窃取胜利果实

武昌起义的爆发给袁世凯复出创造了机会。前往镇压起义的陆军大臣荫昌根本无法指挥袁世凯一手培植的北洋军，而外国在华势力、立宪派的头面人物

---

① 《蔡元培对于新教育之意见》（1912年），中国第二历史档案馆编：《中华民国史档案资料汇编》第2辑，江苏古籍出版社1991年版，第468—475页。

以及与袁世凯关系密切的清朝高官，以各种途径促使清政府让袁世凯重新出山。清廷面对革命的燎原之势，不得不接受袁世凯提出的各项条件，授予袁世凯指挥水陆各军的全权。

袁世凯的如意算盘是操纵清廷向南方革命力量施压，再以南方革命形势为筹码向清廷施压，最后由自己攫取全国最高的统治权力。所以，他复出后，一面授意亲信冯国璋、段祺瑞指挥北洋军攻陷汉口、汉阳，以迫使南方革命力量屈从自己；一面又制止冯国璋攻陷汉阳后乘胜进攻武昌。资政院和一批新军将领也向清廷提出改革政治的要求，在各方压力之下，清廷被迫退让，发布罪己诏，颁布《宪法重大信条十九条》，任命袁世凯为内阁总理大臣。11 月 13 日，袁世凯入京组阁，取得了军政大权。

袁世凯出山之初，即向黎元洪传达了可以“和谈”的信息。北洋军在武汉前线取得胜利之时，黎元洪致函袁世凯，期望他抛弃清廷转向民国，黄兴也致函袁世凯表达了相同的意思。他们都清楚表示，如果袁世凯“反正”，日后可以推举袁世凯为大总统。11 月 11 日，袁世凯派代表到武昌就和谈进行接触，后来又在武汉前线达成了停战协议。

革命阵营内的立宪派、旧官僚对袁世凯寄予莫大期望，极力主张同袁世凯和谈。革命党不少领袖和骨干，也希望借助袁世凯达到推翻清廷、建立共和的目标。孙中山在海外得知革命阵营推举袁世凯的打算后，也认为可以接受。尽管同盟会内也有反对和谈的意见，但不能改变对袁世凯妥协的趋向。于是，南北和谈正式开展。

12 月上旬，南北双方达成了停战并准备议和的协定。袁世凯根据清廷的谕旨委任唐绍仪为全权大臣总代表，与南方革命党人进行和谈。南方 11 省推举伍廷芳为议和代表。袁世凯本拟在北洋军掌握的汉口议和，但由于江浙立宪派张謇、赵凤昌等人的多方活动和南方代表伍廷芳的强烈要求，以及英国驻华公使朱尔典和驻沪总领事法磊士的居间撮合，最后双方决定以上海为议和地点。

12 月 18 日，南北和谈在上海公共租界举行。到 12 月底，南北双方就停战、国体、国民会议等问题进行了五次会议。北方主张君主立宪，南方坚持民主共和。但袁世凯对于国体问题并不十分在意，他真正关心的是如何处置清廷和自己能否谋得总统职位。南方各派因无力彻底颠覆清王朝，也欲借袁世凯之力和平实现这一目标，因此伍廷芳表示，只要清帝退位、实行共和，优待清室和袁世凯的地位都不成问题。在公开谈判的同时，袁世凯授意段祺瑞委派的代表廖宇春和黄兴委派的代表顾忠琛，在上海文明书局秘密会谈，达成了实施共和、优待清室、只要袁世凯能倾覆清室就推举他为大总统的幕后协议。[①] 双方还议定召集国民会议决定君主、共和问题，并就国民会议代表产生、会议时间地点等达成了协议。

袁世凯尚未对达成的协议作出答复，孙中山便在 1911 年 12 月底回国，并于 1912 年元旦在南京宣誓就职中华民国临时大总统。袁世凯便以唐绍仪越权为由，对唐绍仪、伍廷芳的和议条款“不允承认，著令取销”。唐绍仪电请辞职，袁世凯立即请旨允准，并致电伍廷芳，以后“由本大臣与贵代表直接往返电商”[②]。但是南北和谈仍以私下商议的形式继续进行，幕后沟通、商讨之责仍由唐、伍二人承担。

孙中山就任临时大总统后，主张北伐，希望以武力推翻清王朝，并作出了六路北伐的计划。但是，南方内部政治派系支离，许多人寄希望于通过袁世凯和平实现革命目标。革命党内部也是意见分歧，南京临时政府辖下的军队，有的是清朝军队转化而来，有的是临时募集，虽有一定革命精神，但系统不一，缺乏训练，饷械两缺。南京临时政府的财政极为困难，为解决财政困难的种种努力又都没有成功，外交上也是孤立无援。因此，虽然南京临时政府组建了北伐军，但没有取得实际进展。

迫于这样的情势，孙中山没有放弃同袁世凯的谈判。早在当选临时大总统之时，孙中山就致电袁世凯，说明自己只是“暂时担任”临时大总统，对袁世凯仍是“虚位以待”[③]。宣誓就职后，孙中山再次向袁世凯表示：“倘由君之力，不劳战争，达国民之志愿，保民族之调和，清室亦得安乐，一举数善，推功让能，自是公论。”[④] 孙中山表示，如果袁世凯能够逼迫清帝退位，拥护共和制度，便推举袁世凯为临时大总统。

---

① 廖少游：《新中国武装解决和平记》，北京陆军编译局印刷所 1912 年版，第 32 页。

② 《唐绍仪等辞议和代表职致清内阁电》《袁世凯关于议和一事直接电商致伍廷芳电》，中国第二历史档案馆编：《中华民国史档案资料汇编》第 2 辑，江苏古籍出版社 1991 年版，第 53 页。

③ 孙中山：《致袁世凯电》（1911 年 12 月 29 日），广东省社会科学院历史研究室、中国社会科学院近代史研究所中华民国史研究室、中山大学历史系孙中山研究室合编：《孙中山全集》第 1 卷，中华书局 1981 年版，第 576 页。

④ 孙中山：《复袁世凯电》（1912 年 1 月 2 日），中国社会科学院近代史研究所中华民国史研究室、中山大学历史系孙中山研究室、广东省社会科学院历史研究室合编：《孙中山全集》第 2 卷，中华书局 1982 年版，第 5 页。

得到孙中山让位的保证后，袁世凯就以内阁总理大臣的身份，率全体国务大臣联衔上奏清廷，要求清帝逊位。北洋军将领段祺瑞等人在袁世凯授意下，致电内阁、军咨府、陆军部并王公大臣，请他们代奏清廷，强烈要求清廷接受优待条件，“立定共和政体，以现内阁及国务大臣等，暂时代表政府”①。

袁世凯的行为遭到部分清室王公亲贵的激烈反对，形成一股以宗社党为代表反对退位的势力。在袁世凯公开逼宫之后，少数亲贵甚至企图铤而走险，准备采取激烈手段置袁世凯于死地。由于宗社党成为清帝退位、实现共和的最大障碍，革命党人也将之视为仇敌。1912 年 1 月 26 日，革命党人彭家珍投掷炸弹，将宗社党骨干良弼炸伤，自己当场牺牲，良弼也在两天后不治身亡。宗社党闻风丧胆，纷纷逃离北京，藏匿于天津、大连、青岛等地的租界。

2 月 3 日，清廷发布上谕，授予袁世凯以全权，谈判退位条件。在谈判期间，袁世凯企图在清帝退位后，同时取消南京临时政府，再由自己另行组织政府。孙中山识破袁世凯的用心，要求袁世凯必须公开宣布“绝对赞同共和主义”，自己辞职后“由参议院举袁为临时总统”，“袁被举为临时总统后，誓守参议院所定之宪法，乃能接受事权”②。由于孙中山和南京临时政府方面的坚持，袁世凯从清廷“私受”政权的图谋没有得逞。

1912 年 2 月 12 日，清隆裕太后代行颁布了清宣统皇帝溥仪退位诏书，并宣告接受清帝退位优待条件。2 月 13 日，袁世凯声明拥护共和制度，当日，孙中山向临时参议院辞职。2 月 15 日，临时参议院选举袁世凯为临时大总统。辛亥革命的果实落到了袁世凯手中。

孙中山的辞职和袁世凯的上台，标志着以建立资产阶级民主共和国为目的的辛亥革命遭受了重大挫折，并为最终失败埋下了伏笔。

三、辛亥革命的历史意义

辛亥革命是一场资产阶级领导的以反对封建君主专制制度、建立资产阶级共和国为目的的革命，开创了比较完全意义上的近代民族民主革命。辛亥革命

① 《段祺瑞等自前敌电请退位》（1912 年 1 月 26 日），张国淦编著：《辛亥革命史料》，香港大东图书公司 1980 年版，第 305—306 页。

② 孙中山：《致伍廷芳及各报馆电》（1912 年 1 月 22 日），中国社会科学院近代史研究所中华民国史研究室、中山大学历史系孙中山研究室、广东省社会科学院历史研究室合编：《孙中山全集》第 2 卷，中华书局 1982 年版，第 34 页。

打开了近代中国历史进步的闸门，开启了中国前所未有的社会变革，为中华民族发展进步探索了道路，是中华民族伟大复兴征程上一座巍然屹立的里程碑，具有伟大的历史意义。

第一，辛亥革命结束了统治中国两千多年的封建君主专制制度，建立了中国历史上第一个资产阶级共和国，是历史的进步。从此，民主共和的理念开始深入人心，“敢有帝制自为者，天下共击之”。正因如此，后来袁世凯和张勋复辟帝制，都为社会舆论所强烈谴责，遭到人民的坚决反抗。

第二，辛亥革命推翻了封建势力的政治代表、帝国主义在中国的代理人清王朝的统治，沉重打击了中外反动势力。从此以后，帝国主义不得不在中国一再更换代理人，再也不能在中国建立起比较稳定的统治秩序。

第三，辛亥革命极大地推动了中华民族的思想解放。辛亥革命猛烈冲击了封建主义的旧思想、旧道德和旧观念，使人们的思想观念、社会风俗发生了积极变化，告别封建臣民身份、争做民国“新国民”，成为民初社会一大风尚。

第四，辛亥革命使民族平等和中华民族的观念深入人心。民族平等是孙中山民族主义的核心观念。孙中山提出“五族共和”的思想和中华民族的新概念，对统一的多民族国家的巩固具有重要意义。

第五，辛亥革命推动了亚洲各国民族解放运动的高涨。孙中山站在时代前列，希望推动中华民族摆脱封建专制统治和外国列强侵略，“给亚洲带来解放并将破坏欧洲资产阶级的统治”①。

随后的实践表明，由于历史进程和社会条件的制约，特别是民族资产阶级的软弱性和妥协性，辛亥革命并未真正确立起资产阶级民主政治体制，没有改变旧中国半殖民地半封建的社会性质，没有改变中国人民的悲惨境遇，没有完成实现民族独立、人民解放的历史任务，中国革命还需要继续在探索中不断推进。

第七节 辛亥革命时期的社会和文化

一、社会风俗的丕变

辛亥革命时期，中国的社会风俗发生了剧烈变动，这一方面是因为外来文

① 《关于中国革命》，《列宁全集》第21卷，人民出版社1990年版，第163页。

化的冲击和濡染，另一方面，也是中国本身社会政治变动的产物。

为推动民主革命的开展，革命党人大力倡导移风易俗。1901 年，林獬等人主办《杭州白话报》，明确宣布以"开风气"为己任。林獬说："《杭州白话报》是开风气的事体，诱人识字的一件宝贝"，"看白话的人越久越多，那新风俗、新学问、新知识必将出现在所处的老大中国了"。[1] 1904 年，创办于上海的《二十世纪大舞台》在简章中规定："本报以改革恶俗，开通民智，提倡民族主义，唤起国家思想为唯一之目的。"[2] 革命倾向比较明显的《觉民》《湖北学生界》《江苏》《黄帝魂》《女子世界》《中国女报》等报刊也积极发表文章，批判恶风陋风，提倡近代文明风尚。同时，革命党人还组织了以移风易俗为宗旨的社团，如浙江嘉兴的"不吸烟会"、杭州的"放足会"等。

除革命派的努力外，梁启超、严复等改良派人士也做了大量宣传工作，加之清末新政的推行，中外文化交流的增多，20 世纪初年出现了一个社会风俗改革的高潮。

移风易俗运动，以男子剪辫、女子放脚最受人瞩目。男子蓄辫，一直为西人所讥笑。20 世纪初，革命党人首先剪辫明志，以表示反抗清朝统治的决心。剪辫成为新式学堂学生和开明人士追求文明风气的标志，不少学生剪掉辫子，新军士兵剪去辫子者也屡见不鲜。1910 年冬，资政院通过剪辫发案，一时出现剪辫运动，在上海、天津、北京等大城市，自行剪辫者随处可见。1911 年武昌起义后不久，湖北革命军政府发布告示，要求剪辫、放足，剪辫浪潮迅速波及全国。受此冲击，清政府批准资政院的奏请，允准臣民自由剪辫。不久，内阁总理大臣袁世凯带头剪去发辫。南京临时政府的成立，进一步推动了全社会的剪辫运动。1912 年 3 月，孙中山通令全国剪辫，剪辫风潮席卷全国，不留辫子成为一种新风尚。剪辫成为清末民初社会变革的重要象征。

女子缠足是中国汉族女子的一大陋习，屡禁不止。戊戌变法期间，康有为、梁启超等人曾积极呼吁禁止妇女缠足。进入 20 世纪后，反对缠足的呼声进一步高涨，有人甚至把放足与挽救民族危亡联系起来。张之洞、袁世凯、岑春煊等各省总督也设法改变女子缠足的风俗。在各界人士的努力下，不缠足运动取得了一定效果，很多城市出现了放足的女性，不少家长不再给女孩缠足。民

---

① 宣樊子：《论看报的好处》，《杭州白话报》1901 年第 1 期。

② 《招股启并简章》，《二十世纪大舞台》第 1 期。

国建立后，临时政府颁布禁止缠足令，要求初裹的放开，裹小的放大，天足逐渐流行起来。

辛亥革命初期，中国人衣、食、住、行等社会风俗的变迁虽不像剪辫、放足运动那样剧烈，但也有明显变化。

新式服饰较早出现在东南沿海的通商口岸。到20世纪初，穿西服的青年人渐多，内地大城市的一些开明士人已把穿着西服视作文明和身份的象征。有些边远地区的中小学生也以洋装为尚，甚至在宫廷中也出现了满族妇女着洋装的现象。1903年，清朝驻法国公使裕庚卸任回国后，他的两个女儿被慈禧太后任命为御前女官，长时间身着西式礼服。1905年，清廷仿照西方进行军装改革，推行洋式制服。此外，洋式衬衣、绒衣、针织衫、纱袜、皮鞋、礼帽等普及面更广。辛亥革命后，剪辫易服，男子的风貌为之一新，一些时髦女子也改穿洋装、戴礼帽。1912年10月，民国政府废除清朝服制，其新推行的男女常服、礼服对西式服装多有参照。民国初年，孙中山吸收欧美和日本服装的若干特点，设计出中西合璧式的中山装，很快就流行全国。

近代中国人的饮食也受到西方的影响。伴随着中外文化交流增多，西餐作为一种全新的饮食方式，开始进入一些中国人的生活。19世纪后期，面包、牛奶、洋酒主要出现在租界里外国人的餐桌上。进入20世纪后，在上海、天津、北京、广州、汉口等城市，西式面包房已不再罕见，西餐馆也相继开设。北京的六国饭店、德昌饭店、长安饭店等，以经营西餐为主，在当时颇有名声，成为官商各界趋新人士聚会的场所。与西餐相比，西式饮品更易于为中国人所接受。葡萄酒、啤酒、威士忌和汽水等先后输入中国。1894年，张裕葡萄酒厂在烟台创办。1901年，俄德哈尔滨啤酒公司成立。1904年，青岛英德麦酒（啤酒）厂成立。西式餐饮的传入，进一步丰富了中国人的饮食生活。

西洋式建筑开始在中国一些大城市出现。中国的西式民居，始自澳门、香港、广州等地外国人的住宅“夷楼”，继而从通商口岸传至各大城市。清末，厦门鼓浪屿的欧式建筑群，上海淮海路一带四坡顶法国文艺复兴式建筑，上海租界里的花园式洋房，天津、汉口、哈尔滨、青岛等地外国人修建的成片的西式楼房，与中国传统建筑相映衬，自具一格，给这些都市注入了西洋风韵。各省咨议局所在，一般都是西式建筑。在一些城市，中国人也开始仿建西式住宅，天津、沈阳、杭州等地，小洋楼渐渐兴起。上海除兴建了大量西式楼房外，还出现了带有西洋建筑风格的中国新式民居——里弄房屋。家居环境也发生了变化。由于玻璃门窗挡风和采光条件好，深得新派人士青睐。有些王公贵族家庭在中式门窗上也安装上了玻璃。有人把客厅设计成中式、西式两种，沙发、茶几、钢琴、钟表、壁炉等设备俱全。光绪末年，上海、广州、北京、汉口等地的一些居民，使用上了清洁方便的自来水。上海、北京等城市的夜间照明方式有了变化，个别人家开始采用煤气灯、电灯，代替过去的植物油灯和蜡烛。民国建立后，西式建筑进一步兴起，不仅改善了都市人的居住条件，而且改变了城市的外观，城市外貌焕然一新。

近代西方的交通方式相继传入中国。中国有铁路及火车始于1865年，当时称之为“火轮车”“汽车”。到1911年年底，中国拥有吴淞（先建后拆）、沪杭甬、京奉、京汉、中东等二十多条铁路干线，铁路里程达9000多公里，初步形成以北京为中心的铁路运输网络。马路在中国首先出现在1862年的上海。1904年，北京在东华门大街修筑了第一条碎石马路。次年，汉口修建了“后城马路”。汽车在清末称“摩托车”“机器车”，于20世纪初年传入中国。1901年，匈牙利人把两辆汽车输入上海。此后，北京、广州等地也有了汽车。到1912年，上海一地汽车已达数百辆之多。1899年，北京城南马家堡至永定门的有轨电车开通。1906年，比利时人在天津开通有轨电车。1908年，上海开通有轨电车。此后，电车逐渐成为中国大城市的市内交通工具。再加上从西方传入的脚踏车、人力车、西式马车，中国人的交通习惯已大为改观。

辛亥革命时期，社会的大变动直接带动了社会风俗的革新，趋西与崇洋逐渐演化成一种风气。不过，由于中国各地社会经济发展极不平衡，这种变化主要发生在通商口岸和一些大城市，广大乡村和内地城镇的变化并不明显。

二、学术转型与近代新学科的初创

20世纪初，新思潮的传播，科举制度的废除，新式学堂的兴起，促进了中国学术的转型和近代新学科的创建。

这一时期，传统学术的地位大幅下降，儒家学说作为封建专制制度的精神支柱，随着共和制度的建立，其权威地位出现根本动摇。章太炎等人认为，孔子并不是什么圣王，而是史学宗主，六经也不是孔子为万世立法的经典，其实只是孔子删定的史书而已。他们反对独尊儒术，认为儒家与道、墨、名、法一样，不过是诸子百家之一，并没有神圣性可言。这样，就把经学降低到了与史学、诸子学同等的地位。科举制度的废除更是在事实上根本动摇了经学的地位。经学原是科举考试的核心内容，科举废除后，它在学堂中仅被列为科目之一。尽管清政府制定新学制，曾强调经学在新式教育中的位置，但当时学堂教育以西学为要，经学的实际地位并没有得到改善。社会上，年轻人以追新趋西为时尚，荒古蔑经渐成风气，凡守孔孟之道者被讥为“顽固党”，以至于张之洞忧虑地指出：“近日风气，士人渐喜新学，顿厌旧学，实有经籍道息之忧。”[①]经学地位的空前衰落，是这一时期最为显著的学术特征之一。

史学在这一时期发生了重大变化，诞生了近代意义上的新史学。近代新史学是在借鉴西方史学理论和方法，批判和改造传统史学的基础上形成的。20 世纪初年，诸如法国基佐的《欧洲文明史》、英国巴克尔的《英国文明史》、日本浮田和民的《史学原论》等外国史学著作，被译介到中国，在理论和研究方法上为近代新史学的建立准备了条件。1901 年，梁启超在《清议报》发表《中国史叙说》，次年，又在《新民丛报》发表《新史学》，正式提出“史界革命”的口号：“呜呼！史界革命不起，则吾国遂不可救，悠悠万事，惟此为大。”[②]邓实、马叙伦、汪荣宝等人积极撰文响应梁启超，力主建立适合时代需要的新史学，“史界革命”蔚然兴起。新史学提倡者运用进化论和文明史理论，猛烈批判和攻击传统史学，指责其有“四弊”“二病”[③]。他们明确提出，新史学与旧史学在理论、方法、内容、体例等方面根本不同：新史学以进化论为指导，反对儒教史观；以民众、社会为研究对象，提倡“民史”，反对“君史”；注重分析事实之间的因果联系，探求人群进化之“公理公例”；采取新式章节体，以取代编年、纪传等旧史体例。在新史学思潮的影响下，曾鲲化的《中国历史》、夏曾佑的《最新中学中国历史教科书》、刘师培的《中国历史教科书》等陆续编纂出版。这些著作的问世，初步奠定了中国史学近代转型的基础。

20 世纪初，西方学术分科观念已在中国知识界传播，以此为基础，清政府在学制变革的过程中逐步建立了中国的近代学术分科体系。1901 年，张之洞、刘坤一等在《江楚会奏变法三折》中，参酌西方各国学制，提出在大学分设经学、史学、格致学、政治学、兵学、农学、工学的“七科分学”方案。次年，

---

① 张之洞：《致瑞安黄仲韬学士》（光绪三十年六月十二日），《张之洞全集》第 11 册，武汉出版社 2008 年版，第 140 页。

② 梁启超：《新史学》，《饮冰室合集》文集之九，中华书局 1989 年版，第 7 页。

③ “四弊”为“知有朝廷而不知有国家”，“知有个人而不知有群体”，“知有陈迹而不知有今务”，“知有事实而不知有理想”；“二病”为“能铺叙而不能别裁”，“能因袭而不能创作”。见《饮冰室合集》文集之九，中华书局 1989 年版，第 3—5 页。

管学大臣张百熙制定《钦定京师大学堂章程》（即“壬寅学制”的一部分），调整为政治、文学、格致、农业、工艺、商务、医术等七科。1904年，清政府正式颁布的《奏定大学堂章程》（即“癸卯学制”的一部分），提出在大学分设八科，即经学、政法、文学、医学、格致学、农学、工学、商学。在这一过程中，哲学、社会学、政治学、经济学、伦理学、逻辑学、美学等作为新学科被介绍到中国来，并初步确立了各自的学科体系。

中国古代没有“哲学”一词。甲午战争前后，西方哲学渐为国人所知，但使用的译名却驳杂不一，有“理学”“心灵之学”“心智之学”“思维之术”“心理学”等说法。进入20世纪后，“哲学”一词从日本传入，并逐渐固定成一个学科的专用名称，与中国固有的儒学区分开来，形成了一个相对独立的学术领域。当时，除进化论外，一些重要哲学流派及其代表人物的著作陆续被介绍到中国，苏格拉底、柏拉图、亚里士多德、培根、孟德斯鸠、康德、黑格尔等人渐为中国知识界所认识；“物质”“精神”“唯物”“唯心”“无机界”“有机界”等基本哲学范畴，也由日本传入中国。梁启超、孙中山、章太炎等思想家，接受了进化论哲学，形成了不同于传统的世界观和方法论。

19世纪末，中国学界对西方的社会学已有一定了解。康有为、严复等人以“群学”对译英文“Sociology”，并对达尔文、斯宾塞的社会学理论有所介绍。“社会学”一词，较早出现在谭嗣同《仁学》一书中。1902年，章太炎翻译出版了日本学者岸本能武太的《社会学》，在序言中介绍了日本的社会学研究状况。次年，严复翻译了斯宾塞的《社会学研究法》，以《群学肄言》之名，由上海文明编译书局出版。重要的社会学译著还有马君武译《社会学原理》（斯宾塞著）、吴建常译《社会学理论》（吉丁斯著）、金鸣銮译《社会学》（澁江保著）等。社会学的传入，为中国人解决现实社会问题提供了理论方法的参考。

近代中国的政治学理论也是由西方传入的。1900年以前，卢梭、孟德斯鸠的政治学说在中国已有所传播。1902年，上海文明书局出版了杨廷栋翻译的卢梭《民约论》的全译本，译名《路索民约论》。次年，上海文明书局又出版了孟德斯鸠的《论法的精神》的节译本，译名《万法精理》，由张相文据日文本转译而来。1909年，严复据英文本译成中文，译名《法意》，由商务印书馆出版。英国著名思想家约翰·穆勒的《自由论》于1903年出现两个译本，分别是严复译、商务印书馆出版的《群己权界论》和马君武译、译书汇编社出版的

《自由原理》。马克思、恩格斯及他们的学说在这一时期也被介绍到中国，《新民丛报》《浙江潮》《民报》《天义》等都曾刊登过相关的文章。这些著作在中国的传播，不仅推动了中国近代政治学科的产生，而且对人们思想的启蒙，提供了改造现实的有力武器。

自然科学诸学科也有所进展。19 世纪中期，西方近代数学被较为系统地译介到中国。数学家李善兰、华蘅芳所译《几何原本》《代数学》《代数术》《微积溯原》等著作，引入了西方近代代数学、解析几何、微积分等数学理论和方法。20 世纪初年，这些译著被选作新式学堂的数学教材。清末新政时期，学习数学的留学生人数明显增加。1900 年，杜亚泉在上海创办《中外算报》，1912 年，崔朝庆在南通创办《数学杂志》，推动了中国数学的发展。

19 世纪后期，西方近代物理学知识大量传入中国。1900 年，王季烈与藤田丰八合译了日本学者饭盛挺造编著的《物理学》一书，从此，“物理学”作为一门新学科的名称开始为中国人接受。1907 年，留学生李复几获得德国波恩皇家大学博士学位，成为中国第一位物理学博士。化学方面，20 世纪初，杜亚泉在上海创办《亚泉杂志》，介绍了西方新发现的化学元素和门捷列夫周期率。一些留日学生则把日文汉字化学名词，如“无机化学”“有机化学”“分析化学”“分子”“原子”等，借用过来，作为中国的化学基本术语。地学方面，1901—1905 年，张相文编著《初等地理教科书》《中等本国地理教科书》《地文学》《最新地质学教科书》，开创了中国学者自编近代地理、地质教科书的先例。1909 年，张相文邀请白毓昆、张伯苓等百余人，在天津成立中国地质学会，次年又创办了会刊《地学杂志》，这是中国最早的地学专业学术团体和科学期刊。章鸿钊 1911 年毕业于日本东京帝国大学，毕业论文《杭州府邻区地质》是中国学者运用近代地质学方法研究中国地理的开山之作。民国初年，他与丁文江等在北京成立地质研究所，为中国地质学研究和人才培养作出了突出贡献。

20 世纪初，新式学堂普遍开设自然科学课程。如，1901 年创办的山东大学堂开设有算学、天文学、地质学、测量学、格物学、化学、生物学、农学、医学课程。京师大学堂于 1902 年恢复时，首先开办的师范馆和仕学馆，设有算学、博物学、物理学和化学等课程。尽管这些课程尚不规范，所用教材多由日本的教材编译而来，但对于中国人学习近代科学知识以及民国时期自然科学诸学科的正式创建，发挥了重要作用。

近代中国在科学技术方面远远落后于西方。到 20 世纪初，中国的物理学、化学、生物学、地质学等自然科学，尚处在初步引进和介绍西方科技知识的阶段。相比较而言，中国人在应用技术方面进步较快，涌现出一批以詹天佑、冯如为代表的优秀工程技术人才。

詹天佑（1861—1919），字眷诚，广东南海人。他早年留学美国，归国后曾在福建船政局等处任职，1888 年受聘为中国铁路公司工程师。在修筑关东铁路时，他在国内首次采用气压沉箱法维修滦河大桥，获得成功。1904 年，清政府任命他为京张铁路总工程师兼会办（后升总办），负责修筑从北京到张家口的铁路。京张铁路全线长约 200 公里，途经居庸关、八达岭等地，山高坡陡，地形复杂，工程难度极大。外国工程师预言中国人绝难胜任如此艰巨的工程，甚至讥讽说能筑京张铁路的中国工程师尚未出生。面对各种压力，詹天佑抱定为中国人争口气的决心，带领工程技术人员，赴实地反复勘察和研究行车路线，精心设计施工方案。他因地制宜地设计出“之”字形路线，科学地攻克了在八达岭山区筑路的技术难题。在隧道施工中，他采用“竖井施工法”，大大缩短了工期。京张铁路从 1905 年 9 月动工，历经四年艰苦卓绝的努力，1909 年 10 月全线正式开通，比预定工期提前两年完成，节省工款银 30 余万两。京张铁路的建成，振奋了中国人的信心，也赢得了外国工程师的钦佩。

冯如（1883—1912），字鼎山，广东恩平县人。他 12 岁起旅居美国，以勤杂工为业。1903 年，美国人莱特兄弟发明了世界上第一架飞机。冯如受到启发，1907 年，他变卖家产，立志研制飞机，回国效力。两年后，他研制出第一架飞机，并亲自驾机试飞成功。1909 年 10 月，他与旅美华人黄梓材合伙创立了中国人的第一个飞机制造公司——广东机器制造公司。不久，他又研制出一架性能更好的飞机，并在国际飞行比赛中获得优等奖。1911 年 2 月，他将公司改名为广东飞行器公司。1912 年 8 月，已参加革命的冯如在广州的一次试飞中不幸失事殉职，年仅 29 岁。冯如在飞机研制方面的成就，反映了中国人在这一领域所能达到的科技水平。

三、文学艺术

在文学领域，较能反映这一时期特点的是“小说界革命”和翻译文学的兴起。

1902 年，梁启超在《新小说》杂志创刊号发表《论小说与群治之关系》，明确提出“小说界革命”的口号。他认为小说“有不可思议之力”，可以支配人心，改变社会风气，主张把小说提升到“文学之最上乘”的地位，提出了“欲改良群治，必自小说界革命始，欲新民必自新小说始”的观点。[①]“小说界革命”得到包括革命派在内的许多有识之士的响应，他们力主更新小说观念，改变旧小说“诲盗诲淫”“街谈巷语”的主题，把小说作为改良社会、批判现实、革新政治的重要宣传工具。为便于小说传播，20世纪初年，除《新小说》外，专门刊载小说的刊物如《绣像小说》《月月小说》《新新小说》《小说林》《小说月报》《小说时报》《小说世界》等接连问世，小说创作呈现出前所未有的繁荣景象。据统计，1900—1911年出版成册的小说在一千种以上。[②]其中，富有代表性的是以揭露社会政治黑暗著称的“清末四大谴责小说”。李宝嘉的《官场现形记》、吴沃尧的《二十年目睹之怪现状》、刘鹗的《老残游记》和曾朴的《孽海花》，继承了《儒林外史》等讽刺小说的批判现实主义传统，对晚清官场的腐败、虚伪、贪婪、无耻等种种丑恶现象进行了深刻揭露和批判，对社会的堕落和统治者的无能予以了大胆嘲讽和谴责。这些小说加深了人们对当时社会黑暗现实的认识，促进了民众的觉醒，具有一定启蒙意义。

翻译文学也取得了可观的成绩。20世纪初年，英、法、俄、美、日等国的小说、诗歌、散文，被大量译成中文，许多著名的外国作家开始被中国读者所了解。当时影响最大的文学翻译家是林纾。林纾（1852—1924），字琴南，号畏庐，福建闽县（今福建福州）人。他是光绪时期的举人，曾任京师大学堂教习，精于诗词、散文、绘画，尤长于小说翻译。他一生翻译作品181种，其中清末出版约50种。他不懂外语，总是先经别人口述，再由他落笔成文。他的译著，采用古文形式，文字典雅、生动、传神，如小仲马的《巴黎茶花女遗事》（《茶花女》）、斯托夫人的《黑奴吁天录》（《汤姆叔叔的小屋》）等在当时极受人欢迎。除林纾外，吴梼、陈冷血、周桂笙、包天笑、曾朴等人，在翻译和介绍外国文学方面也有突出贡献。

在艺术领域，受社会变迁和西学东渐的影响，中国的戏剧、音乐、绘画、书法等也出现了深刻变化。

20世纪初，革命派把戏剧作为宣传革命的武器，戏剧改良进入高潮。1904年9月，陈去病、柳亚子、汪笑侬等人在上海创办了《二十世纪大舞台》。这

① 梁启超：《论小说与群治之关系》，《饮冰室合集》文集之十，中华书局1989年版，第10页。
② 阿英著：《晚清小说史》，东方出版社1996年版，第1页。

是中国最早的专业戏剧杂志，是当时宣传戏剧改良的重要阵地。戏剧改良集中在两个方面，一是改革传统戏剧内容，编写和上演反映时代精神的新剧目，如《革命军传奇》《苍鹰击》《皖江血》《轩亭冤》《六月霜》等作品，直接把邹容、徐锡麟、秋瑾等革命党人的形象搬上了舞台。京剧名角汪笑侬、潘月樵等人上演的《波兰亡国惨》《桃花扇》《骂阎罗》等新戏，讽刺和抨击清朝统治，受到观众欢迎。二是引进新剧种，丰富中国戏剧园地。话剧就是当时从西方引进的最具代表性的剧种之一。

话剧在清末被称为“新剧”或“文明戏”。1906 年，李叔同、曾孝谷、欧阳予倩等留日学生在东京发起成立春柳社，旨在“研究新旧戏剧”，进行戏剧改良。次年，春柳社改编并演出了《黑奴吁天录》《巴黎茶花女遗事》。他们采取西洋话剧的布景、灯光、服装，以及整齐的分幕表演形式，演出获得巨大成功。不久，王钟声在上海成立春阳社，并组建了中国第一所新剧教育机构——通鉴学校。1908 年，由通鉴学校排演的《迦茵小传》，完全脱去京剧的痕迹，确定了中国话剧的早期形态，被视作国内新兴话剧形成的里程碑。王钟声先后演过的新剧有《秋瑾》《徐锡麟》《官场现形记》《热泪》《爱国血》等，有力地宣传了反清革命精神。1910 年，任天知在上海创办了中国戏剧史上第一个职业话剧团——进化团，先后编演了《黄金赤血》《共和万岁》《黄鹤楼》等新剧，进一步扩大了文明新戏的社会影响。话剧形式新颖、灵活，反映现实迅速，在辛亥革命中发挥了不可替代的作用。

清末出现了一股改革传统音乐的潮流，学堂乐歌是其成果之一。1900 年以后，留日学生增多，许多人进入音乐学校，系统学习西洋音乐，成为音乐改革的骨干力量，如萧友梅、曾志忞、高寿田、李叔同、沈心工等。1902 年，沈心工、曾志忞等在日本东京发起成立音乐讲习会。次年，曾志忞在《江苏》杂志发表以五线谱和简谱对照的《练兵》《扬子江》《游春》《秋虫》等六首歌曲。这是目前所见最早发表的新式歌曲。1904 年起，音乐课被引入了清末的新式学堂，时人称之为“唱歌课”，又叫“乐歌课”，相应地，这些新歌曲被称为“学堂乐歌”。1905 年后，唱歌活动在学校普及开来，故有“乐歌运动”之称。在这一运动中，曾志忞编著出版了《教育唱歌集》，沈心工出版了《学校唱歌集》，李叔同创办了中国第一份音乐刊物《音乐小杂志》，推动了学堂乐歌的普及。当时传播的大多数歌曲，其曲调选自日本和欧美的流行音乐，借外国曲调填以新词成为风尚。歌词内容以追求“文明新风”，要求“富国强兵”“抵御外侮”者为多，如《何日醒》《中国男儿》《黄河》《祖国歌》《地球》等都属此类；有的明确具有反清革命倾向，如沈心工选曲、填词的《革命军》：“吾等都是好百姓，情愿去当兵；因为腐败清政府，真正气不平。收吾租税作威福，牛马待人民。吾等倘使再退缩，不能活性命。”这些内容进步的学堂乐歌，陶冶了人们的情操，丰富了中国的音乐艺术。

四、国粹主义与无政府主义思潮的涌动

20世纪初期，革命运动如火如荼，社会思潮也风起云涌。一些有识之士认识到保存民族固有文化对于救亡图存的重要性，把宣传国学与排满革命联系起来，倡言“保种、爱国、存学”，从而形成了一股颇具声势的国粹主义思潮。

“国粹主义”一词，源自日本。明治前期，针对欧化主义的思想潮流，日本的国粹主义者主张保存本国固有精神，反对简单照搬西方文化。20世纪初年，中国出现了激烈否定中学、片面追求西学的社会文化现象，受日本国粹论者启发，邓实、黄节等人相信，中国唯有以日本为师，善于保存国粹，才有可能真正实现民族独立。于是，他们模仿日本人的做法，兴办学会、报刊，大力宣传国粹主义的思想主张。1902年，邓实、黄节在上海创办《政艺通报》半月刊，除介绍西学牖启民智外，大力宣扬国粹，指出无国学则不足以立国。1905年年初，他们以“研求国学，保存国粹”为宗旨，在上海组织成立国学保存会，创办《国粹学报》月刊，这标志着国粹主义思潮在中国正式形成。《国粹学报》的主要撰稿人章太炎、刘师培、邓实、黄节、陈去病、马叙伦等，大多是国学根底深厚的革命党人。《国粹学报》从创刊到武昌起义后停刊，前后历时7年，发刊82期。除编辑《国粹学报》外，国学保存会还大规模从事古籍校勘整理工作，出版了“国粹丛书”“国粹丛编”“神州国光集”等图书。1906年，章太炎东渡日本，主编《民报》，也刊发了大量宣传国学的文章。同期，章太炎和章士钊等人发起国学讲习会，设立“国学振起社”，宣讲国学，发行讲义，进一步加强了国粹主义的宣传。

“国粹”广义上泛指中国的历史与文化。章太炎说：“国粹”就是中国的历史，包括语言文字、典章制度、人物事迹三项。[①] 狭义上则指中国文化的精华，

① 章太炎：《东京留学生欢迎会演说辞》（1906年7月15日），汤志钧编：《章太炎政论选集》上册，中华书局1977年版，第276页。

特别是中国的民族精神和特性。国粹主义者认为，国粹是一国精神之所寄，是一国立国之源泉；一国之精神不灭，则国亦不灭。[①] 也就是说，一国之独立，不仅在武力，更有赖于文化。他们强调，研究国学，保存国粹，是挽救民族危亡的根本。这样，国粹主义就与民族独立密切联系在了一起。

辛亥革命时期，章太炎、刘师培、邓实等人努力提倡国粹，为排满革命服务。1906 年，章太炎在东京留学生欢迎会上发表演说，明确提出“用国粹激动种姓，增进爱国的热肠”[②]。刘师培易名“光汉”，发表《攘书》《中国民族志》，鼓吹排满。他们从古代的“夷夏之辨”观念出发，利用宋、元以来汉族人民反抗外族统治的历史掌故，表彰民族气节，激起排满情绪。他们还引经据典，与改良派展开论战，说明排满革命符合历史古义。康有为借助今文经学宣传改良主张，章太炎等人则针锋相对，揭起古文经学的大旗，从学术领域消除改良派的影响，传播民族革命思想。革命党人用国粹激励排满的“种性”，虽然民族观念过于狭隘，但在当时的历史条件下，有利于动员民众起来推翻清朝的统治。他们的目的在于民主共和，排满只是借以鼓荡革命风潮的一种手段。

国粹主义者大都接受过西学新知，对近代西方的进化论、社会学说和政治制度有较为深刻、全面的认识，对西方社会的弊端也有一定了解。20 世纪初，有些中国人一味仿效西方，“醉心欧化”，盲目崇洋，他们深为忧虑。因此，他们提倡国粹，又意在从中国文化中寻求规避资本主义弊病的方案。章太炎赞成总统选举、三权分立，但不赞成西方的代议制度，认为代议制度为少数有权者所垄断，不能代表民意。他提出借鉴明代“政刑分权”、清代“政学分析”的办法，重新设计三权分立制度。[③] 马叙伦认为，中国古政不能行于今，但古人“依民性而制礼，为人性而作乐”，其治理国家的经验，仍有借鉴价值。[④] 他们主张保存国粹，实际上是强调在欧化风潮下要保持民族文化的主体地位，吸收外来文化时应尊重文化的民族特性。

由此可见，国粹主义思潮配合了同盟会的三民主义宣传，推动了革命运动的开展。这一思潮的出现，也反映了中国人在学习西方的过程中，如何处理和

---

① 许守微：《论国粹无阻于欧化》，《国粹学报》1905 年第 7 期。

② 章太炎：《东京留学生欢迎会演说辞》（1906 年 7 月 15 日），汤志钧编：《章太炎政论选集》上册，中华书局 1977 年版，第 272 页。

③ 章太炎：《代议然否论》，《章太炎全集》（四），上海人民出版社 1985 年 9 月版，第 306 页。

④ 转引自郑师渠著：《晚清国粹派——文化思想研究》，北京师范大学出版社 1993 年版，第 40 页。

对待民族文化已成为重要的历史课题。国粹主义者虽然没有能够解决这一课题，但通过他们的学术研究和严肃思考，初步揭示了传统文化对于社会近代转型的正面价值。

无政府主义也与革命运动保持了较为密切的关系。1903 年前后，蔡元培、张继、杨笃生等人以“中国教育会”“爱国学社”和《苏报》等为据点，组织暗杀、暴动等革命活动。从思想方面来说，这些活动明显受到俄国无政府主义思潮的影响。当时，《大陆》《童子世界》《浙江潮》《警钟日报》和《民报》等报刊，向国内大量介绍和宣传俄国虚无党和无政府主义。1907 年，在日本和法国的中国同盟会会员，分别创办《天义报》和《新世纪》周报，成为传播无政府主义的两个重要阵地。

《天义报》为半月刊，主编何震，主要撰稿人有刘师培、汪公权等。它主要依托于张继、刘师培、何震等人在东京组织成立的“社会主义讲习会”和“女子复权会”。讲习会名为讨论社会主义，实为提倡无政府主义。其简章说：“以破坏固有之社会、实行人类之平等为宗旨，于提倡女界革命外，兼提倡种族、政治、经济诸革命，故曰天义。”① 他们主张在种族革命之后，“废除国家和政府”“实行无政府共产”“主张总同盟罢工、农民革命、亚洲革命”和“女界革命”。他们受日本无政府主义者的影响，认为军备和私有财产是人民的大敌，担心资产阶级政权建立后，人民将更加不自由，因而猛烈批判资本主义的议会制和选举制。他们援引中国古代学术中的乌托邦思想来解释他们的无政府革命理论，批判近代资本主义制度。这样，就使他们的无政府主义一定程度上带有民粹主义和中国旧文化的色彩。《天义报》本来是女子复权会的机关刊物，特别关注女权问题，在近代妇女解放史上占有一席之地。《天义报》仅刊行了一年多，对章太炎、陶成章等不少革命党人曾产生过较深的影响。

《新世纪》周报由张静江出资，李石曾、褚民谊、吴稚晖等人负责撰稿和编辑，刊名译自法国无政府主义者创办的同名机关报，社址在法国巴黎。该周报的理论基础是克鲁泡特金、雅克·邵可侣等的无政府共产主义思想，并受蒲鲁东、巴枯宁等人思想的影响。新世纪派认为，国家和政府只不过是少数人支配多数人的机构，是破坏正常社会的根源，无政府主义革命首先要推翻清政府的统治。他们主张从科学、公理出发，反对“强权主义”，反对宗教、传统、

① 《简章》,《天义》第 1 卷，1907 年 6 月 10 日。

法律、家族、军阀和国家等的存在，积极赞同自由、人道、革命、共产等。在宣传中，他们始终坚持互助进化论，提倡道德革命，通过人性的进化、社会的进化，最终实现理想社会。同时，他们在现实斗争中也不放弃“抵抗”“结社”“暗杀”“众人起事”等手段。他们厚今薄古，不赞成章太炎等人的国粹主义主张，力主激进地反对传统，抨击构成传统社会的各种因素，甚至主张废除汉字，改用“万国公语”。他们大力宣扬破除阻碍个人绝对自由的宗族宗法制度、封建伦理道德观念和孔子的学说，实行“家庭革命”“三纲革命”“女界革命”和“孔丘之革命”。在与同盟会的关系方面，他们不像天义派那样激烈批评同盟会的革命理论，而是承认资产阶级民主革命是社会进化的“过渡物”，资产阶级共和国是“过渡”到无政府的必经阶段。这些都起到了解放思想的作用。不过，他们为了宣传无政府主义，攻击民族主义是“复仇主义”，民权主义是自利主义，这产生了恶劣的消极影响。

思考题：

1. 20世纪初帝国主义在华投资设厂对中国经济有何影响？与今日中国引进外资有何不同？
2. 如何看待和评价“侵略有功”“西方殖民统治促进中国现代化”的言论？
3. 清末新政为什么会失败？
4. 如何评价革命派和立宪派在辛亥革命中的地位和作用？
5. 简述清末民初国内思想文化领域的变化。
6. 为什么武昌起义爆发后清王朝在很短时间内就土崩瓦解？

▶ 拓展阅读

第七章　北洋军阀统治时期的中国社会

辛亥革命的果实落到袁世凯手中，帝国主义在中国的势力并没有受到削弱，封建势力依然在中国每一个角落盘根错节，中国人民依然生活在贫穷、落后、动荡、混乱的苦难深渊中。袁世凯窃国卖国、恢复帝制，遭到全国人民反对。袁世凯倒台后，北洋军阀内部分裂，地方军阀争权夺势，割据混战；帝国主义列强操纵各路军阀，加紧掠夺和分裂中国。孙中山为维护民主共和，屡次发起革命运动，却屡遭失败。北洋军阀的反动统治，促使先进的中国人开始寻求新的道路。

第一节　民国初年的政局与外交

一、临时政府北迁与北京政府的组建

1912 年 2 月 13 日，即清帝退位次日，孙中山根据在南北议和中的承诺，向南京临时参议院提出辞职，但附有三项条件：临时政府地点设于南京；参议院选定的新总统必须亲到南京受任，届时辞职的大总统及国务员才能解职；新总统必须遵守《临时约法》。孙中山想以此制约袁世凯，尤其强调新总统须到南京任职，目的就是要将袁调离北方老巢，受南方革命党的约束。

袁世凯先是表示愿意南下，但又以北方无人镇守为辞，极力拖延。西方各国公使也公开支持袁世凯在北京建立政府。孙中山派蔡元培、宋教仁等人北上迎接袁世凯。1912 年 2 月 27 日，迎袁专使团到达北京，袁世凯假意与蔡元培等商议南下路线，表示一旦确定留守北方的人选，即南下就职。但是，他暗地里指使部下在北京发动“兵变”，月底曹锟所辖第三镇士兵哗变，受其影响，保定、天津、小站、杨柳青、沧州等地相继发生兵变。西方列强也从天津、青岛调兵进京配合，以迫使革命派让步。蔡元培等人以北京兵变，大局危殆，致电孙中山，提出不再请袁世凯南下就职，以北京为临时政府所在地。在这种情况下，孙中山无法再坚持以南京为首都的主张，南京临时参议院议决袁世凯在北京就职。

3 月 10 日，袁世凯在北京就任临时大总统，称“深愿竭其能力，发扬共和

之精神，涤荡专制之瑕秽，谨守宪法，依国民之愿望，蕲达国家于安全强固之域，俾五大民族同臻乐利”，并表示待国会召开，选出正式总统，即行解职。① 次日，孙中山颁布参议院制定的《中华民国临时约法》。根据《临时约法》的规定，中华民国的政体由总统制改为内阁制。

关于内阁总理人选，革命党人主张应由同盟会员担任，并推举黄兴出任，袁世凯则推举唐绍仪出任。后由南北议和调停人赵凤昌提出一个“双方兼顾”的办法：唐绍仪出任内阁总理，同时加入同盟会，并为双方所接受。经南京临时参议院通过，袁世凯任命唐绍仪为中华民国第一任国务总理。

唐绍仪（1862—1938），字少川，广东香山县（今广东珠海）人。曾任奉天巡抚、邮传部尚书等职。唐绍仪为袁世凯旧属，与南方革命党人关系也比较融洽，在南北议和中曾被袁世凯指派为全权代表。袁世凯认为，唐绍仪出任国务总理能被自己掌握，又可缓和革命党人的对立情绪。

3 月 25 日，唐绍仪以国务总理身份到南京组织内阁，并由黄兴、蔡元培介绍，孙中山主盟，宣誓加入了同盟会。责任内阁本应由总理来组建，但在确定内阁各部总长人选过程中，却一直是袁世凯主导。袁世凯玩弄各种手段，极力使重要部门掌握在自己的亲信或追随者手中，在他提出的 12 个总长人选中，只有蔡元培、王宠惠是革命党人，因而遭到南方各界强烈反对，南京临时参议院也以 12 人名单与原定 10 部不符予以驳回。经过一番争夺较量，3 月底，提交参议院表决的各部总长人选为：外交总长陆徵祥、内务总长赵秉钧、财政总长熊希龄、陆军总长段祺瑞、海军总长刘冠雄、司法总长王宠惠、教育总长蔡元培、农林总长宋教仁、工商总长陈其美、交通总长梁如浩。除交通总长人选未获通过、由唐绍仪暂时兼任外（不久后由施肇基担任），其余均获通过。虽然革命党人在内阁中的人数比原来有所增加，但属袁世凯派系的人物依然占有优势，革命党人在政府中处于弱势地位。

4 月 1 日，孙中山正式卸去临时大总统职务。随后，南京临时参议院议决临时政府、临时参议院迁往北京。4 月 21 日，唐绍仪在总统府主持召开第一次国务院会议，宣告北京临时政府建立。4 月底，临时参议院举行开院礼，设全院委员会和法制、财政、庶政、请愿、惩罚等五个委员会。南京临时参议院原

---

① 袁世凯：《莅临时大总统任誓词》，徐有明编：《袁大总统书牍汇编》，上海新中国图书局 1931 年版，第 1 页。

由每省选派三名参议员组成，革命党人占绝大多数，后改为由每省重新选派五人。经过重新选派，参议院中政治力量的对比发生了相当大的变化。据统计，北京临时参议院开院后，在到院的84名参议员中，同盟会籍议员33人、共和党籍26人、统一共和党籍13人。[①] 革命党人在参议院中的地位大为减弱。因此，5月初重新选举参议院正副议长，同盟会籍候选人落选，原立宪派人士吴景濂、汤化龙分别当选为正副议长。

至此，以袁世凯为首的北洋军阀在帝国主义和反动势力与附从革命的旧官僚、立宪派的共同支持下，在北京政府内阁和临时参议院中占据了主导地位，控制了中华民国的中央政府。

二、"议会政治"昙花一现与"二次革命"失败

根据《临时约法》规定，责任内阁制政府、国务总理及国务员担负国家的政治责任，总统并无实际的政治权力，但袁世凯并不遵守这一规定。而唐绍仪在政务处理上不肯事事听从袁世凯摆布，并与其他同盟会阁员一起对袁世凯的某些行为进行了抵制，这使袁世凯对他的猜忌、隔阂渐深。在袁世凯的指示下，在内阁中占据要津的段祺瑞、赵秉钧、熊希龄等人自行其是，常常与唐绍仪相对抗。

1912年5月20日，唐绍仪以屡遭指责、政务难以进行为由提出辞职，袁世凯不准。但随后发生的王芝祥"改委事件"终于导致唐绍仪辞职及其内阁的垮台。当初在组建内阁的过程中，南北双方曾达成协议，以段祺瑞为陆军总长，黄兴任南京留守，并任命南方革命党人推荐的王芝祥任直隶都督。5月下旬，王芝祥到京准备就任，却遭到北洋军将领反对，而袁世凯借机改任王芝祥为南方军队宣慰使。唐绍仪认为不能以军队反对为由失信于国人，拒绝在王芝祥的委任状上副署。而袁世凯则无视《临时约法》关于大总统令必须由国务总理和国务员副署的规定，径将没有副署的委任状交给王芝祥。这种公然违背《临时约法》的行径，完全破坏了责任内阁制，唐绍仪愤而出走天津并提出辞职。6月17日，袁世凯以外交总长陆徵祥暂代国务总理。

袁世凯公然破坏责任内阁制的行径，遭到各地舆论的一片谴责。但是，北京同盟会本部的领导人对此并没有公开揭露，认为唐绍仪内阁垮台是由于内阁

---

① 《初八日参议院会议记》附录，《民立报》1912年5月14日。

难以和衷共济，不能保持阁议的一致。同盟会代表会见袁世凯，申明同盟会的意见：唐内阁政务不能着手进行，是因党派混杂、意见不一之故，“此后欲图政治之进行，非采完全政党内阁不可”①。6月下旬，同盟会本部召开大会，议决“绝对主张政党内阁”，作出同盟会员不得加入“混合内阁”的规定。随后，陈其美、王宠惠、蔡元培、宋教仁等同盟会阁员提出辞职。

袁世凯为阻止同盟会组织政党内阁，极力主张“超然总理，混合内阁”。他以陆徵祥继任国务总理后，又提名六位补充阁员，但遭参议院全部否决，陆徵祥为此称病辞职。袁世凯唆使北京军警联合会指责参议员挟持党见、破坏大局，甚至叫嚷要解散参议院，又将参议院否决补充阁员情况通电各省，挑动各省向参议院施压。7月下旬，袁世凯提出新的补充阁员名单，多数议员屈从压力，投了赞同票，结果除一人被否决，其余五名阁员获得通过。

唐绍仪内阁垮台和陆徵祥组阁风潮均表明，在袁世凯为首的北洋军阀拥有优势政治资源和军事力量的情况下，革命党人试图依靠《临时约法》和参议院制约袁世凯，实行民主共和政治的设想难以实现。

孙中山在辞去临时总统职务后宣称，三民主义中的民族、民权已经实现，“唯有民生主义尚未着手，今后吾人所当致力的即在此事”②，并提出将中国铁路“延长至二十万里”。宋教仁的理想是在中国实行议会民主政治，决心要将同盟会改造成为强大的政党，争取在未来的国会选举中获胜，组织责任内阁上台执政。在得到孙中山和黄兴的同意后，他积极联络其他政治力量，推进同盟会的改组。8月中旬，同盟会与统一共和党等四个党达成协议，联合组成国民党。8月下旬，国民党在北京举行成立大会，孙中山被推举为理事长。孙中山为专心从事实业建设，委托宋教仁任代理理事长。

陆徵祥内阁风潮后，袁世凯企图拉拢、收买宋教仁，并表示希望宋教仁出任国务总理，但宋以与国民党主张相悖为由而辞谢。1912年年底至1913年春，国民党在第一届国会选举中取得优势地位，这使得袁世凯感到莫大威胁。

国民党选举获胜后，宋教仁以国民党代理理事长的身份北上组织政党内

---

① 《袁世凯与同盟会代表的谈话》（1912年6月20日），中国社会科学院近代史研究所中华民国史研究室主编，朱宗震、杨光辉编：《中国民国史资料丛稿：民初政争与二次革命》（上编），上海人民出版社1983年版，第48页。

② 孙中山：《在南京同盟会会员饯别会的演说》（1912年4月1日），中国社会科学院近代史研究所中华民国史研究室、中山大学历史系孙中山研究室、广东省社会科学院历史研究室合编：《孙中山全集》第2卷，中华书局1982年版，第319页。

阁。1913年3月20日晚，宋教仁在黄兴等人陪同下到达上海沪宁车站检票处，准备乘车进京时遇刺，两天后去世。宋教仁遇刺后，黄兴等人立即请上海闸北警局、上海租界总巡捕加紧侦缉破案。随后，英国巡捕房抓获谋杀犯应夔丞（应桂馨），捕获行凶者武士英，查获手枪及应夔丞与主谋者洪述祖、赵秉钧往来的多件函电及密电本，案情基本清楚：袁世凯的亲信、国务总理赵秉钧指使其秘书洪述祖与上海帮会头目应夔丞联系，策划暗杀宋教仁，应夔丞收买武士英刺杀了宋教仁。

正在日本访问的孙中山得到宋教仁被刺的消息，立即回国。此时孙中山对袁世凯的幻想已完全破灭，力主乘机发动武力讨袁。黄兴认为，民国既已成立，法律并非没有效力，且南方军事力量不足，主张法律解决，而许多国民党议员也持此主张。国民党内部两种意见相持不下，难以形成统一的决策。而袁世凯却在积极准备镇压南方革命党人的反抗。4月下旬，有关宋案的证据材料公布，暴露了袁世凯、赵秉钧是宋案指使者的面目。① 袁世凯为解决对南方用兵的军费问题，迅即命令国务总理赵秉钧、财政总长周学熙、外交总长陆徵祥同英、法、德、俄、日五国银行团签订了条件苛刻的《善后借款合同》。袁世凯连续召开秘密军事会议，商讨向南方作战的方略，并以赵秉钧请病假为由，任命陆军总长段祺瑞代理国务总理，加紧了调兵遣将的军事部署。而此时革命党人中的地方实力派对举兵反袁仍犹疑不决，只有江西都督李烈钧的态度最为坚决。

6月，袁世凯下令分别免去李烈钧、胡汉民、柏文蔚三人的江西、广东、安徽都督职务，并密令北洋军南下。7月12日，在孙中山指令下，李烈钧在江西湖口发布讨袁檄文和通电，“二次革命”爆发。尽管江西讨袁军与北洋军进行了激烈的战斗，但北洋军占据着绝对优势，江西讨袁军处于三面受敌的困境。7月湖口失陷，8月南昌失陷，李烈钧败退湖南，北洋军全部控制了江西。江西宣布起兵讨袁后，江苏首先响应，黄兴前往南京发动讨袁。7月下旬，冯国璋、张勋率军两路会攻南京。江苏都督程德全见讨袁失利，要求黄兴取消讨

① 最近有学者广泛收集史料，重新研究了宋教仁被刺杀的案件，提出了把“宋案”与“刺宋案”分开来研究的思路，认为洪述祖是刺宋的直接主使者，袁世凯是“宋案”的主使者，正是由“宋案”的复杂演变成“刺宋案”，但袁世凯没有指使刺宋，而赵秉钧没有参与制造“宋案”，更不是“刺宋”的主使者。洪述祖案件暴露后，袁世凯保护并包庇了洪述祖也是事实。重审宋案，作者并不否认“二次革命”的必要性和必然性，也不贬低“二次革命”的意义。参阅尚小明著《重审宋案》，社会科学文献出版社2018年版。

袁。面临严重的形势，黄兴无奈离开南京，程德全随即宣布取消独立。此后，在国民党员何海鸣策动下，南京再次宣布独立，对北洋军的进攻进行了顽强的抵抗。9 月初，南京终被攻破。在此前后，上海、安徽、广东等地的独立讨袁也相继失败，孙中山、黄兴等被迫流亡海外，以讨袁为旗帜的“二次革命”宣告失败。

“二次革命”是辛亥革命的继续和终结，是以孙中山为首的革命党人反对袁世凯独裁、捍卫民主制度的一次武装斗争。“二次革命”失败后，袁世凯的独裁统治正式确立。袁世凯镇压“二次革命”以后，先破坏制宪，后违反选举总统的法定程序。10 月 6 日，袁世凯强迫国会匆匆进行总统选举，同时他派数千军警改穿便装，打着“公民团”的旗号包围国会。国会被迫连续投票三次，才选出袁世凯为大总统，第二天选黎元洪为副总统。10 月 10 日，袁世凯就任正式大总统。中国历史由此进入了北洋军阀统治的黑暗时期。

三、西方列强分裂中国的侵略活动

辛亥革命前后，乘中国政治上发生变动之机，西方列强继续推进分裂中国领土、损害中国主权等活动，其中以沙俄策动外蒙古独立和英国妄图分割西藏最为严重。

自 19 世纪中叶以后，沙俄通过一系列不平等条约，取得了在外蒙古免税通商等特权，势力不断向外蒙古渗透。日俄战争后，沙俄在东北的扩张受到日本阻遏后，加紧向外蒙古的扩张。当时，清政府改以往的禁垦为实边，奖掖汉民赴蒙垦荒。沙俄则以馈赠、贷款等方式，收买、笼络上层喇嘛、王公贵族，培植亲俄势力，并怂恿其密谋独立。1911 年 8 月，俄国内阁特别会议确定了援助外蒙古独立的方针，并借口保护俄侨向库伦增兵，给予外蒙古分裂分子大量武器，同时要求清政府停止在外蒙古的练兵和移民。辛亥革命爆发后，沙俄策动杭达多尔济等外蒙古王公宣布“独立”，于 12 月宣布成立“大蒙古国”，以库伦活佛哲布尊丹巴为“皇帝”，并向“大蒙古国”军队提供大量贷款和枪械弹药，派遣军官操练士兵。

北京政府对外蒙古所谓的“独立”不予承认。1912 年 8 月，袁世凯两次致电哲布尊丹巴，劝其“刻日取消独立”，并告拟派员赴库伦面商，都被哲布尊丹巴复电拒绝。北京政府既不能听任外蒙古分离出去，一时又无力彻底解决，于是采取拖延的方针。

10月，俄国派前驻华公使廓索维慈到外蒙古与库伦当局谈判。11月3日，迫使库伦当局与俄国签订了《俄蒙协约》及其附约《通商章程》，使得俄国在外蒙古获得了近乎殖民地的种种特权。北京政府得知《俄蒙协约》签订的消息后，令驻俄公使刘镜人声明："无论贵国与蒙古订立何种条款，中国政府，概不承认。"① 沙俄态度强硬，以不承认北京政府相要挟，外交总长梁如浩在舆论的压力下辞职。

1912—1913年，中俄两国政府之间进行了多次谈判。1913年11月，中俄双方正式签字互换了《中俄声明文件》。根据这一声明，中、俄、蒙三方于1914年9月在恰克图召开会议，并于1915年6月签订了《中俄蒙协约》。条约虽然承认了沙俄此前在外蒙古取得的各项侵略特权，但明确规定外蒙古承认中国宗主权，中国、俄国承认外蒙古自治，为中国领土之一部分，外蒙古博克多哲布尊丹巴呼图克图汗名号受大中华民国大总统册封。此后，库伦活佛取消"独立"。

与此同时，英国也加紧活动妄图分割西藏。辛亥革命爆发后，在英国的策划、协助下，西藏达赖属下的亲英分子组建了一支万余人的藏军，陆续将驻扎在江孜、日喀则、拉萨等地的清军打败并驱赶出西藏。1912年6月，达赖在英军的护送下启程返藏。同时，西藏亲英分裂主义分子在拉萨和其他一些地方挑动汉藏冲突，藏军攻占川边的盐井、理塘地区并切断川藏交通。英国乘机怂恿、策动西藏"独立"。面对西藏事态的发展，北京政府决定对西藏用兵。1912年7—8月，川督尹昌衡、滇督蔡锷奉命分别率川、滇军击退藏兵，收复川边地区，并准备进军拉萨。十三世达赖被迫派员向川、滇军求和。

英国见幕后策动西藏"独立"的政策难以实现，便直接出面干涉。1912年6月之后，英驻华公使朱尔典几次会见袁世凯，力图阻止中国出兵。8月，朱尔典向中国外交部递交英国政府照会，声明：英国政府不能承认中国有干涉西藏内政之权；不能承认中国政府关于西藏与内地各省平等，西藏地方一切政治俱属内务行政范围的政策；不能承认中国在拉萨或西藏的无限制驻兵权；英国要求根据以上各点同中国订成条约后，方能承认中华民国；此项条约订立之前，英国将对华断绝印藏交通。朱尔典甚至声言，假如中国派兵入藏，英国将

① 陈博文：《中俄外交史》，上海商务印书馆1928年版，第83页。

帮助西藏“独立”。[①] 袁世凯为获得英国的承认，屈从英国的压力，电令尹昌衡停止入藏，“切不可冒昧轻进，致酿交涉，摇动大局”[②]。10月下旬，袁世凯又下令恢复达赖因离藏出逃而被清廷革去的封号。但是英国依旧断绝了北京政府与西藏联系的通道，也阻止达赖与北京政府的往来。

1913年6月，北京政府被迫答应按照英国提出的条件进行谈判，英国提出西藏作为独立一方与会，条约由中、英和西藏地方三方共同签字，并威胁中国收回派胡汉民、陈贻范为西藏宣抚使的命令，西征军队撤归原驻地，否则“西藏问题恐难以协商解决”[③]。7月，英国通知中国外交部，英国政府和西藏均已派定专员，请中国亦派员前往印度西姆拉参加藏事会议。

在英国的威逼下，中国政府派出西藏议约全权专员陈贻范等出席西姆拉会议。西藏代表在英国的指使下提出六条草案，主要包括：西藏“独立”，疆域包括青海、理塘、巴塘、打箭炉等；中国政府不得派员驻藏；英国与西藏地方修改通商章程，中国不得过问等。中国代表提出驳复条款七条，主要内容是：西藏为中国领土之一部分；中国可派驻藏长官并可带卫队2600人驻扎拉萨；西藏于外交及军政事宜均应听受中国政府指示；英藏通商条款之修订应由中英双方商议等。[④] 1914年2月，英国代表麦克马洪抛出将藏族居住的地区划分为内藏和外藏的计划，“内藏”包括青海、甘肃、四川、云南等省的藏族居住地区，由中国政府直接管辖；“外藏”包括西藏和西康西部地区，要求中国“承认外藏自治”“不干涉其内政”。4月，英国提出修正案，各项条款基本照旧，仅在边界的划分上有少许让步。英、藏代表先行签字后，英方威胁中国代表即日签字，否则将中国对藏有宗主权和代表驻藏的条款删除，且不再与中国代表商议。中国代表陈贻范恐会议破裂，被迫于草约上画行，并声明：“画行与签押，当截然分为两事。签押一层，必须奉有训令而后可。”[⑤] 中国政府在知悉这一情

① 《会议前英国要挟中国派员开议之经过》，中国藏学研究中心等合编：《元以来西藏地方与中央政府关系档案史料汇编》第6册，中国藏学出版社1994年版，第2386—2387页。

② 《国务院电尹昌衡办理藏事不可冒昧轻进致酿交涉》，《西藏研究》编辑部：《民元藏事电稿》，西藏人民出版社1983年版，第32页。

③ 《会议前英国要挟中国派员开议之经过》，中国藏学研究中心等合编：《元以来西藏地方与中央政府关系档案史料汇编》第6册，中国藏学出版社1994年版，第2389页。

④ 《藏案交涉经过情形》，中国藏学研究中心等合编：《元以来西藏地方与中央政府关系档案史料汇编》第6册，中国藏学出版社1994年版，第2411—2412页。

⑤ 西藏地方历史资料编辑委员会：《西藏地方历史资料选辑》，生活·读书·新知三联书店1963年版，第299页。

况后，致电陈贻范："受迫画行，政府不能承认，应即声明取消。"又指示驻英公使刘玉麟向英国政府声明否认该约。① 此后，英国代表一再逼迫陈贻范在条约上正式签字，陈贻范奉中国政府之命严词拒绝。7月初，英国代表只得和西藏代表私下签订了所谓《西姆拉条约》。陈贻范当即声明："凡英藏本日或他日所签之约，或类似之文牍，中国政府概不承认。"中国政府也正式声明："中国政府不能擅让领土，致不能同意签押，并不能承认中国未经承认之英藏所签之约，或类似之文牍。"② 西藏当局受中国中央政府管辖，根本无权与外国私自订立条约，以后中国历届中央政府也均未承认过这个条约，所以这个条约完全是非法的和没有法律效力的。它不过是英国侵犯中国领土主权，妄图将西藏从中国分裂出去的一个铁证而已。

西姆拉会议期间，英国代表麦克马洪与西藏代表还用秘密换文的方式，划定西藏东南与印度的边界，把西藏东南地区9万余平方公里的土地划入印度。这就是所谓"麦克马洪线"的由来。此事并未在会议上提出，中国政府也不知道此事，所以这是一条没有任何法律根据的边界线。

四、袁世凯称帝与护国运动

1914年1月，袁世凯宣布解散国会。5月初，他操纵"约法会议"制定颁布了《中华民国约法》（又称"新约法"），同时废止《中华民国临时约法》。"新约法"将原责任内阁制改为总统制，并把总统的权力提高到如同专制帝王一般。随后，袁世凯在总统府内建立政事堂，设国务卿，控制行政权力；设置"陆海军大元帅统帅办事处"，集中军权；对于地方制度也做了相应的变动。这些举措均是为了加强袁世凯极权独裁势力，为其复辟封建帝制做准备的。

1914年年底，袁世凯通过约法会议对《大总统选举法》进行了修正，规定：总统任期十年，无连任限制；总统继任人由现总统推荐三人，选举时，选举会对上述三人和现任大总统都可以投票。这实质上使袁本人成为终身制总统，并可将总统职位传给子孙或亲信。至此，袁世凯的独裁统治被以法律形式

① 《谈判破裂中国政府拒签条约公开声明不予承认》，中国藏学研究中心等合编：《元以来西藏地方与中央政府关系档案史料汇编》第6册，中国藏学出版社1994年版，第2419页。

② 《谈判破裂中国政府拒签条约公开声明不予承认》，中国藏学研究中心等合编：《元以来西藏地方与中央政府关系档案史料汇编》第6册，中国藏学出版社1994年版，第2422页。

确定下来。

与此同时，袁世凯为复辟帝制，恢复了大量帝制时代的官秩名称。除了在总统府内设立政事堂，设置国务卿、左丞、右丞之外，还于 1914 年 7 月颁布《文官官秩令》，将全国文官官秩分为卿、大夫等九等，另设同中卿、同上大夫之类。袁世凯还恢复了清代的祀孔制度，并到孔庙祭祀。各省巡按使、将军也都在省会文庙祭孔。12 月，袁世凯下令恢复祭天制度，并亲往天坛祭天。

正当袁世凯为复辟帝制制造舆论的时候，1914 年 8 月，第一次世界大战爆发，欧洲各帝国主义忙于战事，暂时放松了对中国的侵略和掠夺。但日本却趁机加紧侵略中国，妄图独占。9 月，日本帝国主义乘欧洲战事爆发，出兵攻占青岛，取代了德国在山东的侵略地位。

1914 年 11 月 7 日，日本强占青岛后留下“大正三年十一月七日”的石刻

采自日本《画报近代百年史》第 9 集。

1915 年 1 月，日本以支持袁世凯称帝为交换条件，向其秘密提出妄图灭亡中国的“二十一条”。“二十一条”分为五号，要点是中国承认日本接管德国在山东的一切权益；延长日本租借旅顺、大连以及南满、安奉两铁路的期限为 99 年，并承认日本在南满、内蒙古东部的特殊权利；汉冶萍公司改为中日合办；中国沿海港湾及岛屿不得租借或割让给他国；中国政府须聘用日本人为政治、军事及财政顾问，警政及军械厂由中日合办，允许日本在武昌至九江、南昌间，以及南昌至杭州、潮州间建造铁路，日本在福建有建筑铁路、开矿的优

先权等。对这“二十一条”，袁世凯并未拒绝，只是采取拖延策略，启用陆徵祥为外交总长，与次长曹汝霖同日本进行秘密谈判。经过几个月的交涉，日本以最后通牒的方式，迫使袁世凯于 5 月 9 日接受了除第五号内容以外的全部要求。

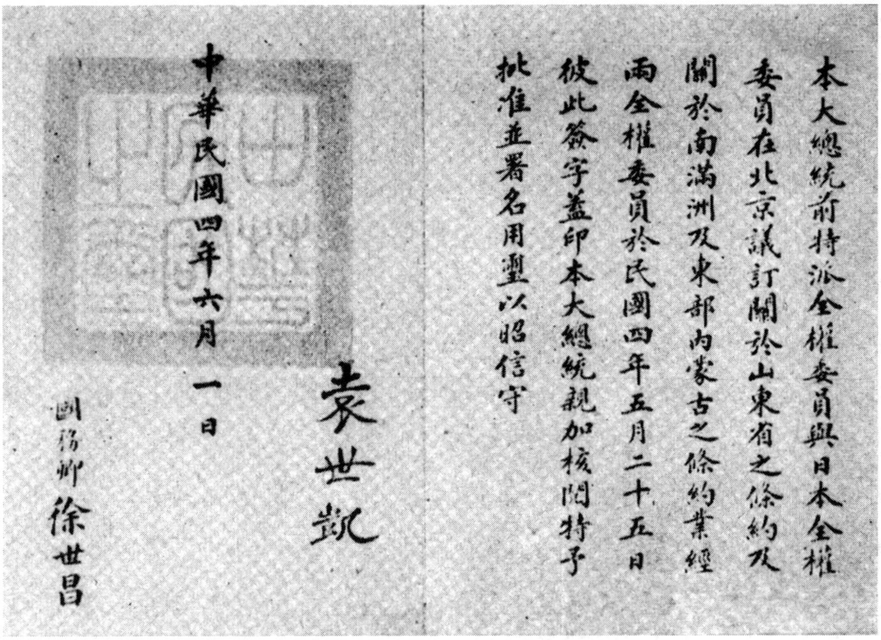
本大總統前特派全權委員與日本全權
委員在北京議訂關於山東省之條約及
關於南滿洲及東部內蒙古之條約業經
兩全權委員於民國四年五月二十五日
彼此簽字蓋印本大總統親加核閱特予
批准並署名用璽以昭信守
袁世凱
中華民國四年六月一日
國務卿徐世昌

1915 年 6 月 1 日袁世凯签署批准包括“二十一条”主要内容的“民四条约”批准书
采自日本《画报近代百年史》，第 9 集。

日本提出的“二十一条”要求，实质上是要变中国为日本独占的殖民地。“二十一条”签订的消息传出后，激发了全国巨大的抗议浪潮和反日爱国运动，国内各界民众掀起反日风潮，纷纷集会、演说、抵制日货，抗议日本的侵略行径。袁世凯却将对日屈服说成是“外交成功”，一方面镇压各地人民的反日爱国活动，另一方面继续进行复辟帝制活动。8 月，在袁世凯的授意下，杨度串联孙毓筠、李燮和、胡瑛、刘师培、严复等人成立了“筹安会”，名义上研究“君主、民主国体何者适于中国”①，实则公开鼓吹复辟帝制。自 9 月起，袁世凯及其党羽自导自演了“全国请愿”和“推戴”的丑剧。12 月 11 日，参政院以“全国国民代表大会总代表代行立法院”的名义向袁世凯呈上请他为“中华帝国皇帝”的推戴书。经一再推戴，袁世凯终于接受。12 月 13 日，袁世凯即以皇帝身份在居仁堂接受百官朝贺，随后大肆封官赐爵，并设立登基大典筹备

① 张宪文主编：《中华民国史纲》，河南人民出版社 1985 年版，第 82 页。

处。12月底下令，定新朝年号为“洪宪”，改民国五年为洪宪元年。

袁世凯复辟帝制激起全国上下公愤，护国运动随之爆发。“二次革命”失败后，孙中山流亡日本。国内革命形势的发展，使他感到必须重组一个革命政党，来领导全国的反袁斗争。1914年7月，孙中山在东京组织中华革命党，号召“协力同心，共图三次革命”，宣布“以实行民权、民生两主义为宗旨”“以扫除专制政治，建设完全民国为目的”①，并派遣党员回国发动武装起义，打击袁世凯的反动统治。但中华革命党没有提出明确的反帝反封建纲领，并且把绝对服从孙中山个人看作入党的唯一标准，因而成了一个人数较少、脱离群众的“秘密团体”，不能对国内政治生活发挥较大的影响，也没有能够在反袁斗争中掌握领导权。

袁世凯的悍然称帝，也使得原本依附于他的进步党人大失所望。进步党虽曾支持袁世凯政府，但当袁世凯帝制自为的面目暴露后，进步党的中心人物梁启超、蔡锷等人对袁的丑恶行径极为愤慨，毅然与袁决裂，并秘密商定了反袁斗争方案。1915年8月，梁启超发表了《异哉所谓国体问题者》一文，公开反对袁世凯复辟帝制。蔡锷是梁启超在湖南时务学堂的学生，辛亥革命时在云南响应起义，任都督，在云南有深厚的基础。后被袁世凯软禁在北京，在思想上与梁启超接近。1915年11月，蔡锷以治病为名，摆脱袁世凯的监视，经日本、中国香港、越南等地秘密到达昆明。这时中华革命党人在云南策划部分中下军官和士兵起兵讨袁，国民党人李烈钧等人也到云南从事反袁活动。蔡锷到达昆明后，积极联络各派反袁力量，组建护国军。12月25日，他与唐继尧等人联名通电，宣告云南即日独立。1916年1月，护国军出兵讨袁。

护国运动是反对复辟帝制、维护民国共和政体的斗争。护国军以蔡锷为第一军总司令，出兵川南；李烈钧为第二军总司令，出兵粤桂；唐继尧任云南都督兼第三军总司令留守昆明。蔡锷的计划是首先夺取四川，1月中旬率第一军向四川泸州进发。第一军兵力不过九千，武器装备也并不充足，但士气旺盛，入川后勇猛作战，北洋军节节败退。袁世凯于是急令曹锟率张敬尧、吴佩孚等部入川，对护国军展开反攻，使北洋军在川南战场取得一定优势。护国军虽未取得预定的战略目标，但产生了巨大影响。在此期间，贵州、广西宣布独立，护国军另一路也进军湘西。同时，中华革命党在广东、四川、湖南、湖北、江

---

① 邹鲁著：《中国国民党史稿》，东方出版中心2012年版，第155—156页。

苏、安徽、山东等地发动讨袁武装起义，配合护国军的作战。护国军的作战和中华革命党组织的军事斗争，得到各地人民的大力支持和援助，有力打击了袁世凯的统治。

在这种形势下，北洋军阀集团内部也发生了严重的分裂，徐世昌、段祺瑞、冯国璋等人均对袁世凯复辟帝制持不满或消极态度。一向为袁所宠信的湖南将军汤芗铭、四川将军陈宧等，随着护国运动推进，也日渐疏离袁世凯。原曾对袁世凯称帝表示过支持的日本、英国，见袁世凯的统治已不稳固，也对袁世凯提出警告，日本甚至公开支持反袁力量。至此，袁世凯成了众叛亲离的孤家寡人。1915 年 12 月 31 日，袁世凯下令取消了原定于 1916 年元旦举行的登基大典。1916 年 3 月，面对如火如荼的护国运动，袁世凯不得不宣布取消帝制，23 日下令废止“洪宪”年号，他总共只当了 83 天的短命皇帝。

袁世凯撤销帝制后，仍想继续做大总统。但护国运动的领导人及西南独立各省表示，袁世凯复辟帝制，已“犯谋叛大罪……民国大总统之资格，当然消灭”①。全国上下各方人士一致谴责袁世凯，形成了强大的讨袁声势。3 月下旬，四川将军陈宧要求停战议和，湖南的战事也停了下来。4 月，广东宣告独立。5 月，浙江宣告独立。在梁启超等人的努力下，独立各省 5 月在广东肇庆成立了两广护国军都司令部，随后又建立了军务院。军务院是临时政府性质的机构，它的建立在政治上产生很大影响，在军事上也推动了护国运动的进一步发展。

护国运动的胜利发展使得北洋派内部的分化加剧。4 月下旬，上任仅一个月的国务卿徐世昌辞职。段祺瑞继任后即提出改政事堂为责任内阁，恢复了国务院。江苏将军冯国璋利用拥兵南京的有利地位，发起召开所谓未独立各省代表会议，意在逼袁下台。5 月中下旬，本由袁世凯的亲信掌控的陕西、四川、湖南三省也相继宣布独立，再予袁世凯以沉重一击。护国运动爆发以来，袁世凯为国人指骂，众叛亲离，终于在 1916 年 6 月 6 日暴亡，落得身败名裂的可耻下场。

袁世凯称帝的失败表明，封建帝制不得人心，背离民主共和潮流者必失败。护国运动虽然在形式上恢复了资产阶级的共和制，但继袁世凯之后的北洋

---

① 《护国军军政府第一号宣言》（1916 年 4 月 18 日），李希泌等编：《护国运动资料选编》（下册），中华书局 1984 年版，第 538 页。

政府仍是帝国主义统治中国的工具，反袁斗争的胜利果实被大小军阀窃取，中国社会陷入了北洋军阀纷争、混战的时期。

第二节 军阀纷争与护法运动

一、第一次世界大战与中国政局

袁世凯死后，副总统黎元洪继任大总统，恢复民国元年通过的《临时约法》，继续召集国会，任命段祺瑞为国务总理兼陆军总长，补选冯国璋为副总统。但此时的政府实权则落在了段祺瑞手里，黎元洪、冯国璋不满于此，在英、美等国的扶持下，他们与日本支持的段祺瑞相抗衡，形成了所谓“府院之争”。“府院之争”形式上是北洋政府内部的权力之争，实际上却反映了各帝国主义在中国争夺利益的斗争。

第一次世界大战爆发后，美、日唆使北洋政府参战，借机加强对中国各方面的控制与侵略。日本逼迫中国签订“二十一条”后，其肆无忌惮的侵略扩张活动威胁到美国等西方列强的在华利益。美国政府转而积极拉拢、控制中国政府，以抵制日本的扩张。1917 年年初，美国准备对德国宣战。2 月初，美国宣布对德绝交，同时命令驻华公使芮恩施开展活动，使中国政府追随美国一致行动。芮恩施奉命后连日拜访总统黎元洪、国务总理段祺瑞等，要求中国与美国联合，对德国采取行动。其他一些对中国政府有影响的英、美人士也开始游说政府官员和国会议员。2 月 9 日，北京政府就德国实行海上新潜艇政策向德国提出严重抗议，并表示赞同美国 4 日对德国新潜艇政策的通牒。

日本获悉美国政府对中国的政策后，迅速改变反对中国参战的态度，转而积极支持中国参战。2 月上旬，日本外务大臣本野两次会见中国驻日公使章宗祥，表示希望中国与德国断交后，再进一步加入联合战团。同时派西原龟三赴华，以减缓交付庚子赔款、提供参战经费等为诱饵，促使北京政府向德国宣战。面对日本利用支持中国参战，进一步扩大在华势力而危及美国利益的形势，美国迅速改变了支持中国参战的政策。2 月上旬，国务卿兰辛指示芮恩施立即向中国政府表示，美国不愿意看到中国参加世界战争。随后，又进一步指示芮恩施向中国政府表示，欧洲战局尚不需要中国参战；在与美国协商之前，中国“不要采取进一步的行动”①。黎元洪原本就担心段祺瑞会利用参战的名义扩充军事实力，加强对政局的控制，因此很快接受了美国的意见。

在政府方面，段祺瑞为解决扩充军队等问题的财源，立即接受了日本的条件。2月中旬，国务院与外交部合电驻日公使章宗祥称：中国方面已决定，一旦发生德国潜艇袭击中立国船只事件，中国即不俟德国回答，对德绝交。2月底，段祺瑞率全体阁员晋见黎元洪，说明对德应由绝交进而宣战，并加入协约国。黎元洪则表示要先征求国会同意，绝交宣战均尚非其时。3月初，段祺瑞主持国务会议，通过了对德绝交咨文和《加入协约国条件节略》，并请黎元洪在对德绝交咨文上盖印交付国会通过，就《加入协约国条件节略》与日本政府协商。但黎元洪以事关重大、还需慎重为辞，拒绝盖印，段祺瑞愤而离去，宣布辞职并出走天津。早已存在的府院矛盾骤然激化。

段祺瑞辞职后，黎元洪曾想借机改组内阁，但无人应允出任国务总理，加上恐激出事变，只得接受冯国璋自请赴津劝段复职的建议，并答应不再反对内阁确定的外交方针等条件。段祺瑞于是回京复职。3月中旬，国会众参两院分别通过对德绝交案。虽然对德绝交案在国会获得通过，但当时国会内外反对参战的舆论也很强烈，特别是北洋系各省督军对此也持消极态度。4月下旬，为争取各省督军支持，段祺瑞借“军事会议”的名义把各省督军召集到北京，在会上段祺瑞的外交方针获得绝大多数督军的支持。随后，北洋系督军们开始胁迫黎元洪和国会同意向德国宣战。内阁开会讨论对德宣战问题，安徽省长倪嗣冲等人闯入会场，要求政府立即对德宣战，内阁会议被迫匆匆通过对德宣战案。段祺瑞随即率阁员到总统府面请黎元洪核准。日本公使也警告黎元洪，参战案如遭否决，政局将发生纷扰。倪嗣冲又率督军团到总统府，向黎元洪陈述参战意见。面对种种压力，黎元洪被迫同意将对德宣战案提交国会。

国会中反对参战的议员占有相当大的优势，因此段祺瑞并不敢将此案贸然提交国会表决。5月初，国务院在外交部迎宾馆宴请国会参众两院议员，段祺瑞到会演说，要求国会在参战问题上与他合作。督军团又宴请国会议员，为段进一步疏通。国会众议院讨论宣战案，段祺瑞亲自到场督促投票表决。但众议院仍议决交由全院委员会审查。5月10日，众议院全院委员会审查对德宣战

① 转引自李新、李宗一主编：《中华民国史》第2编第2卷，中华书局1987年版，第54—55页。

案。皖系军人策划组织了各种“公民请愿团”包围国会，殴伤议员，使众议院全院委员会会议决定暂不讨论对德宣战问题。

“公民请愿团”遭到各界谴责，外交总长伍廷芳等数名阁员相继宣布辞职。

二、军阀割据与张勋复辟

军阀统治，就是帝国主义、地主阶级和买办阶级的反动统治，各派军阀本身就是大地主和大买办，是反动势力的代表。南北各地的大小军阀集团在帝国主义的支持下，或极力抢夺中央政权，或割据一方，混战不已，横征暴敛，成为民国时期政治混乱、经济发展缓慢、人民灾难深重的重要原因。

护国运动前，袁世凯为首的北洋军阀集团占据着中央政权，控制着西南地区的大小军阀与北京政府貌合神离。袁世凯死后，北洋军阀逐步分化为几派。以段祺瑞为首的一派，因其为安徽人，故称为“皖系”。皖系军阀长期控制中央政权，并占据着河南、陕西、甘肃、山东、福建、浙江等地区，背后的支持者是日本帝国主义。以冯国璋为首的一派，因其为直隶人，故称为“直系”，占据着江苏、江西、湖北、直隶等地区，背后的支持者是英、美帝国主义。此外，以张作霖为首的一派，因其为奉天人，称为“奉系”，占据着东北地区，受日本帝国主义支持。南方诸省的军阀中，唐继尧占据云南，势力及于川、黔，称为“滇系”；陆荣廷占据广西并控制广东，称为“桂系”。

皖系军阀段祺瑞控制北京政权后，力图在日本支持下实行独裁统治。总统黎元洪则以英、美等国为后台，时常与段对抗。国会复会后，继续制定宪法的工作。国会中的“研究系”议员代表当权的北洋军阀利益，主张中央集权，各省省长由中央政府任命。国民党籍各派议员多主张地方分权，民选省长。两派议员经常在会议上互相争吵，以致大打出手，上演武斗闹剧。1917 年 5 月 23 日，军阀派系争斗的府院之争矛盾激化，黎元洪下令免去段祺瑞的国务总理职务，段祺瑞退走天津，拥兵自重，扬言武力倒黎，手无兵权的黎元洪孤立无援，只好同意军阀张勋带兵入京“调停”。

张勋在武昌起义爆发时任江南提督，坚持与革命军为敌，后退据徐州。民国建立后，张勋及其所部官兵仍留着长辫，被称为“辫帅”和“辫子军”。张勋在参加镇压“二次革命”中乘机重占南京，纵兵大肆抢掠，屠杀民众。后任江苏督军、长江巡阅使、安徽督军等职。张勋顽固地效忠清王朝，民国建立后力图寻找复辟的机会。1917 年春，段祺瑞同黎元洪和国会之间发生的这场争斗，使张勋觉得是复辟清王朝的可乘时机。在京督军团要求黎元洪解散国会时，张勋致电表示支持，还派人到天津与前清遗老、复辟分子密谋。他曾数次在徐州召集多省军阀及代表会，旨在联络各地军阀结成同盟，谋划清廷复辟问题。

督军团解散国会的要求被拒绝后，5 月下旬，张勋纠集部分督军及督军代表，与段祺瑞的心腹徐树铮等在徐州开会，策划解散国会，驱逐黎元洪，实行复辟。此次会议，正值黎元洪下令免去段祺瑞职务，段祺瑞为谋东山再起，力图借张勋之力把黎元洪赶下台。他通过徐树铮向张勋暗示，如能推倒总统，他不反对复辟。在这种情况下，与会者策划了张勋以调停者面目进京，逼迫黎元洪解散国会，实行复辟的阴谋。

在段祺瑞的指使下，皖系、奉系等十省督军相继宣布独立。6 月 1 日，黎元洪被迫请张勋来京调停。张勋表示愿意调停，并率兵 4300 余人自徐州北上。抵达天津后，张勋本人留在天津，与段祺瑞、徐世昌等人密谋，军队则继续向北京进发，控制了北京的外围。张勋要求黎元洪两天内解散国会，否则不负调停责任。黎元洪被迫拟就解散国会命令，并免去不肯副署命令的国务代总理伍廷芳，以步兵统领江朝宗代理国务总理，副署命令。14 日，张勋进京，“朝谒”废帝溥仪，并加紧与复辟分子密谋复辟计划。6 月底，张勋及其同党开始复辟行动，部分“辫子军”进入北京城内，占据了车站、邮电局等重要地点。7 月 1 日凌晨，张勋、康有为等入宫，奏请溥仪复位。溥仪“下诏”宣布：“临朝听政，收回大权，与民更始。”① 溥仪还授予张勋内阁议政大臣、直隶总督兼北洋大臣，徐世昌、康有为、王士珍等人均授官职，各省督军改称总督或巡抚。张勋发布通电，要求各地“即遵用正朔，悬挂龙旗”。

张勋复辟，立即遭到全国上下的强烈反对，社会各界人士纷纷起来声讨复辟行径。黎元洪拒绝了张勋“奉还大政”的要求，避往日本使馆，电请冯国璋代行大总统职权，并恢复了段祺瑞国务总理的职务，令其兴兵讨逆。段祺瑞获知张勋复辟并得到黎元洪的任命后，即与徐世昌、梁启超等人商议讨伐张勋事宜，联络驻津、保地区的李长泰、冯玉祥、曹锟等北洋将领，组织讨逆军。7 月初，段祺瑞组成“讨逆军总司令部”，自任总司令，分两路从廊坊、保定向北京出兵。因不敌讨逆军的攻击，张勋逃至荷兰驻华使馆避难，其军队全部

---

① 章伯锋、李宗一主编：《北洋军阀》第 3 卷，武汉出版社 1990 年版，第 217 页。

缴械投降。张勋复辟的丑剧以彻底失败收场。14日，段祺瑞自津入京，组织新政府。

三、皖系军阀统治与广州护法军政府

张勋复辟失败后，段祺瑞借“讨逆”重新上台，再任国务总理。冯国璋8月初入京代理大总统职务，江苏督军一职由李纯接任，长江中下游地区仍在直系军阀的控制之下，但中央政府的实权控制在皖系军阀手中。8月13日，北京政府发布《大总统布告》，对德、奥宣战，并宣布：“所有以前我国与德、奥两国订立之条约、合同、协约及其他国际条款、国际协议属于中德、中奥间之关系者，悉依据国际公法及惯例，一律废止。”① 北京政府外交部照会各协约国、中立国驻华公使，以及德国驻北京代表和奥地利驻华公使，通告此事。美、英、法等协约国对中国参战表示欢迎。对德、奥宣战后，段祺瑞即以参战为名，扩充自己的军事实力。1918年3月，成立参战督办处，随后用日本借款编练参战军，成为皖系军阀消灭异己、实行独裁统治的工具。对于被解散的国会，段祺瑞拒绝恢复，而是组建临时参议院以代行国会职权。

在上海的孙中山一直关注着北京政局的变化。当“府院之争”和督军团乱政出现之时，孙中山即与岑春煊、唐绍仪、章太炎等人联名致电段祺瑞及国会参众两院议员，要求遵守约法；当国会被解散，张勋复辟之时，孙中山致电国会议员，号召他们出京南下，“自由集会，以存正气，以振国纪”②。海军总长程璧光反对督军团乱政和张勋复辟，支持孙中山南下护法，广东省长朱庆澜也派人请孙中山到粤建立政府。7月上旬，孙中山同章太炎、朱执信、廖仲恺、陈炯明等人，乘海琛、应瑞两舰离沪赴粤。孙中山抵粤后，请国会议员南下广州开会，维护《临时约法》，“而行民国统治之权”③。7月下旬，程璧光与海军第一舰队司令林葆怿率舰队南下广州，壮大了护法运动的力量。

8月中旬，南下抵达广州的国会议员已有150余人，因未达法定人数，决

---

① 《政府公报》第567号，1917年8月14日。

② 孙中山：《致参众两院议员电》（1917年7月4日），中国社会科学院近代史研究所中华民国史研究室、中山大学历史系孙中山研究室、广东省社会科学院历史研究室合编：《孙中山全集》第4卷，中华书局1985年版，第110页。

③ 孙中山：《致津沪国会议员电》（1917年7月19日），中国社会科学院近代史研究所中华民国史研究室、中山大学历史系孙中山研究室、广东省社会科学院历史研究室合编：《孙中山全集》第4卷，中华书局1985年版，第118页。

定采用“国会非常会议”的名称开会。8月下旬，国会非常会议在广州正式开幕，通过《中华民国军政府组织大纲》，主要内容是：为勘定叛乱，恢复《临时约法》，特组织中华民国军政府；军政府设大元帅一人，元帅二人，由国会非常会议选举之；《临时约法》恢复之前，大元帅代表中华民国，行使中华民国行政权。选举结果，孙中山当选大元帅，唐继尧、陆荣廷当选元帅。9月中旬，国会非常会议通过各部总长名单后，孙中山依国会非常会议咨请，任命了各部总长，组成护法军政府。

云南督军唐继尧和两广巡阅使陆荣廷等西南军阀加入“护法”，主要是想利用孙中山的威望，以“护法”为旗号与北京政府对抗，并非真心拥护共和，故对护法军政府态度消极，拒不就任军政府元帅之职。朱庆澜交给孙中山的省长警卫军20营成为听命于孙中山的一支部队，孙中山将其改组为援闽粤军，由陈炯明任总司令。广州护法军政府的建立标志着护法运动正式展开，对各地反对北洋军阀政府统治的斗争也起到鼓舞作用。湘、川、皖、陕、浙、鄂、鲁、闽、豫等省纷纷组成护法军、靖国军等响应。但由于缺乏统一领导，各地互不统属，并未形成反对北洋军阀统治的强大军事力量。

段祺瑞为扩充自己的军事力量，实行独裁统治，向日本大量借款。自1917年8月至1918年9月，先后以善后、修建铁路、参战等名义向日本借款16次，总额接近4亿日元。这些借款附带有严重损害中国国家主权的条件。日本还以“顾问”“教官”等名义，派遣特务、间谍，加强对中国政治、经济、军事等方面的控制。段祺瑞就是利用这些借款、装备及教官编练参战军共三师四个混成旅，成为其嫡系部队。西南地区及护法军政府是段祺瑞的主要进攻目标，他任命傅良佐为湖南督军，控制湖南，然后进占两广；任命吴光新为长江上游巡阅使兼四川查办使，先控制四川，以四川为基地进攻滇、黔。随后，护法战争拉开战幕。

9月，傅良佐到长沙后，部署军队向南方进攻。陆荣廷本对孙中山南下护法持消极态度，此时为抵抗北军，调整了与护法军政府的关系，粤、桂军事力量组成两广护国军，分为五个军，出兵援湘。傅良佐督湘后，任命王汝贤、范国璋为湘南军正副司令，但此二人属冯国璋的直系，对段祺瑞“武力统一”政策持反对态度。当南北军在湘南鏖战之际，王、范二人于11月中旬发表通电，主张停战议和，随即所部自衡阳退至长沙，傅良佐闻讯后乘军舰仓皇逃离长沙。而后，南军向北推进，王、范又率军逃往岳州。段祺瑞在湖南战场的失败表明其“武力统一”政策破产。段祺瑞被迫两次提出辞职。冯国璋任命王士珍任国务总理。

在西南，滇系军阀唐继尧将滇军改组为“靖国军”，继而联合部分川军、黔军，组成“滇黔靖国联军”，自任总司令。1917年11月，唐继尧率滇黔联军进攻四川，川军初胜终败。12月初，吴光新率北洋军撤出重庆，退往湘、鄂。段祺瑞下台后并不甘心，由其心腹徐树铮两次组织策划督军团会议，迫使北京政府继续对西南实行武力统一政策，并任命段祺瑞为参战督办，负责编练参战军。1918年3月，冯国璋在皖系的压力下重新任命段祺瑞任国务总理。在6月间举行的新国会选举中，由皖系政客王揖唐、曾毓隽等人组织的“安福俱乐部”操纵选举并获胜，这届国会被称为“安福国会”，依附于皖系军阀的官僚政客集团被称为“安福系”。“安福国会”选举徐世昌为大总统，北京政府仍控制在皖系军阀手中。

随着护法战争在湖南和四川战场的胜利，参加护法运动的西南军阀巩固了各自的地盘后，便开始谋求和北洋政府的妥协，通电主和，使护国军北伐计划无法实行。1918年3月，重新上台的段祺瑞立即组织北洋军大举南下，护法军在湖南战场连连失利，转胜为败。同时，陆荣廷、唐继尧联合一些政客极力排斥孙中山，给护法军政府制造种种困难。唐继尧等人策划建立“护法各省联合会议”，与护法军政府相抗衡，虽然因遭到孙中山、章太炎等各界人士的揭露和反对而流产，但他们仍处心积虑要排挤孙中山，重组军政府。4月，唐联合政学会分子鼓动非常国会酝酿改组军政府的议案。5月初，国会非常会议开会，赞成改组军政府的占多数，军政府变大元帅制为政务总裁制，由政务总裁七人组成政务会议。国会非常会议选举孙中山、唐继尧、陆荣廷、岑春煊等七人为政务总裁。随后，唐、陆推举岑春煊为主席总裁，军政府的实际权力已被西南军阀所篡夺。孙中山随即离开广州赴上海，护法运动失败。

面对皖系军阀把持政权后卖国独裁、破坏共和的丑行，孙中山虽然以旧国会和约法为凭借发起护法运动，但终因缺乏革命武装和革命组织，屡受西南军阀的阻挠破坏而失败。护法运动的失败使孙中山看出了军阀的本质，他指出：“顾吾国之大患，莫大于武人之争雄，南与北如一丘之貉。”① 但孙中山并没有

① 孙中山：《辞大元帅职通电》（1918年5月4日），中国社会科学院近代史研究所中华民国史研究室、中山大学历史系孙中山研究室、广东省社会科学院历史研究室合编：《孙中山全集》第4卷，中华书局1985年版，第471页。

灰心，仍在为中国建立民主共和制度继续进行探索和斗争。

第三节 军阀混战与时局动荡

一、直皖战争爆发

1918 年 3 月，段祺瑞继续进行对南方的战争。前线的直系将领曹锟、吴佩孚等逐渐感到对南方作战徒为皖系扩大地盘，从而态度转为消极。4 月，曹锟请辞两湖宣抚使一职，后不经政府准许，回师天津看守直隶地盘。吴佩孚则在 4 月占领衡阳后止兵不前，随后与南军和谈，签订了停战协定。吴佩孚还于 8 月发表通电，指责段祺瑞的“武力统一”政策，主张和平解决国内问题，直系将领纷纷响应。

在直系停战主和前后，深受南北战争祸害的国内民众、绅商各界及社会舆论也普遍有和平的呼声。美国出于维护在华利益的考虑，劝告南北双方停战议和，得到英、法、日等国的同意。1919 年 2 月，南、北双方终于在上海开始谈判，但双方无法取得一致，南北和议于 5 月破裂。和议破裂后，吴佩孚屡次请求撤兵北归，北京政府未予理睬。吴佩孚决意自行撤军，为免后顾之忧，他与西南军阀举行秘密军事会议，达成共同对付皖系的协议。1920 年 5 月，吴佩孚率军撤出湘南防地，乘船北归。湘军随即进占衡山、湘乡等地，直逼长沙，湖南督军张敬尧所部驻湘北洋军大败而逃，皖系失掉了湖南。

在吴佩孚撤军前，段祺瑞曾策划用吴光新代替赵倜为河南督军，试图将河南置于皖系控制之下，切断吴佩孚的撤军之路。但受到直系各省督军以及大总统徐世昌和奉系张作霖的反对，赵倜也极力抗拒，导致这一计划终未实现，而直系与奉系则在这个过程中加强了联络。1920 年 4 月，曹锟以举行阵亡将士追悼会为名，召集直系各省代表在保定聚会，密谋对付皖系方略。此时的国务总理靳云鹏与直皖奉各系均有较密切的关系。1919 年 11 月，他在就任后主张南北议和，已与皖系产生矛盾，1920 年年初又因在内阁人选和河南易督等问题上对安福系有所抵制。因此，在徐树铮的操纵下，安福系发动倒阁运动，而直系和奉系则对靳内阁全力支持，靳云鹏与安福系的冲突遂逐步演变为直系、奉系与皖系军阀之间的斗争。

5 月初，靳云鹏在安福系的逼迫下再次提出辞职，曹锟、张作霖和反皖各省督军纷纷发表通电，表示拥护靳内阁，反对安福系的倒阁行为。6月中旬，从湖南前线撤回河南的吴佩孚发表通电，谴责安福系当道，国难难平，提出“惟有出于召集国民大会，以真正民意公决”，才能解决时局问题。[①] 直皖矛盾渐趋尖锐。在此情况下，大总统徐世昌连发三电，邀请张作霖、曹锟、李纯等入京磋商。张作霖应召抵京，而曹锟和李纯则只派了代表到京。张作霖的调停并无成效，于是转赴保定，与曹锟、吴佩孚及各省代表等磋商。

7月初，曹锟发表致张作霖并转徐世昌的电报，要求罢免徐树铮一切职务，并与张作霖、李纯联名通电声讨徐树铮六大罪状，声称要“为国除奸”[②]。在这种情势下，徐世昌召集特别会议决定：西北边防军改归陆军部管辖，西北边防司令部撤销；免去徐树铮西北筹边使职，改任远威将军，并随即发布了相应的命令。徐树铮被免职后，段祺瑞及安福系愤愤不平，以边防督办名义命令边防军紧急动员，准备对直系发动战争。7月上旬，段祺瑞召开军事会议，指责吴佩孚受贿通敌、无故撤防，曹锟以兵力要挟元首、胁迫中央，现在不得不兴师讨逆。会后他向徐世昌送上呈文，要求总统“迅发明令，褫夺曹锟、吴佩孚、曹锳等三人官职，交祺瑞拿办”[③]。徐世昌在段祺瑞的胁迫下发布大总统令，褫夺吴佩孚职务，交陆军部依法惩办；曹锟褫职留任、以观后效。

与此同时，直皖双方都在积极备战。7月初，段祺瑞发布紧急动员令，完成军事部署，将其军队称为定国军，自任总司令，以徐树铮为总参谋长，共出动五个师的兵力，且划定了作战区域，以京奉铁路一带为东路，以京汉铁路琉璃河、高碑店一带为西路。直系方面也在积极备战，曹锟将所部称为讨贼军，任吴佩孚为前敌总司令。军队分为西、东、后三路，吴佩孚兼西路军总指挥，曹锳为东路军总指挥，王承斌驻郑州、为后路军总指挥。7月中旬，吴佩孚等直系将领联名发出通电谴责段祺瑞，宣称要“攘除奸凶，以纾国难”[④]。张作霖虽表面宣称“局外中立”，实则返奉后即决定加入直系的倒皖战争，并部署两

---

① 吴佩孚：《致五督军反对安福系并主张召集国民大会》（1920年6月13日），竞智图书馆编：《吴佩孚书牍全编》，神州书局1926年版，第51页；《吴佩孚对和议之主张电》，《申报》1920年6月22日，第六版。

② 中国科学院近代史研究所近代史资料编辑组编：《近代史资料》总27号，中华书局1962年版，第64—66页。

③ 《段祺瑞请拿办曹吴呈文》，《申报》1920年7月11日，第八版。曹锳为曹锟之弟，时任蓟榆镇守使兼第四混成旅旅长。

④ 《公电》，《申报》1920年7月17日，第六版。

个师入关助战。段祺瑞于同日发表通电，指斥曹锟、吴佩孚“目无政府，兵胁元首”，要“锄奸凶而定国是”。[①] 至此，直皖大战已箭在弦上。

皖军首先在西路向直军发起进攻，双方激战于涿州、琉璃河一带，后遭直军反攻，彻底失败，总指挥段芝贵逃回北京。东路战场，皖军首先发起进攻，直军退却并与皖军相持于北仓以西一带，后由于得到奉军的支援，直军反攻并重新占领杨村，皖军战败，东路总指挥徐树铮逃回北京，直军进抵长辛店、卢沟桥一带。段祺瑞面对全线失败，只得请总统徐世昌下令停战，并自请免职。7 月下旬，直军、奉军开进北京，北京政府下令免去段祺瑞所兼各职，撤销督办边防事务处和西北边防军名义，通缉徐树铮、曾毓隽、段芝贵、王揖唐等人，解散安福俱乐部。

直皖战争是直皖两派军阀争权夺利、扩张地盘和势力的战争。皖系军阀对外投靠日本帝国主义，出卖国家主权；对内穷兵黩武，专横独裁，国家政治经济混乱不堪，最终导致失败垮台。与此同时，直系、奉系战胜皖系，共同控制北京中央政权，也不过是为了争夺更大的政治权力和经济权益，无法彻底稳定当时社会动荡的局面。

二、孙中山重建广州军政府

护法运动失败后，孙中山领导下的重要军事力量只有援闽粤军。1920 年 8 月，为驱逐桂系、收复广东，陈炯明部驻闽粤军回师广东，连胜桂军，占据潮安、汕头等地。10 月下旬，粤军攻占惠州。岑春煊、陆荣廷通电宣布辞去职务、撤销军政府，并逃离广州。11 月下旬，孙中山回到广州，重新组建军政府。此后，孙中山宣布继续护法，提出要建立起一个“正式政府”。1921 年 4 月，在广州的国会议员 200 多人召开非常会议，通过了《中华民国政府组织大纲》，选举孙中山为中华民国大总统，史称“非常大总统”。5 月初，孙中山在广州非常国会宣誓就职。

6 月中旬，陆荣廷等桂系军阀进犯广东，并请求北京政府派兵支援。孙中山任命陈炯明为总司令，率粤军攻入广西，连续占领多个城镇。桂军将领纷纷与陆荣廷脱离关系。7 月，陆荣廷见已无法挽回失败，宣布下野。随后，孙中山任命马君武为广西省长。广西平定后，孙中山决心进行北伐。8 月底，孙中

---

① 《公电》，《申报》1920 年 7 月 17 日，第六版。

山复函苏俄外交人民委员齐契林，陈述中国近情，称已建立正式政府，革命党人将在短期内完成北伐事业。9 月初，孙中山宴请各军将领，指出“统一中国，非出兵北伐不为功”①。但北伐计划遭到陈炯明的反对。孙中山原本十分倚重陈炯明，曾将主要军事力量援闽粤军交陈统领，重建军政府后，又任命陈担任重要职务。但是随着个人权势的扩张，陈炯明开始反对孙中山提出的革命战略和北伐计划。1921 年 10 月，孙中山抵南宁向陈说明北伐的迫切意义，并请其策应北伐军，陈表面顺从，暗中设法阻挠。12 月初，孙中山抵桂林设立大本营，任命李烈钧为参谋长，胡汉民为秘书长，并委任了北伐各军司令等职，整军北伐，计划取道湖南北上，攻打直系军阀吴佩孚。

孙中山十分重视北伐的思想动员准备。12 月初，在桂林各界欢迎会上，他指出：民族、民权、民生之三民主义，“和美国大总统林肯所说的民有、民治、民享三层意思，完全是相通的”②，号召各界人士建设三民主义的新中国。随后，在对粤、滇、赣各军进行“军人精神教育”时，特别讲了进行北伐的意义，指出这次北伐是件非常革命的事业，是为了“扫除中国一切政治上、社会上旧染之污，而再造一庄严华丽之新民国”。苏俄军人皆有主义、有目的，所以能与工农联合而造成新国家，相信“吾国今日之军人，倘亦具有主义及目的，决心改造新中国，其效果必在俄国上”③。

1922 年 1 月，孙中山在桂林召开军事会议，讨论通过了北伐联军分三路出兵等决议。2 月，李烈钧率一路进军江西，许崇智率一路经湖南，联合湘军进攻武汉。但留守广东的陈炯明非但不提供枪械粮饷，且暗中联络湖南督军赵恒惕阻止北伐。赵恒惕于是策动反对北伐军经过湖南。在这种情况下，孙中山决定变更北伐计划，下令全军回师广东，后又将北伐军大本营移至韶关。孙中山多次召陈炯明面商北伐问题，但陈避而不见，并向孙辞去所兼各职。孙中山准陈辞去广东省省长兼粤军总司令之职，但仍保留其陆军部长职务。之后，陈率

---

① 孙中山：《在广州宴请北伐军将领时的演说》（1921 年 9 月 6 日），中山大学历史系孙中山研究室、广东省社会科学院历史研究所、中国社会科学院近代史研究所中华民国史研究室合编：《孙中山全集》第 5 卷，中华书局 1985 年版，第 598 页。

② 孙中山：《在桂林军政学七十六团体欢迎会的演说》（1921 年 12 月 7 日），中山大学历史系孙中山研究室、广东省社会科学院历史研究所、中国社会科学院近代史研究所中华民国史研究室合编：《孙中山全集》第 6 卷，中华书局 1985 年版，第 3 页。

③ 孙中山：《在桂林对滇赣粤军的演说》（1921 年 12 月 10 日），中山大学历史系孙中山研究室、广东省社会科学院历史研究所、中国社会科学院近代史研究所中华民国史研究室合编：《孙中山全集》第 6 卷，中华书局 1985 年版，第 10、39 页。

部退往惠州。

5月初，孙中山以陆海军大元帅名义发布北伐命令，申明其宗旨在于“树立真正之共和，扫除积年政治上之黑暗与罪恶，俾国家统一，民治发达”①。随后，北伐军兵分三路，再度进军江西。6月，北伐军攻克赣南重镇赣州，接着占领吉安，进逼南昌。但同时，陈炯明在后方策划了一场叛乱。当时广州已被陈炯明控制，在他的策动下，叶举等粤军将领致电孙中山，要求恢复陈炯明职务，孙中山复电表示对陈炯明“始终动以至诚”。6月初，孙中山回到广州后，察觉陈炯明谋叛的异动，旋即举行记者谈话会，揭露其实行“武人专制”的篡权阴谋。而陈炯明则加快了叛变步伐，6月中旬，他扣留了应约前往惠州的廖仲恺，并围攻总统府。孙中山在卫士的护卫下突出重围，登上楚豫舰并召集各舰长商议，随后改乘永丰舰，率海军永翔、楚豫等七舰驶离黄埔港，海军全体官兵亦通电声讨陈。孙中山由于孤立无援，坚持反击叛军近两个月后，于8月上旬离粤赴沪。至此，第二次护法运动失败。

第二次护法运动的失败，标志着资产阶级领导的旧民主主义革命走向穷途末路，也促使孙中山痛定思痛，下定决心改组国民党，实行联俄联共政策，这为实现国共合作打下了基础。

三、第一次直奉战争与北方政局

直皖战争后，直、奉两系军阀虽然共同控制了北京中央政权，但为了扩张各自的势力，彼此在诸多问题上仍存在难以调和的矛盾。直皖战争一结束，双方即在重新划分对各省的控制权及其在内阁中的地位问题上发生争执。争斗的结果是，长江流域地区成为直系势力范围。1921年8月，吴佩孚任两湖巡阅使，萧耀南任湖北督军，两湖地区也为直系所控制。但在北方，张作霖任东三省巡阅使，内外蒙古、热察绥三区也归张作霖支配，并加委其蒙疆经略使衔，奉系扩大了势力范围。

关于内阁的人选，直、奉两系都同意靳云鹏任国务总理，但财政总长周自齐、交通总长叶恭绰均倾向于奉系，这为直系所不满。1921年12月，面对极度的财政困难，列强索债，而外国银行团以中国未统一不肯借款，靳云鹏内阁

---

① 孙中山：《声讨徐世昌令》（1922年5月4日），中山大学历史系孙中山研究室、广东省社会科学院历史研究所、中国社会科学院近代史研究所中华民国史研究室合编：《孙中山全集》第6卷，中华书局1985年版，第112页。

被迫辞职。张作霖趁机向徐世昌推荐梁士诒接任总理，阁员亦多为亲奉系。梁士诒内阁上台后即徇奉方之请，下令特赦段芝贵、曲同丰等皖系要员，张作霖则将这些人聘为军事顾问。

直系对奉系势力膨胀不满，遂借外交问题攻击梁士诒。时值华盛顿会议，关于胶济铁路问题，中国同意筹款赎回。国内舆论倾向于集资赎路，日本则要求中国向日本借款赎路，梁士诒有应允的表示。1922 年 1 月初，吴佩孚通电指责梁士诒亲日误国，直系各省督军纷纷通电附和，后又联合苏、赣、鄂、豫、陕等省督军、省长致电徐世昌，要求罢免梁士诒，否则“惟有与内阁断绝关系”；同时在京汉线调动军队进行示威。面对如此情况，梁士诒不得不请假出京。1922 年 3 月，曹锟在保定召开会议，决定与奉系开战，全权委托吴佩孚备战。随着直、奉矛盾的加剧，张作霖与段祺瑞的关系很快恢复，张作霖、段祺瑞都与广州护法政府进行联系，先后达成对付直系的秘密军事协定，称为“反直三角同盟”。

4 月初，张作霖以维护京畿治安为名，派奉军大举入关，分东、西、中三路部署于津浦线、京汉线和永定河一带，总兵力约 12 万人，定名为镇威军。直系一方面表示只反梁士诒内阁，而非反奉，一方面积极调兵遣将，针对奉系的部署亦分为左、右、中三路，兵力 10 万左右。双方都发表通电，攻讦不已。随后，直奉战争爆发，双方在东路马厂、西路长辛店、中路固安等地展开猛烈战斗。5 月初，直军东路攻占马厂、青县。西路直军一部迂回奉军侧背，奉军两面受敌，退向丰台，奉军大败，直军攻占杨村、落垡、静海等地。奉军全线溃败，西路奉军 3 万余人被缴械，张作霖率残部退往滦州。随着战局的明朗，徐世昌下令免去张作霖东三省巡阅使、奉天督军兼省长各职，听候查办。东三省议会和各团体则分别通电，不承认这一命令，并推举张作霖为“东三省保安总司令”。6 月初，张作霖宣布东三省自治。6 月中旬，直、奉代表签订和约，奉军退到关外，直军不得向东三省进兵，直奉战争结束。直奉战争给当地人民生命财产造成严重损失，对经济社会生活带来重大破坏。

打败奉系后，曹锟、吴佩孚等策划，以恢复法统、谋求统一的名义，试图推黎元洪复任总统，赶徐世昌下台，也使孙中山失去护法的根据，但这却为曹锟坐上总统宝座铺平道路。5 月底，曹锟、吴佩孚电请黎元洪复职，并复电旧国会筹备处，表示支持旧国会议员自行集会。6 月初，王家襄、吴景濂在天津召集旧国会议员近 200 人集会，发表宣言称：1917 年 6 月解散国会命令无效；

徐世昌任大总统无效；广州政府应告终结；应由国会完全行使职权。随后，徐世昌宣布辞职。黎元洪提出以“废督裁兵”为复任条件，但在直系一再催促下，黎于6月中旬入京宣布复职，“废督裁兵”成为一纸空文。

黎元洪复任总统，不过是成为直系军阀掌中的傀儡。直系的吴佩孚派和曹锟派内斗，都想控制黎元洪。9月，在吴佩孚要求下，黎元洪任命王宠惠为国务总理，引起曹锟等人的不满。11月中旬，曹锟等借口财政总长罗文干私自签订奥国借款展期合同，有纳贿行为，逼黎元洪下令逮捕。随后通电指责罗文干丧权卖国，王宠惠内阁被迫总辞职，使吴佩孚势力受到严重打击。1923年6月上旬，曹锟派导演了天安门前要求黎元洪下台的“公民大会”、警察罢岗、“市民请愿团”包围黎元洪住宅示威等闹剧。6月中旬，黎元洪出京赴津，中途被围困于车站，并被迫交出印信，签字辞职。

此后，北京中央政府宣布以内阁摄行总统职权，曹锟派加紧制宪和准备总统选举。由于部分议员南下上海，曹锟以出席费引诱国会议员回京，并以每票五千至一万元贿选总统。10月上旬，国会总统选举会出席者590余人，曹锟以480票当选，并通过了《中华民国宪法》。曹锟成为“贿选总统”，此宪法也被称为“贿选宪法”。曹锟贿选遭到全国人民的强烈声讨，国内各反直军阀势力也加强联络，正在酝酿着一场新的军阀冲突。

四、西南地方军阀的割据

早在民国北京政府建立后，北洋派的势力就未能深入西南地区，西南地区各省基本上是由地方军阀控制，保持着一定程度的独立性，这也是它后来成为护国运动根据地的重要原因。护国运动之后，西南军阀拥兵割据，相互争权夺势，扩张地盘，致使战事不断。1917年，滇、川、黔三省军阀发生混战。

护国运动结束后，段祺瑞为削弱异己力量，下令“收束军队”。而此时滇军将领罗佩金、黔军将领戴戡已分别任署理四川督军、署理四川省长，进入四川作战的滇军、黔军无意撤出，且有继续扩充的行动。川军将领刘存厚等对四川大权落入滇军、黔军之手极为不满，川军与滇、黔军的矛盾因此加剧。在执行段祺瑞“收束军队”政策时，罗佩金的策略是“强滇弱川”。1917年年初，经北京政府核准，驻扎四川的滇、黔军改编为由陆军部直辖的中央军，滇军为一师一旅，黔军为一混成旅一独立团，取得了驻川的合法地位。而川军则改编为三师一旅。罗佩金担心刘存厚反对，密电请段祺瑞将其调入北京任职，而委任滇军将领继任其职。段祺瑞表面上支持罗佩金，暗里挑拨离间，虽核准刘存厚进京任职，但调令迟迟不发，并密告刘存厚。罗佩金的编遣计划引起川军将领的普遍不满，川军五个师长联名发表通电，指责罗佩金“强滇弱川，编遣不公”。

4月，滇、川军在成都发生冲突，双方都有严重伤亡，给成都人民造成巨大的生命财产损失。经省议会、商会及驻成都外国领事调停，双方停战。黔军开驻滇、川军驻防区之间，以阻止双方冲突。北京政府下令免去罗佩金、刘存厚军职，改任罗为超威将军，刘为崇威将军，进京供职；同时令戴戡暂代四川督军，刘云峰为川军第二师师长。此后，滇、川两军退出成都。戴戡执掌四川大权后，未能兑现把四川军务会办一职让与刘存厚的允诺，刘极为不满，于是黔、川军又起战端。7月中旬，黔军战败，退出成都。行至仁寿时，遭刘军伏击，戴被川军杀死。随后，北京政府任命川军第一师师长周道刚暂代四川督军，并派北洋系吴光新为四川查办使，率北洋军入川，同时命罗佩金、刘存厚交出军队，入京供职。

此后，唐继尧增派滇军入川，经过多次激烈的争夺，滇军控制了川南地区。1917年7月，孙中山南下广州护法，唐继尧欲借机进一步向四川扩张，发表通电不承认段祺瑞内阁，8月又正式宣布“护法”，这只是要借机扩张自己的势力和地盘。唐继尧组成“滇黔靖国联军”，并自封为总司令，进兵四川。在控制四川后，又继续向陕西、湖北扩张，组成川、滇、黔、鄂、豫陕五省联军。1918年9月，唐继尧在重庆召开五省联军会议，就任“五省联军总司令”。唐继尧割据西南后，恣意搜括奴役，还挑动川军将领间的矛盾，引起各方不满。1920年秋，熊克武联合川军各部意图将滇军逐出四川，而滇军第一军军长顾品珍乘机联合第八军军长叶荃共同倒戈反唐。1921年2月，唐继尧被迫通电辞职，离开昆明出走香港。

另一方面，桂系军阀陆荣廷在护国运动中积极向广东扩张，力图使广东成为自己的地盘。1916年7月，北京政府任命陆荣廷为湖南督军，但觊觎广东的他并不理睬北京政府的命令，由湖南回师广西，然后进驻肇庆。此前，李烈钧所率滇军与广东督军龙济光发生战争，龙济光败退广州。由于面临滇、桂军的双重压力，龙济光被迫辞职，退出广州。李烈钧将在粤滇军交给部下统领，自己转赴上海。10月2日，陆荣廷宣布就任广东督军。陆督粤后，安插桂系成员担任广东各个要职，并以其心腹陈炳坤为广西督军兼省长。至此，桂系军阀完全控制了两广，形成桂系军阀割据两广的局面。1917 年 3 月，黎元洪为拉拢陆荣廷，特邀陆进京会晤。4 月，任命陆为两广巡阅使。陆荣廷由此完全操纵两广军政大权，大肆扩充军队，桂系军阀的势力更加膨胀。两广民众深受桂系军阀之苦，除要缴纳名目繁多的苛捐杂税，甚至“前清豁免之粮，亦勒令缴纳，否则拿人酷诈”①。桂系军阀还开放烟、赌，致使广东“烟苗遍地，赌馆满街”②，甚至纵兵胡作非为，所到之处往往烧杀掳掠。

在贵州，辛亥革命后，唐继尧任贵州临时都督，刘显世为军政部长，建立了对贵州的联合军事统治，形成了割据贵州的黔系军阀。护国运动后，刘显世成为贵州督军兼省长，并追随唐继尧向四川扩张。

总之，北洋政府时期，西南军阀的割据是一种军事封建统治。大大小小的军阀派系间无休止的战争和经济上的搜刮掠夺，给西南地区人民带来深重苦难。

第四节　北洋政府时期的经济与社会

一、民族资本主义的发展与起伏

继南京临时政府之后，北洋政府下令保护工商业。1913 年 7 月宣布，凡清朝“保护兴业各法令”，与民国国体无抵触者，仍然适用，对于各业商办公司予以保护和维持。代理工商总长王正廷在参议院宣布政见时表示，要“驱除工商之障碍”，凡商人呈请开办厂矿，只要符合注册条例规定，即予照准；保护现有工商企业，制定商律、工律，“工商始有所遵守”③。张謇任工商（农商）总长后提出，除极少数“大宗实业”由政府创办外，“余悉听之民办”④，其意在使官营企业与民营企业相辅相成发展。

北洋政府陆续颁行了一系列发展经济的法律、法规，对于民族资本主义经济发展起到了一定的保护和促进作用。如《公司条例》对公司的种

---

① 转引自李新、李宗一主编：《中华民国史》第 2 编第 2 卷，中华书局 1987 年版，第 131 页。

② 《四总裁宣言书》，《民国日报》1920 年 6 月 4 日，第三张第十版。

③ 《各国务员涖参议院宣布之政见》，上海经世文社编：《民国经世文编·政治》（一），北京图书馆出版社 2006 年版，第 286—287 页。

④ 张謇：《宣布就部任时之政策》，张謇研究中心、南通市图书馆编：《张謇全集》第 2 卷，江苏古籍出版社 1994 年版，第 165 页。

类、设立、公司内部关系、公司对外关系、股东退股、公司解散等做了明确的规定。《公司注册规则》及其施行细则规定，公司一经注册就是法人，受法律保护。

民国建立后，原大清银行改组为中国银行。1913 年 4 月，参议院通过《中国银行例则》，中国银行成为北京政府的中央银行。交通银行由于有经理铁路、邮政、电报、轮船存款的专权，资金雄厚，1913 年 5 月受财政部委托，取得与中国银行共同经理国库的特权。除中、交两行之外，北京政府还陆续设立了兴华汇业银行、殖边银行、劝业银行等七家银行。各省也先后将清政府设立的官银号改组成省级银行。这些银行除了为北京政府和各地政府的统治和军阀间的战争提供财政支持之外，对于工商业的发展也起了一定作用。

1914 年，第一次世界大战爆发，西方资本主义国家都卷入了战争，其工业和工业品转向主要为战争服务，减少了对中国的商品输出和资本输出。据统计，1914 年中国进口货物总值为 56924 万海关两，1915 年减少到 45447 万海关两。① 棉纱输入由 1913 年的 268 万担下降到 1920 年的 132 万担；各类棉织品，出口则由 235.9 万海关两增为 495 万海关两。同时，还开创了国产棉纱出口先例，1920 年有 7 万担。② 可见，当时的中国民族资本主义经济得到一个有利的发展机会。

1912—1920 年，民族资本主义经济有较大的发展。在这 9 年间，新登记的工矿数为 418 家，新增资本的总额达到 15858 万元。③ 工厂数和投资额增加较多的有纺织、面粉、卷烟、采矿等行业。据统计，1912 年年底全国十个主要行业中重要工矿企业数为 698 家，资本总额为 33082 万元，工人总数共 27 万人。到 1920 年，这三项分别为工厂 1759 家，增长 152%；资本总额 50062 万元，增长 51%强；工人 56 万，增长 107%。④ 煤产量自 1912 年的 900 万吨左右增加到 1927 年的 2400 余万吨，由世界第 11 位上升至第 8 位。棉纺织业，1913—1922 年纱锭数由 83 万余枚增加到 310 余万枚，增加 2.7 倍；布机由 5980 台增至

① 钟祥财：《中国近代民族企业家经济思想史》，上海社会科学院出版社 1985 年版，第 350 页。

② 许涤新、吴承明主编：《中国资本主义发展史》第 2 卷，人民出版社 2003 年版，第 733 页。

③ 《欧战前后农商部注册工业公司类别表》、《欧战前后农商部注册工业公司年别表》，阮湘、李希贤等编：《中国年鉴》第一回，上海商务印书馆 1924 年版，第 1440—1441 页。

④ 《1920 年以前中国近代工厂统计》，陈真、姚洛编：《中国近代工业史资料》第 1 辑，生活·读书·新知三联书店 1957 年版，第 55—56 页。

16324 台，增加 1.73 倍。[①] 民族资本共开办纱厂 54 家，其中 1920—1922 年间开办就达 39 家。[②] 机械工业，1913 年前共有机械厂 101 家，资本 3122 万元，工人 18450 人。1920 年全国民用机械厂达到 252 家，资本总额 3888.5 万元，工人 25720 人。[③]

这一时期，中国民族资本商业集团开始出现。新式商业首先出现于广州、上海、青岛、天津、汉口等东部大城市，上海、天津甚至出现形成新式商店聚集的商业街。此外，南京、无锡、杭州、佛山等地也都出现了一批新式商业。自 20 年代起，在广州、上海、天津等地出现了一批新式商业集团，如先施公司、永安公司、劝业场、中原公司等。这些商业资本集团的出现，标志着中国民族资本主义商业经济进入了一个新的发展时期。

但是，随着第一次世界大战的结束，西方资本主义国家卷土重来，加强了对中国的商品倾销，中国进口商品总值 1924 年比 1913 年增加了一倍，对中国民族工业造成严重打击。据统计，1927 年全国较大工矿数增加到两千家左右，但资本总额增加不多。工厂利润普遍下降，一些工厂停工倒闭或转让他人。原本发展较迅速的棉纺织业，由于战后外来棉纺织品的重新涌入，华商棉纺织厂难以和外国货竞争，产品大量积压，只得降价销售。南通大生纱厂，发展到 1921 年已一年盈余 69 万余两，但自 1922 年起连年亏损。大生二厂被迫拍卖拆除。[④] 上述情况使中国民族工业在经过近十年的较快发展之后，又回落于缓慢发展的状态，继续在曲折中艰难发展。

二、第一次世界大战前后中外经济关系的变化

第一次世界大战前后中外经济关系变化的最重要事件是国际银行团加强对中国财政经济的控制。早在袁世凯时期，政府财政极为困窘，为了巩固统治，袁世凯政府急需大借外债来维持军政开支，就派人与外国银行资本进行善后借款谈判。在进行谈判时，英、美、法、德四国认为联合垄断对中国政府的贷款

---

① 陆仰渊、方庆秋主编：《民国社会经济史》，中国经济出版社 1991 年版，第 131 页；《机器棉纺业的创办及其在抗战前的概况》，陈真、姚洛编：《中国近代工业史资料》第 4 辑，生活·读书·新知三联书店 1961 年版，第 201 页。

② 郭荣生：《中国棉纺业之演进》，《纺织建设》第 1 卷第 2 期，1948 年 1 月 15 日。

③ 《1920 年以前中国近代工厂统计》，陈真、姚洛编：《中国近代工业史资料》第 1 辑，生活·读书·新知三联书店 1957 年版，第 55—56 页。

④ 陆仰渊、方庆秋主编：《民国社会经济史》，中国经济出版社 1991 年版，第 119—120 页。

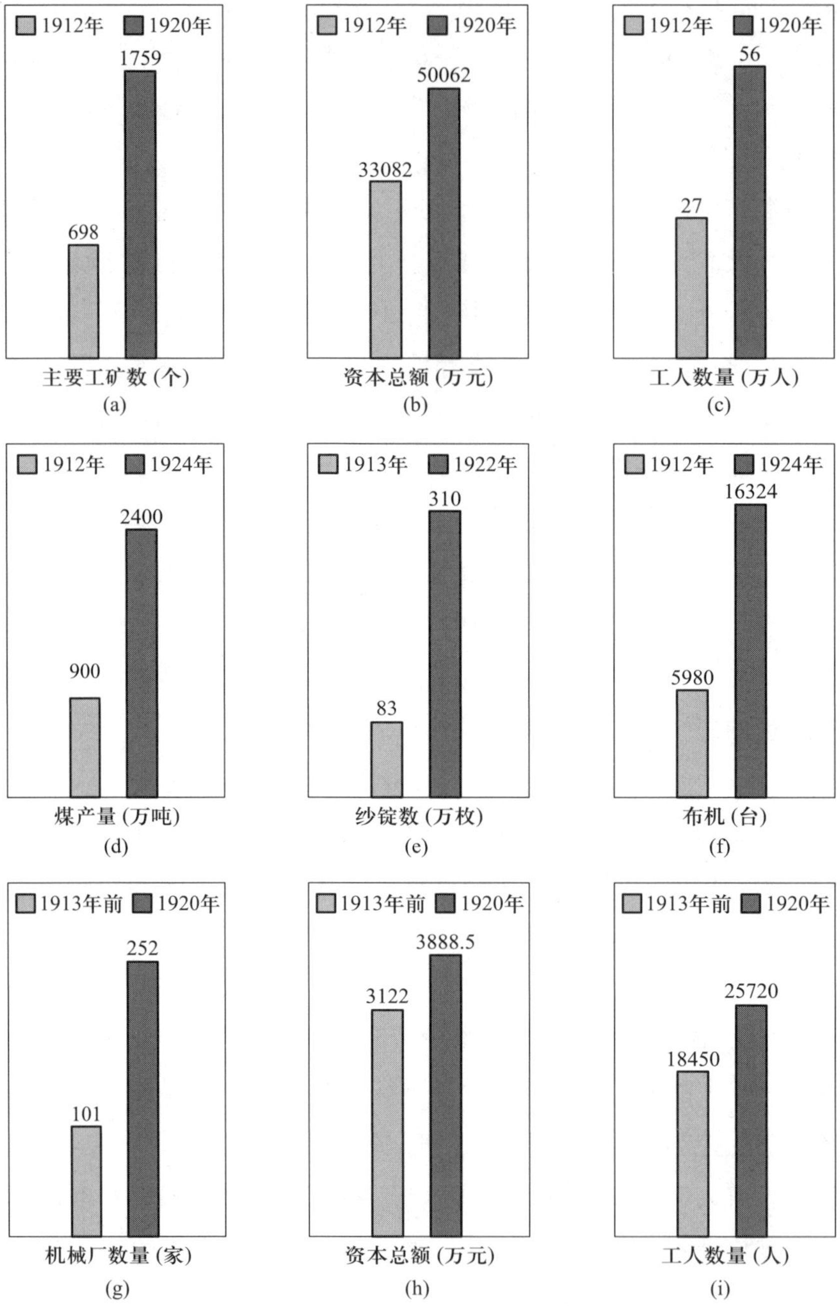

北洋时期民族资本主义的发展态势

利益，可以对中国“实施必要的控制”。但是它们的垄断活动引起了其他国际财团的反对。

国际银行团为了防止日、俄两国破坏它们的垄断，就以保留日、俄对东北、蒙古的特权为附加条件，扩大为六国银行团，联合向袁世凯政府提出苛刻的贷款条件，要对中国财政实行全面监督并插手中国盐政。这一无理要求遭到革命党人和广大民众的强烈反对，袁世凯等人也不敢贸然答应，谈判一度中断。但在六国银行团内部，六个国家在对于中国财政和借款用途的监督，尤其中国财政、币制、银行、审计院、国债局、盐税稽核所等机构外国顾问人选名额的分配上，发生了激烈的争夺。美国财团对于英国在对华借款上的优先地位非常不满，在 1913 年 3 月宣布退出银行团，六国银行团遂变成五国银行团。

1913 年 4 月，袁世凯急于扩大自己实力，以镇压孙中山在南方发动的“二次革命”，不顾全国人民反对，不经过国会批准，与五国银行团签订了《善后借款合同》。合同规定五国银行团向袁世凯政府提供 2500 万英镑的贷款，期限为 47 年：前 10 年付息，后 37 年本息并付，中国政府如果要提前还清债款，须加付一定费用；利息为年息 5%，折扣为 84%；担保品分三种，即中国盐税收入为第一担保，关税收入除去前欠外债各年还本付息数的余额为第二担保，直隶、河南、山东、江苏四省所指定之中央税为第三担保。借款合同还规定了几项控制中国政府借款和提款的特别条件。

此外，在辛亥革命时期，对中国拥有债权的西方国家乘中国时局动荡之机，将中国海关银号的职权转入外国银行之手，以保证由关税作抵押之外债和赔款的偿付。1912 年，由北京外交使团径自拟定的管理税收联合委员会，规定英国汇丰、德国德华和俄国道胜三家银行为“存管海关税项之处”。从此，海关税收的掌管大权全部落入外国之手。随着善后大借款的成立，中国盐税的征收、保管和提用等权利，也都受到外国资本势力的严格控制。

善后大借款名义上为 2500 万英镑，除去折扣及手续费、汇费等，中国实收只有 2022 万英镑，而日后还本付息再加手续费等共要付出 6899 万英镑，“几为实借款数的 3.5 倍”。国际银行团不仅获得了巨额利润，还获得在数十年借款期限内中国盐税收入保管权、借款用途控制权、中国盐政管理及财政监督等侵略特权。因此，通过“善后大借款”合同的签订，帝国主义进一步控制了中国的财政经济命脉。

第一次世界大战期间，日本侵略势力企图独霸中国，而美国逐渐成为世界第一经济强国。1918 年 10 月 8 日，美国正式向英、法、日发出组建新国际银行团的提议，以争夺对华借款的领导权。按照美国这一提议，新银行团将包揽对华贷款，而美国将成为新国际银行团的领袖，取得对华扩张的优势地位。大战结束后，帝国主义列强在华争夺投资市场的斗争复杂化，英、法希望改变日本在中国的特殊地位，对美国组织新国际银行团的建议作出积极响应。日本经济在许多方面还要依赖美国，同时也抵挡不住美、英、法三国的联合势力，所以日本终于妥协，以交出热洮两线①的铁路权益为代价，勉强参加了新国际银行团。1920 年 10 月 15 日，新国际银行团协定正式签订。新国际银行团形式上是美、英、法、日四国垄断资本合组的银行团，宣称统一承担对华各项借款，实际上处于美国财团支配之下，美国不仅对于借款的用途具有监督稽核特权，从而使中国财政受它严格的控制和支配，还要求中国抵押的税款，从关税、盐税、烟酒税、印花税等扩展到田赋租课。

第一次世界大战前后，中外经济关系中另一引人注目的变化是日资在华势力的扩张。1906 年，日本成立的“南满洲铁道株式会社”（简称“满铁”），是当时日本在华最大的垄断资本组织，主要对中国东北铁路运输和工矿业进行控制，是北洋军阀统治时期日本侵华的骨干机构。日本其他工商资本也逐渐扩张在华势力，1913 年在华洋行中日本商行数已跃居首位，在第一次世界大战后日本在华商行数占洋行总数的一半以上，1928 年占洋行总数的 72.6%。“一战”前进出中国各口岸的外国轮船总吨位中，日本占 31.9%；“一战”后日本所占比重已增为 43.2%。矿业方面，1915 年日本投资经营的抚顺煤矿改用露天开采，年产量增至数千万吨；1917 年，满铁取得鞍山铁矿开采权，同时设立鞍山制铁所，1920 年产量达 76094 吨。日资本溪湖煤铁公司除在中国东北采煤外，年产生铁约 10 万吨。日本在关内最大的矿业投资是由贷款掌控了汉冶萍公司，“一战”开始后世界铁价猛涨，而汉冶萍因借款合同约束，只好低价供应日本铁矿石，遭受巨大损失。在棉纺织业方面，1914 年，日资内外棉纺织会社、上海纺织会社在上海设有多家纱厂，大战开始后获利丰厚。至 1920 年，日本在华纺织业已有内外棉、上海纺、日华三大系统，共 13 厂，纺锭 332936 枚，比 1914 年增加 1 倍；布机 1486 台，比 1914 年增加近 2 倍。

日本侵略势力勾结段祺瑞政府，希望使中国在经济上成为日本的原料供应基地和商品市场，企图独霸中国。1916 年 10 月，日本寺内内阁成立后不久，由外务省制定了《围绕中国问题的日美关系处分案》，提出要以经济战的形式遏制美国在华势力。日本内阁也制定了《对华借款方针》，并选中段祺瑞作为

① 即洮南至热河铁路和该路某一地点至海港的铁路。

拉拢对象。1917—1918年，日本对华贷款总额就有3亿银元以上，占这两年中国外债总额的85%以上。这些借款虽然大多以经济借款为名，但实际上绝大部分被移用于弥补段政府的财政亏空，用于办实业的很少。种种史实表明，日本寺内内阁企图通过大规模的借款方式加强对段祺瑞政府的“日元外交”，扶植亲日派军阀，实现“日中经济一体化”的侵华计划，使中国成为经济上从属于日本的半殖民地国家，在政治上成为日本的附庸。

三、联省自治思潮与省宪运动

民国初年，联省自治思潮产生与省宪运动的进行，有着深刻的思想和社会背景。无论立宪派还是革命党，都有人提出过在中国实行联邦制度的设想。民国建立之初，围绕实行中央集权制，还是各省分权自治问题，各方势力曾发生激烈的较量。以袁世凯为首的北洋军阀官僚集团掌握中央政权后，实行专制独裁统治，极力加强对各省的控制，主张实行中央集权的势力获胜。中央集权思想逐渐压倒各省分权自治，但是分权自治的思想并未从此销声匿迹。

护国运动中，云南与南方各省先后宣布独立，护国讨袁。在随后国会的制宪会议上，实行各省分权自治的要求与实行中央集权的主张发生激烈争执，致使制宪会议一度陷于僵局。1916年以后，北洋军阀不同派系为争夺中央政权纷争不已，政局飘摇不定。控制了中央政权的军阀力图推行“武力统一”，而南方各省地方军阀也极力扩张势力。这是促使联省自治思潮和省宪运动兴起的重要原因。

梁启超于民初曾一度主张中央集权，反对地方主义，但后来却改变了主张。他说：“确信国家之组织，全以地方为基础，故主张中央权限当减到以对外维持统一之必要点为止。……确信地方自治当由自动，故主张各省乃至各县、各市，皆宜自动的制定根本法而自守之，国家须加以承认。”① 胡适也认为：“根据于省自治的联邦制，是今日打倒军阀的一个重要武器。”② 当时的诸多重要报刊无不刊载专文或增辟专刊，讨论联省自治的问题，论证其可行和正当。联省自治思潮一时间沛然而起。

省宪运动由湖南发起。自清末以来，湖南自立自治的论调屡出不穷。民国

---

① 梁启超：《解放与改造发刊词》，《饮冰室合集》文集之三十五，中华书局1989年版，第20页。

② 胡适：《联省自治与军阀割据——答陈独秀》，《努力周报》第19期，1922年9月10日。

初期的数次战争中，湖南成为南北双方的战场，湖南人民所遭受的战乱之苦更甚于他省。特别是1918年皖系军阀张敬尧被任命为湖南督军后，纵兵劫掠，搜刮民财，人民苦难深重。1919年冬，湖南人民掀起“驱张运动”。1920年6月，谭延闿趁吴佩孚的直系军队撤出湖南之机，率领湘军赶走张敬尧。7月，谭延闿以湘军总司令名义发表通电，提出“湘人治湘”的主张，宣布湖南自治，在北京的湘籍人士熊希龄等人立即通电表示支持，并请梁启超草拟了《湖南省自治根本法》及说明书。

1920年9月，谭延闿召开湖南自治会议，决定由省政府推举10人，省议会推举11人，组成湖南省制起草委员会。但这个决定遭到社会各界指责，省议会提出由全省各界人士组织宪法会议。但由于各界各派意见分歧很大，争执不休，省宪的制定被一再延宕下来。11月下旬，湖南军队内部出现反谭行动，谭延闿被迫辞职出走，赵恒惕接任湘军总司令。赵恒惕控制湖南军政大权后，宣布继续推行湘省自治。12月成立湖南制定省宪法筹备处，省宪制定程序为：由省府延聘学者拟出宪法草案，再由各县县议会推举审查员进行审查、修正，最后由全省公民投票公决。1921年3月，湖南制定省宪法筹备处，特聘李剑农、王正廷等13人为起草委员。4月，湖南省宪法草案及各项附件制定完成并正式公布。但在下一步各县审查员的审查、修正程序中，又出现了意见分歧而相持不下的情况。争执的重点问题，一为议员名额的分配，二为宪法中的省长是采用独任制还是政务委员会议制。经过反复协调最后采取省议员名额以人口为比例，省长采独任制。在12月举行的全民投票中，该省宪以1800余万票对57万票的绝对多数获得通过，并于1922年1月1日正式颁布施行。《湖南省宪法》共13章141条，其中规定：“湖南为中华民国之自治省”“省自治权属于省民全体”，人民享有平等、自由和民主的各项权利等。

湖南的省宪运动既是地方军阀对抗北洋军阀“武力统一”政策、割据自保的需要，也反映了各界民众希望结束战乱、保障社会安定的要求。但在当时的历史条件下，这些条款只是停留在纸面上，并没有得到实行。1923年8月，湖南军阀因内部矛盾而引发护宪战争，给湖南省宪运动以沉重的打击，湖南军阀趋于没落。湖南省宪运动在当时产生了广泛的影响，浙江、江苏、广东、四川、广西等十多个省也都纷纷宣布实行自治，着手制定省宪法或自治法。但除湖南之外，各省的省宪运动由于各种原因都未能走到颁布实施阶段即告失败。1926年，北伐战争开始后，联省自治的主张无人再提，省宪运动归于结束。省宪运动失败的主要原因在于实际上操纵运动的是地方军阀和某些政客、头面人物等，制宪过程往往决定于各派势力的消长，并没有各界民众的真正参与，所以根本解决不了军阀操控政治、混战割据的状况。

四、封建军阀专制统治的实质与危害

袁世凯窃夺辛亥革命的果实之后，建立了代表大地主和买办资产阶级利益的北洋军阀反动政权。北洋军阀政府的统治，严重阻碍了中国经济社会的发展，中国人民仍然遭受帝国主义和封建势力的双重剥削和压迫，民众生活艰难困苦。

在政治上，北洋政府实行军阀官僚的专制统治。民国初年，从形式上看，有了《临时约法》，有了国会，有了众多公开活动的政党，但实际上，全部政权都操纵在封建军阀手里，他们对资产阶级民主制度是不能容忍的。北洋政府制定《暂行新刑律》《戒严法》等一系列反动法令，剥夺《临时约法》赋予人民的言论、出版、集会、结社等各种政治权利，肆意践踏法律；在选举中无视民主，通过围攻、贿选甚至暗杀等手段操纵选举。封建军阀大力扩充军队，建立特务、警察系统，任意逮捕、杀害革命党人和无辜民众。军阀为实行专制统治，不惜投靠帝国主义，签订不平等条约，出卖中国税权、路权、矿权等，严重损害了国家主权和权益。

在经济上，北洋政府竭力维护帝国主义、地主阶级和买办资产阶级的利益。军阀、官僚本身就是大地主，他们以各种手段兼并土地、扩大地盘。比如，袁世凯在河南彰德等县占有的土地就有 4 万多亩，奉系军阀张作霖在东北占地 150 万亩。许多自耕农和半自耕农陷入破产和丧失土地的境地，变为佃农和雇农。北洋政府还通过“清丈土地”、征收各种苛捐杂税等手段，对农民进行敲骨吸髓的压榨。军阀与官僚还借助政治势力，组成官僚买办资本集团，操纵垄断财政金融和工业、运输业。如以梁士诒为首的交通系集团控制了铁路和交通银行。军阀巧取豪夺，多拥有庞大的家产。

在文化思想上，尊孔复古思潮猖獗一时。1913 年 6 月，袁世凯向全国发布《通令尊崇孔圣文》，不久又命令全国恢复祀孔、祭孔典礼，恢复跪拜礼节，中小学恢复尊孔读经。一些清朝遗老遗少、保守分子组织的孔教会、孔道会、尊孔会等团体，攻击民主共和，坚持封建伦常。一些帝国主义分子也鼓吹孔教是“中国独一无二之根本”。

总之，北洋军阀政府从政治上、经济上和文化思想上对辛亥革命进行了全面的颠覆和倒算。中国重新落入了黑暗的深渊。孙中山沉痛地说过，当时中国政治上、社会上的种种黑暗腐败较前清为甚，人民困苦也愈加深重。这也标志着资产阶级革命派在中国建立一个独立、民主的资产阶级共和国的梦想破灭了，但先进的中国人始终没有放弃对改变中国前途和命运的探索。

思考题：

1. 旧民主主义革命为何会失败？
2. 北洋政府时期中国民族资本主义经济发展的主要情况如何？其原因主要有哪些？
3. 民国初期国会制度为什么会失败？

▶ 拓展阅读

郑重声明

高等教育出版社依法对本书享有专有出版权。任何未经许可的复制、销售行为均违反《中华人民共和国著作权法》，其行为人将承担相应的民事责任和行政责任；构成犯罪的，将被依法追究刑事责任。为了维护市场秩序，保护读者的合法权益，避免读者误用盗版书造成不良后果，我社将配合行政执法部门和司法机关对违法犯罪的单位和个人进行严厉打击。社会各界人士如发现上述侵权行为，希望及时举报，我社将奖励举报有功人员。

反盗版举报电话　(010)58581999　58582371

反盗版举报邮箱　dd@ hep.com.cn

通信地址　北京市西城区德外大街 4 号

　　　　　高等教育出版社法律事务部

邮政编码　100120

读者意见反馈

为收集对教材的意见建议，进一步完善教材编写并做好服务工作，读者可将对本教材的意见建议通过如下渠道反馈至我社。

咨询电话　400-810-0598

读者服务邮箱　gjdzfwb@ pub.hep.cn

通信地址　北京市朝阳区惠新东街 4 号富盛大厦 1 座

　　　　　高等教育出版社总编辑办公室

邮政编码　100029

防伪查询说明

用户购书后刮开封底防伪涂层，使用手机微信等软件扫描二维码，会跳转至防伪查询网页，获得所购图书详细信息。

防伪客服电话　(010)58582300